工商管理优秀教材译丛

管理学系列

物料管理入门

第 8 版

[美] 斯蒂芬·查普曼 (Stephen N.Chapman)
[加] 托尼·阿诺德 (J.R.Tony Arnold)　著
[美] 安·盖特伍德 (Ann K.Gatwood)
[加] 洛伊德·克莱夫 (Lloyd M.Clive)

范海滨　译

Introduction to Materials Management
Eighth Edition

清华大学出版社
北　京

北京市版权局著作权合同登记号 图字：01-2017-6939

Authorized translation from the English language edition, entitled ：Introduction to Materials Management (Eighth Edition), ISBN: 978-0-13-415623-3, by Stephen N. Chapman, J. R. Tony Arnold, Ann K. Gatwood, Lloyd M. Clive, published by Pearson Education, Inc, publishing as Prentice Hall, a Pearson Education Company. Copyright © 2017.

All Rights Reserved. No part of this book may be reproduced or transmitted in any form or by any means, electronic or mechanical, including photocopying, recording or by any information storage retrieval system, without permission from Pearson Education, Inc.

CHINESE SIMPLIFIED language edition published by PEARSON EDUCATION ASIA LTD., and TSINGHUA UNIVERSITY PRESS Copyright © 2017.

本书中文简体翻译版由培生教育出版集团授权给清华大学出版社出版发行。未经许可，不得以任何方式复制或抄袭本书的任何部分。

本书封面贴有 Pearson Education(培生教育出版集团)激光防伪标签，无标签者不得销售。
版权所有，侵权必究。举报：010-62782989，beiqinquan@tup.tsinghua.edu.cn。

图书在版编目(CIP)数据

  物料管理入门：第8版/(美)斯蒂芬•查普曼(Stephen N. Chapman)等著；范海滨译.—北京：清华大学出版社，2018(2024.7重印)
  (工商管理优秀教材译丛.管理学系列)
  书名原文：Introduction to Materials Management 8
  ISBN 978-7-302-50012-4

  Ⅰ.①物… Ⅱ.①斯…②范… Ⅲ.①企业管理－物资管理－高等学校－教材 Ⅳ.①F273.4

  中国版本图书馆 CIP 数据核字(2018)第 076402 号

责任编辑：贺　岩
封面设计：常雪影
责任校对：宋玉莲
责任印制：刘　菲

出版发行：清华大学出版社		地　址：北京清华大学学研大厦 A 座		
https://www.tup.com.cn, https://www.wqxuetang.com		邮　编：100084		
社　总　机：010-83470000		邮　购：010-62786544		
投稿与读者服务：010-62776969, c-service@tup.tsinghua.edu.cn				
质　量　反　馈：010-62772015, zhiliang@tup.tsinghua.edu.cn				
印 装 者：三河市君旺印务有限公司				
经　　　销：全国新华书店				
开　　　本：185mm×260mm	印　张：29	插　页：2	字　数：679 千字	
版　　　次：2018 年 5 月第 1 版		印　次：2024 年 7 月第 6 次印刷		
定　　　价：78.00 元				

产品编号：071983-02

前 言

物料管理入门(第8版)
Modern Management

《物料管理入门》是一本为大学在校生编写的基础教材,可用于技术课程,如工业工程或制造工程,也可用于企业、经营和供应链管理等课程。同时,本书也适用于那些已经在工业部门工作的人员,不管他们是否从事物料管理的工作。

本书已经被包括北美国家在内的全世界很多大学院校广泛采用。APICS(美国运营管理学会)指定该书为CPIM(生产和库存管理认证)考试多个模块的参考书。另外,它也被一些国家的生产和库存管理学会所采用,这些国家包括南非、澳大利亚、新西兰、德国、法国和巴西等。而且,许多咨询师也用此书作为内部客户培训教材。

《物料管理入门》一书涵盖了供应链管理、生产计划与控制系统、采购和物流、精益生产和质量管理等基本内容,而案例、问答题、计算题等一系列知识则能引导学生逐步深入学习本书。本书写作方式简单易懂,得到了使用本书的老师和学生们的一致认同。

本版的更新提高之处

- 所有各章的内容都加以更新和提高,力求反映最新的技术和方法。
- 增加了9个新的案例。
- 在与非制造业相关的一些章节里,特地增加了有关服务业的内容,并用课题框加以标示。
- 对一些章节最后的计算题进行了修改,并增加了一些新的计算题。
- 扩展了战略计划(包括环境和可持续发展)的目的和影响方面的内容,以求学生对于这些领域的重要性得到更高程度的理解,包括它们对于整个社会的好处和影响。
- 增加了有关需求管理方面的信息。
- 增加了有关精益生产和约束理论方面的内容。在学习本书中的某些概念时,约束理论能够提供一种有趣和有效的思路,从而帮助学生将约束理论和非约束理论方法加以比较和对照。
- 在第6章中,对项目管理进行了简要介绍,以便向学生提供当今许多雇主希望雇员所具备的基本技能。

另外,我们也保持了前几版的一些特点:

- 每章后面列出了关键术语。
- 每章都给出了计算例题。
- 每章给出了本章的小结。
- 每章后面都有问答题和计算题。

- 给出了全面的辅导材料包，包括教师手册、计算机化的试题库、PowerPoint 幻灯片，以及供下载的图片库等。

使用方法与内容编排

物料管理对不同的人来说意义不同。本书中物料管理包括从供应商到消费者之间物料流动的所有活动。这些活动包括实物供应、作业计划和控制以及物流。这一领域有时也使用其他一些术语，如商业物流和供应链管理等。通常，商业物流强调的是运输和配送系统，很少考虑工厂内部发生的活动。尽管本书的一些章节涉及运输和配送系统，但重点仍然是作业计划与控制等问题。

配送和作业通过计划和控制其中的物料流动进行管理，并通过使用系统资源达到顾客要求的服务水平。这些活动是物料管理的责任，并影响到生产企业的每一个部门。如果物料管理系统不能很好地设计和管理，配送和生产系统的效率就会很低，而成本却很高。每一个在生产和配送部门工作的人都应该很好地掌握影响物料流动的因素。本书的目的就在于对这些因素提供深入的理解，并因此包含了有关质量管理和精益生产方面的内容。

APICS 定义了生产和库存控制领域内所应用的知识体系、概念和名词等。对于理解生产和库存控制以及尽可能清楚地交流而言，建立标准知识体系、概念和名词非常必要。在适用情况下，本书的概念、定义等均与 APICS 中的名词和概念相同。

本书前 6 章介绍了生产计划和控制的基本内容；第 7 章讨论了采购和供应链中的重要因素；第 8 章讨论了预测问题；第 9、10 和 11 章是库存管理基础知识；第 12 章讨论实物库存和仓储管理；第 13 章讨论了配送系统内容，包括运输、包装和物料搬运；第 14 章讨论了影响产品和工艺设计的因素；第 15 章考察了精益生产的理论和环境，并解释了其与作业计划和控制是如何相关的；第 16 章研究了全面质量管理和六西格玛质量管理方法。

致谢

非常不幸的是，本书第 7 版的两位作者托尼·阿诺德和洛伊德·克莱夫已经故去了。多年前，托尼·阿诺德就负责本书的最初策划和写作，而洛伊德·克莱夫则对本书的最近两版提供了宝贵的真知灼见和知识。两位先生都名满天下，且广受其学生和同事们的爱戴和尊敬。我们深深地怀念他们。

安·盖特伍德加入作为共同作者，则为本书第 8 版带来了她广泛的知识、经验和真知灼见。但是，本书第 8 版依然初心不改，那就是为物料管理领域提供一本清晰、明了的入门级教科书。

我们的许多朋友、同事和学生给我们提供了大量宝贵的帮助和鼓励。我们也感谢本书的读者，他们提出了许多有益的见解和建议。我们还要特别感谢 APICS CPIM 委员会的许多成员，他们为本书的改版提供了许多指导性的意见。尤其是安德烈娅·普莱德豪墨（Andrea Prud'homme）（俄亥俄州立大学）、吉姆·卡鲁索（Jim Caruso）（科维迪恩公司）、弗兰克·蒙塔波（Frank Montabon）（爱荷华州立大学），以及马克·哈迪孙（Mark

Hardison)(SIGA 技术)等提供了创造性的见解和建议。此外,我们还从约翰·卡乃特(John Kanet)(代顿大学)、基思·朗斯博瑞(Keith Launchbery)(基思·朗斯博瑞协会)得到了一些极其有价值的建议。本书的其他审核人员包括:瓦海德·H.基亚巴尼(Vahid H. Khiabani)(明尼苏达州立大学)、米切尔·卡拉威(Michael Gallway)(北湖学院)、约翰·克劳斯(John Kros)(东卡罗来纳大学)以及桑德雷斯·赫拉古(Sunderesh Heragu)(俄克拉何马州立大学)。斯蒂芬·查普曼还要感谢妻子珍妮在本书改版过程中给予的一贯支持和鼓励。

谨以此书献给那些给予我们最多教诲的人——我们的同事和学生们。

目录

物料管理入门（第8版）
Modern Management

第1章　物料管理绪论 ··· 1
　引言 ·· 1
　运营环境 ·· 2
　供应链的概念 ·· 4
　什么是物料管理 ··· 10
　小结 ··· 14
　关键术语 ·· 14
　问答题 ··· 15
　计算题 ··· 16
　案例研究　弗兰的鲜花 ··· 17

第2章　生产计划系统 ·· 20
　引言 ··· 20
　生产计划与控制系统 ·· 21
　销售和运营计划 ··· 25
　制造资源计划 ·· 27
　企业资源计划 ·· 29
　制订生产计划 ·· 29
　小结 ··· 38
　关键术语 ·· 39
　问答题 ··· 40
　计算题 ··· 41
　案例研究 2.1　莫瑞典水泵公司 ······························ 44
　案例研究 2.2　威廉姆斯 3D 打印机公司 ·················· 46

第3章　主生产计划 ··· 48
　引言 ··· 48
　与生产计划的关系 ·· 49
　制订主生产计划 ··· 51
　生产计划、主生产计划和销售 ································ 56

小结	61
关键术语	62
问答题	62
计算题	63
案例研究 3.1　爱克姆水泵公司	68
案例研究 3.2　标准芯片电子公司	68
案例研究 3.3　马卡里自行车公司	70

第 4 章　物料需求计划 … 74

引言	74
物料清单	77
物料需求计划流程	83
物料需求计划的应用	93
小结	98
关键术语	98
问答题	99
计算题	101
案例研究 4.1　阿皮克斯公司	113
案例研究 4.2　本泽产品公司	115

第 5 章　产能管理 … 117

引言	117
产能的定义	117
产能计划	118
产能需求计划	119
可用产能	121
所需产能（负荷）	124
订单排程	127
制订计划	129
小结	130
关键术语	131
问答题	132
计算题	132
案例研究　维斯科特产品公司	135

第 6 章　生产作业控制 … 138

| 引言 | 138 |
| 数据需求 | 141 |

订单准备 ······ 142
排程 ······ 143
负荷平衡 ······ 148
非制造业的排程计划 ······ 149
瓶颈计划 ······ 150
约束理论和鼓—缓冲—绳 ······ 152
实施 ······ 156
控制 ······ 156
生产报表 ······ 161
产品跟踪 ······ 162
测评系统 ······ 162
小结 ······ 162
关键术语 ······ 163
问答题 ······ 164
计算题 ······ 165
案例研究 6.1 约翰斯顿产品公司 ······ 169
案例研究 6.2 克罗夫茨印刷公司 ······ 170
案例研究 6.3 梅尔洛兹产品公司 ······ 172

第 7 章 采购 ······ 174

引言 ······ 174
制定规格 ······ 178
功能规格描述 ······ 179
挑选供应商 ······ 181
决定价格 ······ 184
物料需求计划对采购的影响 ······ 187
响应环境要求的采购活动 ······ 189
采购对供应链管理的扩展 ······ 190
供应链管理的组织含义 ······ 191
小结 ······ 192
关键术语 ······ 193
问答题 ······ 194
计算题 ······ 194
案例研究 7.1 让我们聚会吧 ······ 195
案例研究 7.2 康纳利制造公司 ······ 196

第 8 章 预测和需求管理 ······ 198

引言 ······ 198

需求管理 ·· 198
　　需求预测 ·· 200
　　需求特征 ·· 200
　　预测原则 ·· 202
　　数据收集和准备 ·· 203
　　预测方法 ·· 204
　　一些重要的内部预测法 ·· 205
　　季节性 ··· 209
　　跟踪预测 ·· 212
　　小结 ·· 217
　　关键术语 ·· 217
　　问答题 ··· 218
　　计算题 ··· 219
　　案例研究 8.1　诺斯卡特自行车公司的预测问题 ················· 223
　　案例研究 8.2　哈切齿轮公司 ··· 225

第 9 章　库存基础 ·· 228

　　引言 ·· 228
　　总体库存管理 ··· 228
　　单项物品库存管理 ··· 229
　　库存和物流 ·· 229
　　供应和需求模型 ·· 230
　　库存的功能 ·· 230
　　库存管理的目标 ·· 232
　　库存成本 ·· 234
　　财务报表和库存 ·· 236
　　ABC 库存控制 ·· 241
　　小结 ·· 244
　　关键术语 ·· 245
　　问答题 ··· 246
　　计算题 ··· 247
　　案例研究　库存控制经理兰迪·史密斯 ···························· 250

第 10 章　订购量 ··· 252

　　引言 ·· 252
　　经济订购批量 ··· 253
　　经济订购批量模型的变形 ·· 257
　　订购量折扣 ·· 258

成本未知时产品族的订购量 ………………………………………… 259
　　　周期订购量 …………………………………………………………… 260
　　　小结 …………………………………………………………………… 262
　　　关键术语 ……………………………………………………………… 262
　　　问答题 ………………………………………………………………… 263
　　　计算题 ………………………………………………………………… 263

第 11 章　独立需求订货系统 …………………………………………… 268
　　　引言 …………………………………………………………………… 268
　　　订货点系统 …………………………………………………………… 268
　　　确定安全库存 ………………………………………………………… 270
　　　确定服务水平 ………………………………………………………… 275
　　　不同的预测与提前期间隔 …………………………………………… 276
　　　确定何时到达订货点 ………………………………………………… 277
　　　定期检查系统 ………………………………………………………… 279
　　　配送库存 ……………………………………………………………… 280
　　　小结 …………………………………………………………………… 284
　　　关键术语 ……………………………………………………………… 284
　　　问答题 ………………………………………………………………… 285
　　　计算题 ………………………………………………………………… 286
　　　案例研究　卡尔的计算机 …………………………………………… 290

第 12 章　实地盘存与仓库管理 ………………………………………… 294
　　　引言 …………………………………………………………………… 294
　　　仓库管理 ……………………………………………………………… 294
　　　实物控制和安全 ……………………………………………………… 301
　　　库存记录的准确性 …………………………………………………… 301
　　　寄售库存和供应商管理库存 ………………………………………… 307
　　　技术应用 ……………………………………………………………… 308
　　　小结 …………………………………………………………………… 309
　　　关键术语 ……………………………………………………………… 310
　　　问答题 ………………………………………………………………… 310
　　　计算题 ………………………………………………………………… 311
　　　案例研究　卡斯特马特仓库 ………………………………………… 314

第 13 章　实物配送 ……………………………………………………… 317
　　　引言 …………………………………………………………………… 317
　　　实物配送 ……………………………………………………………… 320

实物配送的界面 ································· 323
　　运输 ·· 324
　　运输的成本要素 ······························· 328
　　仓储工作 ···································· 333
　　小结 ······································· 343
　　关键术语 ···································· 344
　　问答题 ····································· 345
　　计算题 ····································· 347
　　案例研究　特殊金属公司 ······················ 348

第14章　产品与流程 ································ 350
　　引言 ······································· 350
　　对新产品的需求 ······························ 350
　　产品开发原则 ································ 351
　　产品规格和设计 ······························ 354
　　工艺流程设计 ································ 356
　　影响工艺流程设计的因素 ······················ 357
　　加工设备 ···································· 358
　　工艺流程体系 ································ 359
　　工艺流程的成本核算 ·························· 361
　　工艺流程的选择 ······························ 361
　　持续流程改进 ································ 364
　　小结 ······································· 373
　　关键术语 ···································· 374
　　问答题 ····································· 375
　　计算题 ····································· 377
　　案例研究　生产经理切蕾·富兰克林 ············· 380

第15章　精益生产 ································ 382
　　引言 ······································· 382
　　精益生产 ···································· 382
　　浪费 ······································· 384
　　精益生产环境 ································ 387
　　精益生产环境中的生产计划与控制 ··············· 394
　　企业资源计划、看板和约束理论的比较 ··········· 407
　　小结 ······································· 409
　　关键术语 ···································· 409
　　问答题 ····································· 410

计算题 · 412
　　案例研究　墨菲制造公司 · 413

第16章　全面质量管理 · 417

引言 · 417
什么是质量 · 417
全面质量管理 · 419
质量成本概念 · 423
变化是一种生活方式 · 424
流程能力 · 427
流程控制 · 430
样品检验 · 433
ISO 9000：2015 · 435
ISO 26000：2010 · 436
ISO 14001：2015 · 437
标杆管理 · 437
六西格玛 · 438
质量功能展开 · 440
精益生产、全面质量管理和企业资源计划之间的关系 · 441
小结 · 442
关键术语 · 442
问答题 · 444
计算题 · 445
案例研究　阿森特橡木家具公司 · 446

第 1 章

物料管理绪论

 引言

一个国家的财富以国民生产总值进行衡量,国民生产总值是指一定时间内国家生产的商品和服务的产出。商品是可以触摸、感觉或可见的有形实体,而服务则是一些有用功能的表现,如银行、医疗、餐饮、服装店,或者社会服务。

但是,财富的源泉是什么呢?财富由生产的商品和服务量进行衡量,然而财富是从哪里来的?虽然经济上可能拥有丰富的自然资源,如矿产、农田、森林,但这只是潜在的财富源泉。把资源转化为有用的商品需要生产职能,各种形式的转变都是生产——开采矿物、耕作、伐木、捕鱼,以及利用这些资源生产出有用的产品。

从资源材料的获取到最终消费品有多个阶段,开发最终产品的每个阶段都会增加附加值,从而创造更多财富。如果矿石从地下挖出即出售,劳动就带来了财富,但是继续将原材料加工将收获更多,而且通常会多得多。日本就是个最好的例子。日本拥有的自然资源很少,要采购绝大部分需要的原料。然而通过转化购买来的原材料并通过生产来增加附加值,日本发展成为世界上最大的经济体之一。

制造型企业从事的就是将原材料转化成一种较之原始的材料对客户更有价值、更有用处的形式。木材转变成桌椅,铁矿石转变成钢材,钢材转变成汽车和电冰箱。这些转变过程叫作制造或生产,它使社会变得更加富有,并且创造出更高的生活水准。

要从资源中得到最大的价值,必须设计最高效生产产品的制造过程。一旦有了生产过程就必须管理这些过程,从而更加经济地生产产品。管理工作意味着对过程中使用的资源——人力、财力和物力进行计划和控制。所有这些都很重要,但管理计划和控制流程运行的主要方法是通过物料流动,因为物料流动控制着流程绩效。如果在适当的时间得不到适当数量的适当物料,流程就不能生产它应该生产的东西,人力和机器就不能有效利用,企业的获利甚至生存就会受到威胁。

运营环境

运营管理在一个受多种因素影响的复杂环境下工作,其中最重要的因素有政府、经济、竞争、客户和质量。

政府。各级政府对企业的规定都很多,规定一般应用于环境、安全、产品责任及税务等领域。政府的有、无将影响企业的运营方式。

经济。总体经济状况会对公司的产品或服务需求及资源投入的可用性等产生影响。在经济衰退期,很多产品的需求减少,而其他产品的需求可能增加。物料和劳动力短缺或过剩都会影响管理层制定决策。人口年龄的变化、族群的需求、低人口增长率、国家间的自由贸易及不断加剧的全球竞争等都会引起市场的变化。

竞争。当今的竞争比以往更趋激烈。

- 生产企业面临来自全球的竞争,它们发现国外的竞争对手正在它们的市场上销售产品,尽管它们自己或许并没有在国外市场进行销售。
- 同以往相比,物料的运输和流动更加高效,相对也更加便宜。
- 全球通信正在变得迅速、有效和低廉。信息和数据几乎可以立即到达地球的另一端。互联网使得买方可以从世界任何地方寻找新的供应源,就像从本地寻找一样容易。

客户。消费者和工业客户的要求更加苛刻,供应商通过改进其所提供的产品或服务的特性和等级来进行响应。客户对其购买的产品和服务所期望的一些特性和选择包括以下几种:

- 公平的价格。
- 质量更好(精准)的产品和服务。
- 交付提前期。
- 更好的售前服务和售后服务。
- 产品和数量的灵活性。

质量。由于竞争激烈且国际化,成功的公司提供的产品不仅要满足客户的高度期待,而且还要超越其期待。

订单资格要素和订单赢得要素

通常,一个供应商必须符合一定的最基本条件才能成为在市场上可生存的竞争者。客户需求可能基于价格、质量、交付条件等,这些统称为**订单资格要素**(order qualifiers)。例如,某种产品的价格必须在一定范围内,供应商才有可能被考虑。但是,被纳入考虑范围并不意味着就能赢得订单。为了赢得订单,供应商必须具有这样的特征,即促进客户选择自己的产品和服务,而不是选择竞争对手的。说服顾客选择自己公司的产品和服务的这些竞争性特征,或这些特征的组合,称之为**订单赢得要素**(order winners)。订单赢得要素能为公司带来竞争优势。订单赢得要素随时间改变,不同市场可能也会不同。例如,快速交货或许对一个市场举足轻重,而对另一个市场则无关紧要。现在的订单赢得要素特征多半不会始终保持不变,因为竞争对手会试图复制那些赢得订单要素的特征,而且客户的需求也会随时变化。

因为订单资格要素和订单赢得要素将决定公司的生产战略,所以公司了解其每个产品及每个市场中的订单资格要素和订单赢得要素就非常重要。事实上,由于公司几乎不可能在竞争的各个方面都做到最好,因此,公司就应努力在每个订单资格要素上至少达到最低可接受水平,而在订单赢得要素上努力做到市场最好。

同样应该认识到的是,任何一个产品/市场组合的订单资格要素和订单赢得要素都不是固定不变的。在商家运用各种手段谋求市场地位时,不仅客户会改变看法,而且基于产品生命周期概念的订单赢得要素和订单资格要素也会改变。产品生命周期是大部分产品所经历的生命过程,包括产品的推出、成长、成熟和衰退。例如,在产品推出阶段,设计和可用性往往比价格更重要;在成长期,质量和交付的重要性逐渐增加;而价格和交付通常是成熟期产品的订单赢得要素。产品生命周期方法很复杂,因为不同产品生命周期持续时间不同。尽管一些产品的生命周期长达多年,但也有一些产品(如某些玩具或电子设备)的生命周期只能用月甚至是星期来度量。

生产战略

高度重视以市场为导向的公司必须专注于满足或超越顾客期望及订单赢得要素。这样的公司,所有职能部门都必须致力于取胜战略。因此,运营部门必须有一个使之能够满足市场需求、快速而准时交货的战略。

交付提前期(delivery lead time)。从供应商的角度看,交付提前期是指从收到订单到交付产品的时间;而从客户角度看,交付提前期或许还包括订单准备时间和传送时间。客户希望交付提前期尽可能的短,厂商则必须设计一种战略实现这一目标。有五种基本的战略:按订单设计、按订单生产、按订单配置、按订单装配和备货型生产。客户参与产品设计、交付提前期及企业库存状况等都受每一种战略影响,图1-1显示了每一种战略的作用。

按订单设计(engineer-to-order)指的是客户的产品规格需要独特的工程设计或专门加以定制。客户通常深入参与产品设计。只是在有生产需求时才进行库存采购。其交付提前期较长,因为不仅包括采购提前期,还包括设计提前期。

按订单生产(订货型生产)(make-to-order)是指厂商直到接到客户订单才开始生产产品。最终产品通常由标准件构成,但也可能包括客户设计的部件。由于需要极少的设计时间,因此交付提前期缩短,库存也是以原材料形式加以保存的。

按订单配置(configure-to-order)指的是允许客户按照不同的特性或选项来配置某种产品。每个客户或订单可以是以往从来没有过的独一无二的配置方式,而这种配置常常发生在生产过程的一开始。交付提前期之所以缩短,是因为不需要设计时间,而不同的特性和选择都已经是现成的。客户的参与包括挑选所希望的特性和选项。

按订单装配(assemble-to-order)指的是产品由标准部件组成,制造商可以根据客户订单储存产品部件,并进行组装。交付提前期更加缩短,因为不需要设计时间,而且库存部件随时可以拿来组装。客户对产品设计的参与仅仅局限于选择所需要的产品部件。

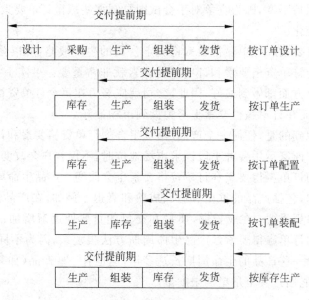

图 1-1　生产战略和交付提前期

按库存生产（备货型生产）（make-to-stock）　意味着供应商制造产品，然后销售库存产成品。这种形式的交付提前期最短。客户对产品设计几乎没有什么直接的参与。

延迟（postponement）指的是按订单装配的另一种应用方式。在《APICS 词典》第 14 版中，它被描述为："一种产品设计策略，通过将某种变化尽可能延迟到供应链的最后位置来满足客户对产品差异性的要求。"这一策略减少了供应链中不同物品的数量，从而降低了库存物品的数量。

可以拿供应全球市场的打印机作为延迟的例子。它使用一个能够转换为不同电压的通用电源组件。一旦收到某个客户的订单，才把它们与相应的电缆、说明书和标签等包装到一起。这避免了将针对不同国家使用的昂贵的打印机在整个供应链上流动。一些基本的延迟工作可以在配送中心完成，并且常常是由第三方物流工作提供者（third party logistics，3PL）来完成的。一些家庭用品（如真空吸尘器）的外国供应商，注定要向多个国家的客户供货，它们常常把包装工作延迟到收到客户的订单后才进行，只有在收到订单后，才将产品，针对客户的标签、条形码、说明书、包装盒等一起打包发走。

供应链的概念

物料的流动有三个阶段：原材料从一个实物的供应系统流向制造型企业；然后通过制造部门的加工形成成品；最后成品通过实物配送系统运送到最终客户。图 1-2 展示了这一系统。但图 1-2 只显示了一个客户和一个供应商，而通常，供应链由供需关系连接起来的许多企业构成。例如，某供应商的客户购买产品，对其进行加工以增加价值，然后再供应给另一个客户。同样地，一个客户可能有好几个供应商，反过来又供应好几个客户。只要有供应商/客户关系链，他们就都属于同一个供应链的成员。

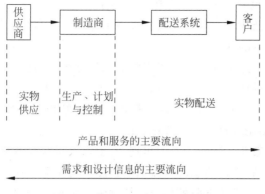

图 1-2 供应—生产—配送系统

供应链有以下一些重要特征：
- 供应链包括提供产品或服务给最终客户的所有活动和流程。
- 供应链可以将任何数量的企业联系在一起。
- 一个客户可能是另一客户的供应商，因此在整个供应链中可能有多个供应商/客户关系。
- 尽管配送系统可以直接从供应商到客户，但根据产品和市场不同，它也会包括一些中间商（分销商），如批发商、仓库商和零售商。
- 产品或服务通常从供应商流向客户，而设计和需求信息，以及现金则通常由客户流向供应商。

尽管供应链系统在不同行业、不同公司之间会有所区别，但是其基本要素都是相同的：供应、生产和配送。每个要素的相对重要性取决于这三个要素的成本。

供应链概念

近些年来，**供应链管理**（supply chain management，SCM）的概念引起了人们极大的注意。重要的是，我们应该了解这一基本概念，以及它对物料管理的影响。

历史背景。过去，公司经理都将其大部分注意力放在公司的内部事务上。当然，他们也意识到供应商、客户及分销商对企业的影响，但通常只是把他们当作商业实体来对待。他们安排采购、销售及物流方面的专员按照正式的、定期磋商的法律合约与这些外界实体打交道，这些合约代表的往往是短期的协议。例如，供应商经常被当作是商业竞争对手。采购专员的主要责任就是与供应商谈判，以得到最好的财务和交付条件，他们的工作就是使公司的利润最大化。

对大多数企业来说，对供应链观点的第一次重大改变可以追溯到准时生产（just-in-time，JIT）概念的爆炸性发展时期。JIT 概念最初是由丰田公司和其他日本公司一起在 20 世纪 70 年代发明的。良好的供应商伙伴关系是成功的 JIT 的主要特征。随着这一概念的发展，供应商被视为合作伙伴，而不再是竞争对手。从这个意义上说，供应商和客户有着彼此联系的命运，一方的成功连接着另一方的成功。这里着重强调伙伴之间的信任，很多诸如来料收货/检验活动等正式的边界机制均已改变或完全取消。随着伙伴关系概

念的发展,彼此的关系也发生了很多其他变化,包括:
- **共同分析以降低成本**。双方共同检查用于传递信息和交付零件的过程,其理念是双方可共享成本的降低。
- **共同设计产品**。过去客户通常将完整的设计方案交给供应商,供应商的义务就是按照设计进行生产。通过建立伙伴关系,双方共同协作,通常供应商将更多地了解如何制造某一特定产品,而客户将更多地了解设计的实际应用。彼此共同协作,可能产生出比各自孤军奋战更好的设计。
- **提升信息流动效率**。随着 JIT 的出现,它要求大量减少各流程中的库存及根据需求快速交付产品,因此信息准确流通的速度变得至关重要。在供应商和客户个人之间那种正式的、基于纸张的传送系统逐渐让位于电子数据交换和更加非正式的交流方式。

供应链概念的发展。随着世界继续在改变,使这一趋势又增加了许多新的变化:
- 电脑的能力和相关的软件应用得到了突飞猛进的发展。高效、集成的系统,诸如**企业资源计划**(enterprise resource planning,ERP)和以电子方式将公司连接在一起的能力(如通过互联网)使得公司能够快速、简便地分享大量信息。对很多公司来说,快速获取信息的能力已成为具有竞争力的必要条件。
- 全球性竞争有了长足的发展。现在很少有公司仍然可以说他们只面临本地的竞争,许多全球性的竞争者正迫使现有公司寻找新的方法,从而在市场上取得成功。
- 产品及其加工的技术能力有了一定的进展。许多产品的生命周期迅速地缩短,迫使企业不仅要在设计方面更具弹性,而且要同供应商及分销商沟通其变化和需求。
- 20 世纪 80 年代出现的 JIT,推动各种改进变得日趋成熟,现在更加精确地定义为精益生产。许多企业已经建立起新的方法,将组织内各部门之间的关系视为一种正常的商业来往。
- 一部分原因是为了响应上述情况,越来越多的企业将更多的工作转包给供应商去做,自己只保留它们最重要的核心竞争力作为公司的内部经营活动。

当前供应链的基本理念是什么?目前采用供应链理念的企业将从原料生产到最终客户购买、再到最终弃置产品的一系列活动视为一个互相连接的活动链。为了取得客户服务和成本的最佳绩效,供应链中的活动应该作为伙伴关系的延伸来管理。这意味着许多问题,但最重要的有三个:
- 物料流。
- 信息流和信息的共享(主要通过互联网)。
- 资金流。

另外,最新的趋势是管理物料的复原、回收和再利用,又称为**逆向物流**(reverse logistics)。

供应链管理的主要方法是概念性的。物料生产的所有部分,从原料到最终客户,都被认为是一个互相连接的链条。管理链上活动的最切实有效的方法,是将链中每个独立的组织视为自身组织的延伸。在一个供应链中可能存在许多组织。以图 1.3 所示组织链为例，它表示了从用于制作计算机芯片的硅原料，到计算机的交付，以及将计算机弃置的流程。

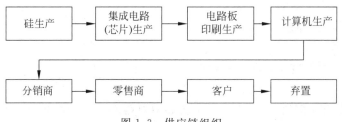

图 1.3 供应链组织

这里所表明的仅仅是由不同机构构成的一个链条，该链条代表的是某一产品供应商和分销商所组成的网络。

许多公司都通过供应链网络来工作，以求从不同的供应商那里获得物料，并向不同的客户发运产品。即便是一个杂货铺，也必须与许多供应商打交道，如干货商、杂志提供商、冷冻和鲜货商，以及当地生产商或特殊货物的供应商等。

许多参与一个供应链的企业有自己个人的利益追求，它们天然地不情愿与别人合作来实现节约。这就要求某个人主动挺身而出，使得供应链中的任何成员都可以与其他成员合作，以显示共同分享有关预测、销售情况或进度安排等方面信息所带来的好处。目前出现了两个新名词：**召集人**（orchestrator）和**链主**（channel master），描述的就是这样一些人或公司，他（它）们能主动出手，把上游和下游相关企业整合为一个供应链，使得所有成员共同合作以降低总成本，并实现更高的效益。这些企业往往是该供应链中的那个处于核心地位的企业。其结果就是形成了一个共享信息的网络。

要管理一个供应链，我们不仅要了解链上的供应商和客户网络，而且必须高效地计划物料和信息在每一链节上的流动，以最大限度地提高成本效益、效率、交付和灵活性。显而易见，这不仅意味着在概念上对供应商和客户采取不同的方法，而且意味着建立一个高度一体化的信息系统，以及一系列不同的绩效评估体系。总之，有效管理供应链的关键是：快速、准确的信息流动和不断提升的组织灵活性。

供应链的衡量指标

衡量指标（metric）是一种与预先制定的定量或定性的参考值加以对比的测量方法。没有衡量指标，公司就不能快速高效地进行日常运作。衡量指标给予我们：

1. 上级的控制情况。
2. 向上级和外部组织提供数据报告。
3. 沟通交流。
4. 学习。
5. 改进。

衡量指标的作用是交流期望、识别问题、指引行动方向并激励员工，因此建立正确的指标对公司来说至关重要。必须能够预料到问题的出现，并在问题变严重之前采取矫正行动。因此，公司不能冒险等待，直到订货周期结束和收到客户反馈后才进行反应。

今天的生产控制要在一个非常苛刻的环境下开展,这种环境有六方面主要的挑战:
1. 永不满足的客户。
2. 庞大且需要管理的供应链。
3. 不断缩短的产品生命周期。
4. 海量数据。
5. 更加被重视的越发低薄的利润率。
6. 更多的替代品。

公司拥有其自身的战略,其中说明了将如何对待客户以及提供什么样的服务。该战略决定了公司如何在市场上开展竞争。最终由客户来评估公司提供的商品,并决定是否购买。衡量指标将战略和运营联系起来,最终将两者融为一体,如图1-4所示。

图1-4 衡量指标的上下游

图1-4的右侧是有关运营以及衡量指标的实施和运用的。焦点描述了所要测评的特定活动;标准则是比较评判绩效的基础和衡量准绳。

绩效测评指标和标准之间是有区别的。**绩效测评**(performance measure)必须是量化的、客观的,并至少包括两个参数。例如,每天的订单数就包含了数量和时间两个测评指标。

绩效标准(performance standards)是在把战略转化为特定目标的过程中产生的。每个目标都应该有一个目标值,如通过产品线数量的测评,将订单履行率提升到98%。绩效标准设定目标,而绩效测评度量现状与目标间的距离。

很多公司都没有认识到绩效测评的潜在好处,也不知道如何开展绩效测评。有些公司在没有设定绩效标准的情况下就进行绩效测评。这种现象在绩效标准和绩效测评的概念尚新时常会发生。而当绩效标准开始应用时,管理者就可以开始监控公司了。正如那句老话所说:"不进行测评就无法掌控。"这句话仍像它最初提出时一样有效。

实施测评时,需要采取以下步骤:
1. 制定公司目标。
2. 定义绩效。
3. 确定所要使用的测评指标。
4. 设定绩效标准。
5. 对参与者进行培训。
6. 确保该项工作持续一致地开展。

尽管传统上大多数公司都使用财务方面的表现来衡量公司成功与否,但是现在大家更加关注的是持续改进,进而提升标准。因此,我们应该注重质量、成本、可靠性、创新、有效性和生产率的不断提升,而非"一次性"的改进。

传统体制的冲突

以往，供应、生产和配送系统等工作都组建成不同的职能单位，并且这些职能单位分别向公司的不同部门作汇报。通常，不同部门的政策和工作都是最大程度地实现本部门的目标，而没有考虑到对系统内其他部分的影响。因为这三个系统是互相联系的，所以就会经常发生冲突。尽管每个系统都做出了对其本身来说最好的决策，但公司的整体目标却会受到损害。例如，运输部门将尽可能地运入最多的货物，从而使每单位运货成本最小化，然而这却增加了库存量，从而导致更高的库存持有成本。

为了获取最大利润，一个公司至少必须有四个主要目标：

1. 提供最好的客户服务。
2. 提供最低的生产成本。
3. 提供最低的库存投资。
4. 提供最低的配送成本。

这些目标导致了市场部门、生产部门和财务部门之间的冲突，因为每个部门在这些目标中都负有不同的责任。

市场部门的目标是维持和增加收入，因此它必须尽可能地提供最好的客户服务。有几种方法可以实现这一目标：

- 维持高库存水平，从而使客户在任何时候都可以获得商品。
- 中断眼下的生产运行，从而可以立刻安排生产库存中没有的商品。
- 建立一个大规模的、因而成本高昂的配送系统，从而可以快速地为客户送货。

财务部门必须保持较低的投资和成本，以下方法可以实现此目标：

- 降低库存水平，从而使库存投资维持在最低水平。
- 减少车间和仓库的数量。
- 采用长时间的生产运营，一次就生产大量产品。
- 只按客户订单生产。

生产部门则必须尽可能保持较低的运营成本，以下方法可以达成此目标：

- 采取长时间的生产运营，生产相对很少的几种产品。这样就可以使用专业化设备，而且只需要少量的更换，从而减少产品制造成本。
- 维持高水平原料库存及在制品库存，使生产不至于因缺货而中断。

市场部门、生产部门和财务部门之间的冲突集中在客户服务、生产流的中断及库存水平中。

图 1-5 显示了这一关系。

今天，精益生产概念强调的是：既要在客户需要时及时满足其所需，又要将库存保持在最低水平。这些目标更加强调生产部门、市场部门和财务部门之间处理好关系。第 15 章将讨论精益生产概念，以及它如何影响物料管理。

解决这些目标冲突的重要方法之一，就是在供应、生产和配送职能部门之间进行密切的协调。问题在于平衡部门间的目标冲突，以便最大限度地降低所涉及的总成本；最大限度地提升客户服务；使之与公司目标保持一致。这就需要某种形式的一体化物料管理

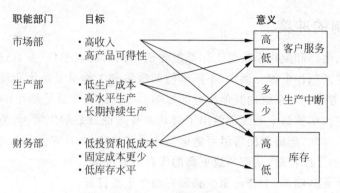

图 1-5 冲突的目标

部门,或者物流组织,来统一负责供应、生产和配送。与其让市场、生产和配送部门都参与这些职能的计划与控制,不如设置一个部门专门负责。

 ## 什么是物料管理

让一个部门来负责管理从供应到生产,再到客户的物流,从而使总成本降到最低,并提供更好的客户服务,这就是**物料管理**(materials management)的概念。其他名称包括:配送计划与控制、后勤管理等,而本书使用的是物料管理。正如我们将在第 15 章所要讨论的那样,精益生产不仅要求个别部门实现高效率,还要求所有的部门大力协作,而单一的物料管理部门可以通过对物料承担总的责任来改善这种合作。

物料管理承担负责计划和控制物料流动的协调职能。其目标如下:

- 最大限度地利用公司的资源。
- 提供所要求的客户服务水平。

物料管理能够明显地改善一个公司的获利情况。一个制造型企业的收入(损益)表可能看起来如下所示:

	金额	占销售收入百分比(%)
收入(销售额)	1 000 000	100
产品销售成本		
直接物料	500 000	50
直接人工	200 000	20
管理费用	200 000	<u>20</u>
产品销售总成本	900 000	90
毛利润	100 000	10

直接人工和直接物料是一种随销售量增加或减少的成本。管理费用(所有其他成本)则不直接随销售量变化。为了简便起见,我们在这一节假定管理费用是恒定的,尽管其最初表现为销售额的一定百分比。

如果通过一个物料管理部门的良好组织,直接物料可以减少 12%,利润的改善就会如下所示：

	金额	占销售收入百分比(%)
	1 000 000	100
产品销售成本		
直接物料	440 000	44
直接人工	200 000	20
管理费用	200 000	<u>20</u>
产品销售总成本	840 000	<u>84</u>
毛利润	160 000	16

利润因此增加了60%。换句话说，有效地管理库存能对利润产生立竿见影的效果。如果要通过增加收入而增加同样的利润(60 000美元)，销售额必须增加到120万美元，如下所示：

	金额	占销售收入百分比(%)
收入(销售额)	1 200 000	100
产品销售成本		
直接物料	600 000	50
直接人工	240 000	20
管理费用	200 000	<u>17</u>
产品销售总成本	1 040 000	<u>87</u>
毛利润	160 000	13

例题

a. 如果直接物料的成本是60%，直接人工是10%，管理费用是销售额的25%，假如直接物料减少到55%，利润改善将是多少？

b. 销售额应该增加多少才能达到同样的利润增量？（记住，管理费用是恒定的。）

答案

a.

	改善前	改善后
收入(销售额)	100%	100%
产品销售成本		
直接物料	60%	55%
直接人工	10%	10%
管理费用	<u>25%</u>	<u>25%</u>
产品销售总成本	<u>95%</u>	<u>90%</u>
毛利润	5%	10%

b. 利润＝销售额－(直接物料＋直接人工＋0.25)

　　　＝销售额－(0.6×销售额＋0.1×销售额＋0.25)

　　　＝销售额－0.7×销售额－0.25

0.1＝0.3×销售额－0.25

0.3×销售额＝0.35

销售额 $\frac{0.35}{0.3}$＝1.17

销售额必须增加17%才能达到同样的利润增加量。

在制品

库存不仅指原材料和购入的部件,也指在生产出最终产品过程中的待加工产品。这种库存叫作**在制品**(work-in-process,WIP)。它是很多公司投资的一个主要部分,因此缩短库存在生产中所花费的时间是降低与这种投资相关的成本的一种好方法。在生产中,人力、物料和管理费用持续不断地附加在产品成本中,它们也提高了在制品的价值。有关在制品及其削减的进一步讨论见第9章和第15章。

例题

一个公司的平均在制品库存为12周,年平均出售产品成本为3 600万美元,假设该公司每年有50个工作周。

a. 在制品的价值是多少美元?

b. 如果在制品能减少到5周,每年的库存持有成本是库存价值的20%,那么每年节省的成本是多少?

答案

每周出售产品成本＝36 000 000美元/50周＝720 000美元/周

WIP为12周时的价值＝12周×720 000美元/周＝8 640 000美元

WIP为5周时的价值＝5周×720 000美元/周＝3 600 000美元

WIP减少额＝8 640 000美元－3 600 000美元＝5 040 000美元

年度库存成本节省＝5 040 000美元×20%＝1 008 000美元

降低成本直接有助于赢利。增加销售量则同时增加了人工和物料的成本,因此利润并不会直接按比例增加。物料管理通过确保正确的物料在正确的时间到达正确的地点,使企业的资源得到恰当的利用,从而降低成本。

有多种方法可用于对物料流动进行分类。一种非常有用的、也是本书中使用的分类法是生产计划与控制及实物供应/配送。

生产计划与控制

生产计划与控制对整个制造过程中物料流动的计划和控制负责。其包括的主要活动如下:

1. 生产计划(production planning)。生产必须能够满足市场的需求,为此找到最有效的方式是生产计划的责任。它必须确定正确的优先事项(需要什么以及何时需要),并确保公司拥有产能以执行这一优先事项。它包括:

a. 预测。

b. 主计划。

c. 物料需求计划。

d. 产能计划。

2. 执行和控制(implementation and control)。其责任是将生产计划付之于行动,并实现该计划。这些责任是通过生产作业控制(常称为现场控制)和采购活动来完成的。

3. 库存管理(inventory management)。库存现有的物料和供给品,或用于销售,或用于为生产过程提供物料和供应。库存是计划过程的一部分,为需求速率与生产速率间的差异提供一定缓冲。

生产计划、执行、控制和库存管理应协同工作。制造过程中的库存或用以支持生产,或是生产的结果。

生产计划与控制系统的输入要素。生产计划与控制系统有五个基本输入要素:

1. 产品描述(product description)。表明产品在生产的某一阶段将以何种形态出现。工程制图和规格是描述产品的方法。另一个方法,而且是生产计划与控制最重要的方法,叫作**物料清单**(bill of material)。在物料管理中,物料清单要做如下两件事情:

- 描述生产某产品所用的部件。
- 描述在不同制造阶段的子组件。

2. 加工过程说明书(process specifications)。描述制出最终产品的必要步骤。它们是一套按步指令,描述了产品是如何一步步制造出来的。这些信息通常记载在路线表或工艺路线档案中。路线表或工艺路线档案是一些文件或电脑文档,提供制造某一产品的以下信息:

- 生产某产品所需要的作业。
- 作业顺序。
- 所需要的设备和附件。
- 进行每一项作业所需要的标准时间。

3. 完成作业所需时间(time needed to perform operations)。通常用**标准时间**来表示,它是一个中等水平操作人员以正常速度完成一件工作所需要的时间。工厂安排生产、分配任务、做出交付承诺以及计算产品成本都需要标准时间。通常,作业的标准时间可以从工艺路线档案中得到。

4. 可用设施(available facilities)。生产计划与控制必须知道什么工厂、什么设备及什么员工可以用来进行生产。这类信息通常可在工作中心档案中找到。

5. 所需数量(quantities required)。该信息来自预测、客户订单、补充成品库存的指令和物料需求计划。

实物供应/配送

实物供应/配送包括所有涉及产品移动的活动,从供应商到生产过程的起点,从生产过程的终点到客户。它所涉及的活动如下:

- 运输。
- 配送库存。
- 仓储。

- 包装。
- 物料搬运。
- 订单录入。

物料管理是一种保持平衡的工作,其目的是能够按客户所期望的时间和地点交付其所需要的商品,并且以最低的成本完成。为了实现此目标,物料管理必须在客户服务水平与提供这一服务的成本之间进行权衡。服务水平提高,成本也随之增加,这是一条不二法则。物料管理必须找到投入的最佳组合,以最大限度地提升客户服务水平,并最大限度地降低成本。例如,客户服务可以通过在主要市场设立仓库得到改善。然而,这又导致产生了额外的仓库运营成本和额外的库存持有费用。在一定程度上,如果能够采用低成本的运输,这些费用可由节省下的运输成本加以抵偿。

将所有这些涉及商品搬运和储存的活动都并入一个部门,公司将有更好的机会以最低的成本提供最优质的服务,并同时增加赢利。总体上,物料管理关注于优先事项和产能之间的平衡。市场设定需求,物料管理必须规划公司的优先事项(何时生产何种产品)以满足市场的需求。所谓产能是指系统生产或配送商品的能力。优先事项和产能都必须进行计划和控制,从而以最低的成本满足客户的需求。物料管理的责任即在于此。

小结

制造通过增加商品的价值创造财富。为了改进生产率并增加财富,公司必须首先设计切实有效的制造系统。然后,企业必须管理这些系统,以最有效地利用人员、资金和物料。达成这一目标的最有效方法之一是:计划并控制制造过程中物料的流入、流经及流出。在物流系统中有三个要素:供应、生产计划与控制以及实物配送。它们之间互相联系,一个系统所发生的事件将会影响到其他要素。

传统上,公司目标与市场部门、财务部门和生产部门的目标存在着冲突。物料管理的作用就是通过协调物料的流动,平衡相互冲突的目标,以维持客户服务水平,并合理地使用公司资源。

本书将探讨有关物流和供应链"知识体"中的部分理论和实践。

关键术语

按订单组装　assemble-to-order
可用设施　available facilities
物料清单　bill of material
链主　channel master
按订单组装　configure-to-order
按订单设计　engineer-to-order
企业资源计划　enterprise resource planning
执行和控制　implementation and control

库存管理　inventory management
订货型生产　make-to-order
备货型生产　make-to-stock
物料管理　materials management
衡量指标　metric
召集人　orchestrator
订单资格要素　order qualifiers
订单赢得要素　order winners
绩效测评　performance measure
绩效标准　performance standards
延迟　postponement
加工流程说明书　process specifications
产品描述　product description
生产计划　production planning
所需数量　quantities required
逆向物流　reverse logistics
路径　routing
标准时间　standard time
供应链管理　supply chain management
在制品　work-in-process

 问答题

1. 什么是财富？它是怎样创造出来的？
2. 什么是附加价值？它是如何获得的？
3. 列举并描述影响运营管理的四个主要因素。
4. 什么是订单资格要素和订单赢得要素？
5. 描述五个主要生产战略，并说明每个战略如何影响交付提前期。
6. 什么是供应链？描述供应链的五个重要因素。
7. 要管理一个流程或作业，制造业管理者必须做些什么？管理计划与控制的主要方法是什么？
8. 列举并描述供应、生产和配送系统的三个主要部分。
9. 一个希望获利最大化公司的四个目标是什么？
10. 市场部门的目标是什么？哪三种方法可以帮助市场部门实现这一目标？
11. 财务部门的目标是什么？这些目标如何才能实现？
12. 生产部门的目标是什么？这些目标如何才能实现？
13. 描述市场部门、生产部门和财务部门的目标如何在客户服务、生产中断和库存方面互相冲突。

14. 物料管理的目的是什么？

15. 列举并描述生产计划与控制的三个主要活动。

16. 列举并描述生产计划与控制系统的输入要素。

17. 什么是实物供应/配送系统所涉及的六大活动？

18. 为什么物料管理被认为是一种保持平衡的工作？

19. 什么是衡量指标？谁将使用衡量指标？

20. 对于学习生产计划与控制的学生来说，电脑包和背包是比较常见的物品。讨论生产以上一系列产品所涉及的生产计划与控制活动。为使生产计划与控制系统发挥其作用，还需要从其他部门获取什么信息？

21. 举出至少三个向你们学校书店提供产品的供应链。它们使用合作供应链方法来帮助降低成本了吗？

22. 从21题书店供应链的例子中，说明其中一个供应链使用了供应链主。

23. 在快餐行业里，使用的是哪种制造战略？从客户的角度看，它如何影响了交货提前时间？

24. 举出一个延迟做法的例子。

计算题

1.1 假使制造成本（直接物料和直接人工）是销售额的60%，利润是销售额的10%，如果通过更好的计划和控制，制造成本从销售额的60%降到50%，利润将提高多少？

答案：利润将提高100%。

1.2 在问题1.1中，销售额应该增加多少才可以取得同样的利润增长？

答案：销售额应增加25%。

1.3 某公司平均有8周的在制品提前时间，销售产品的年成本为1 200万美元，假设公司一年工作50周。

a. 在制品的价值是多少美元？

b. 如果在制品提前时间减少到6周，那么在制品每年可节省多少钱？

答案：a. 1 920 000美元。

b. 480 000美元。

1.4 某公司平均有10周的在制品库存，销售商品的年成本为3 000万美元，假设公司一年工作50周。

a. 在制品的价值是多少美元？

b. 如果在制品库存减少到5个星期，库存持有年成本是库存价值的20%，则每年可节省多少钱？

1.5 Amalgamated Fenderdenter公司的年销售额为1 000万美元，公司每年花费350万美元购买直接物料，250万美元雇用直接人工，公司每年管理费用为350万美元，利润为50万美元。直接人工和直接原料成本直接随销售商品的成本变化，而管理费用是固定的。公司希望将利润翻倍。

a. 公司每年应该增加多少销售额？
b. 公司每年应该降低多少物料成本？
c. 公司每年应该降低多少人工成本？

案例研究　弗兰的鲜花

　　2008年，当弗兰取得了艺术专业大学肄业生的资格后，她决定将她的知识和对艺术的热爱与她的第二爱好——园艺和鲜花——结合起来，并将其发展成为一个企业。她打算将重点放在鲜花店的一个特定方面，那就是按订单提供定制的鲜花，这类定制通常发生在宴会和婚礼等场合上。她既聪明，又能干，事业取得了极大的成功，现在已经将花店开到了那条闻名而繁华的商业街上。与许多成功的企业一样，她的成功也产生了许多未曾意想到的问题。其中一些属于成长中的烦恼，而其他一些则属于这个行业所特有的问题。最近，她和她的商业顾问会谈了一次，概述了她所面临的几个主要问题：

　　1. 业务重点。当她把新店开到这条商业街时，她继续其专门按订单销售的做法，但是经常有一些顾客是来店现买的顾客，如去看望生病的朋友；以及那些直到最后一分钟才来买花的人，如为了庆祝生日、周年纪念活动、情人节；等等。鉴于对于花店的营业收入来说，这些买卖是极为有益的补充，为此，她特地在三个销售旺季到来时，做出了用不同大小、种类和成本的鲜花摆成的橱窗。尽管她并没有为了这些买卖专门去做广告，但是商业街上摩肩接踵的人流，以及口口相传的良好口碑使得这种进店现买的业务越做越大，现在差不多已经占了其总流水的一半。然而，由于几个原因，这种业务使得她倍感头痛：

　　（1）尽管某些日子可以预计到有很大的鲜花需求（如情人节、母亲节的前两天），但她并不知道到底有多少顾客会在那个特定日子进店来买花，也不知道这些顾客所能承受的价格是多少。甚至天气和当地运动队的比赛日程也都会影响到对鲜花的需求量。她明白自己必须更好地把握这些问题。否则，不了解顾客的需要就意味着永远失去那些潜在的好顾客。另外，鲜花的上架时间很短，如果价格设定得不对，就意味着大大增加了废弃率。对于这个行当来说，盈利和亏损并不完全在于每天失去了一些买卖。

　　（2）一些顾客对她的交货方式非常生气，而交货方式恰恰是按订单生产的主要组成部分。例如，她不接受将价格为20美元的鲜花即刻送往医院的业务。愤怒的顾客一直在问，他们需要付多少钱，她才能送货。而她真的不知道该要多少钱，也不知道该如何回答这种问题。通常情况下，她只是说，她只对预先定制的花束上门送货。她知道，这种不送货会损害她的商誉，失去一些业务，甚至会失去一些潜在的回头客。

　　（3）与上面问题有关的是，一些顾客对她没有加入某种全国性的快递服务网深感不满，否则他们即使住在城外也能收到鲜花了。而她担心的是，如果那样做，会愈加偏离她按订单制造的核心业务。同时，加入那样的快递网费用很高，从财务角度看，她必须在那方面花很多的时间和精力才能划得来。

　　（4）还有一些顾客希望她能延长营业时间，因为他们常常是在下班回家的路上，偶尔停下来买些鲜花，但却发现花店那时候已经关门了，或者是她到另外的地方安排定制的鲜花去了。

2. 人手问题。随着业务的增长，弗兰雇用了一位熟练的插花师莫丽。但是，那些未曾料到的大量进店买花的顾客给她带来了人手问题。由于必须随时招呼这些进店的顾客，弗兰和莫丽不得不经常停下手头那些定制花篮的活儿，走到前店来接待他们。在前几个星期她已经晚送了几次货，还有几次虽然尽力按时送了货，但是自己对送出花篮的样子并不满意。这让她深感不安，因为她一直致力于通过确保质量来赢得自己的声誉。她想过再雇用一个专职送货员，但还是觉得由她自己或莫丽送货为好，因为这样可以一竿子插到底，以便在交货过程中出现问题时好处理。

另外，她还考虑雇用一些兼职员工来接待那些进店买花的顾客。然而看来也是差强人意，这是因为以下两个原因：

（1）由于这些顾客的不确定性，因此她不知道这些兼职员工该几点上班，以及上多长时间的班。这些额外帮手会增加总成本，而没有顾客时，这些人就白白地站在那里，这使得利润/亏损状况更加敏感。

（2）在接待这些顾客时，需要经常回答一些问题，如花的种类、能摆放多长时间等。而她所雇用的这些非熟练员工往往一问三不知，不得不经常打断她和莫丽的工作来向她们请教。即使顾客得到了答案，也多半是带着不好的印象而离去，因为他们常常希望能从售货员那里获得更多有关花卉的知识。如果弗兰和莫丽外出处理订单时，这种印象会更糟，因为顾客这时得到的回答往往是："我也不清楚。"由于她支付的工资只比最低工资略高一点儿，因此员工的流失率也很高。这迫使她不停地雇用新员工，并加以培训，而这又进一步使得她从主营业务上分心。她明白，如果她支付的每小时工资再高一些，是能雇用到知识丰富的员工的，但老问题又出现了，那就是在花店的营业期间，有许多天可能是要亏损的。因此弗兰觉得她真的承受不起支付更高的工资了。

3. 扩大业务。几个常客一直在鼓励她到城市的另一边去再开一家花店，甚至考虑扩大到其他城市去。他们说，他们的一些朋友非常喜欢她的插花样式，但她花店的位置距离他们工作和生活的地方很不方便。对于大的订单而言，这通常不是问题，因为弗兰和莫丽可以上门，了解顾客对花样的具体要求。但这的确很费时间，所以在可能的情况下，她多半请远方的顾客来店里商谈。许多顾客不愿意这么做，因此失去了不少的订单。尽管扩大业务对弗兰很有吸引力，但她担心的是控制问题，这不仅是订单，而且还有送货问题。她有能力同时对两个或多个处于不同地点门店的工作质量和花样设计加以控制吗？

4. 供应。随着她从批发商那里采购的数量越来越大，批发商建议弗兰签订一份采购合同，而不是像她现在那样临时来大把地买花。这种合同能给弗兰很大的价格折扣，但是，对每种花的订购量必须超过一定数额，这样批发商才能由于规模经济而降低成本。考虑到她的平均出货量，她必须合理地确定订货量，但是，在有些期间内，围绕平均需求量的波动很大，而这往往会造成很大的废弃率。所以她吃不准，从长期来看，签订这样的购买合同是否会给她带来好处。

讨论题

1. 在这个案例里，关键问题是什么？换句话说，要从这些问题的症状中找出真正的问题来。这些问题与其战略有关吗？

2. 为了确定找到了正确的问题，以及提供改正问题的方法和支持，你建议收集哪些类型的数据？你将如何处理和使用这些数据？

3. 对于她的花店，你有哪些建议？为什么？请提出一份综合性的和完整的行动计划，并对你的建议说明理由。

4. 对你建议她应做出的任何改变，制订一份实施计划。如果合适，请列出应当优先实施的步骤来。

第 2 章

生产计划系统

引言

本章将介绍生产计划与控制系统(manufacturing planning and control, MPC)。首先,本章将探讨系统的总体概况,然后讨论与生产计划相关的一些细节。之后的章节将会探讨主生产计划、物料需求计划、产能管理、生产作业控制、采购和预测。

制造是一个复杂的过程。有些公司只生产几种不同的产品,而有些公司则生产很多种产品。然而,每个公司都使用不同的过程、机器、设备、技术人员和物料。为了获利,一个公司必须将所有这些要素组织起来,从而以最佳的质量在适合的时间生产出适合的产品,并且尽可能节约成本。这是一个复杂的问题,因此,拥有一个好的计划和控制系统就显得十分必要。

一个好的规划系统必须回答以下四个问题:

1. 我们打算为客户生产或提供什么?
2. 生产这种产品需要什么?
3. 我们有什么?
4. 我们需要什么?

这些就是优先权和产能的问题。

优先权(priority)与下列因素相关:需要什么产品、需要多少产品,以及何时需要。优先权由市场设定。如有必要,生产部门有责任修改计划以满足市场的需求。

产能(capacity)是制造部门提供商品和服务的能力。它最终取决于公司的资源:机器设备、人力、财务资源,以及供应商的物料供给。在短期中,产能是在一个给定时间内,员工和设备能够从事的工作量。优先权与产能的关系如图 2-1 所示。

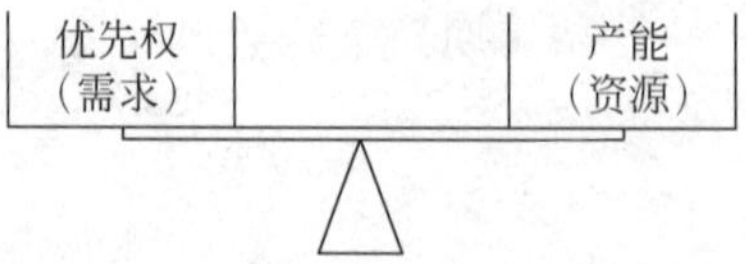

图 2-1 优先权与产能的关系

无论是从长期还是短期角度来看,制造部门都必须调整其生产计划,以平衡市场需求和其自身的资源及产能。对于长期的决策,如建造新厂房或购买新设备,则必须为未来的若干年制订计划。而对于未来几周的生产计划,时间跨度应是数天或数周。从长期到短期的不同计划等级将在下节中讨论。

 生产计划与控制系统

生产计划与控制系统(图 2-2)中有五个主要层次:
- 战略商业计划(依据企业发展战略所制订出的企业计划)。
- 生产计划(销售和运营计划)。
- 主生产计划。
- 物料需求计划。
- 采购和生产作业控制计划。

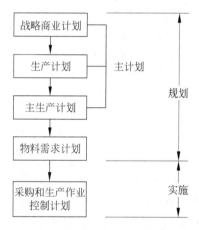

图 2-2　生产计划与控制系统

每一层次计划的目的、时间跨度及详细程度都不相同。从战略规划到生产作业控制,计划的目的由企业总体方向变为特定的细节规划;时间跨度从年减为天;其详细程度则从总体大类别变为单个的部件和工作站。

因为每一计划层次都有不同的时间跨度和不同的目的,所以每一层次在以下几个方面都有差异:
- 计划的目的。
- 计划的时间跨度——计划涵盖的从现在到将来某一时间的跨度。
- 详细程度——计划所需要的产品细节。
- 计划周期——计划检查的频率。

在每一层次,有三个问题必须得到回答:
1. 优先权是什么——生产什么产品、生产多少,以及何时生产?
2. 可用产能有什么——我们有什么资源?
3. 如何解决优先权和产能之间的差距?

图 2-2 说明了计划的等级结构,前四个等级属于是规划级,计划结果是授权采购或生产所需物品。最后一级是何时将计划通过生产作业控制和采购付诸行动。

下一节中,我们将通过计划的目的、时间跨度、详细程度及计划周期考察计划的每一个层次。

战略计划

战略计划是对公司在未来 2~10 年或更长时间内希望达成的主要目标的表述。战略计划是对一个公司大体方向的描述,它表明公司希望在将来从事的业务种类,如产品线、市场等,以及企业打算如何去做。该计划给出了企业希望如何达成这些目标的总体方向,并真正体现了该企业意图采取各种行动来实现各方面的承诺,如增长、确定和吸引客户、确定市场,以及提高竞争力和改善财务业绩等。战略计划建立在长期预测的基础上,它包含公司内市场、财务、生产和工程以及其他主要部门的参与。而战略计划反过来又在市场、生产、财务和工程,以及其他部门的计划之间提供指导和协调作用。

市场部门负责对市场进行分析,并决定公司如何响应市场,包括:服务于哪个市场,供应什么产品,所期望达到的客户服务水平,定价方针,促销策略,等等。

财务部门负责决定公司可用的资源和资金的使用、公司的现金流、利润、投资回报率及预算等工作。

生产部门必须满足市场的需求。它通过尽可能有效地利用工厂、机器、设备、人员和物料实现这一目标。

工程部门负责研究、开发和设计新产品或改进现有产品。工程部门必须与市场和生产部门协同合作,以设计出能够在市场上售出并能以最经济的方式生产的产品。

制订战略计划是企业高层管理者的责任。战略计划应用来自市场、财务和生产以及其他部门的信息建立架构,为市场、财务、工程和生产部门更深入的计划设定目标。

一些公司业已采用专门的方法来确定愿景陈述和目标,并将其作为制订该计划的一部分。根据这个愿景,公司中的所有其他部门制订相应的工作计划,以协力完成公司的总目标。因为该方法是由日本提出的,因此常常用其日本名字 hoshin plan(方针计划)。其基本步骤如下:

1. 制订一个你打算提高或实现的计划。
2. 设定各个分目标。
3. 在公司内广泛宣传该目标。
4. 考核你的工作成果。
5. 分析来自考核的数据,需要时采取改进步骤。
6. 必要时,重复进行改正。

近来出现了一些新趋势,它们有时会影响到战略计划的制订和管理。其中之一是**可持续性**问题,其基本含义就是长期不断(可持续)经营的能力。对可持续性的兴趣,大部分源自对污染控制、保护环境和**社会责任**(指公司应当实行与社会产生正面关系的政策,并力求在企业的经济利益和环境之间取得平衡)。正如《**联合国全球公约**》(*United Nations Global Compact*)所指出的那样,在全球范围内,公司的社会责任已经日益成为一个重要问题。该公约认识到,企业发展已经成为全球化的一个主要推手,因此该公约为企业的战略和经营确立了十项原则,包括维护适当的人权、劳工待遇、环境保护,以及反腐败等。

可持续性还与减少废物、降低生产中的低效益等问题有关。它不仅倡导在生产中使用更少的资源和产生更少的废物,还包括花费更低的代价。减少废物的例子包括少用包装材料(它们常常被扔掉),以及用资源去生产可再次使用的产品。这些问题将在第15章(精益生产)中更详细地加以讨论。循环和再利用物料也是可持续性的一个重要方面。有时候,这些工作也被叫作再生产(remanufacturing)或**逆向物流**。在某些情况下,公司会建立一个正式的供应链,专门用于回收用过的产品并对其加以处理,从中提取可用的材料,或者用某种方式再次使用它们。这种供应链有时也叫作**逆向供应链**(reverse supply chain)。

近来,对制订战略计划产生影响的第二个问题是**风险管理**。人们常常把风险认为是不好的事情,当然,这种看法有其正确的部分。风险反映的是系统、人员或某些外部事件出现了问题,从而导致钱财或生产的损失,引发法律纠纷,以及降低了成功实施战略计划的可能性。但风险也具有积极的意义,从这个角度上说,它常常被叫作机会。风险管理重点关注的是建立相关的制度和措施,力求做到迅速地识别风险,并建立完整的战略机制,在将风险的负面影响降低到最小程度的同时,能充分利用其积极方面的意义(机会)。

对一个机构而言,有效地制订战略计划取决于:在与该计划有关的各项措施是否落实到实现该计划的一系列目标这个问题上获得了恰当的考核及反馈情况。这些考核指标(财务和非财务两方面)有时被叫作**关键绩效指数**(key performance indicators,KPI)。重要的是,一个指标或指标子集不要和其他指标产生抵触,这样,它们才能提供公司在实现总的战略计划和可持续工作方面(包括财务、社会和环境)全面、平衡的发展情况。这一套平衡的KPI常常被称为**平衡计分卡**(balanced scorecard),而设立和管理平衡计分卡的方法业已开发了出来。这种计分卡力图将有关企业发展、财务、以客户为中心的措施,以及学习和增长等有关指标加以平衡。当然,所有这些看法和指标都已经发展成为制订全面战略计划的一部分。

战略商业计划

一旦战略计划制订了出来,那么该计划常常会强调财务方面的问题,包括预计的收入、预计的资产负债表,以及预计的损益表等。这些以财务情况为基础的计划也叫作商业计划,或者有时叫作**战略商业计划**(strategic business plan)。每个职能部门都需要制订本部门的计划,以实现战略商业计划拟订的总目标。这些部门计划将互相协调,并与战略商业计划保持一致,图2-3说明了这种关系。

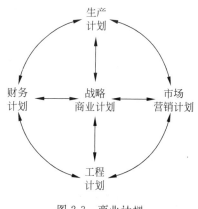

图2-3 商业计划

战略商业计划的详细程度不高。它所关心的是总体市场和生产需求——有可能是主要产品类别或产品家族,而不是单个产品的销售。战略商业计划经常以金额,而不是单位数来表述。

战略商业计划通常每6个月到1年进行一次检查。

生产计划

给定了战略商业计划设定的目标后,生产管理人员则关心以下几个问题:
- 每个阶段每个产品族必须生产的数量。
- 所期望的库存水平。
- 每个阶段所需要的设备、人力和物料资源。
- 所需资源是否能够得到。

生产计划的详细程度并不高。例如,一个公司生产不同型号的儿童自行车、三轮车和踏板车,每一个型号都有许多品种,生产计划只需要列出主要产品类别或产品族——自行车、三轮车和踏板车。由于生产计划多半会将各产品族,而不是单个产品综合在一起,所以有时也被看作是**集合生产计划**(aggregate production plan)。

生产计划人员必须在公司可获得资源范围内修改计划以满足市场的需求。这将涉及决定满足市场需求所需要的资源,将其结果与可获得资源进行比较,然后修改计划以平衡需求与可获得资源。

决定所需资源并将其与可获得资源进行比较的过程发生在计划的每一个层次,这也是产能管理的难题所在。为了有效地制订计划,必须在优先权和产能之间达到平衡。

生产计划与市场和财务计划一并关系到战略商业计划的实施。计划的时间跨度通常是 6~18 个月,可能会每个月或每个季度检查一次。

主生产计划

主生产计划(master production schedule,MPS)是为单个最终产品的生产所作的计划。它将生产计划进一步细分,显示每一个阶段需要生产的每种最终产品数量。例如,它可能列出每周需要生产 200 辆型号 A23 的踏板车。主生产计划的资料来源是:生产计划、对每个最终产品的预测、销售订单、库存和现有生产产能。

主生产计划的详细程度比生产计划要高。生产计划以产品族(如三轮车)为基础,而主生产计划则是针对单个最终产品(如每种型号的三轮车)而制订的。计划的时间跨度通常是 3~18 个月,长短主要取决于采购和制造的提前期。第 3 章中有关主生产计划的章节将会讨论这一话题。**主排程**(master scheduling)一词用于描绘制订主生产计划的过程,而主生产计划一词则是这一过程的最终结果。通常,主生产计划每周或每月进行一次检查和修改。

物料需求计划

物料需求计划(material requirements plan,MRP)是生产和采购用于制造主生产计划的产品所使用的部件的计划。物料需求计划展示了所需的部件的数量,以及生产部门将何时制造或使用这些部件。采购和生产作业控制部门使用物料需求计划来决定采购或者制造特定的部件。

物料需求计划的详细程度较高。该计划确定何时需要零部件来生产每一个最终产品。

计划的时间跨度至少与采购和制造的提前期之和一样长。与主生产计划一样,物料需求计划的时间跨度通常也是 3～18 个月。

采购和生产作业控制

采购和**生产作业控制**(production activity control,PAC)指的是生产计划与控制系统的实施和控制阶段。采购负责建立原材料流并对其流入工厂进行控制。生产作业控制负责计划并控制工厂内的工作流。

计划的时间跨度很短,可能从 1 天到 1 个月。计划的详细程度很高,因为它所关心的是每一个部件、工作站和订单。计划要每天进行检查和修改。

图 2-4 展示了不同计划工具、计划时间跨度和详细程度之间的关系。

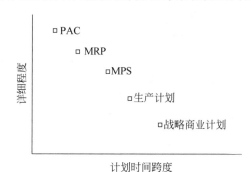

图 2-4 详细程度与计划时间跨度

本章只讨论生产计划。之后的几个章节将讨论主生产计划、物料需求计划和生产作业控制。

产能管理

在生产计划和控制系统的每一个层次,根据制造系统的可获得资源和产能的情况,必须对优先权计划进行测试。第 5 章将详细描述产能管理的话题。现在只要理解,基本流程之一是计算执行优先权计划所需要的产能,并找出使产能可以获得的方法。如果做不到这点,就不可能有可行的生产计划。如果在需要时不能获得产能,那么生产计划就必须修正。

决定所需产能,将其与可获得产能进行比较,做出相应调整(或修改计划),这些步骤要在生产计划和控制系统的每一个层次进行。

几年之后,生产部门的机器、设备和生产车间有可能增加或者减少。而有些改变,如生产班次数目的变化、加班、转包工作等,则能够在这段期间内发生。然而,在生产计划和生产作业控制所涉及的时间段内,这些方面的大变化是不允许发生的。

 ## 销售和运营计划

战略商业计划将一个企业内所有部门的计划整合为一体,通常每年更新。然而,随着时间的推移,各部门的计划都应该进行更新,从而使最新预测、市场和经济状况都列入考虑之中。**销售和运营计划**(sales and operations planning, S&OP, 有时也写作 SOP)是一个持续不断地修正战略商业计划和协调不同部门计划的过程。销售和运营计划是跨职能部门的商业计划, 它涉及销售和市场营销、产品开发、运营及管理高层。在这里, 运营代表供应, 市场营销却代表需求。销售和运营计划是制订生产计划的基础。

尽管战略商业计划每年都进行更新, 销售和运营计划却是一个动态的过程, 在这一过程中, 该计划定期更新, 通常至少每月一次。该过程始于销售和市场部, 它们将实际需求与销售计划进行比较, 评估市场潜能, 并预测未来需求。更新之后的市场营销计划传达给制造、工程和财务部门, 后者调整它们的相关计划, 以支持修正了的市场营销计划。如果这些部门发现它们无法适应新的市场营销计划, 则必须对营销计划进行调整。这样, 战略商业计划在全年中不断修正, 不同部门的活动也由此协调起来。图 2-5 显示了战略商业计划与销售和运营计划之间的关系。

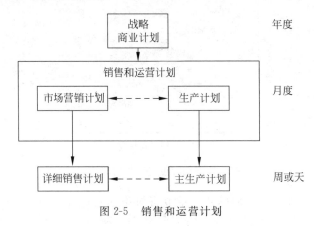

图 2-5　销售和运营计划

销售和运营计划是中期计划, 它包括了市场营销、生产、工程和财务计划。销售和运营计划有以下几个优点:

- 当形势发生变化时, 为战略计划和战略商业计划的更新提供途径。
- 提供管理变化的途径。销售和运营计划迫使管理者至少每月审视一次经济状况, 这使得他们处于主动地位, 而不至于在市场或经济状况发生变化后才被动地应付, 不得不改变计划。
- 销售和运营计划确保不同部门的计划切实可行、互相协调, 并支持战略商业计划。
- 提供能够达成公司目标的、切实可行的计划。
- 使更好地管理生产、库存和积欠订单(backlog, 即未完成交货的订单)成为可能。

认识到这一点很重要, 即销售和运营计划是由各级主管来制订的计划, 该计划过程涉及在不同职能/部门间做出重要权衡的可能性。这样, 主管们能够确保得出生产产品数量和产品类别组合的最佳方案, 并用可能的最佳方法来平衡供需。

应当指出的是, 销售和运营计划实际上并不规定生产进度, 而是关注更好地制订出一份如何使用公司资源的高水平计划。这些资源不仅包括生产资源, 还包括人力资源、销售资源、财务资源等, 以及实际上公司内所有部门的资源。销售和运营计划应当反映出战略计划中所指出的愿景和战略, 并且应当作为跨部门的核心和唯一的计划, 也是全公司的工作基准。

在《销售和运营计划》一书中,作者汤姆·瓦拉斯(Tom Wallace)给出了制订销售和运营计划的五个步骤,简述如下:

1. **数据收集**。上个月的实际销售量、现有的库存数、市场/销售数据、财务数据等。
2. **需求计划**。用这些数据,以及来自其他所有可能来源所获得的资料,确定管理预测。可以用统计学方法进行预测,但也要对其他资料加以评估。这些资源可能包括新产品的出现、价格变化的影响、竞争状况,以及经济形势等。我们将在本书的第8章详细讨论需求计划和需求管理问题。
3. **供应计划**。将需求预测与现有产能的约束情况加以比较。
4. **销售和运营计划预备会**。该会应当用来平衡需求和供应问题,如果两者有差距,则应考虑如何解决。并制定一份工作建议和议题表,供高管层开会使用。
5. **高管层会议**。会议将考虑所有的数据和建议,并考虑如何使得销售和运营计划符合公司战略和战略商业计划要求,从而就公司应当如何开展下一步工作做出最终决定。

在许多公司里,对于资源的讨论还常常涉及所谓**绿色生产**(green production)问题。这种讨论的重点基本上包括以下方面:

- 环境影响。
- 节约能源。
- 物料的使用方式,如减少废物、重复使用和可回收性等。
- 各种资源的稀缺性。

这种关于绿色生产的讨论,其结果往往既有助于产品的设计和加工,也有助于更有效地使用生产资源。例如,加拿大一家使用大量电能的金属铸造公司,它的金属融化避开了用电高峰期。这使得当地的供电厂不必增加其供电能力,同时,该铸造公司还能得到一定的电价折扣。显然,绿色生产这个概念,也是本章前面提到的可持续性的重要内容。

制造资源计划

因为需要大量的数据及计算,生产计划和控制系统或许有一天必须依靠计算机。如果不使用计算机,以手工方式进行这些计算所需要的时间和人力是巨大的,这样将会迫使企业采取折中方案。公司可能不再通过计划系统来安排需求,而是延长提前期,建立更多库存,以便弥补无法快速地安排何时需要何物的缺陷。

系统应该是一个完全一体化的计划和控制系统,它自上而下展开工作,并自下而上获得反馈。战略商业计划将市场营销、财务和生产部门的计划和活动统合在一起,其目的是创建实现公司总体目标的计划。而主生产计划、物料需求计划、生产作业控制及采购的实施是为了实现生产目标、战略商业计划目标以及最终实现公司的目标。如果优先权计划因为产能问题而必须在计划的某一层面上进行调整,这些变化也应该反映在该层次的上一级。因此,整个系统必须有反馈机制。

战略商业计划包括市场营销、财务和生产部门的计划。市场部门必须认同其计划是现实的,可以达到的。财务部门必须认同该计划从财务观点来看是有利可图的。生产部门必须肯定它能够满足所提出的需求。这里所描述的生产计划和控制系统是一个公司各部门的宏观战术计划。这种完全集成的计划和控制系统称为**制造资源计划**（manufacturing resource planning），或 MRP Ⅱ 系统。

制造资源计划提供市场部门和生产部门间的协调工作。市场营销、财务和生产部门都认同生产计划中所表述的总体可实施方案。市场部和生产部必须在每周及每日的基础上协同工作，以便在变化发生时调整计划。订货数量可能需要修改，订单可能被取消，交货日期可能要调整，等等，这些变化都是通过主生产计划来安排的。市场部经理和生产部经理可能要修改主生产计划，以应对预测需求的变化。管理高层可能要调整生产计划，以反映出需求或资源的总体变化。然而，他们都通过制造资源计划系统来开展工作。制造资源计划提供了一种机制来协调公司市场、财务、生产及其他部门的工作。制造资源计划是一种有效地规划制造型企业所有资源的方法。

图 2-6 是一个制造资源计划系统的图解，请注意图中的反馈环。

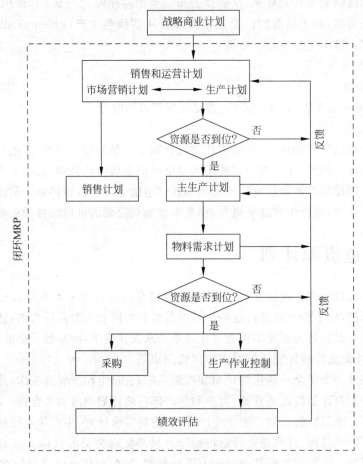

图 2-6 制造资源计划（MRP Ⅱ）

企业资源计划

企业资源计划系统随着自身的发展,越发从两种变化的情况中受益:

1. 计算机和信息技术(IT)的发展变得非常迅速,并且更加可靠有力。大多数公司的员工对高速、准确和集成的、基于计算机的管理系统能力等方面的好处感到惬意和熟悉。

2. 在直接和间接的职能部门及整个领域内全方位对知识和决策的整合运动,将影响到物流和物流管理。这种整合不仅包括内部职能,如市场营销、工程、人力资源、会计和财务,还包括供应商信息中的"上游"活动和"下游"活动中的分销和交付。这种整合运动就是我们现在认为的供应链管理。

随着企业对真正意义上的物料管理整合方法的需求不断加大,IT 系统的发展也同步适应了该需求。随着这种 IT 系统与现有物料需求计划和制造资源计划系统相比范围更广、集成性更强,其有了新的名字——**企业资源计划**(enterprise resource planning,ERP)。

企业资源计划类似于制造资源计划系统,但是企业资源计划不仅仅局限于制造工作,它将整个企业都纳入系统的范围之内。美国运营管理学会(APICS)在《APICS 词典》第 14 版中将企业资源计划定义为:"定义和标准化必要业务流程以有效计划和控制组织的一种框架,目的在于使组织可以利用内部知识去寻找外部优势。"要全面运作企业资源计划系统,必须在机构的各个层面、工作中心、现场、事业部及各分公司实行计划、进度安排、成本估算等。实际上,企业资源计划的应用范围包括整个企业,而制造资源计划只用于制造。具有更大范围的企业资源计划系统可以使公司追踪订单信息和其他重要的计划和控制信息,这些信息从采购到交付最终客户,贯穿整个公司。另外,很多企业资源计划系统可以使经理们在企业间共享信息,这意味着这些经理有希望具备观察整个供应链的眼光。

虽然高度集成的企业资源计划系统极其强大,但是它也涉及一些极高的成本。很多好的企业资源计划系统十分昂贵,并且海量的数据要求(从数量和准确性两个方面)使系统变得昂贵、耗时,对很多公司来说通常难以实施。

随着供应链概念的扩展,出现了另一种计划方法。即所谓**先进计划和进度安排系统**[advanced planning and scheduling (APS) system],该方法常常把供应商和客户也包含在计划之中,以此来力图使整个供应链的效果达到最佳化。通过从整个供应链中提取信息,该系统设法创建一个迅速和可行的进度安排来满足客户的需要。这包括数学优化和分析工具,以及有限进度安排(finite scheduling)(参看第 6 章)。这些相同的概念也可用于单个企业内部的经营,以便为其顾客优化或创建一个更加灵活的解决方案。

 ## 制订生产计划

前面我们已经简短地叙述了生产计划的目的、计划的时间跨度及计划的详细程度。本节将讨论制订生产计划所涉及的一些细节。

基于市场计划和可获得资源,生产计划为将来某个时段设定制造活动的限度或水平。

生产计划使工厂的能力和产能与市场和财务计划相结合,以实现公司总的经营目标。

生产计划设定在计划期间内生产和库存的总体水平。其首要目的是建立能够完成战略商业计划目标的生产节奏。包括库存水平、积欠订单(未完成的客户订单)、市场需求、客户服务、低成本工厂运作、员工关系等。计划必须足够长远,以便安排完成计划所需要的人力、设备、设施和物料。典型的生产计划跨越6~18个月,计划时段用月,或有时用周来度量。

在制订这一层次计划的过程中,不考虑诸如单个产品、颜色、风格或可选项等细节。由于时间跨度涉及长期需求的不确定性,细节在这时候往往不准确或无用,而且可能会使制订计划的费用很高。从计划的角度来说,只考虑通用单位或小数目的产品类别就能满足所需了。

确定产品类别

生产单一产品或相似产品的公司可以直接通过生产的单位数目来度量其产量。例如,一个酿酒厂可以用啤酒桶数来作为通用的指标。然而,许多公司生产多种不同的产品,衡量总产量的通用指标可能很难或者不可能找到,这就需要建立所谓的产品类别(产品族)。尽管市场部门很自然地从客户的角度,如产品功能和应用来看待产品,而制造部门则从生产过程的角度来看待产品。因此,公司需要基于制造过程及所使用的资源的相似性来建立产品类别。

制造部门必须提供生产所需产品的产能。相对于产品的需求来说,制造部门更关注于生产产品所必需的特定种类产能的需求。

产能是提供产品和服务的能力,它意味着拥有可满足需求的资源。在生产计划的时间跨度内,它可以表示为可用时间,或者有时候表示为在给定时间内可以生产的产品的数量或金额。对产品的需求必须转化为对产能的需求。在不需要很多细节的生产计划层,这就要求根据制造过程的相似性识别单个产品的产品类别或产品族。例如,几种不同型号的计算器或许需要同样的生产过程和同一种产能,而无论型号间的差异如何,它们可能被认为属于同一个产品家族。

在生产计划的时间跨度内,通常不太可能有大的产能变化。在这一期间内,车间和设备的增减是不可能的或者很难实现的。然而,有些东西是可以改变的,识别并评估它们是制造部门主管的责任。通常,以下事物是可以改变的:

- 可以聘用或解雇工人;可以延长或缩短工作时间;可以增加或取消工作班次。
- 可以在淡季囤积库存,并在需求高峰期销售或使用存货。
- 工作可以转包,或者租用额外的设备。

每一个选择都有其好处和成本。制造部门主管有责任找到与企业总体目标成本一致而成本最低的选择。

基本战略

总之,生产计划问题有以下典型特征:

- 计划的时间跨度为12个月或更长,或许需要每月或每季度定期更新。

- 生产需求包括一个或几个产品族或通用单位。
- 需求是波动的或季节性的。
- 在计划时间内车间和设备固定不变。
- 设置多个管理目标，如低库存、高效的车间作业、优质的客户服务和良好的员工关系等。

假设有一个产品类别的需求预测如图 2-7 所示。请注意需求有季节性变化。

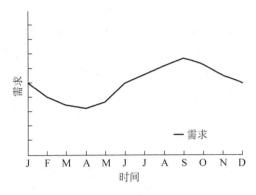

图 2-7　假设需求曲线

有四种基本战略可以用来制订生产计划：

1. 追赶战略
2. 均衡生产
3. 转包合同
4. 混合战略

追赶（需求匹配）战略（chase strategy）。追赶战略是指在任一给定时间内只生产所需要的数量。在生产为满足需求而变化时，库存水平保持稳定。图 2-8 显示了这种战略。公司在任何时间都只生产恰好满足需求的产品数量。在某些行业，这是唯一可遵循的战略。例如，农民在农作物生长的季节必须耕作；邮局不管在圣诞节旺季还是淡季都必须处理邮件；餐馆在客户需要时必须供餐。这些行业不能囤货或是储存其产品或服务，它们必须能够在需求发生时满足需求。

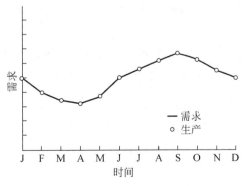

图 2-8　需求匹配战略

在这些例子中,公司必须拥有足够的产能来满足高峰期的需求。农民必须有足够的机器和设备以在作物生长的季节进行收割,虽然这些设备会在冬季闲置。公司要在旺季雇用和培训员工,而在旺季过后解雇他们。而有时候他们又不得不增加额外班次或者加班。所有这些变化都增加了成本。

追赶战略的优点是,库存量能够维持在一个最低水平。有需求发生时才开始生产产品,因此没有产品的积压,从而避免了相关的库存持有成本。这种成本有时候可能会很高。在第 9 章(库存基础)中我们将会探讨这一话题。

均衡生产(production leveling)。均衡生产是按照平均需求量进行持续生产。在这种战略下,需求和生产之间的关系如图 2-9 所示。有些公司计算其在计划时间内的总需求,然后按其平均值安排生产以满足需求。当需求低于所生产的数量时,库存量就会增加;而当需求高于所生产的数量时,库存量就会减少。

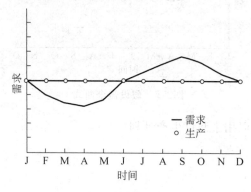

图 2-9　均衡生产战略

均衡生产战略的优点是能维持平稳的运营水平,避免改变生产水平所花费的成本。公司不再需要储备额外产能以满足高峰期的需求。公司也不需要在旺季雇用和培训员工,而在淡季又解雇他们,因此公司能够建立起一支稳定的员工队伍。均衡生产战略的缺点是,库存量在需求低的时期会增加,而库存的持有会产生费用。此外,如果对需求的预测低了的话,会导致在需求高峰期时产成品的库存不足。

均衡生产意味企业将以均衡速率使用其资源,并且每天生产同样数量的产品。每月生产的产量(有时候是每周)将会有所不同,因为每月的工作天数不尽相同。

例题

某公司希望在未来 3 个月以均衡速率生产 10 000 件产品。第 1 个月有 20 个工作日;第 2 个月有 21 个工作日;而第 3 个月因为年度停工检修只有 12 个工作日。公司每天应生产多少产品以达到均衡生产?

答案

总产量＝10 000(件)

总工作日＝20＋21＋12＝53(天)

平均日产量＝10 000÷53＝188.7(件)

对一些季节性需求很高的产品来说(如圣诞树的装饰灯),某种形式的均衡生产战略是必要的。如果一个公司采用追赶战略,其产能闲置成本——雇用成本、培训成本和解雇成本——将会非常高。

转包合同(subcontracting)。作为一种纯战略,均衡生产意味着始终按一定需求水平进行生产。对于任何超过该水平的需求,假如库存也不足以提供,那就意味着需求将得不到满足,或通过某种其他的方法来满足这额外的需求。在这种情况下,通常的做法是通过转包合同来满足市场额外需求。转包也意味着从外面的来源购买额外的需求量;另一个选择是故意将额外需求拒之门外。后者可以通过在大量需求时提高价格,或者通过延长交货期来做到。图 2-10 显示了该战略。

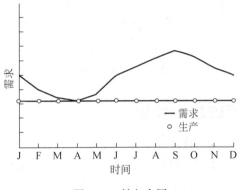

图 2-10 转包合同

该战略的主要优点是在成本方面。它能避免与多余产能相关的成本,并且由于生产得到均衡,所以不会产生与改变生产水平相关的成本。转包合同战略的主要缺点是采购成本(部件成本、采购、运输及检验成本)有可能会高于在自己厂内生产部件。转包合同也可作为追赶战略的一部分而加以使用。

很少有公司自己生产或购买它所需要的一切东西。购买何种部件或者生产何种部件的决定主要取决于成本,但是也有一些其他因素需要考虑。

公司可能选择自己制造,以便将机密工艺保留在公司内部,确保质量水平,以及保留住员工队伍。

公司或许从有专门技术设计和制造某一部件的供应商处购买产品,从而使公司专注于自身的专业领域,或提供众所周知的、有竞争力的价格。这些问题将在第 14 章中予以讨论。

对许多东西,如螺帽、螺栓或者公司通常不生产的零部件来说,决定是显而易见的。对其他属于公司专长范围内的部件,是否转包则需进行斟酌。

混合战略(hybrid strategy)。到目前为止所讨论的三种战略都属于纯战略。每个战略都有自己的一系列成本:设备、雇用/解雇、加班、库存和转包等成本。在现实生活中,一个公司可能会使用各种可能的混合或组合战略。每个战略将有其自己的一系列成本特性。生产管理者有责任找出合适的战略组合,它使所涉及的成本总和最小,且又能提供所要求的服务水平,以满足财务和市场计划的目标。

图 2-11 显示了一种可能的混合战略。在混合战略下,需求能在一定程度上得到匹

配,生产也表现出部分的平滑,而在高峰期,则采用一部分转包合同的做法。这只是多个可能制订的计划的其中之一。

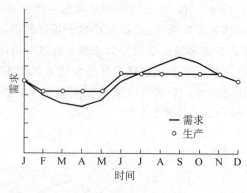

图 2-11 混合战略

制订备货型生产的生产计划

在备货型生产的环境中,在收到客户订单之前,产品就开始进行生产并储存。产品的销售和交付都由库存而来。成衣、冷冻食品和自行车等都是这种类型制造的例子。总的来说,企业在以下几种情况下采用备货型生产:
- 需求相当稳定,并且可以预测。
- 产品选择很少。
- 市场所要求的产品交付时间大大短于产品制造所需时间。
- 产品保存期限很长。

制订生产计划所需要的信息如下:
- 计划时间内按时段进行的预测。
- 期初库存量。
- 所希望的期末库存量。
- 任何过期订单。这些订单是来不及交付的订单,有时称为**脱期订单**(backorders)。请注意脱期订单和积欠订单(backlog)(本章前面提到过)这两个术语之间的区别。积欠订单是指收到了客户订单,但还没有开始做;而脱期订单是指超过了发货期才发运的客户订单,或可以按期立即发出,但因为库存不足以满足订单所规定的数量要求而暂时无法装运的订单。

制订生产计划的目的是最大限度降低库存持有成本,以及由于改变生产水平和缺货现象(未在客户所需要的时间供给其所需要的产品)所带来的成本。

本节下面将展示如何制订均衡生产计划和追赶战略。

均衡生产(level production)**计划**。以下是制订一个均衡生产计划的大致程序:
1. 汇总计划时间内的预测需求。
2. 确定期初库存量和所希望的期末库存量。
3. 用以下方式计算所需总产量:

总产量＝总预测＋积欠订单＋期末库存量－期初库存量

4. 用总产量除以该计划期内的期数计算出每期所需产量。
5. 计算出每期的期末库存量。

例题

联合渔具制造公司生产钓鱼用的铅锤系列产品，该公司希望制订一个生产计划。期初库存为 100 箱，公司希望在计划期末将库存减少到 80 箱。每期的工作天数都相同。没有未交付订单。钓鱼用铅锤的预计需求如表 2-1 所示。

表 2-1　预计需求量

生产期	1	2	3	4	5	总计
预测/箱	110	120	130	120	120	600

a. 每期应生产多少箱？
b. 每期的期末库存是多少？
c. 如果库存管理成本是每期每箱 5 美元，其库存数量根据期末库存量确定，则库存持有总成本是多少？
d. 该生产计划的总成本是多少？

答案

a. 所需总产量＝600＋80－100＝580（箱）

每期生产量＝580/5＝116（箱）

b. 期末库存＝期初库存＋产量－需求量

第 1 期之后的期末库存量＝100＋116－110＝106（箱）

同样地，每期期末库存量的计算结果如表 2-2 所示，第 1 期的期末库存量成了第 2 期的期初库存量。

表 2-2　均衡生产计划：备货型生产

生产期		1	2	3	4	5	总计
预测/箱		110	120	130	120	120	600
生产量		116	116	116	116	116	580
期末库存	100	106	102	88	84	80	

第 2 期期末库存量＝106＋116－120＝102（箱）

c. 库存持有总成本为：（106＋102＋88＋84＋80）×5＝2 300（美元）

d. 因为没有缺货现象，生产水平也没有改变，库存持有的总成本就是计划总成本。

追赶战略　联合渔具制造公司生产另一种叫做"鱼饼"的系列产品。然而，该产品是易腐烂产品，公司不能储存产品供日后销售。公司必须采用需求追赶战略，每期仅生产满足市场需求的数量。这样库存成本可减至最低，也没有缺货成本。但是会产生与生产水平改变相关的成本。

假设在上一个例子中，改变生产水平的成本为每箱 20 美元。例如，从 50 箱变为 60

箱的成本为：(60－50)×20＝200(美元)。

期初库存量是100箱,公司希望在第1期将库存减少到80箱。第1期需要生产的量将是：110－(100－80)＝90(箱)。

假设第1期之前生产期的产量是100箱,生产水平和期末库存量的变化如表2-3所示。该计划的成本是：

生产水平变化成本＝60×20＝1 200(美元)

　　库存持有成本＝80×5×5＝2 000(美元)

　　计划总成本＝1 200＋2 000＝3 200(美元)

表2-3 需求平衡计划：备货型生产

生产期	0	1	2	3	4	5	总计
需求/箱		110	120	130	120	120	600
产量	100	90	120	130	120	120	580
产量变化		10	30	10	10	0	60
期末库存	100	80	80	80	80	80	

应当指出,上面的例子给出了对于一个备选生产计划的货币成本。但是在最终选定一个计划之前,还需要考虑其他一些问题。而这些因素有时很难用货币来加以衡量。这些因素或许包括：

- 在均衡生产过程中,如果周期性的需求引起了短缺时对顾客产生的影响。
- 在追赶战略中,当生产工人加入或退出生产时,对他们的影响。这种影响往往会导致生产效率的下降。
- 如果顾客的购买偏好发生变化,或者去购买竞争对手的产品时,可能对利润造成影响。

制订订货型生产的生产计划

在订货型生产的环境中,制造商在接到客户订单之后才开始进行生产。这类制造的例子有量身定做的服装、机床,或任何按客户指定规格制成的产品。昂贵的产品通常都是订货型生产。总的来说,公司在以下情形中采用订货型生产：

- 产品按客户指定规格参数生产。
- 客户愿意在订单制作之时等待。
- 产品制造和储存成本高。
- 有几种产品可供选择。

按订单装配。 当市场上有多种产品可供选择时(如汽车),或者客户不愿意在产品的生产之前有任何等待,制造商就会生产并储存标准化部件。一旦公司收到客户的订单,他们就根据订单从存货中组装部件。因为部件有存货,公司在交付给客户前只需要时间将其组装起来。按订单装配产品的例子包括汽车和电脑。按订单装配是订货型生产的一种形式。

制订按订单装配的生产计划需要以下信息：

- 计划时间内按时段进行的预测。
- 期初客户积欠订单。
- 期望的期末积欠订单。

积欠订单。 在订货型生产的环境中，公司没有建立成品库存，取而代之的是尚未完成的客户积欠订单。积欠订单通常要在未来交付给客户，它并不代表拖期或过期的订单。一个木制品定做厂可能会接到很多客户的订单，这将让它忙上好几个星期。这就会成为它的积欠订单。如果还有人想订购，订单将加入等待队列或积欠订单。制造商希望能对积欠订单加以适当控制，以使他们能够提供高水平的客户服务。

均衡生产计划。 以下是制订一个订货型生产环境下均衡生产计划的大致程序：

1. 汇总计划时间内的预测需求。
2. 确定期初积欠订单和所希望的期末积欠订单。
3. 用以下方式计算需要的总产量：

$$总产量＝总预测＋期初积欠订单－期末积欠订单$$

4. 用总产量除以期数，计算出每期需要生产的数量。
5. 根据每期的到期日，将现有积欠订单分摊在计划时间之内。

例题

一个本地的印刷公司提供定制化印刷服务。由于每一个工作都各不相同，市场需求按照每周的小时数进行预测。在未来5周，公司期望需求是每周100小时。目前有100小时的积欠订单，在第5周末，公司希望将积欠订单减少到80个小时。每周需要多少小时的工作来减少积欠订单？每个周末的积欠订单是多少？

答案

$$总产量＝500＋100－80＝520（小时）$$
$$周产量＝520/5＝104（小时）$$

每周积欠订单的计算如下：

$$预计积欠订单＝原有积欠订单＋预测－产量$$

第1周：预计积欠订单＝100＋100－104＝96（小时）
第2周：预计积欠订单＝96＋100－104＝92（小时）

生产计划的结果如表2-4所示：

表2-4 均衡生产计划：订货型生产

生产期		1	2	3	4	5	总计
销量预测		100	100	100	100	100	500
计划产量		104	104	104	104	104	520
预计积欠订单	100	96	92	88	84	80	

资源计划

初步生产计划建立之后，必须与公司现有的资源进行比较。这一步骤叫作资源需求计划或者资源计划。资源需求计划必须回答以下两个问题：

1. 现有资源是否可满足生产计划？
2. 如果不能，差额如何弥补？

如果没有足够的产能可满足生产计划，则必须修改计划。一个经常使用的工具称为**资源清单**(resource bill)。它显示了生产一平均单位(average unit)产品类别所需要的关键资源(物料、人工及"瓶颈"作业)的数量。表2-5是某公司的资源清单实例，该公司生产桌子、椅子和凳子，是包括三种产品的产品族。

表2-5 资 源 清 单

产品	木材/板尺	人工/标准工时
桌子	20	1.31
椅子	10	0.85
凳子	5	0.55

如果公司计划在某一个特定时间内生产500张桌子、300把椅子和1 500个凳子，他们能够计算出所需木材和人工的数量。例如：

所需木材的数量是：

桌子：500×20＝10 000(板尺)

椅子：300×10＝3 000(板尺)

凳子：1 500×5＝7 500(板尺)

总木材需求量＝20 500(板尺)

人工需求是：

桌子：500×1.31＝655(标准工时)

椅子：300×0.85＝255(标准工时)

凳子：1 500×0.55＝825(标准工时)

总人工需求量＝1 735(标准工时)

公司现在必须将所需要的木材和人工与可用的资源进行比较。例如，假设在这一时间内正常情况下可用的人工为1 600小时，而优先权计划需要1 735个小时，因此有135个小时的差异，或大约8.4%的差异。必须设法找到额外产能，否则优先权计划就必须调整。在这个例子中，或许可以通过加班来提供所需的额外产能。如果加班不可行，则必须调整计划以减少对人工的需求。这可能涉及将生产安排在前一个生产期，或者延期交货。

 小结

生产计划是生产计划和控制系统的第一步。计划的时间跨度通常是一年。计划的最小时间跨度取决于物料采购和产品制造的提前期。计划的详细程度不太高。通常，计划是在制造生产过程的相似性或一些通用单位的基础上为产品族制定的。该生产计划是销售和运营计划的一部分。销售和运营计划由高管层制订，它是一个在公司各部门之间取得平衡的过程。

有三个基本战略可用来制订生产计划：追赶、均衡生产和转包合同。每一个战略都有其运营和成本上的优势及劣势。生产管理者有责任从这些基本计划中挑选出最佳组合，从而使生产总成本最小化，并且维持良好的客户服务水平。

备货型生产的生产计划决定每期的产量，以达到以下目标：
- 达成预测目标。
- 维持要求的库存水平。

虽然必须满足需求，但生产计划必须平衡库存持有成本和改变生产水平的成本。

按订单生产的生产计划决定每期的产量，以达到以下目标：
- 达成预测目标。
- 维持计划的积欠订单。

积欠订单的成本过高，相当于将客户拒之门外。如果客户等待交付的时间过长，他们可能就会另找其他门路。如果同时采用备货型生产的生产计划，则需求必然得到满足，并且，该计划必须平衡改变生产水平的成本与超出期望水平的积欠订单的成本。

关键术语

先进计划和进度安排系统　advanced planning and scheduling (APS) system
集合生产计划　aggregate production plan
积欠订单　backlog
脱期订单　backorder
平衡计分卡　balanced scorecard
商业计划或战略商业计划　business plan or strategic business plan
产能　capacity
追踪策略　chase strategy
企业资源计划　enterprise resource planning
绿色生产　green production
方针计划　hoshin planning
混合战略　hybrid strategy
关键绩效指数　key performance indicator (KPI)
均衡生产计划　level production plan
制造资源计划　manufacturing resource plan
主生产计划　master production schedule
物料需求计划　material requirement plan (MRP)
优先权　priority
生产作业控制　production activities control (PAC)
均衡生产　production leveling
生产计划　production plan
资源清单　resource bill

资源计划　resource planning
再制造　remanufacturing
反向物流　reverse logistics
反向供应链　reverse supply chain
风险管理　risk management
销售和运营计划　sales and operations planning
社会责任　social responsibility
战略计划　strategic plan
转包合同　subcontracting
可持续性　sustainability
联合国全球公约　United Nations Global Compact

 问答题

1. 一个好的计划系统必须回答的四个问题是什么？
2. 定义产能和优先权。为什么说它们在生产计划中非常重要？
3. 描述以下每一个计划的目的、计划时间跨度、详细程度和计划周期：
   a. 战略计划
   b. 商业计划
   c. 生产计划
   d. 主生产计划
   e. 物料需求计划
   f. 生产作业控制
4. 描述公司市场部、生产部、财务部及工程部对战略商业计划的责任和应做的贡献。
5. 描述生产计划、主生产计划和物料需求计划之间的关系。
6. 战略商业计划与销售和运营计划（SOP）之间的差异是什么？SOP 的主要优点是什么？
7. 什么是制造资源计划（MRPⅡ）？
8. 什么是企业资源计划（ERP）？
9. 哪两种变化条件造就了 ERP 系统的发展？
10. 在短期内，产能可以如何改变？
11. 制订生产计划时，为什么需要选择通用单位或建立产品族？
12. 产品类别（族）应该建立在什么基础之上？
13. 生产计划问题的五个典型特征是什么？
14. 描述在制订生产计划时使用的四个基本战略。每一个战略的优点和缺点是什么？
15. 什么是混合战略？为什么使用混合战略？
16. 描述一个公司采用备货型生产或订货型生产的四个条件。

17. 制订生产的生产计划需要什么信息?
18. 制订备货型生产的生产计划的步骤是什么?
19. 订货型生产和按订单装配之间的差异是什么?各举一个例子。
20. 制订按订单生产的生产计划需要什么信息?这一信息与备货型生产的生产计划所需要的信息有什么不同?
21. 在订货型生产环境中,制订均衡生产计划的大致程序是什么?
22. 什么是资源清单?资源清单会在计划层级的哪一个层次中使用?
23. 在何种生产环境中,公司应采用追赶战略?假如公司采用均衡生产战略会怎样?
24. "绿色生产"这个概念指的是什么?它对生产计划会产生什么影响?
25. 请说明什么是可持续性生产。公司可以采用哪些办法来实现可持续性?
26. 公司应如何看待风险?它们可以采用哪些方法来将风险的负面影响降低到最小?
27. 如果一家公司建立了逆向供应链,请说明可能会带来哪些好处?
28. 说明什么是方针计划(hoshin plan)?

 计算题

2.1 如果期初库存是 400 单位,需求是 900 单位,生产量是 700 单位,期末库存是多少?

答案:200 单位。

2.2 某公司希望未来 3 个月以均衡的速率生产 480 个单位产品。这 3 个月分别有 19、20 和 21 个工作日。如果想均衡生产的话,公司平均每天产量应为多少?

答案:平均每天生产量为 8 单位

2.3 某公司计划在 3 个月内生产 25 000 个单位产品。这 3 个月分别有 22、21 和 20 个工作日。平均每天的生产量应是多少?

2.4 在问题 2.2 中,每个月产量应为多少?

答案:第一个月:152 个单位;第二个月:160 个单位;第三个月:168 个单位。

2.5 在问题 2.3 中,每个月产量应为多少?

2.6 一条生产线每月生产 1 000 单位,销售预测见下表。计算预计期末库存量。期初库存量为 600 单位。每期的工作天数相同。

生产期	1	2	3	4	5	6
预测	750	800	1 050	1 600	1 000	850
计划生产量	1 000	1 000	1 000	1 000	1 000	1 000
计划库存	600					

答案:在第一个生产期,期末库存量是 850 单位。

2.7 某公司希望为一个产品族制订一个均衡生产计划,期初库存量是 100 单位。计划期末库存量预计增加到 150 单位。每期需求预测见下表。公司每期产量应为多少?每期的期末库存是多少？每期的工作天数相同。

生产期	1	2	3	4	5	6	总计
预测需求	100	120	125	130	115	110	
计划生产量							
计划库存	100						

答案：总生产量＝750（单位）。

每期生产量＝125（单位）。

第1期期末库存：125单位；第5期期末库存：135单位。

2.8 某公司希望为一个产品族制订一个均衡生产计划,期初库存量是550单位。计划结束时库存量预计减少到200单位。每期需求预测见下表。每期的工作天数相同。公司每期产量应为多少？每期的期末库存是多少？你发现该计划有什么问题？

生产期	1	2	3	4	5	6	总计
预测需求	1 300	1 200	800	600	800	900	
计划生产量							
计划库存	550						

2.9 某公司希望制订一个均衡生产计划,期初库存量为零。未来4期的需求见下表。

a. 每期生产多少产品将使第4期期末的库存量为零？

b. 何时会缺货？缺货数量是多少？

c. 每期产量是多少将避免缺货？第4期的期末库存量是多少？

生产期	1	2	3	4	总计
预测需求	9	5	9	9	
计划生产量					
计划库存	0				

答案：

a. 8个单位。

b. 第1期,－1个单位。

c. 9个单位,4个单位。

2.10 如果库存持有成本是每期每单位60美元,库存缺货成本是每单位500美元,问题2.9a中所制订计划的成本是多少？问题2.9c中所制订计划的成本是多少？

答案：问题2.9a中的计划总成本＝650（美元）。

问题2.9c中的计划总成本＝600（美元）。

2.11 某公司希望为一个产品族制订一个均衡生产计划,期初库存量是100单位。在计划结束时期库存量预计增加到130单位。每月需求预测见下表。计算总生产量、每日生产量、每月生产量和月末库存量。

月份	5	6	7	8	总计
工作天数	21	19	20	10	
预测需求	115	125	140	150	
计划生产量					
计划库存	100				

答案： 5月总生产量＝168(单位)。

5月期末库存＝153(单位)。

2.12 某公司希望为一个产品族制订一个均衡生产计划,期初库存量是500单位。在计划结束时库存量预计减少到250单位。每月需求预测见下表。公司每月产量应为多少？每月的期末库存是多少？你发现该计划有什么问题？

月份	1	2	3	4	5	6	总计
工作天数	20	22	20	20	18	19	
预测需求	1 200	1 300	800	700	700	900	
计划生产量							
计划库存	500						

2.13 由于劳工合同的缘故,公司必须雇用足够的工人以便每周每天一班生产100个单位产品,或者每周两班生产200个单位。公司不能随意雇用、解雇工人或指派工人加班。在第4个星期,工人可以为其他部门额外工作一整个班次或部分班次（最多可生产100个单位)。在第2个星期已计划为维修保养停工,这将使产量减少一半。请你制订一个生产计划。期初库存是200个单位,期望期末库存是300个单位。

周数	1	2	3	4	5	6	总计
预测需求	120	160	240	240	160	160	
计划生产量							
计划库存							

2.14 如果期初积欠订单是450单位,预测需求是700单位,生产量是800单位,期末积欠订单是多少？

答案： 350单位。

2.15 期初积欠订单是800单位,需求预测如下表所示。如果积欠订单减少到100单位,计算每周生产量应为多少,才能达到均衡生产。

周数	1	2	3	4	5	6	总计
预测需求	750	700	550	700	600	500	
计划生产量							
预计未结订单	800						

答案： 总生产量＝4 500(单位)。

周生产量＝750（单位）。

第1周末积欠订单＝800（单位）。

2.16 期初积欠订单是1 100单位，需求预测如下表所示。如果积欠订单增加到1 200单位，计算周生产量应为多少，才能达到均衡生产。

周数	1	2	3	4	5	6	总计
预测需求	1 200	1 100	1 200	1 200	1 100	1 000	
计划生产量							
预计未结订单	1 100						

2.17 用以下数据计算均衡生产所需要的员工数及月末库存量。每个员工每天可以生产15个单位。期望月末库存量是9 000个单位。

月份	1	2	3	4	总计
工作天数	20	24	12	19	
预测需求	28 000	27 500	28 500	28 500	
计划生产量					
计划库存	112 50				

答案：所需员工＝98（人）。

第1个月末库存量＝12 650（单位）。

2.18 用以下数据计算均衡生产所需要的员工数以及月末库存量。每个员工每天可以生产9个单位。期望月末库存量是800个单位。说明：为什么不可能达到期末库存目标？

月份	1	2	3	4	5	6	总计
工作天数	20	24	12	22	20	19	
预测需求	2 800	3 000	2 700	3 300	2 900	3 200	
计划生产量							
计划库存	1 000						

案例研究2.1 莫瑞典水泵公司

约翰·罗培兹是莫瑞典水泵公司（一家小型水泵生产商）的总经理，他正在与各部门的经理开会，为一种中型水泵今后6个月的生产制订计划。罗培兹先生先是对各种争论采取了容忍态度，直到他感到有必要叫停讨论，以便使会议做出决定。争论的要点可以归纳如下：

市场部经理玛丽·威尔茨："我手下的销售人员非常棒，但有时也感到很泄气。去年，有几次销售人员花费了很多时间去安慰那些不满意的客户。正如销售人员应该做的那样，他们卖出了尽可能多的水泵，但有时生产赶不上订单的需要。生产部门知道我们有一些周期性的定量需求,而我们也有足够的机器设备。它们应该雇用足够的人手,这样我们就能完成我们的销售指标。为什么它们不能在那方面加把劲?"

生产部经理弗兰克·雅克逊:"得了吧,玛丽,我们知道有周期性的销售,但我们从来无法准确地知道什么时候有这种周期性。即使我们知道了,人力资源部的人也总是拖三拉四,花费很长的时间才配备我所需要的人手。等到我们有了这些新员工并加以培训时,销售额已经掉下来了。我又能怎么办?如果我留住这些人,并让他们一直生产,那库存量就会上去,如此一来财务部的人该喊叫了。我又不能让这些员工坐在那里什么都不干。唯一的办法是炒他们鱿鱼,但这么做,人力资源部的人又要气不平了。"

人力资源部经理伊丽莎白·康拉德:"你就是让我们气不平。生产部的人总是冷不防地催促我们快点招人,而且总是急如星火。从面试到签约,再到熟悉岗位工作,这都是要花时间的。而刚刚让他们就位和开始工作,生产部的人又要我们解雇他们了。这实际上带来了两个问题。首先是费用问题。雇用一个员工平均要花 100 美元;而解雇他们还要花 100 美元。其次,那些被我们雇用后又被解雇的人,多半是不会再吃回头草了。而我无法责怪他们,因为依他们看来,我们好像是不知道该如何经营我们公司。此外,当他们向别人抱怨我们的所作所为时,我们公司的声誉就受到了损害。而这进一步使得我们难以招到好人手。"

财务部经理约瑟夫·韦斯腾:"弗兰克说得对,每当库存量上升时,我就感到坐立不安。要知道,一台水泵在仓库里放一个月,其成本是 5 美元。这就直接减少了我们的利润。既然我的工作是使得公司的利润最大化,我就不能坐视不管,让库存吃掉我们公司的利润。雇用和解雇工人也是如此,那些费用也会降低利润。难道我们就不能做得更好些吗?"

这时,罗培兹阻止了讨论,并且说道:"够了,别再相互指责了。作为经理,我们的重任就是让工作更加有效地开展。对于这种类型的水泵,市场部做了一个今后 6 个月的需求预测,从以往的历史我们知道,他们的预测是相当靠谱的。我们应该找出一个我们大家一起努力的办法,并全力以赴完成任务。大家好好干吧!"

讨论题

假定给你的任务是找出解决这个问题的有效办法。首先,下面就是市场部拟定的需求预测表:

月份	1	2	3	4	5	6
预测需求/台	600	750	1 000	850	750	700

生产部经理说,当前的库存量是 50 台,而他们希望 6 个月后的期末库存量只剩下 25 台。他还说,眼下每个工人平均每月生产 25 台水泵。而在中型水泵生产线上,目前有 20 个工人。

1. 利用这些数据,制订一份均衡生产计划。在这个计划中,包含了多少额外成本(库存和人力成本)?该计划中可能包含哪些附加成本(财务性的和非财务性的)?

2. 利用这些数据,制订一份追赶生产计划。在这个计划中,包含了多少额外成本(库存和人力成本)？该计划中可能包含哪些附加成本(财务性的和非财务性的)？

3. 设法制订一份可能的混合计划,它能完成该任务,但所花费的总成本要小于均衡生产计划或追赶生产计划的总成本。

4. 根据你的工作,你会提出什么建议？为什么？对于你所建议的方法,好的和不好的方面都有哪些？

案例研究 2.2　威廉姆斯 3D 打印机公司

2015 年初,威廉姆斯 3D 打印机公司正在经历成长中的痛苦。贾斯伯·威廉姆斯凭借自己开发出的独一无二的设计方法,来制造技术上十分新颖的 3D 打印机,而该技术无论是在同行内,还是竞争对手中都发展得十分迅速。作为一个独立的发明人,他依靠自己的设计才华起步,通过借了一些钱,建立了一个小型的生产设施。第一年,他的销售记录平平,仅仅生产和销售了 5 台打印机。眼下,他从事这个行业已经三年了,他注意到,到这个财务年底,他能销售出去 20 台。他的管理人员只有三人,分别是：财务主管约翰·约翰逊；生产经理帕米拉·罗培兹；以及市场经理玛丽·安德鲁斯。以下谈话发生在最近一次的月度计划会议上,其主要议题是讨论下一财务年度的计划：

贾斯伯："玛丽,我记得你提到过,我们的产品在这个快速增长的市场上获得了一定的声誉,既然这种产品还处于生命周期的初期,你认为我们产品的声誉对于来年的销售有什么意义？"

玛丽："我觉得我们产品的声誉的确正在给我们加分。不仅我们几个原先的客户打算还要再来购买我们的打印机,他们还告诉其他一些潜在的客户他们喜欢这种设计,看来有些潜在客户也会买我们的打印机。我认为明年我们的销售有可能翻番,能卖出去 40 台。"

帕米拉："这个问题我们需要讨论一下,或许你要收敛一点。今年我们已经觉得有些力不从心了,因为其中有几个订单已经迟交了。而之所以没有更多地延迟交货,唯一的原因是我们的工人同意在周末加班。问题在于,我不知道来年他们是否还同意这么做。尽管他们也愿意多挣钱,但他们都有自己的家庭,不希望有太多的时间不和家人在一起。"

玛丽："你瞧,帕米拉。我们一直在辛苦工作,为的就是赢得好声誉来增加我们的销售量。如果我们无法满足那些购买我们产品客户的需要,这对我们有什么好处？我们这个行业只有通过多卖货,才能多赚钱。我们的打印机利润很大,应该让它为我们公司多赢利。"

帕米拉："看来,要想扩大销售,在明年卖出 40 台,唯一的办法就是雇用更多的工人。可以考虑增加工人来做晚班。但是我们的工人必须是熟练工人,我们的打印机大部分都是根据客户的专门需要而定做的,它们都有特别的设计。像这样的熟练工人在找工作时大多都有几个选择。我敢相当肯定地说,其中大部分都不愿意做晚班,因为这样一来,他们就无法与家人一起度过傍晚的时间了。为了让他们都上白班,我们也可以将工人人数增加一倍,但这就要将我们目前所有的设备也增加一倍。其次,即使现在我们有足够的地方来安放多一倍的设备,但如果来年我们发展得更快,那我们可就必须扩大我们的厂房面积了。"

这时,财务主管约翰插话了。

约翰:"对所有这些问题,我们需要三思而行。三年过去了,我们的财务状况最终有了好转,但是增加更多的人手和设备可是要花一大笔钱的。还有,你们必须记住的是,打印机需要很长的提前生产时间,因为每个客户根据自己的需要,都会对设计提出一些自己特殊的要求,而这也是很花时间的。这就意味着,从拿到订单,到卖出打印机、看到钱,常常要过好几个星期。而在这期间,我们还不得不购买物料,为工人支付工资。所以,尽管每台打印机的利润很不错,但是我们却还要为现金流劳心费力。帕米拉,为了增加销售,先只增加一两个工人怎么样?如果销售继续扩大,那么到明年晚些再增加些人手是否可以?"

帕米拉:"我看不出那样做有什么用。光增加一倍人手,而不增加设备是不行的。即使他们能干得下来,那些在没有增加人手的岗位上的人,还是没有时间去干更多的活儿。"

约翰:"我们说不定可以另外设法搞到贷款来救急。但是,我们刚刚才看到有了利润,我们真的想这么做吗?"

贾斯伯:"好了。我了解你们每个人的意见了。但是争来争去解决不了问题。我们需要找出大家一致同意的办法来。让我们干起来吧!"

讨论题

设法帮助该管理团队找出办法来。在列出环境和问题的主要因素和特征后,列出所有可能的解决方法来处理这些问题。对于每一种方法,都要列出其可能具有的优缺点。然后,选出一个你打算建议并能证明其可行的方法。

第 3 章

主生产计划

 引言

完成生产计划后,生产计划和控制过程的下一个步骤是准备**主生产计划**(master production schedule, MPS),本章将探讨制订和管理主生产计划时的一些基本考虑要素。主生产计划是极为重要的计划工具,是销售和生产部门沟通的基础。主生产计划是生产计划系统中的重要环节:

- 主生产计划是生产计划部门和生产部门实际生产什么的联系纽带。从这一点看,它也构成了客户需求和生产设施之间的主要纽带。
- 主生产计划为计算产能和所需资源提供了基础。
- 主生产计划推动产生物料需求计划。为了要确立产品计划,主生产计划和物料清单一起决定了生产所需要制造的和采购的部件。
- 主生产计划确保优先权得以有效实现。主生产计划就是生产上的优先计划。

与生产计划处理的是产品族不同,主生产计划处理的是最终产品。它将生产计划按照日期和数量分解成每个产品族的单个最终产品的需求。生产计划制约着主生产计划,主生产计划中的产品总数应该和生产计划中总数保持一致。例如,如果生产计划中指明某周计划生产 1 000 辆三轮车,那么主生产计划中计划的各种类型的三轮车总和就应该等于 1 000。这种制约旨在平衡市场需求(优先权)和物料、人工及生产设备(产能)的可用性。

企业的最终产品由部件及子部件组装而成,因此必须保证部件和子部件适时、适量供给,借以支持主生产计划。物料需求计划根据主生产计划的需要做出这些零部件的计划表,因此说主生产计划推动产生物料需求计划。

主生产计划是生产计划,它反映了市场需求和生产能力,由此制订出生产部门所要实施的优先计划。

主生产计划是销售部门和生产部门之间的重要纽带:

- 主生产计划做出可行的订单承诺。主生产计划是一个生产什么、何时生产的计划,这样,它告知销售部门和生产部门产品何时能够交付。
- 主生产计划是营销部门和生产部门的契约,是双方认可的计划。

主生产计划是销售部门和生产部门确定生产什么的基础,这个说法并不是很严格。主生产计划是沟通的工具,是与市场需求、生产能力保持一致而做出改变的基础。

制订主生产计划所需要的信息来源于:
- 生产计划——在制订销售和运营计划(S&OP)过程中所确定的综合生产计划。
- 单个最终产品的需求预测。
- 从客户那里接到的实际订单,以及库存补货所需要的订单。
- 单个最终产品的库存水平。
- 产能约束。

与生产计划的关系

假设以下是一个有三个产品的产品族的生产计划。

周	1	2	3	4	5	6
综合预测/单位	160	160	160	160	215	250
生产计划/单位	205	205	205	205	205	205
总体库存/单位	545	590	635	680	670	625

期初库存(单位)是:

产品 A　350
产品 B　100
产品 C　 50
总计　　500

下一步是预测产品族中每一个产品的需求量。需要记住的是:生产计划的预测数据是建立在总数据上的(产品族),而对于主生产计划而言,它需要的是该产品族中每种产品的具体预测数。销售和运营计划所使用的是对产品族的预测,这时因为对产品族的预测常常要比对单个产品的预测来得更为准确。销售和运营计划之所以需要对产品族的预测,是因为可以以它为基础来确定生产产品族,而不是单个产品所需要的资源。还应当指出的是,将单个产品的预测加在一起并不正好等于对产品族的预测,而针对产品族的生产计划体现的是对该产品族中各种产品生产总量的约束。

周	1	2	3	4	5	6
产品 A	70	70	70	70	70	80
产品 B	40	40	40	40	95	120
产品 C	50	50	50	50	50	50
总计	160	160	160	160	215	250

有了这些数据,计划人员必须制订适应约束的计划。

主计划表

周	1	2	3	4	5	6
产品 A						205
产品 B	205	205	205			
产品 C				205	205	
总计划量	205	205	205	205	205	205

库存量

周	1	2	3	4	5	6
产品 A	280	210	140	70	0	125
产品 B	265	430	595	555	460	340
产品 C	0	−50	−100	55	210	160
总计划量	545	640	735	680	670	625

这个计划令人满意之处在于:
- 它告诉工厂生产各个产品的开始时间及结束时间。
- 产能与生产计划相符。

这个计划令人不满意的地方是:
- 与总库存相比,库存平衡较差。
- 产品 C 在第 2 周和第 3 周缺货。

制订出的"主生产计划"是指矩阵中的最后一行,"主计划"指得到最后一行的过程。因此,整个矩阵称之为主计划表。

例题

快车避雷针公司生产同族两种不同型号的避雷针:H 型和 I 型。公司以周为单位制订生产计划。当月均衡生产 1 000 单位。期初库存 500 单位,计划在月底减少到 300 单位。主生产计划以周为单位,这个月有 4 周,每周生产量平均为 250 单位。两种型号的预测与预计可获得量如下。计算每个产品的主生产计划。

答案

生产计划

周		1	2	3	4	总计
预测		300	350	300	250	1 200
预计可用库存余额	500	450	350	300	300	
生产计划		250	250	250	250	1 000

主计划(型号 H)

周		1	2	3	4	总计
预测		200	300	100	100	700
预计可用库存余额	200	250	200	100	100	
主生产计划		250	250		100	

主计划（型号Ⅰ）

周	1	2	3	4	总计
预测	100	50	200	150	500
预计可用库存余额 300	200	150	200	200	
主生产计划			250	150	

制订主生产计划

制订主生产计划的目的如下：

- 通过维持一定的成品库存水平及制定满足客户交付要求的计划，来维持预期的客户服务水平。
- 充分利用物料、人工和设备。
- 维持库存投资在必需的水平。

为了达到这些目的，计划必须满足客户需求，也不能超出生产能力，还要符合生产计划的指导方针。

计算主生产计划有三个步骤：

1. 确定初步的主生产计划。
2. 将初步主生产计划与可用产能进行对比。
3. 解决初步主生产计划与可用产能之间存在的差异。

初步的主生产计划

为了说明计算主生产计划的过程，看下面例子。假设产品是备货型生产，持有一定库存，并且产品批量生产。

某产品以每批次100单位进行生产，预计期初库存为80单位。需求预测、预计现有可用量及初步主生产计划如表3-1所示。

表3-1 主生产计划示例

现有库存＝80单位
批次大小＝100单位

周数	1	2	3	4	5	6
预测	60	60	60	60	60	60
预计可用库存余额 80	20	60	0	40	80	20
主生产计划		100		100	100	

第1周开始时库存量为80单位，在满足预测需求60个单位后，预计可用库存余额还有20单位。第2周60单位的预测需求没有满足，因此主生产计划必须确定第2周收到100单位。这样，第2周末预计可用量就有60单位（20＋100－60＝60）。第3周，预测需

求 60 单位可以满足,因为现有预计可用量是 60 个单位,这时预计可用量为 0。第 4 周,必须接收 100 单位,满足预测需求 60 单位之后,库存还有 40 单位。

产品族中的每个产品都要经过这样计算主生产计划的过程。如果产品族中所有产品的计划生产总量及最终库存总量与生产计划不相符,单个计划就要调整,这样生产总量才能相等。

初步主生产计划的计算完成之后,必须与可用产能对比。这个过程称之为粗产能计划(rough-cut capacity planning)。

例题

联合坚果粉碎器公司生产坚果粉碎器产品族,其中最受欢迎的型号是核桃粉碎器。销售部门准备了为期 6 周的预测,期初库存量是 50 打("打"是计划单位)。作为计划人员,你必须计算出主生产计划。坚果粉碎器的生产批量为 100 打。

答案

周		1	2	3	4	5	6
预测销售量		75	50	30	40	70	20
预计可用库存余额	50	75	25	95	55	85	65
主生产计划		100		100		100	

粗产能计划

粗产能计划要检查的是:支持初步主生产计划的关键资源是否可以获得。关键资源包括瓶颈作业、人工及关键物料(如稀缺的或提前期较长的物料)。

粗产能计划的制订过程类似于生产计划制订过程中所使用的资源需求计划,区别是现在的对象是产品而非产品族。资源需求计划中使用的资源清单假定产品族中一件有代表性的产品,而粗产能计划的资源清单针对单个产品。二者的相同点是瓶颈工作中心和关键资源。

该方法之所以称为"粗",其原因不仅因为它对资源的预测是初步的,也是由于还有其他几个会对具体产能需求产生影响的因素。这些因素包括:现有库存、现有的部分完成的订单,以及提前期等。第 5 章将对这些以及其他一些产能变量做进一步讨论。

假设公司生产四种不同型号的台式电脑,在同一个被视为瓶颈作业的工作中心进行组装。公司希望根据工作中心的产能安排生产而不能超出。表 3-2 是该工作中心的资源清单,列出了组装一台电脑所需的时间。

表 3-2　资源清单

电脑	组装时间/标准工时
型号 D24	0.203
型号 D25	0.300
型号 D26	0.350
型号 D27	0.425

假设某一周主生产计划列出以下电脑需要组装：

型号 D24　200 台
型号 D25　250 台
型号 D26　400 台
型号 D27　100 台

那么，这个关键资源所需产能就是：

型号 D24　200×0.203＝40.6(标准工时)
型号 D25　250×0.300＝75.0(标准工时)
型号 D26　400×0.350＝140.0(标准工时)
型号 D27　100×0.425＝42.5(标准工时)
所需总工时＝298.1(标准工时)

例题

极点钳子公司生产两种不同型号的钳子：普通钳和精密钳。瓶颈作业在第 20 个工作中心，其资源清单如下(工时/打)：

工作中心	工时/打	
	普通钳	精密钳
20	0.5	1.2

未来 4 周的主生产计划表如下：

周	1	2	3	4	总计
普通钳	40	25	40	15	120
精密钳	20	10	30	20	80

利用资源清单和主生产计划表，计算未来 4 周 20 号工作中心每周所需要的工时数。用下表记录该工作中心需要的产能。

答案

周	1	2	3	4	总计
普通钳	20	12.5	20	7.5	60
精密钳	24	12	36	24	96
总工时	44	24.5	56	31.5	156

差异解决方法

下一步是将所需要的总工时与工作中心的可用产能进行比较。如果可用产能大于所需产能，主生产计划就可行；反之，就需要想办法增加产能。是否可以通过加班、雇用额外员工、利用其他工作中心的工艺或是外包来调整可用产能？如果不可以，就必须修改主生产计划。

最后，主生产计划必须以三个标准来评估：

1. **资源利用**。在计划的每个阶段,主生产计划是否处于产能约束的范围之内?主生产计划是否充分有效地利用了资源?
2. **客户服务**。交货期能否满足?所交付产品的性能是否被客户所接受?
3. **成本**。计划是否最为经济?是否因加班、外包、加急或运输产生了额外成本?

主计划决策

主生产计划应该尽可能有效地表现生产部门要生产什么。如果包括太多的项目,将会导致预测和管理主生产计划困难。每一生产环境下——备货型生产、订货型生产、根据订单组装、根据订单配置,以及根据订单设计等,主生产计划都应选择针对最小数量的产品进行。图 3-1 说明了产品必须进行主生产计划的层次。

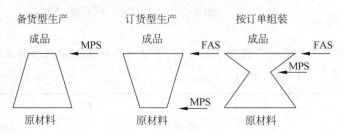

图 3-1 不同的 MPS(主生产计划)环境

备货型生产(make-to-stock)。在这一环境下,常常是由多个部件组装成数量有限的标准件,电视和其他消费品即是这方面的例子。主生产计划通常是成品计划表。

订货型生产(make-to-order)。在这个环境中,很多类型的最终产品由较小数量的部件组装而成,如为客户量身定做的服装。主生产计划通常是补充原材料的计划表。

按订单组装或按订单配置(assemble-to-order and configure-to-order)。在这个环境中,很多最终产品可以由基本部件或子部件组装而成。例如,一家公司生产基色颜料,然后通过添加各种色素后得到最终颜色。假如总共有 10 种色素,最后的颜色由其中任何 3 种与基色混合而成,这样就可能有 720 种颜色(10×9×8=720)。预测及计划生产 720 种产品是一项艰难的任务。如果生产在基色和 10 种色素层级进行计划,任务就简单得多。这样就只需处理基色和 10 种色素中的每个色素。接到客户订单时可以根据订单将基色与需要的色素进行混合(组装)。

最终组装计划(final assembly schedule,FAS)。这里,根据客户订单组装的工作通常使用最终组装计划进行安排。最终组装计划是组装什么的计划表,通常用于有多种选择,而且难以预测客户想要哪种产品组合的情况。主生产计划在零部件层级进行,如上面例子中的基色和色素层。只有当接到客户订单时,才进行最后组装。

在接到客户订单时,最终组装计划将根据主生产计划的零部件进行安排,负责安排从主生产计划到最终组装以及发货给客户。最终组装计划通常用于按订单组装和订货型产品两种情况下。

按订单设计(engineer-to-order)。这是订货型产品的一种形式。在这种环境下,产品在生产前根据客户的特殊要求进行设计,如桥梁。

图 3-2 说明了 MPS、FAS 和其他计划活动之间的关系。

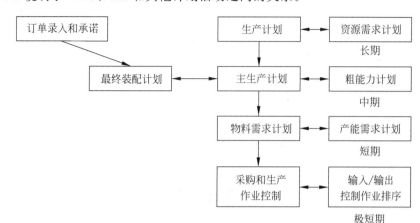

图 3-2 MPS、FAS 与其他计划活动

应当注意的是,主生产计划通常应当使生产计划尽可能"靠近"客户。例如,备货型产品的主生产计划应当使得最终产品设计成能迅速响应客户的要求。它的另一个优点还在于,该产品本身的生产能"隔绝"客户的影响,这意味着具有更多的内部稳定性。另外,订货型产品则包含了客户对最终产品多方面的要求。订货型产品主计划的制订常常是在原材料阶段就开始了,这意味着客户的影响和对生产的干预程度都是很高的。按订单组装的产品处于上述两者之间。主生产计划常常是针对型号和选项(以及所有产品的通用部件)进行的。而针对客户具体要求的设计则是反映在最终的组装计划内。客户多半对各种选项的具体设计影响甚小,从而隔绝了那些选项的生产过程。例如,你是一个购买特定型号汽车的客户,尽管你可以选择是要六缸发动机,还是要八缸发动机,但是你无法影响到这些发动机是如何生产出来的。一些公司想方设法将客户的影响转移到最终的设计考虑上去,也就是尽量使得客户的要求处于供应链的最远端。这种设计战略也被称作是**延迟**(postponement)。

计划期

计划期是指计划覆盖的时间范围,包含的时间至少要等于完成计划所需要的时间。对于主生产计划,最短的计划期等于最长的累积提前期(lead time,LT)或端到端(end-to-end)的提前期。例如,图 3-3 中最长的累积提前期路径是 A—D—F—G,累积提前期=1+2+3+6=12 周。因此,最小的计划期是 12 周,否则原料 G 就不能及时订购以满足交货期。

通常,由于多种原因计划期会长一些。计划期越长,计划的适应性越高,避免将来出现问题或利用特殊情况的管理能力就越好。例如,公司可以利用更经济的采购计划,避免将来出现产能问题,或者以更经济的批量进行生产。

最终装配计划的计划期最短也必须包含组装客户订单的时间。最终装配计划不需要包括生产部件所需要的时间,这部分时间将包含在主生产计划的计划期内。

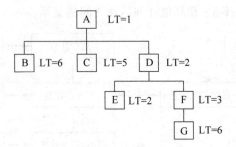

图 3-3　产品结构：关键提前期

 ## 生产计划、主生产计划和销售

生产计划协调总的预测需求和可用资源，它从战略商业计划和市场预测中获取信息，对生产什么以满足市场预测做出总体计划。生产计划依赖于市场预测，要在产能约束之内做出计划，以满足市场预测。它并不关注实际生产什么等细节问题，而是倾向于提供一个框架，然后由主生产计划制订出详细的计划。

主生产计划依据单个终端产品的预测和实际需求而建立，它协调需求与生产计划及可用资源，制订出生产部门可以执行的计划。主生产计划关心的是实际生产的产品、数量和时间，这样才能满足预期需求。

生产计划和主生产计划通过制订制造计划将销售预测与制造活动分离。它们共同平衡预测需求与工厂可用资源、设备、人工和物料，但它们并不是销售预测，也不必是期望的目标。主生产计划只是生产部门能够做并且将要执行的计划。

图 3-4 所示为销售预测、生产计划和主生产计划之间的关系。

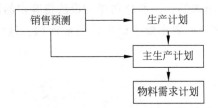

图 3-4　销售预测、生产计划和主生产计划之间的关系

对生产部门能够做并且将做什么，主生产计划必须切实可行。如果不是这样，就会导致超负荷的产能计划、过期的生产计划、不可靠的交货承诺、波动的出货以及缺乏责任感。

主生产计划是具体的终端产品计划，或者说是生产部门预计将来可以生产的"可制造"部件的计划。主生产计划是生产部门和市场部门针对将来生产哪种最终产品所达成的共识点，生产部门努力生产，市场部门努力销售。但是主生产计划并不是非常严格不变的。需求会变化，生产会出现问题，有时零部件稀缺，这些都使得修改主生产计划非常必要。改变必须在销售部门和生产部门完全理解和认同的情况下进行，主生产计划为这种改变提供基础，从而达成一个双方都认可的计划。

主生产计划和交付承诺

在备货型生产情况下,客户订单由库存满足,而在订货型或按订单组装环境中,需求则由产能满足。在任何一种情况下,销售和配送部门都必须知道有什么可用的产品来满足客户需求。由于需求可能由库存满足,也可能由计划收到的产品来满足,主生产计划就可以为二者提供计划。图3-5 阐明了这一概念。当接到客户订单时,订单就"消耗"可用库存或产能。没有被实际客户订单消耗掉的计划部分就可用来做出新的订单承诺,这样,主生产计划就为交货承诺提供了现实基础。需要注意的是,对于每个阶段,主生产计划的产品数量被假定为该阶段开始时可用的数量。

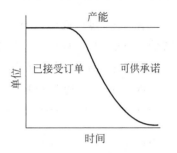

图3-5 MPS和交付时间

应用主生产计划,销售和配送部门可以决定**可承诺供货**(available to promise,ATP)。可承诺供货是指还没有承诺但可承诺给客户的库存和计划生产中的部分,这使得交货承诺可以做出,客户订单和交付能够准确排定。

可承诺供货是这样计算的:期初库存加上计划收到量,然后减去下一个计划收到量之前的实际订单。**计划收到量**(scheduled receipt)是指已经分配给生产部门或供应商的订单。表3-3是一个计算可承诺供货的示例。

表 3-3 可承诺供货量的计算

现有库存:100 单位

生产期	1	2	3	4	5
客户订单	80	10	10		30
主生产计划 MPS		100		100	
可承诺供货 ATP	20	80		70	

第1期 ATP = 现有库存 − 下一个 MPS 之前到期的客户订单
　　　　　= 100 − 80
　　　　　= 20(单位)

第2期 ATP = MPS 计划收到量 − 下一个 MPS 之前到期的客户订单
　　　　　= 100 − (10+10)
　　　　　= 80(单位)

第4期 ATP = 100 − 30
　　　　　= 70(单位)

这种方法假设在下一个计划收到量到达前可承诺供货将会被消耗完。将要被消耗就假定会被消耗完。如果没有被消耗完,剩下的就变成了下期可用的现有库存。

继续考虑前面联合坚果粉碎器公司的例子,该公司接到了客户订单。以下是接到订单的计划及相应可承诺供货的计算(回忆一下,现有库存为50单位):

现有库存 = 50(单位)

周	1	2	3	4	5	6
客户订单	80	45	40	50	50	5
主生产计划 MPS	100		100		100	
可承诺供货 ATP	25		10		45	

有时候,客户订单大于计划收到量。在这种情况下,前期的可承诺供货根据需要量而减少。下面例子中,计划人员能否接受在第 3 周再交付 20 个单位的订单?第 3 周有 10 个单位可用,第 1 周的可承诺供货还有 10 个。因此,这个订单可以接受,如下表。

现有库存＝50(单位)

周	1	2	3	4	5	6
客户订单	80	45	60	50	50	5
主生产计划 MPS	100		100		100	
可承诺供货 ATP	15		0		45	

例题

计算下面例题的可承诺供货量。能否接受第 5 周再交付 30 个单位的订单?如果订单被接受,ATP 是多少?

周	1	2	3	4	5
客户订单	50	20	30	30	15
主生产计划 MPS	100		100		
可承诺供货 ATP	30		25		

答案

周	1	2	3	4	5
客户订单	50	20	30	30	45
主生产计划 MPS	100		100		
可承诺供货 ATP	25		0		

预计可用库存余额

目前的计算是将**预计可用库存余额**(projected available balance,PAB)建立在预测需求上,现在还要考虑客户订单。客户订单有时候大于预测,有时候小于预测。预计可用库存余额基于二者中较大的一个进行计算。例如,如果期初预计可用库存是 100 单位,预测客户订单是 40 单位,而实际客户订单是 50 单位,那么期末预计可用库存余额是 50 单位而不是 60 单位。预计可用库存余额有两种计算方式,采用哪种方式取决于当前生产期处在需求时界(demand time fence)之前还是之后。需求时界是期数,从第 1 生产期开始,在这一时期内由于计划中断产生的超额成本带来的变化除外。

需求时界前的生产期,预计可用库存余额计算如下:

预计可用库存余额(PAB) ＝前期 PAB 或现有库存余额＋MPS－客户订单

这个过程不考虑预测,并假设唯一的影响来自客户订单。任何新的订单都必须经过管理高层批准。需求时界之后的生产期,预测将影响预计可用库存余额(PAB),因此使用预测和客户订单之中较大的进行计算。

PAB 的计算方式如下:

PAB＝前期 PAB＋MPS－客户订单或预测需求中的较大者

例题

假定数据如下,计算预计可用库存余额。需求时界是第 3 周末,订购量是 100 单位,期初 40 单位可用。

周	1	2	3	4	5
预测	40	40	40	40	40
客户订单	39	42	39	33	23

答案

周		1	2	3	4	5
预计可用库存余额	40	1	59	20	80	40
主生产计划 MPS			100		100	

到目前为止,已经讨论了如何计算预计可用库存余额和可承诺供货量。现在可将联合坚果粉碎器公司例子的两种计算并在一起。需求时界是第 3 周末。

周		1	2	3	4	5	6
预测需求		75	50	30	40	70	20
客户订单		80	45	40	50	50	5
预计可用库存余额	50	70	25	85	35	65	45
可承诺供货 ATP		25		10		45	
主生产计划 MPS		100		100		100	

时界

参考图 3-6 所示的产品结构。A 是主生产计划产品,由 B、C、D 组装而成。相应的,D 由原料 E 制成。组装 A 的提前期是 2 周,B、C 的采购提前期分别为 6 周和 5 周,生产 D 需要 8 周,原材料 E 的采购提前期是 16 周。因此,最长的累计提前期是 26 周(A＋D＋E＝2＋8＋16＝26)。

由于累计提前期是 26 周,主生产计划的计划期至少为 26 周。如果计划的时界少于 26 周(如 24 周),那么,当在 24 周有了新的主生产计划订单时(也就是计划跨度的末尾),则在 24 周制订主生产计划时,关于部件 E 的订单就已经晚了 2 周。

假设 E 是提前期较长的电子器件,用在 D 和其他电路板的组装上。当 E 在订购之后 16 周收货时,必须决定 E 是用于生产 D 还是用于其他电路板。再过 8 周,必须决定 D 用

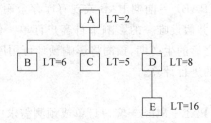

图 3-6 产品结构

于 A 的最终组装。公司直到交付 A 前 10 周才能决定 E 用于生产 D。在每一个阶段,公司都受到增加成本和减少可选择面的约束。因此,生产越是接近交货期,变更成本就越高,公司的灵活性也越低。

需求时界的建立或使用基本上是一种管理层的决策。依据产品的性质和管理过程的灵活性,管理层可以确定一个时间范围来"冻结"主生产计划。例如,如果他们设定的时间范围是三个星期,那么,在没有管理人员的分析和干预的情况下,就不得添加新的订单或对主生产计划做出变更。使用需求时界的好处在于为生产过程提供了稳定性,同时使得那些与订单即将完成时所做变更相关的成本降低到最低程度。显然,其缺点是,失去了那个时间段内的灵活性而无法做出相应的反应。因此,在做出使用一个需求时界的决策前,应当对其成本和效益予以仔细斟酌。

主生产计划也会发生变化,例如:

- 客户取消或修改订单。
- 机器故障或增添新机器,从而使得产能改变。
- 供应商出问题,不能按时供货。
- 加工过程的废品率高于预期。

公司都希望最小化生产成本,也希望有足够的灵活性应对变化的需求。生产计划的改变可能造成以下后果:

- 成本增加,这是由于变更工艺路线、变更计划、额外的生产设备、加急及在制品库存堆积造成的。
- 客户服务水平降低。交货数量的改变可能扰乱其他订单的安排。
- 降低了计划的严肃性。主生产计划和计划流程的可信度降低。

离计划跨度期较远的变更成本极小,甚至为零,对生产也没什么影响。但越接近交货期,变化带来的破坏性越大,成本越高。为协助决策过程,很多公司建立了时界分隔的区域。图 3-7 说明了这个概念如何应用于产品 A。区域和时界如下:

图 3-7 主生产计划和时界

- **冻结区**(frozen zone)。产能和物料已分配给某些订单。由于变更会导致超额成本、生产效率降低及客户服务水平不高,因此变更前通常必须征得管理高层批准。

冻结区的范围由需求时界确定。在需求时界之内,需求通常基于客户订单而不是市场预测。
- 宽松区(slushy zone)。产能和物料较小程度分配。这是营销部门和生产部门协商确定的区域。物料已经订购,产能已经确立,这是难以改变的,但优先级容易改变。宽松区的范围由计划时界(planning time fence)确定。在计划时界之内,计算机不会重新安排主生产计划。在这个区域内,任何改变主生产计划订单的建议都必须在做出改变决定前仔细加以评估。通常,最小的计划时界长度是由产品的累计提前时间来决定的。
- 可变区(liquid zone)。只要在生产计划设定的范围内,可以对主生产计划进行任何改动。变更是司空见惯的事情,通常由计算机程序完成,而不需要计划人员的参与。

主生产计划也会发生变化,必须对此进行管理,决策前也必须充分了解所涉及的成本。

差错管理

客户订单会随时发生差错,需要不断对此保持警惕。三种常见的差错是:
1. 错误的产品或规格。
2. 错误的数量(太少或太多)。
3. 错误的出货日期(太早或太迟)。

这些错误需要不同的解决方法:重新设计,采用替代品,或协商部分出货,或者加快送货。

小结

主生产计划(MPS)是生产单个最终产品的计划。MPS必须在总数上与需求相符,但它不是需求预测。MPS必须切实可行,能够完成,并且反映所需产能和可用产能之间的平衡。

主生产计划是销售部门和生产部门的交会点。MPS提供计划,这样能够对客户做出切实可行的交货承诺。如果交货或订货必须调整,可以通过MPS进行。

主生产计划的主要功能如下:建立生产计划和车间之间的联系,是计划产能的前提,是物料需求计划的前提,协助确定订单承诺等。它使优先权有效,并且是营销部门和生产部门之间的主要联系纽带。

主生产计划必须现实可行,建立在能够生产什么、将要生产什么的基础上。如果不是这样,会发生以下结果:
- 工厂资源超负荷或负荷不足。
- 不可靠的计划导致低水平的交货服务。
- 较高的在制品(WIP)库存。
- 不良的客户服务。
- 计划系统的可信度降低。

关键术语

可承诺供货　available to promise(ATP)
需求时界　demand time fence
最终组装计划　final assembly schedule(FAS)
冻结区　frozen zone
可变区　liquid zone
主生产计划　master production schedule (MPS)
计划时界　planning time fence
延迟　postponement
预计可用库存余额　projected available balance(PAB)
粗产能计划　rough-cut capacity planning
计划收到量　scheduled receipt
宽松区　slushy zone

问答题

1. 主生产计划(MPS)在生产计划系统中的四种功能是什么?
2. 主生产计划在销售和生产之间扮演什么角色?
3. 主生产计划针对的是产品族还是单个产品?
4. 制订主生产计划的信息从哪里来?
5. 制订主生产计划的三个步骤是什么?
6. 粗产能计划的目的是什么?
7. 资源清单用在什么地方?
8. 主生产计划应在哪个层次出现?
    a. 在备货型生产环境。
    b. 在订货型生产环境。
    c. 在按订单组装环境。
9. 什么是最终组装计划(FAS)？它的作用是什么?
10. 什么是计划期？什么决定了它的最短时间？为什么计划期要长一些?
11. 生产计划和主生产计划是如何与销售及销售预测发生联系的?
12. 什么是可承诺供货(ATP)？它是如何计算的?
13. 时界的作用是什么？列举并描述三个主要区域。
14. 如果主生产计划的计划期过短会出现什么问题？为什么?
15. 如果不使用时界会出现什么问题？为什么?
16. 什么样的生产环境会同时使用最终组装计划(FAS)和主生产计划(MPS)？为什么?

计算题

3.1 女巫扫帚公司生产一系列扫帚把,其中最畅销的型号是36英寸的,销售部门做出了未来6周的预测。期初库存是30单位。作为公司计划人员,你必须制订主生产计划。扫帚以100单位为批量进行生产。

周		1	2	3	4	5	6
销售预测		10	50	25	50	10	15
预计可用库存余额	30						
主生产计划							

答案:第2周和第4周应有计划接收。

3.2 光影太阳镜公司组装太阳镜,镜架由公司自己制造,镜片则是从外面的供应商处采购。销售部门为一个炭黑色的畅销型号准备了未来6周的预测。太阳镜以220单位的批量进行组装,期初库存是300单位。计算下表的预计可用库存余额和主生产计划。

周		1	2	3	4	5	6
销售预测		200	300	300	200	150	150
预计可用库存余额	300						
主生产计划							

3.3 联合邮箱公司生产两种邮箱的产品族。生产计划和主生产计划以季度为单位,产品族的销售预测如下。期初库存是270单位,公司希望在年底将其减少到150单位。请制订一个均衡生产计划。

生产计划

季度		1	2	3	4	总计
销售预测		220	300	200	200	
预计可用库存余额	270					
生产计划						

答案:季度生产量=200单位

产品族中每种信箱的销售预测如下表。计算每种信箱的主生产计划,记住在生产计划中生产应该达到均衡。每种信箱的生产批量是200单位。

信箱A,批量:200单位

季度		1	2	3	4	总计
销售预测		120	180	100	120	
预计可用库存余额	120					
主生产计划						

答案：计划收到量出现在第2季度和第3季度。

信箱B，批量：200单位

季度	1	2	3	4	总计
销售预测	100	120	100	80	
预计可用库存余额	150				
主生产计划					

答案：计划收到量出现在第1季度和第4季度。

3.4 国际开罐器有限公司生产由两种手工开罐器组成的产品族。生产计划以月为单位，这个月有4周。期初库存为2 000打，公司计划在本月底将其增加到4 000打。主生产计划以周为单位。两个型号的销售预测和预计可用库存余额如下。两个型号的生产批量均为1 000打。计算每种产品的生产计划和主生产计划。

生产计划

周	1	2	3	4	总计
销售预测	3000	3500	3500	4000	
预计可用库存余额	2000				
生产计划					

型号 A

周	1	2	3	4	总计
销售预测	2 000	2 000	2 500	2 000	
预计可用库存余额	1500				
主生产计划					

型号 B

周	1	2	3	4	总计
销售预测	1 000	1 500	1 000	2 000	
预计可用库存余额	500				
主生产计划					

3.5 在本章前面"与生产计划的关系"一节的例题中，主生产计划不是很令人满意，因为与生产计划相比，库存余额较差。同时，产品C在第2周和第3周还存在缺货情况。修改这三个产品的生产计划，以消除或减少这些问题。

3.6 极点装饰品公司生产两种型号的产品，瓶颈作业在10号工作中心。资源清单（工时/件）见下表。

单位	工时/件	
工作中心	型号 A	型号 B
10	2.4	3.5

未来5周的主生产计划如下：

周	1	2	3	4	5
型号 A	70	50	50	60	48
型号 B	20	40	55	30	45

a. 应用资源清单和主生产计划计算未来5周10号工作中心每周所需要的工时数。用下表来记录该工作中心所需要的产能：

周	1	2	3	4	5
型号 A					
型号 B					
总工时					

答案：所需总工时：第1周,238单位；第2周,269单位；第3周,313单位；第4周,249单位；第5周,273单位。

b. 如果10号工作中心每周的可用产能为260工时，提出一种可行的方法满足第3周的需求。

3.7 用以下数据计算可承诺供货量。现有库存量为100单位。

周	1	2	3	4	5	6
客户订单	70	70	20	40	10	
主生产计划		100		100		100
可承诺供货量						

答案：第1周 ATP=30 单位；第2周 ATP=10 单位；第4周 ATP=50 单位；第6周 ATP=100 单位。

3.8 假定以下数据，计算可承诺供货量。

周	1	2	3	4	5	6
客户订单	21		17	8		3
主生产计划	30		30	30		
可承诺供货量						

3.9 用以下计划收到量，计算ATP。现有库存为0。

周	1	2	3	4	5	6	7	8	9	10
客户订单	10		10		60	16			10	
主生产计划	50				50				50	
可承诺供货量										

3.10 用以下计划收到量,计算 ATP。现有库存为 45 单位。

周	1	2	3	4	5	6	7	8
客户订单	45	50	35	40	30	40	20	18
主生产计划		100		100		100		100
可承诺供货量								

3.11 用以下数据,计算可承诺供货量。现有库存量为 50 单位

周	1	2	3	4	5	6
客户订单	20	50	30	30	50	30
主生产计划		100			100	
可承诺供货量						

3.12 假定以下数据,在第 4 周交付 20 单位的订单能否接受?用以下数据计算 ATP。现有库存量为 50 单位。

周	1	2	3	4	5	6	7	8
客户订单	50	50	30	40	50	40	30	15
主生产计划		100		100		100		100
可承诺供货量								

答案:可以。10 单位来自第 4 周的 ATP,10 单位来自第 2 周的 ATP。

3.13 假定以下数据,在第 5 周交付 30 单位的订单能否接受?如果不能,可以怎么做?现有库存量为 0 单位。

周	1	2	3	4	5	6	7	8
客户订单	70	10	50	40	10	15	20	15
主生产计划	100		100			100		
可承诺供货量								

3.14 假定以下数据,计算预计可用库存余额及计划 MPS 收到量。批量为 200 单位,需求时界为 2 周。

周	1	2	3	4
销售预测	80	80	80	70
客户订单	100	90	50	40
预计可用库存余额 140				
主生产计划				

答案:第 2 周会有 MPS 计划的收到量。

3.15 假定以下数据,计算预计可用库存余额及计划 MPS 收到量。批量为 100 单位,需求时界为 2 周。

周	1	2	3	4
销售预测	50	50	50	50
客户订单	60	30	65	25
预计可用库存余额	60			
主生产计划				

3.16 完成以下问题。提前期为1周,需求时界为第3周末。现有20单位,批量为60单位。

周	1	2	3	4	5	6
销售预测	20	21	22	20	28	25
客户订单	19	18	20	18	30	22
预计可用库存余额	20					
主生产计划						
可承诺供货量						

3.17 产品A是一种按订单组装产品。它的生产批量为150单位,而现有库存为110单位。现有2周的需求时界和12周的计划时界。下表给出了今后12周最初的预测需求量和实际客户订单量。

周	1	2	3	4	5	6	7	8	9	10	11	12
预测量	80	80	80	70	70	70	70	70	70	70	70	70
需要量	83	78	65	61	49	51	34	17	11	7	0	0

a. 根据以上信息,制订一份实际可行的主生产计划,求出相应的可承诺供货。

b. 说明你将如何响应下述的客户订单要求。假定这些要求都是独立的,不产生累积效果。

- 第三周20单位。
- 第五周40单位。
- 第七周120单位。

3.18 a. 根据以下主生产计划,填写出预计收到量和可承诺供货量。

现有库存:35   计划时界:10   批量:200

需求时界:2

期数	1	2	3	4	5	6	7	8	9	10	11	12
预测量	30	40	40	50	40	40	30	40	40	50	40	40
客户订单量	31	35	29	21	17	14	33	11	5	2	0	1
预计收到量												
可承诺供货量												
主生产计划		200				200						

b. 一个客户想要在第 4 期下一个 100 单位的订单,你能对该客户说什么?

c. 上面(b)的客户打算取消他的订单,改为在第 5 期要 120 单位的产品,你能对该客户说什么?

d. 销售部门要求你在第 9 期的主生产计划中增加 200 单位的产品,以满足他们促销的需要,你能对他们说什么?为什么?

e. 在第 11 期应当采取什么行动(如果有的话)?为什么采取该行动是对的?

案例研究 3.1 爱克姆水泵公司

爱克姆水泵公司遇到一个难题。水泵的生产和储存相当昂贵,所以公司试图将库存保持在较低水平。与此同时,快速响应顾客需求也是非常重要的,因为一旦爱克姆公司不能立即提供顾客需要的水泵的话,顾客就会转向竞争对手处购买。公司现在的办法是每周生产 100 台水泵,即平均需求量。即便是这样,也存在一个问题,就像生产部门经理所指出的,由于设备也用于其他产品,所以批量为 300 台的话效率会更高。他正准备下周的水泵生产,而且声称下周有能力一次生产 300 台。

下表是今后 12 周的需求预测和顾客实际订购量:

周	1	2	3	4	5	6	7	8	9	10	11	12
预测需求量	90	120	110	80	85	95	100	110	90	90	100	110
客户订单	105	97	93	72	98	72	53	21	17	6	2	5

爱克姆公司的总裁说,他正考虑使用正规的、带有可承诺供货(ATP)逻辑的主生产计划(MPS),以更有效地满足需求,同时避免对库存造成较大影响。爱克姆公司已经决定在第 3 周末采用需求时界,并查明当前库存是 25 单位。假设爱克姆公司使用 300 单位的主生产计划批量进行生产,并在第 1 周开始生产第一批。

讨论题

1. 用以上信息制订主生产计划。

2. 一个顾客已经要求在第 5 周运送 45 台水泵。你会针对这第一订单,对顾客说些什么?为什么?这一订单会对生产运作产生什么影响?

案例研究 3.2 标准芯片电子公司

标准芯片电子公司的生产经理莎利·杰克逊(Sally Jackson)又迎来了令人头痛的一天。最终产品组装车间的工作进度大大落后了,因此几个大订单已经晚了好几天,甚至好几个星期才发货。客户很不高兴,已经向销售部门发出了一大堆抱怨和责难的短信。与此同时,几个前面加工的车间显然是工作量不足。莎利认为这个问题同样很重要,因为她认为只有两个解决办法,或者是让这些人待在那里什么也不干,或者是让这些人去提前加工某些部件,即使眼下没有这些部件的订单。提前加工这些部件是有风险的,因为他们的产品处于一个竞争激烈的市场中,在这个市场里,客户对于基本产品可以有许多选项,而其中一些选项的变化很大(例如,一个选项可以连续几个月没有订货,而当某个客户对该选项下了一个大订单时,就会突然有了很大的需求量)。这种情况看来不大会改变,因为他们的大部分客户都是大型零售连锁店。让员工待着不干事也不成,因为对她工作的考评指标中有关于劳动力效率和利用率的指标,而工人们没事干,就会让这些指标看起来很糟糕。

她倒是愿意让这些工人放上一天或半天假,但是当地的工会协议禁止这么做。她也考虑让这些工人去其他车间帮忙(在目前情况下,是去最终产品装配车间),但是工会协议对每个工人都有具体的工作类别规定,而这也是不能违反的。即使可以这么办,莎利明白这也有问题,因为在这些车间工作的工人,对于最终产品组装车间的工作所知甚少,甚至是一无所知,而这可能会造成很多产品质量问题。

莎利做了笔记,确定了一些具体数字,以便与人力资源经理举行每周的例会时用。每周,她都要根据每个车间的需要,就某个车间解雇一些工人,某个车间需要召回一些工人做出综合建议。她知道,与工会签订的合同允许她根据每个星期的情况这么做,然而她依旧讨厌这个做法。即使她通常能够尽量把这些数字做得好些,但她仍然无法不顾及以下影响:

- 这些工人常常是家里唯一的收入来源,即使将他们解雇一个星期,也会给他们的家庭带来困难。
- 工人不工作的时间长了的话,他们就无法保持原有的高水平技能。当他们再回来工作时,通常就无法以先前那样的效能工作,而这可能引发大量的产品质量问题。
- 即使他们依然保持原先的效能(如他们仅仅一个星期没来工作),但他们多半会对被解雇充满了怨恨情绪,那么,对于一个对他们不讲什么情义的公司,他们为什么要对其忠诚呢?这种怨恨感会使得他们在工作时故意磨洋工。
- 其中一些最好的工人,他们所掌握的技能恰好也是其他公司所需要的。一个具有高度熟练技能的工人,当他们有其他多种选择时,为什么还要忍受你这种时不时的解雇呢?就在上几个月,她失去了十几个最好的工人,因为他们跳槽去标准芯片公司的一家竞争对手那里去了。

就在她准备与人力资源经理开会所用的数字时,销售经理安迪·摩根(Andy Morgan)走进了她的办公室。以下就是他们的谈话:

安迪:"莎利,我给你带来了一些好消息和一些坏消息。首先是好消息:我刚才接到了买家阿加科斯百货商店的一个电话,他们想下一个1 000件A77产品的大订单。他们打算搞一个促销活动,而A77是其重点商品。"

莎利:"你答应他们我们什么时候可以交货?"

安迪:"我给了他们该产品的标准提前时间——6个星期。"

莎利:"那可能有问题。A77使用的电源有些贵,所以我们的库存只有200个。一般我们要花8~10个星期才能从供应商那里拿到货。或许我们可以要求他们紧急发货,但是那么做供应商会要求大大提高价格,因为为了紧急交货,那会严重扰乱他们自己的工作安排。所以我们的成本就会相应增加,以至于在这个大订单上使得我们无利可图。"

安迪:"为什么你的人不保持足够的库存?你知道我们行业竞争得很厉害,我们必须随时满足客户的要求。倘若我们无法在6个星期里完成这个订单,这家大零售店的促销活动就会泡汤,他们会很不高兴的。如果他们转而从我们的某个竞争对手那里进货,那我一点儿也不会感到奇怪。对于你们最终产品装配车间晚交货的那几个订单,我接到了不少怒气冲冲的电话。我们的那些顾客,一旦发现商店里没有他们所要的产品,就会转身而去其他的店铺了。我们的客户对于按时交货非常敏感,为什么你的生产人员不能加把劲儿?"

莎利:"你应该知道,我们不能让库存物品白白闲在那里。库存是成本很高的,因为电子产品库存时间长了是很容易损坏的,而且技术发展很快,甚至到我们使用它们时就已经变得落伍了。如果我们的库存成本吃掉了可能的利润,上面也会不高兴的。还有,你在接受这种订单前,没有首先核查一些我们是否能完成,这就带来了麻烦。"

安迪:"莎利,别犯傻了。电话中的客户说,他们打算花一大笔钱来下一个大订单。如果我告诉他们,你们先等等,我必须取得了另外一个人的许可才能定下来,那你会怎么想?销售工作可不能那么干,我们必须努力拿到订单。对于A77产品,我只能告诉客户那个标准提前时间。你的人应该努力些。我们的任务是能把货物卖出去,为什么你的人就不能把它们做出来?"

在那次谈话后,莎利所能做的就是赶快去找一个能搞定一切的高手来解决这个新的让人头痛的事情,要知道,在这个安迪刚刚摆到她面前的新的问题之前,她已经有够多棘手的难题要处理了。

讨论题

在这个案例中,关键问题是什么?一定要尽可能地将表面现象与核心原因加以区分开。始终要记住的一点是:由客户类型和内部条件之间所构成的约束条件。一旦你分析并找出了问题之所在,请针对标准芯片公司的具体情况,为它拟订一个综合性的、有效的解决方案。

案例研究 3.3　马卡里自行车公司

马卡里自行车公司生产和销售高档自行车,是主要销往北美地区的大型自行车零售店,其他客户还包括一些向小零售店供货的批发商。它们生产的自行车有几种型号,其中的大多数都有许多不同的选项,而这些选项组合在一起就形成了大量不同的设计方式。例如,这些自行车可以由各种不同的颜色、座位类型、速度档(齿轮)、车胎和车轮型号、刹车方式以及手把类型等组成。此外,还有其他几个选项可以包括或不包括在内,如前灯和尾灯、水壶座、车筐或撑脚架等。

在这种情况下,自然难以确定应该为每一选项保持多少库存或生产多少了。几年前,该公司曾经认为,他们无法为这么多选项的每一种组合制订主生产计划。因为那简直就等于要制订几千份主生产计划(就是为每一种可能要生产的自行车组合方式制订单独的生产计划)。事实上,在那些可能的组合中,有几种从来就没有得到过订单。因此,他们决定只为每种型号的自行车制订主生产计划,另外再为该型号的通用部件(例如,某个特定型号的自行车都有一样的车架,而大多数连接件都是通用的,如螺栓和螺帽)制订主生产计划。这些通用件的预测需求量是基于他们计划在一定期间内销售该型号自行车的总量来确定的,再根据历史上对要求该选项的这种型号自行车的销售百分比,则可以计算出对每种选项的预测值。通过使用这种方法,除非一个特定的客户下了一个特定的订单,否则某种自行车或许从来就不会加以生产。

获得或制造自行车所有部件的总提前时间为20周,这就是该公司用来作为其计划时界的时间量。知道这一点非常重要,因为该国的许多地区,自行车的销售季节性很强。北部地区的自行车商店,冬天的自行车销量很少,而在春天则销售旺盛。自行车商店不喜欢保持很大的自行车成品库存,一方面是因为成本问题;另一方面也是因为它们不知道来年哪种选项会流行。它们多半会等待尽可能长的时间后再下订单,但到了那时,它们就会对是否能按时交货极为敏感。当一个顾客打算买一辆自行车时,他往往不愿等待,尤其是,在这个国家的许多地方,适合骑自行车的季节很短。

下面几张表格给出的是:某种型号自行车(一种混合重型自行车)的预测需求量、已有并得到客户确认的订单量、现有库存量,以及今后12周通用部件和一些选项的主生产计划量。关于选项的预测需求量的计算方法如下:从历史上看,这个时间对这种型号自行车选择18速自行车的百分比为70%,鉴于第一周对该型号自行车的预测需求量是50辆,所以对18速自行车的预测需求量为35辆(50辆的70%)。从历史上看,对直手把的需求百分比是30%,而订单中选择前灯和尾灯的百分比为20%。例如,为了理解这些订单,假如对该型号自行车第一个星期的订购量为56辆,那么,其中大约有37辆是要18速的;16辆是要直把手的;还有2辆是要带车灯的。这些数据来自冬末/春初这个时间段,这个时候,对自行车的需求就要开始增长了,而自行车商店就要为销售旺季着手做准备了。

通用零件(车架等),现有库存:40

周	1	2	3	4	5	6	7	8	9	10	11	12
预测需求量	50	55	60	62	65	65	68	70	75	75	80	85
客户订单	56	52	45	33	70	50	35	60	20	20	0	0
主生产计划	200				200			200		200		

18速齿轮选项,现有库存:25

周	1	2	3	4	5	6	7	8	9	10	11	12
预测需求量	35	39	42	44	46	46	48	49	53	53	56	60
客户订单	37	38	40	33	50	20	25	40	5	5	0	0
主生产计划	150				150			150		150		

直手把,现有库存:20

周	1	2	3	4	5	6	7	8	9	10	11	12
预测需求量	15	17	18	19	20	20	21	21	23	23	24	26
客户订单	16	18	20	5	15	22	15	20	5	8	0	0
主生产计划		60			60			60		60		

前灯和尾灯组，现有库存：5

周	1	2	3	4	5	6	7	8	9	10	11	12
预测需求量	10	11	12	13	13	13	14	14	15	15	16	17
客户订单	2	12	10	17	15	9	7	11	2	1	0	0
主生产计划	30			30			30			30		30

讨论题

1. 请将下面各表的空白处填上答案，有关数据见上面的表格，增加项为预计库存量以及可承诺供货量两行。假定对这些数据没有需求时界。

2. 一旦你填完了这些表格，要考察一下该型号自行车的订单栏，确定要向可能的客户告知哪些具体信息。例如，假如一个订单要求在第4周供应40辆自行车（具有规定的选项），而你显然只能提供32辆，那么，你应当告诉该客户，他可以在第4周收到32辆，其余的将在下一周提供（你应当具体说明在**哪一周**）。假定所考察的订单栏是**不累计**的，换句话说，就是单独考察每个所要求的订单，在考察这个订单时不管现有的其他订单量。

3. 假如马卡里自行车公司的经理发现，他们的一家主要竞争对手由于一场大火而不得不在今后三个月里停产。马卡里公司的经理充分意识到，在这个紧急期间，该竞争对手的许多客户会转向自己的公司订货。事实上，竞争对手中的一家客户已经询问他们能否在第5周提供250辆该型号的自行车了。在这种情况下，马卡里公司该如何做？请尽可能具体地加以说明。

通用零件（车架等），现有库存：40

周	1	2	3	4	5	6	7	8	9	10	11	12
预测需求量	50	55	60	62	65	65	68	70	75	75	80	85
客户订单	56	52	45	33	70	50	35	60	20	20	0	0
预计库存量												
主生产计划量（MPS）	200				200			200		200		
可承诺供货量（ATP）												

18速齿轮选项，现有库存：25

周	1	2	3	4	5	6	7	8	9	10	11	12
预测需求量	35	39	42	44	46	46	48	49	53	53	56	60
客户订单	37	38	40	33	50	20	25	40	5	5	0	0
预计库存量												
主生产计划量（MPS）	150				150			150			150	
可承诺供货量（ATP）												

直手把,现有库存:20

周	1	2	3	4	5	6	7	8	9	10	11	12
预测需求量	15	17	18	19	20	20	21	21	23	23	24	26
客户订单	16	18	20	5	15	22	15	20	5	8	0	0
预计库存量												
主生产计划量(MPS)		60			60			60		60		
可承诺供货量(ATP)												

前灯和尾灯组,现有库存:5

周	1	2	3	4	5	6	7	8	9	10	11	12
预测需求量	10	11	12	13	13	13	14	14	15	15	16	17
客户订单	2	12	10	8	15	9	7	11	2	1	0	0
预计库存量												
主生产计划量(MPS)	30			30		30		30		30		30
可承诺供货量(ATP)												

需要对下面一些订单加以评估。再次记住要对这些订单加以单独评估。例如,当你评估2号订单时,不要考虑其他的订单(1号、3号和4号等)。

a. 一家客户的订单要求在第3周提供32辆自行车,要求是:所有32辆都是18速的;其中12辆要求直把手;14辆要求带前后灯组。

b. 一家客户的订单要求在第6周提供60辆自行车,要求是:其中50辆是18速的;12辆要求直把手;5辆要求带前后灯组。

c. 一家客户的订单要求在第2周提供20辆自行车,要求是:所有自行车都是18速的;所有自行车都要求直把手;所有自行车都要求带前后灯组。

d. 一家客户的订单要求在第7周提供110辆自行车,要求是:其中60辆是18速的;22辆要求直把手;15辆要求带前后灯组。

第 4 章

物料需求计划

 引言

第3章介绍了主生产计划(MPS)在生产部门制造最终产品(或称主要部件)中的作用。这些产品由零部件制造或组装而成,零部件必须在正确的时间有正确的数量可用,这样才能满足主生产计划的需求。缺少任何一个零部件都不能准时进行生产,也不能准时出货。**物料需求计划**(material requirements planning, MRP)是用于避免缺料的系统,它制订一个计划表(优先权计划),说明在每个组装阶段所需的部件,并且根据提前期计算需要这些部件的时间。

本章将讨论物料清单(物料需求计划的主要组成部分),详细探讨物料需求计划的制订过程,说明物料需求计划如何应用。但首先要进行讨论的是运用物料需求计划的具体环境。

需求特征

需求分为两种类型:独立需求和相关需求。**独立需求**与其他产品的需求无关。例如,公司生产木制餐桌,对餐桌的需求就是独立的。它基本上独立于公司内部的任何行为;反之,它只取决于外部对该餐桌的需求。主生产计划产品都是独立需求产品。对边框、腿帽、桌腿、桌面等的需求则取决于对餐桌的需求,这些称之为**相关需求**部件。

图4-1是一棵产品树,说明了独立需求物品和相关需求物品之间的关系,括号内的数字是每个零部件的需求数量。

由于独立需求与其他零部件、产品的需求无关,独立需求肯定是预测值。而相关需求直接与高一级的零部件或产品需求相关,所以它可以通过计算得到。物料需求计划就是用来进行这种计算的。

产品可能既是独立需求又是相关需求,备用零件就是一个例子。真空吸尘器厂商生产吸尘器时使用软管,在组装吸尘器时,软管是相关需求产品,但是软管极容易破损,厂商必须有备用软管可用,备用软管的需求就是独立需求,因为其需求并不直接取决于所生产

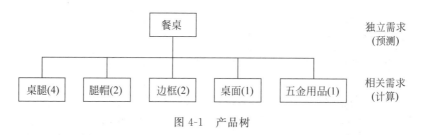

图 4-1 产品树

的吸尘器数量。

相关性可以是横向的,也可以是纵向的。部件对母件的依赖是纵向的,但是部件之间也彼此互相依赖。如果某个部件晚到一周,最终组装也要晚一周,而其他部件也直到那时候才需要。这也是一种依赖,称之为横向相关性。当有零件延期或短缺时,计划人员必须关注横向相关性,因为那个时候其他部件也必须重新安排。

物料需求计划的目标

物料需求计划有两个主要目标:确定需求和保持优先权准确。

确定需求。任何生产计划和控制系统的主要作用都是确保正确的物料在正确的时间有正确的数量可用,这样才能满足公司生产需求。物料需求计划的作用是确定需要什么部件来满足主生产计划,并且根据提前期计算部件必须到手的时间。物料需求计划必须确定:

- 订购什么。
- 订购多少。
- 何时订购。
- 何时安排交付。

保持优先权准确。零件的需求和供应每天都在变化:客户下达订单或改变订单;零件用完了;供应商交货延迟了;出现废品了;订单完成了;机器出现故障了;等等。在这个不断变化的世界中,物料需求计划必须能够重新安排优先权,以保持计划的适时性,它必须能够增加、删除、加快、延期及改变订单。

与其他生产计划和控制功能的联系

主生产计划推动产生物料需求计划。物料需求计划是生产主生产计划产品所需部件的优先权计划。只有当需要用于生产部件的产能到手时,物料需求计划才有效。物料需求计划必须与可用产能进行核对。这个过程叫作产能需求计划,将在第5章进行讨论。

物料需求计划推动**生产作业控制**(production activity control,PAC)和采购,或者说,它是生产作业控制和采购的输入项。物料需求计划对订单的下达和接收日期做出计划,而生产作业控制和采购则必须对订单的执行加以计划和控制,以满足交货期。

图4-2是生产计划和控制系统及其输入、输出的示意图。

物料需求计划软件

如果公司仅生产几种简易产品,或许就可以手工编制物料需求计划。但是大多数公

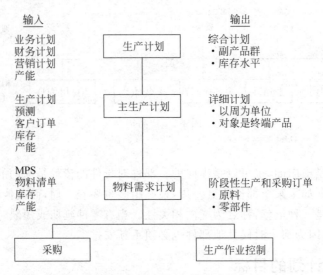

图 4-2　生产计划和控制系统

司都不得不在一个需求、供应和产能不断变化的世界中处理数以千计的部件。

在计算机出现之前，必须使用大量的人工系统、较高的库存和较长的提前期作为缓冲，这是因为缺少准确、及时的信息和快速进行必要计算的能力。不管怎么说，公司迟早会有人指出需要什么，虽然并非恰如其时。那个时候的黄金法则是"早进料，并且尽可能多"。

计算机速度极快，计算准确，是非常适合现代工作的理想工具。计算机能够储存、处理数据，快速地生成信息，因此，生产部门现在有条件很好地使用现代化的生产计划和控制系统。目前有很多现成的物料需求计划应用程序，尽管它们看起来有各有不同，但是其处理逻辑都做了很好的规范，因此每种不同的程序多半都是一样的。

物料需求计划系统的输入

物料需求计划有三个输入：

- 主生产计划。
- 库存记录。
- 物料清单。

主生产计划。主生产计划说明将要生产的最终产品、生产数量及产品完成日期。它通过为所需产品提供原始输入数据而推动产生物料需求计划。

库存记录。物料需求计划系统的一个主要输入数据就是库存信息。当计算需求量时，必须考虑现有的可用量。

需要的信息有两类。第一类叫作**计划因素**（planning factors），包括订购量、提前期、安全库存及废品率等。这类信息变化不是很频繁，然而为了能按时交货，在计划订购量及订购时间时却是必须考虑的。

第二类必要信息是每个物料的当前状况。物料需求计划系统需要知道目前可用量、已分配量，以及供未来需求的可用数量。这类信息不断更新，每次交易后都会发生变化。

这些数据保存在**库存文档**（inventory file）中，也叫作零件主文档或部件主文档。每个零件都有一个记录，所有记录就构成了一个文档。

物料清单。物料清单是制造型企业最重要的文档之一，将在下一节进行讨论。

 物料清单

生产产品前必须知道需要什么零部件。烘焙糕点需要制作原料；配制化学药剂需要配方；组装手推车需要零件清单。虽然名字不同，制作原料、配方和零件清单都是说明生产最终产品需要的东西，这些都是物料清单。

美国运营管理协会《APICS 词典》第 14 版将物料清单定义为："列出构成母件装配所需的子部件、半成品、零件和原材料及每一物料所需数量的清单。"

表 4-1 是一个简化的物料清单。物料清单和零件编号有三个重要方面：

表 4-1 简化物料清单

品名：餐桌
零件号：100

零件号	说明	所需数量
203	桌腿	4
411	腿帽	2
622	边框	2
023	桌面	1
722	五金用品	1

1. 物料清单列出生产一个产品所需要的所有部件。
2. 每个部件只有一个零件号。号码对部件是唯一的，不再分配给任何其他部件。因此，如果某一号码出现在两个不同的物料清单上，那么这样标识的零部件是同一个部件。
3. 零件通过形状、用途和功能来定义。如果其中一项改变，就不是同一个零件，必须赋予一个不同的零件号。例如，零件油漆后就变成了不同的部件，就要有不同的零件号。如果零件可以油成三种不同的颜色，那么每一种都应有一个单独的号码进行标识。

物料清单说明组装母件的部件，并未说明用于生产母件或部件的步骤或过程，这类信息记录在产品工艺文档中。产品工艺文档将在第 5 章和第 6 章进行讨论。

物料清单结构

物料清单结构是指安排物料清单文档的总体设计。公司的不同部门应用物料清单的目的不同。虽然每个用户对物料清单的组织方式有各自的偏好，但物料清单只能有一种结构，所以它的设计应满足绝大部分需求。不过物料清单有多种表现形式，以下是一些重要形式。

产品树（product tree）。图 4-3 是表 4-1 中物料清单的产品树。产品树是考虑物料清单的便捷方式，但除了用于教学或考试却很少使用。本书中就是用于这一目的。

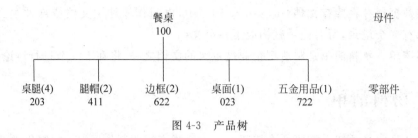

图 4-3 产品树

母件-部件关系(parent-component relationship)。在图 4-1 和表 4-1 中的产品树和物料清单称为单层结构。组装成的部件叫作母件(parent),用来组装母件的物品叫作**部件**(component items)。图 4-3 说明了餐桌(P/N 100)的母件-部件关系。不同的零件号已经分配给每个部件,这使得部件标识绝对准确。

多层物料清单(multilevel bill)。图 4-4 所示的产品与表 4-1、图 4-3 所示的物料清单一样,但是单层物料清单已经扩展到了部件的部件。

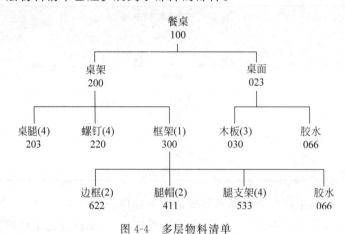

图 4-4 多层物料清单

多层物料清单是基于产品组装方式将零部件合理分组到子部件形成的。例如,组装汽车需要车架、底盘、车门、车窗和发动机,每一部分形成合理的零部件分组。反过来,每个零部件又有自己的物料清单。

决定如何生产产品是制造工程部门的责任,如进行的作业、顺序和分组,生成的子部件就是由此而来的。生产部门决定将图 4-4 中餐桌(P/N 100)的边框、腿帽及桌腿支架(五金零件的一部分)组装成框架(P/N 300),然后将桌腿、螺钉和框架组装成桌架(P/N 200)。桌面(P/N 023)由 3 块木板黏合而成。注意所有的原始部件都在,但是它们都已分组成子部件,并且每个子部件都有自己的零件号。

多层物料清单的一个惯例是产品树上的最后一级物品(桌腿、螺钉、腿帽、边框、胶水和木板)都是采购而来的。一般而言,直到产品结构树的所有分支都已采购结束时,物料清单才完成。

物料清单的每一层都自上而下分配一个号码。最高层,或称最终产品层为零层,它的部件位于第一层。

多个物料清单(multiple bill)。公司经常生产多种产品,并且多个产品用到相同的部件,这时就会使用多个物料清单。产品族的生产尤其如此。仍旧使用餐桌的例子,假定公司生产两种型号的餐桌,它们基本相似,只是桌面不同。图 4-5 是这两种餐桌的物料清单。因为桌面所用的木板不一样,所以每个桌面都有一个不同的零件号,但两种型号餐桌的其他部件都是一样的。

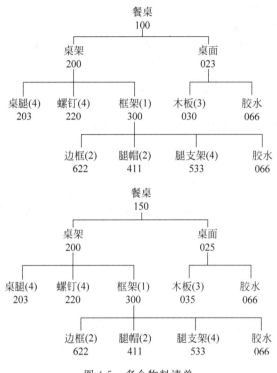

图 4-5 多个物料清单

单层物料清单(single-level bill)。单层物料清单顾名思义只包括母件和它的直接部件。在图 4-5 中的餐桌有 6 个单层物料清单,如图 4-6 所示。注意多个部件对两种型号通用。

计算机中储存的信息就是以单层物料清单形式描述产品结构的。完整定义一个产品所需要的一系列单层物料清单,如餐桌需要四个单层物料清单,每个物料清单的对象分别是餐桌、桌架、桌面和框架。这些单层物料清单可以连在一起构成一个多层物料清单或多级物料清单。应用这种方法时,信息只能储存一次,如框架(P/N 300)可能用于其他桌腿或桌面不同的餐桌。

使用单层物料清单有多个好处,其中包括:
- 避免重复记录。例如,桌架 200 用在餐桌 100 和餐桌 150 上,只需要保存一个桌架 200 的记录,而不是餐桌 100 和餐桌 150 两个都要保存。
- 通过避免重复记录减少了记录数量,计算机系统的文档数量也得以减少。
- 物料清单的维护工作得以简化。例如,如果桌架 200 有变化,只需在一个地方进行修改。

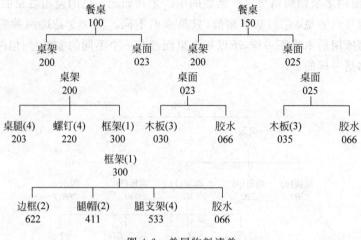

图 4-6 单层物料清单

例题

用以下产品树建立合适的单层物流清单,生产 100 单位的 X 和 50 单位的 Y 共需要多少 K?

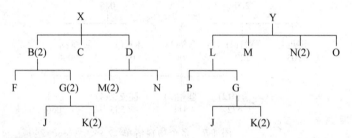

答案

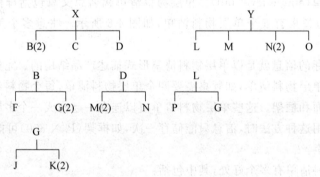

每个 X 需要 2 个 B

每个 B 需要 2 个 G:2×2=4G/每个 X

100X 需要= 400 个 G

每个 Y 需要 1 个 L

每个 L 需要 1 个 G:1×1=1G

50Y 需要　　　　　　50 个 G

所需要 G 总计＝400＋50＝450

每个 G 需要 2 个 K

所需要 K 总计＝2×450＝900

多级物料清单(indented bill)。多层物料清单也可以表示为多级物料清单,采用缩排的形式用于区分母件与部件。表 4-2 所示是图 4-5 中餐桌的多级物料清单。

表 4-2 多级物料清单

零件号	描述	所需数量
200	桌架	1
203	桌腿	4
220	螺钉	4
300	框架	1
622	边框	2
411	腿帽	2
533	腿支架	4
066	胶水	
023	桌面	1
030	木板	3
066	胶水	

母件餐桌的部件顶头排在左侧,其他所有的部件都缩行排列。桌架的部件(桌腿、螺钉和框架)直接缩行排列于桌架下面。框架的部件又缩行排列在下面。这样,零部件通过缩行为分项并且排列于母件下面的形式与母件关联。

简化物料清单(summarized parts list)。图 4-3 所示物料清单叫作简化物料清单,它列举了完成整个组装所需要的所有部件。物料清单由产品设计工程师制作,不包括任何产品生产或组装信息。

计划物料清单(planning bill)。物料清单主要用于制订生产计划。计划物料清单是为了计划目的而人为地将零部件分组,用来简化预测、主生产计划及物料需求计划。计划物料清单并非代表要制造的产品,而是平均产品。再次使用餐桌的例子,假设公司制造 3 种桌腿、3 种边框和腿帽,以及 3 种桌面的桌子,共计 27 种(3×3×3＝27),每种都有自己的物料清单。为了作计划,可以将这 27 张物料清单简化成一张清单,然后标示每种部件的百分比,就如图 4-7 所示的产品结构那样。部件使用百分比从预测或者过去使用情况得到,注意同类部件百分比总和等于 100%。

反查表和追溯表

反查表(where-used report)。反查表提供的信息和物料清单相同,但是反查表为部件提供母件信息,而物料清单为母件提供部件信息。一个部件可能用于制造多个母件,如汽车轮胎可用于多种型号的汽车。列举使用同一部件的所有母件的报表称为反查表。反查表有多种用途,如进行设计变更,或物料稀缺时,或核算产品成本时,等等。

追溯表(pegging report)。追溯表类似于反查表,但是追溯表只列出目前有实际需求

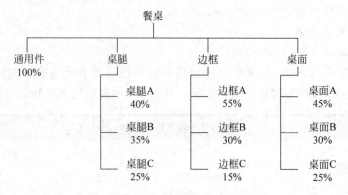

图 4-7　计划物料清单

的母件,而反查表显示使用一个零部件的所有母件。追溯表的内容包括:有零部件需求的母件、需要量及需要时间。而且,追溯表追踪需求源头。图 4-8 所示为一棵产品树和一张追溯表,其中部件 C 使用了两次。

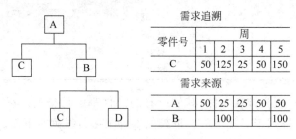

图 4-8　需求追溯

物料清单的用途

物料清单是制造型企业使用最为广泛的文件之一,其主要的用途如下:

- **产品定义**。物料清单明确了制造产品所需的零部件。
- **设计变更控制**。产品设计工程师有时改变产品设计及所用部件,这些变更必须加以记录和控制。物料清单提供这样做的方法。
- **备件**。物料清单决定用来维修破损部件所需的备件。
- **计划**。物料清单定义了生产最终产品所必须安排的物料,以及购买或生产什么部件来满足主生产计划。
- **订单录入**。当产品有多个选择时(如汽车),订单录入系统通常配置最终产品的物料清单。物料清单也用于产品定价。
- **生产**。物料清单提供生产或组装产品所需的零部件清单。
- **成本核算**。产品成本通常细分为直接物料、直接人工和管理费用。物料清单不仅提供确定直接物料成本的方法,而且提供了记录直接人工及分摊管理费用的方法。

这里没有完全列出物料清单的用途,但这充分说明物料清单在制造业方面的广泛应用。公司部门几乎没有某个时间不使用物料清单的。维护物料清单及其准确性是非常重要的。计算机是集中式管理及更新物料清单的绝佳工具。

物料需求计划流程

物料清单中的每个部件都是由物料需求计划系统来加以计划的。为方便起见,假设每个部件都进入库存并作记录,部件是否真正进入实际的库存并不重要。然而,认识到物料清单中每个部件都必须加以计划和控制是重要的。原材料在进行加工或用于组装前,或许经过了几个作业流程,或者在部件和母件之间进行多次组装作业。这些作业是由生产作业控制而不是物料需求计划进行计划和控制的。

物料需求计划的目的是决定所需要的部件、数量及交货期,以便主生产计划安排的产品能够按时生产。本节将探讨这样做所需要的基本物料需求计划流程,这些流程按以下小标题进行讨论:

- 展开和提前期补偿
- 总需求和净需求
- 订单下达
- 产能需求计划
- 低层次编码和净需求计算
- 多个物料清单

展开和提前期补偿

图 4-9 中的产品树和前面用到的相似,但包含了另外一个重要信息——提前期(LT)。

提前期(lead time)。提前期是指流程需要的总时间。生产提前期包括订单准备时间、等待时间、加工时间、搬运时间、收货和检验时间及任何可预期的延迟时间。在图 4-9 的例子中,如果 B 和 C 可用,组装 A 需要1 周时间,因此 A 的提前期是 1 周。同样,如果 D 和 E 可用,生产 B 需要的时间是 2 周。D、E 和 C 的采购提前期都是 1 周。

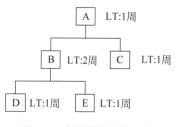

图 4-9 有提前期的产品树

在这个特例中,用量——组装一个母件需要的各个部件的数量都是 1。生产 1 个 A 需要 1 个 B 和 1 个 C,生产 1 个 B 需要 1 个 D 和 1 个 E。

需求展开(exploding the requirements)。展开是将需求量乘以用量,并在整个产品树中记录相应需求量的过程。

提前期补偿(offsetting)。提前期补偿是根据提前期将已展开的需求安排适当的生产期的过程。例如,如果在第 5 周需要 50 个 A,那么组装 A 的订单必须在第 4 周下达,50 个 B 和 50 个 C 在第 4 周也必须可供使用。

计划订单(planned order)。如果计划在第 5 周接收 50 个 A,组装 A 的提前期是 1

周,那么订单下达和开始生产时间不能迟于第 4 周。

因此,在第 5 周应该有一个 50 单位的**计划订单接收**(planned order receipt),并且在第 4 周应该有一个同样数量的**计划订单下达**(planned order release)。如果 50 个 A 的订单在第 4 周下达,那么 50 个 B 和 50 个 C 必须在第 4 周可用。因此,在第 4 周必须有这些部件的计划订单接收。组装 B 的提前期是 2 周,所以在第 2 周必须有 B 的计划订单下达。而生产 C 的提前期是 1 周,所以在第 3 周必须有 50 个单位的计划订单下达。D 和 E 的计划订单接收和计划订单下达以同样的方式确定。表 4-3 展示的是订单必须在什么时候下达和接收,以便满足交货日期。

表 4-3 展开和补偿

零件号	计划订单	周				
		1	2	3	4	5
A	计划订单接收					50
	计划订单下达				50	
B	计划订单接收				50	
	计划订单下达		50			
C	计划订单接收				50	
	计划订单下达			50		
D	计划订单接收		50			
	计划订单下达	50				
E	计划订单接收		50			
	计划订单下达	50				

例题

用图 4-9 中的产品树和提前期完成下表,确定计划订单接收和计划订单下达。在第 5 周需要 50 个 A,第 6 周需要 100 个 A。

答案

零件号	计划订单	周					
		1	2	3	4	5	6
A	计划订单接收					50	100
	计划订单下达				50	100	
B	计划订单接收				50	100	
	计划订单下达		50	100			
C	计划订单接收				50	100	
	计划订单下达			50	100		
D	计划订单接收		50	100			
	计划订单下达	50	100				
E	计划订单接收		50	100			
	计划订单下达	50	100				

总需求和净需求

上一部分假设 A 没有库存可用，A 的部件也没有库存。但实际上通常有库存可用，在计算生产量时必须考虑进去。例如，如果库存有 20 个 A，那么只需生产 30 个，对部件的需求也随之减少。计算如下：

总需求＝50

可用库存＝20

净需求＝总需求－可用库存

净需求＝50－20＝30（单位）

由于只需要生产 30 个 A，因此对 B 和 C 的总需求也只有 30。

母件的计划订单下达成为部件的总需求。

表 4-3 中所示的该时段性库存记录现在可以修改，以考虑可用库存量。例如，假设库存有 10 个 B、20 个 A 可用，部件 D 和 E 的需求就要发生变化。表 4-4 说明了物料需求计划记录中的变化。需要注意的是，预计可用库存给出的就是该时间段结束时预计能拿到手的数量。

表 4-4 总需求和净需求

零件号	需求	周				
		1	2	3	4	5
A	总需求					50
	预计可用库存余额 20	20	20	20	20	0
	净需求					30
	计划订单接收					30
	计划订单下达				30	
B	总需求				30	
	预计可用库存余额 10	10	10	10	0	
	净需求				20	
	计划订单接收				20	
	计划订单下达		20			
C	总需求				30	
	预计可用库存余额		0		0	
	净需求				30	
	计划订单接收				30	
	计划订单下达			30		
D	总需求		20			
	预计可用库存余额	0	0			
	净需求		20			
	计划订单接收		20			
	计划订单下达	20				

续表

零件号	需求	周				
		1	2	3	4	5
E	总需求		20			
	预计可用库存余额	0	0			
	净需求		20			
	计划订单接收		20			
	计划订单下达	20				

例题

完成下表。部件的提前期是2周，订购量（批量）是100单位。

周	1	2	3	4
总需求		50	45	20
预计可用库存余额 75				
净需求				
计划订单接收				
计划订单下达				

答案

周	1	2	3	4
总需求		50	45	20
预计可用库存余额 75	75	25	80	60
净需求			20	
计划订单接收			100	
计划订单下达	100			

订单下达

到目前为止，我们已经讨论了订单下达时的计划流程，这样工作才能及时完成，从而满足总需求。很多情况下需求都是每天变化的。基于计算机的物料需求计划系统将自动重新计算子部件和部件需求；重新计算计划订单下达，以满足需求变化。

计划订单下达仅仅是计划，但还没有下达。下达计划订单是物料计划人员的职责，而不是计算机。

因为物料需求计划的目标是物料在需要时可用，而不是提前供给，所以物料订单直到计划订单下达日期时才下达。因此，在正常情况下，订单直到计划订单的当周（第1周）才下达。

订单下达（releasing an order）意味着授权采购部门购买需要的物料，或者授权生产部门生产部件。

生产订单下达之前，必须检查所需部件是否已经具备。计算机程序检查部件库存记录以确保足够的物料可用,若是如此,就把必要的数量分配给工作订单。如果所需物料不足,计算机程序会通知计划人员物料短缺情况。

当采购或制造得到指令下达之后,计划订单接收就会被取消,取而代之的是已安排的接收量。在表4-4的例子中,部件D和E在第1周各有计划订单下达20个单位。这些订单将被计划人员下达,然后部件D和E在物料需求计划中的记录将会如表4-5所示。注意:计划订单接收已加入其中,取代了计划订单下达。

表 4-5 计 划 接 收

零件号	需求	周				
		1	2	3	4	5
D	总需求		20			
	计划接收量		20			
	预计可用库存余额	0	0			
	净需求		0			
	计划订单接收					
	计划订单下达					
E	总需求		20			
	计划接收量		20			
	预计可用库存余额	0	0			
	净需求		0			
	计划订单接收					
	计划订单下达					

下达生产订单时,计算机将母件所需部件数量分配给这个订单。这并不是说部件已从库存提走,而是意味着预计可用数量减少。已分配的部件仍在库存里,但不能用于其他订单。这些部件将保存在仓库中直到被领取使用。

计划接收(scheduled receipts)。计划接收是下达给生产部门或供应商的订单,代表生产或采购承诺。对工厂订单来说,必须承诺具备所需物料,并将工作中心的产能分配给该订单。对采购件来说,这个承诺由供应商做出。计划接收量这一行说明订购数量及预计完成时间或可以拿到手的时间。一般要求这些计划接收量能在计划需要的那个时期的一开始时就收到。

未结订单(open orders)。物料需求计划记录中的计划接收量就是工厂或供应商的未结订单,它由采购和生产活动控制负责。产品验收入库可供使用时,订单完成,计划接收不再存在,而转变为现有库存的一部分。

净需求(net requirements)。净需求的计算可以在考虑计划接收量后加以修改。

$$净需求=总需求-计划接收量-可用库存$$

例题

完成下表。部件的提前期是2周,订购量是200单位。应该采取什么措施?

周	1	2	3	4
总需求	50	250	100	50
计划接收量		200		
预计可用库存余额 150				
净需求				
计划订单接收				
计划订单下达				

答案

周	1	2	3	4
总需求	50	250	100	50
计划接收量		200		
预计可用库存余额 150	100	50	150	100
净需求			50	
计划订单接收			200	
计划订单下达		200		

应该下达 200 单位的订单。

基本物料需求计划记录

表 4-6 是一个基本物料需求计划记录，有几点非常重要：

表 4-6 物料需求计划基础记录

零件号	需 求	周				
		1	2	3	4	5
	总需求					35
	计划接收量				20	
	预计可用库存余额 10	10	10	10	30	
	净需求					5
	计划订单接收					5
	计划订单下达				5	

1. 当前时间是指第 1 周的开始。

2. 第 1 行是时间期，叫作**时段**(time buckets)。通常以周为单位，也可以是适合公司的任何其他时间单位。如今，物料需求计划通常用天作时段。

3. 生产期的期数称为**计划期**(planning horizon)。计划期表示计划涵盖的未来生产期的期数，它至少应该等于累计产品提前期，否则物料需求计划系统就不能在正确的时间下达计划订单。

4. 部件应在需求时段的期初就已经准备就绪了。

5. 预计可用库存余额那一行里给出的数量就是期末预计手头可用的库存余额。

6. 紧接的或最靠近当前的那个时间段叫作**行动期**(action bucket)。行动期之中的数量意味着现在应该采取行动了,以避免将来可能出现问题。

7. **非时段系统**(bucketless system)表明只有物料需求计划活动的那些时间段才称为时段,而不包括没有这些活动的时间段。

产能需求计划

如前面计划层次一样,物料需求计划优先权计划也必须与可用产能进行核对。在物料需求计划层次,这个过程叫作产能需求计划(capacity requirements planning,CRP),第5章将详细探讨这一问题。只有产能具备,计划才能实施;反之,或者想方设法具备相应的产能,或者修改优先权计划。

低层次编码和净需求计算

同一个部件可能在物料清单中的多个层次出现。如果是这种情况,就必须确保对部件的总需求都已记录完毕之后再进行净需求计算。考虑图4-10中的产品,部件C在产品树中出现两次,并且位于不同的层次。如果在计算产品B对该部件的总需求之前就对部件C进行净需求计算,就会出错。

计算总需求和净需求的过程可以通过使用低层码进行简化。**低层码**(low-level code)是部件在物料清单中出现的最低层次。每个部件只有一个低层码。图4-10中产品树部件的低层码为:

部件	低层码
A	0
B	1
C	2
D	2

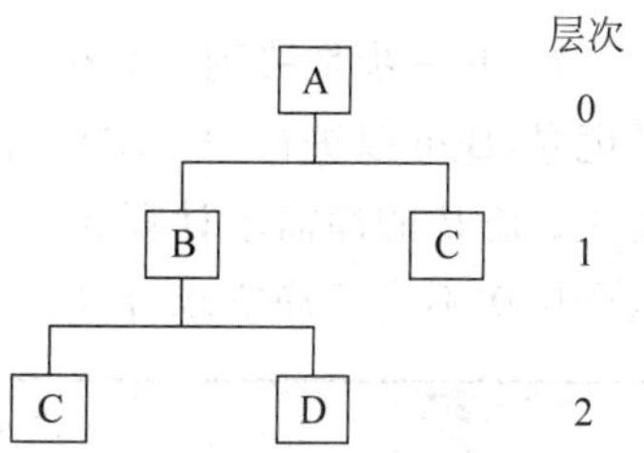

进行低层次编码的步骤为:从物料清单的最低层次开始,自下而上记录部件出现的层次。如果零部件也在较高层次出现了,其在低层次出现时就已被记录。

图 4-10 多层产品树

低层码一旦确定,每个部件的净需求就可以按照以下步骤进行计算。为便于练习,假设在第5周对部件A的总需求是50单位,所有提前期都是1周,现有库存量为A:20单位;B:10单位;C:10单位。

步骤

1. 从产品树的0层开始,确定该层部件是否有低层码为0的,如果有,该部件就不会在更低层次出现,所有的总需求就记录下来。因此这些部件可以进行净需求计算,然后展开到下个层次,即展开到它们的部件层。如果低层码大于0,就有更多的总需求,该部件就不能进行净需求计算。在这个例子中,A的低层码是0,所以对A没有更多需求。A可以进行净需求计算并展开到它的部件,结果如表4-7所示。

表 4-7　0 层部件净需求计算和展开

低层码	零件号	需求	周				
			1	2	3	4	5
0	A	总需求 计划接收量 预计可用库存余额 20 净需求 计划订单接收 计划订单下达	20	20	20	30	50 0 30 30
1	B	总需求 计划接收量 预计可用库存余额 10 净需求 计划订单接收 计划订单下达				30	
2	C	总需求 计划接收量 预计可用库存余额 10 净需求 计划订单接收 计划订单下达				30	

2. 下一步是移到产品树 1 层,重复步骤 1 的过程。B 低层码是 1,所有对 B 的需求都已记录,B 可以进行净需求计算并展开。B 的物料清单说明 B 由 1 个 C 和 1 个 D 构成。表 4-8 是 B 的净需求计算和展开结果。部件 C 低层码是 2,这说明对 C 还有更多需求,在这个层次不进行净需求计算。

表 4-8　第 1 层部件净需求计算和展开

低层码	零件号	需求	周				
			1	2	3	4	5
1	B	总需求 计划接收量 预计可用库存余额 10 净需求 计划订单接收 计划订单下达	10	10	10	30 0 20 20	
					20		
2	C	总需求 计划接收量 预计可用库存余额 10 净需求 计划订单接收 计划订单下达				20	30

续表

低层码	零件号	需求	周				
			1	2	3	4	5
2	D	总需求 计划接收量 预计可用库存余额 净需求 计划订单接收 计划订单下达			20		

3. 继续转移到产品树的第 2 层,发现 C 有低层码 2,这说明对 C 的所有总需求都已经计算,可以继续确定其净需求。注意在第 4 周需要 30 个 C 用于 A,在第 3 周需要 20 个 C 用于 B。查看物料清单发现 C 是采购零件,不需要展开。

表 4-9 是一个完整的物料需求计划。通过对每一个部件使用低层码完成了对部件逐层净需求计算。低层码用来确定部件何时适合进行净需求计算和展开。这样每个部件只能进行一次净需求计算和展开。因此,每次满足新需求都不会在重新计算净需求和重新展开上浪费时间。

表 4-9 完整的物料需求计划

低层码	零件号	需求	周				
			1	2	3	4	5
0	A	总需求 计划接收量 预计可用库存余额 20 净需求 计划订单接收 计划订单下达	20	20	20	20 30	50 0 30 30
1	B	总需求 计划接收量 预计可用库存余额 10 净需求 计划订单接收 计划订单下达	10	10	10	30 0 20 20	
2	C	总需求 计划接收量 预计可用库存余额 10 净需求 计划订单接收 计划订单下达	10	10	20 0 10 10	30 0 30 30	
2	D	总需求 计划接收量 预计可用库存余额 净需求 计划订单接收 计划订单下达	0	0 20	20 0 20 20		

多个物料清单

大多数公司都生产多种产品,并且在多种产品中使用相同的部件。物料需求计划系统汇集所有母件的计划订单下达,然后生成一份部件总需求计划。图 4-11 说明了这一情况,其中零件 F 是 B 和 C 的部件。

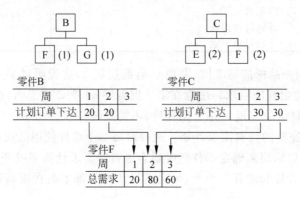

图 4-11 多个产品的物料需求计划展开

用于单个物料清单的相同过程也可以用于生产多个产品。所有的物料清单都必须逐层计算净需求和展开,就像对单个物料清单所做的那样。

图 4-12 是两个产品的产品树,两个产品都由多个部件组装而成,但为了简便起见,只有包括 F 的部分才在产品树中标出。注意两个产品都有 F 作为部件,但处于不同层次。提前期都是 1 周,括号中的数字是所需数量,即生产 1 个 A 需要 2 个 C,生产 1 个 C 需要 1 个 F,生产 1 个 B 需要 2 个 F。表 4-10 是一个完整的物料需求计划,该结果为在第 5 周需求 50 个 A、在第 3 周需求 30 个 B 的计算。

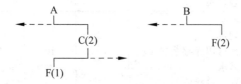

图 4-12 多个产品的产品树

表 4-10 部分物料需求计划

低层码	零件号	需求	周				
			1	2	3	4	5
0	A	总需求					50
		计划接收量					
		预计可用库存余额 20	20	20	20	20	0
		净需求					30
		计划订单接收					30
		计划订单下达				30	

续表

低层码	零件号	需 求	周				
			1	2	3	4	5
0	B	总需求			30		
		计划接收量					
		预计可用库存余额 10	10	10	0		
		净需求			20		
		计划订单接收			20		
		计划订单下达		20			
1	C	总需求				60	
		计划接收量					
		预计可用库存余额 10	10	10	10	0	
		净需求				50	
		计划订单接收				50	
		计划订单下达			50		
2	F	总需求		40	50		
		计划接收量					
		预计可用库存余额		0	0		
		净需求		40	50		
		计划订单接收		40	50		
		计划订单下达	40	50			

在某些加工过程中,往往会由于出错或工艺问题而必然出现废品。例如,在烘烤火鸡时,由于注意不够、果汁不对或蒸发等问题,其损失率可以高达50%。那些混合与配置液体的行业,通常会在系统中流失一定量的产品。鉴于上述例子中都会产生废品,因此为了生产出所需要的最终产品,就必须额外多生产一些产品。为了应对废品问题,物料需求计划必须在原先的计划接收量的基础上加大计划的订单下达量,如生产流程可能产生15%的废品。如果净需求是400单位,废品率是15%,流程就需要生产:$400 \div (1.0-0.15)=471$ 单位。也就是:

计划订单下达量＝计划订单接收量÷(1－废品率)

物料需求计划的应用

管理物料需求计划系统的人员是计划员。他们负责做出详细的决策,保证流进、流经、流出工厂的物料流动。在很多公司,有数以千计的零部件需要管理,计划员通常根据零部件或供应的相似性进行逻辑分组。

计划员的基本职责是:

1. 发出(下达)订单给采购部门或生产部门。
2. 根据需求重新安排未结(现有)订单的交货期。
3. 协调错误,努力找出错误根源。

4. 通过采取紧急行动或重新计划解决关键物料的短缺。

5. 协调其他计划员、主生产计划员、生产作业控制及采购部门解决问题。

物料计划员处理三种订单：计划订单、下达订单和确定计划订单。

计划订单(planned orders)。计划订单由计算机自动安排和控制。总需求、预计可用库存余额和计划接收量发生变化时，计算机重新计算计划订单下达的时间和数量。当订单进入行动期时，物料需求计划系统会建议计划员下达订单，但不是自己下达。

下达订单(released orders)。下达或发出计划订单是计划员的责任。订单下达之后成为工厂或采购部门的未结订单，并且作为计划接收量出现在物料需求计划记录中。在此之后，订单就属于计划员的控制范围，可以加快、推迟甚至取消。

确定计划订单(firm planned orders)。总需求变化时，基于计算机的物料需求计划系统自动重新计算计划订单。有时候，计划员可能更喜欢维持计划订单在数量和时间上的稳定而不是经常变化，尽管是由计算机计算。由于未来物料、产能的可用性或者系统的特殊要求，这或许是必要的。计划员可以告诉计算机不必变更订单，除非计划员让计算机这样做。订单是"确定"的或者"冻结"的是相对计算机逻辑而言。

物料需求计划软件计算净需求、提前期补偿和展开需求，做出计划订单下达。它根据部件总需求的变化，使所有计划订单保持准确的优先权。物料需求计划系统并不签发采购或生产订单，也不重新安排未结订单。然而，物料需求计划却会提示你需要采取行动或显示出例外信息，并就应该采取的行动及可能适合的行动方案，向计划员提出建议。

例外信息(exception messages)。如果生产流程在控制之中，物料需求计划系统正常工作，系统将按计划工作。然而，有时候会出问题，需要引起计划员的注意。好的物料需求计划系统在事件需要注意时会生成例外信息告知计划员。以下是一些将会产生例外信息的情况：

- 已在行动期的部件计划订单，以及应该考虑下达订单的部件。
- 未结订单的计划接收量的时间或数量不能满足计划，这可能是计划接收量安排的时间太早或太晚，应该修改其交货期。
- 标准提前期导致 0 层部件延期交货。这种情况可能需要应急措施以减少标准提前期。

交易信息(transaction messages)。交易信息是指计划员必须告知物料需求计划系统所有影响物料需求计划记录的行为。例如，计划员下达订单、收到计划接收量，或数据发生变化时必须告知物料需求计划程序；否则，物料需求计划记录将不准确，从而使计划变得不可行。

物料需求计划员必须妥善管理他所负责的部件。这不仅包括下达订单给采购部门和工厂；重新计划未结订单的交货期；调解差异和不一致；而且包括设法改善系统，清除潜在问题的根源。要使合适的部件于合适的时间在合适的地点出现，计划员必须妥善管理这一过程。

服务行业的物料需求计划

物料需求计划的设计和应用主要是针对制造业的,因为在该行业里,其物料清单中有大量在需求上相互关联的部件,以及由此产生的大量计算工作。服务业则很少有这种情况出现,但与物料需求计划相关的基本概念通常也是有用的。

许多学校中的自助餐厅就是一个例子,它们大多也使用物料需求计划的一些原则,尽管有时并不这么称呼它。其工作过程始于确定一份菜单,它或者以月,或者以周为单位来制定。该菜单可以说是列出了"产成品",具体说就是一些已经做好的食品,而这实际上就是一份主生产计划。当要开始准备这些食品时(制造这些食品的累计提前时间以及获得各种食材的提前期),厨师需要知道应当准备多少食品(预计有多少人会吃这种食品)。做的少了会招来抱怨;做的多了又会造成浪费,最后不是被倒掉,就是被弃置一旁。另外还必须考虑烹饪提前期——配菜以及此后的烹调(最后组装)需要多长时间。再者,开始得太晚会让食品还没准备好;而开始得太早则会使食品放置时间过长而不招人喜欢。这些信息可以在"物料清单"中找到,在本例中,它就是制造食品的食谱。正如制造行业中的物料清单所做的一样,因为物料清单中(食谱)包含了数量、提前期,以及这两者的关系。食谱通常还给出了配制这些食品的步骤,这基本上类似于制造业中一个单独文件——工艺路线(routing)的作用。

一旦知道了为了烹制某种最终食物——其数量业已确定——所需要的食材的数量,就要将该食材所需数量与现有的库存数量加以比较。当然,如果不够,就需要加以补充。还有提前期问题,正如物料需求计划所要求的那样,提前期补偿将告诉我们每种食材应当何时订购以及订购多少,为的是烹调最终食品的所有东西在开始配菜和烹制那一刻都尽可能的新鲜。

这里必须记住的重要问题是:所有的公司,从最小的服务公司到最大的制造公司,本质上都有同样的计划和控制问题,如长远规划、主生产计划、库存管理、产能计划和管理、生产控制,以及质量管理等。主要区别在于用词不同(它们如何称呼这些活动),以及做这些工作的正规程度。而相似之处在于,好公司在这些方面都做得好,不好的公司则多半没有做好这些事情。

物料需求计划的管理

计划员从很多渠道得到反馈信息,例如:

- 采购过程中供应商的行为。
- 工厂未结订单的变化,如提早或延期完成订单、数量上的差异等。
- 管理层行为,如改变主生产计划等。

计划员必须评估这些反馈信息,在需要时采取纠正措施。计划员在管理物料需求计划时必须考虑三个重要因素。

优先权。优先权是指通过不断评估已下达订单真正的按时交货期需求,来维持正确的交货期,并在必要时加快或减慢进程。

考虑以下物料需求计划记录。订购量是 300 单位,提前期是 3 周。

周	1	2	3	4	5
总需求	100	50	100	150	200
计划接收量			300		
预计可用库存余额 150	50	0	200	50	150
净需求					150
计划订单接收					300
计划订单下达		300			

如果第 2 周的总需求由 50 单位变为 150 单位,将会出现什么情况?物料需求计划记录将会如下表所示。

周	1	2	3	4	5
总需求	100	150	100	150	200
计划接收量			300		
预计可用库存余额 150	50	−100	100	250	50
净需求				50	
计划订单接收				300	
计划订单下达	300				

注意第 2 周有 100 单位的短缺,原来在第 2 周的计划订单下达现在改在第 1 周。计划员能够做什么呢?一个方法是将第 3 周 300 单位的计划接收提前到第 2 周。如果这不可能,第 2 周需要的额外 100 单位必须重新安排在第 3 周。现在第 1 周也有计划订单下达,而且这一订单应该下达。

自下而上重新计划(bottom-up replanning)。因条件改变而采取的修正行动应该尽可能在产品结构树的低层发生。假设前面例子中的零件是另一个部件的零件,第一个选择是将 300 单位的计划接收提前到第 2 周。如果可以这样做,就不需要对母件做任何变更。如果 300 单位不能提前,母件的计划订单下达和净需求就必须修改。

降低系统敏感性(reducing system nervousness)。有时候变化很快,但数量很小,导致物料需求计划变来变去。计划员必须判断变化大小是否足以做出反应以及订单是否应该下达。降低系统敏感性的方法之一是确定计划订单。

例题

作为物料需求计划的计划员,星期一早上你来上班,看到 2876 号部件的物料需求计划记录如下。

订单量=30 单位

提前期=2 周

周	1	2	3	4	5	6
总需求	35	10	15	30	15	20
计划接收量	30					
预计可用库存余额 20	15	5	20	20	5	15
净需求			10	10		15
计划订单接收			30	30		30
计划订单下达	30	30		30		

计算机提示你注意第 1 周需要下达 30 单位的计划订单。要么下达订单,否则第 3 周将发生零部件短缺。第 1 周有以下情况发生:

1. 只有 25 单位的计划接收计入库存,其余都是废品。
2. 第 3 周的总需求变为 10 单位。
3. 第 4 周的总需求增加到 50 单位。
4. 第 7 周需求 15 单位。
5. 库存盘点发现实际库存比记录多出 10 单位。
6. 第 1 周 35 单位的总需求从仓库发出。
7. 第 1 周 30 单位计划订单下达已发出,变成第 3 周的计划订单接收。

答案

由于这些情况发生,你必须将第 1 周的变化输入到计算机。在下一周的第一天,物料需求计划记录如下表所示。

订单量=30 单位

提前期=2 周

周	2	3	4	5	6	7
总需求	10	10	50	15	20	15
计划接收量		30				
预计可用库存余额 20	10	30	10	25	5	20
净需求			20	5		10
计划订单接收			30	30		30
计划订单下达	30	30		30		

第 2 周期初现有库存是 20 单位(20+25+10-35=20)。原先安排在第 4 周的计划订单下达已经改到第 3 周,另一个计划订单安排在第 5 周下达。更重要的,是第 3 周的计划接收直到第 4 周才需要,你应该将其重新排在第 4 周。第 2 周的计划订单应该下达,并变成第 4 周的计划接收。

使用该系统的知识来评估问题

企业资源计划,甚至是基本的物料需求计划通常都难以实施,倘若不能正确地实施,或者不对其加以测评并不时地对问题加以纠正,它们就会弄巧成拙,成为低效率的来源,并使得使用者烦恼不已。一般来说,它们需要各部门之间进行及时和有效的合作;精确并有效地记录数据;以及熟练和有效地加以管理。

有时候,一些机构会发现,这些系统生成很多的例外信息,以至于那些依靠这些系统所提供信息工作的人无法在一个正常的工作日内处理完。尽管对于那些使用和管理良好的系统而言,这种情况只是偶尔发生。但是,当这种情况频繁出现时,它就是该系统需要加以"修理"的强烈征兆了。通常的做法是仅对"重要"信息做出反应,也就是被动地采用这种简单化的"解决表面症状"做法,而不是去解决核心问题。然而,对于一个复杂和高度一体化的系统来说,一个人又该从哪儿着手去查找这些核心问题呢?

对于大多数企业而言,最合乎逻辑的出发点就是主生产计划。这有两个原因。首先,在大多数系统中,与物料需求计划记录相比,需要加以检查的主生产计划要少得多。其次,对于许多产品来说,主生产计划的微小变动,都可能导致依据主生产计划所制订的物料需求计划成百、甚至上千个变动(这种情况有时也叫作"系统敏感性")。虽然我们可以理解,由于客户要求的改变或内部情况的变化,需要对主生产计划做出某些变更,但在接受这些变化前,鉴于这些变化所具有的潜在影响,我们必须对其仔细加以斟酌。如果主生产计划方法掌握得不好,那么它就应当作为改进管理的第一个对象。有时候也需要对销售和运营计划(S&OP)方法加以考察。例如,它是否在正确的时间提供了正确类型的适当资源?

一旦情况表明,主生产计划运用得良好,那么,考察出问题的下一个主要领域就是数据。所提供的数据是精确和及时的吗?有几个数据系统需要加以评估,包括采购方面的数据、产能管理数据、物料清单的结构、物品主数据(如提前期),以及生产活动控制方面的数据等。

在许多情况下,这两个主要问题——主生产计划和数据管理,是生成例外信息的主要原因。而对于这些问题加以恰当的处理和良好的管理,就应当能够使得出现例外信息成为例外情况,而不是例行常事。

小结

物料需求计划的功能是在正确的时间提供正确的物料,这样主生产计划才能得以维持。物料需求计划依赖于准确的物料清单和准确的库存记录。物料清单有多种形式,但必须有一个部门(或个人)负责。对物料需求计划来说,库存记录不可缺少,只有当库存记录准确了,物料需求计划才会准确。

本章重点介绍的物料需求计划展开及提前期补偿过程大部分由计算机完成。反复运算由人完成极易出错,但计算机做得很好。好的物料需求计划的计算是由能够熟练操作系统的计划员完成的。

物料需求计划流程使用了物料清单,物料清单的作用在于列出产品所需要制造的部件,生产或采购部件的提前期,以及部件的现有库存等要素,以此来计算出计划订单下达的时间,以便安排采购或生产部件,从而满足未来的需求。

关键术语

行动期　action bucket
分配　allocate
物料清单　bill of material
自下而上重新计划　bottom-up replanning
非时段系统　bucketless system
部件　component items
相关需求　dependent demand

例外信息　exception messages
展开　exploding
确定订单　firm planned orders
独立需求　independent demand
多级物料清单　indented bill
库存记录　inventory record
提前期　lead time
低层码　low-level code
主生产计划　master production schedule
物料需求计划　material requirments planning（MRP）
多层物料清单　multilevel bills
多个物料清单　multiple bills
净需求　net requirements
提前期补偿　offsetting
未结订单　open orders
母件　parent
追溯表　pegging report
计划订单　planned orders
计划订单接收　planned order receipt
计划订单下达　planned order release
计划物料清单　planning bills
计划因素　planning factors
计划期　planning horizon
产品树　product tree
减低系统敏感性　reducing system nervousness
订单下达　releasing an order
计划接收　scheduled receipts
单层物料清单　single-level bill
简化物料清单　summarized parts list
时段　time buckets
业务信息　transaction messages
反查表　where-used report

问答题

1. 什么是物料需求计划？
2. 独立需求和相关需求之间有什么差异？
3. 物料需求计划用于独立需求产品还是相关需求产品？

4. 物料需求计划的作用是什么？
5. 主生产计划与物料需求计划之间有什么关系？
6. 物料需求计划系统为什么必须使用计算机？
7. 物料需求计划系统的主要输入信息是什么？
8. 部件主文档或产品主文档中有什么数据？
9. 什么是物料清单？物料清单的两个重要方面是什么？
10. 物料清单结构指的是什么？它为什么很重要？
11. 描述母件与部件之间的关系。
12. 描述以下类型物料清单：
    a. 产品树。
    b. 多层物料清单。
    c. 单层物料清单。
    d. 多级物料清单。
    e. 简化物料清单。
    f. 计划物料清单。
13. 为什么物料需求计划程序要储存单层物料清单？
14. 叙述本章讨论的物料清单的七个用途。
15. 什么是反查表和追溯表？说说它们的作用。
16. 描述提前期补偿和物料需求计划展开过程。
17. 什么是计划订单？它是如何做出的？
18. 部件总需求如何计算？
19. 谁负责下达订单？叙述下达订单对库存记录、生产作业控制和采购部门的影响。
20. 什么是计划接收？计划接收量如何计算？
21. 什么是未结订单？未结订单如何完成？
22. 低层码是什么意思？如何表示物料需求计划中的低层码？
23. 物料需求计划员的职责是什么？
24. 给出两个与生俱来产生废品的例子。提示：所使用的天然产品中就包含有废品。
25. 一个产品的计划订单下达与计划订单接收之间的区别是什么？
26. 叙述计划订单、已下达订单和确定订单的差异。谁来控制它们？
27. 什么是例外信息？它的作用是什么？
28. 什么是交易信息？它为什么很重要？
29. 管理物料需求计划的三个重要因素是什么？为什么它们每个都很重要？
30. 叙述使用物料需求计划中错误的物料清单可能带来的问题。
31. 叙述如何使用物料需求计划来应对产品设计上的变更。

计算题

4.1 用以下产品树绘制合适的单层树。生产 50 个 X 和 100 个 Y 共需要多少个 C？

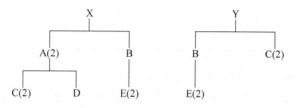

答案：需要 400 个 C。

4.2 假定以下母件和部件，绘出产品树。括号中的数字是所需部件数量。生产 1 个 A 需要多少个 G？

母件	A	B	C	E
部件	B(2)	E(2)	G(3)	G(4)
	C(4)	F(1)	F(3)	
	D(4)			H(2)

4.3 如果在第 5 周生产 200 个 A，用以下产品树确定计划订单接收和计划订单下达。部件 E 的提前期为 2 周，其他部件都是 1 周。

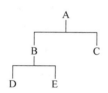

部件	周	1	2	3	4	5
部件 A	计划订单接收					
提前期:1 周	计划订单下达					
部件 B	计划订单接收					
提前期:1 周	计划订单下达					
部件 C	计划订单接收					
提前期:1 周	计划订单下达					
部件 D	计划订单接收					
提前期:1 周	计划订单下达					
部件 E	计划订单接收					
提前期:2 周	计划订单下达					

4.4 完成下表。部件的提前期是2周,订购量是50单位。应采取什么行动?

周	1	2	3	4
总需求	20	15	15	20
预计可用库存余额 40				
净需求				
计划订单接收				
计划订单下达				

答案:50 单位的订单应该在第 1 周下达。

4.5 用以下产品树,展开、补偿等数据,确定总需求和净需求。部件的提前期都是 1 周,所需数量在括号中。主生产计划要求在第 5 周有 100 单位 A 可用,现有 20 单位 B 可用,其他现有库存余额为 0。

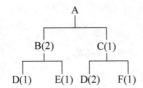

部件	周	1	2	3	4	5
部件 A 提前期:1周	总需求 计划接收量 预计可用库存余额 净需求 计划订单接收 计划订单下达					
部件 B 提前期:1周	总需求 计划接收量 预计可用库存余额 净需求 计划订单接收 计划订单下达					
部件 C 提前期:1周	总需求 计划接收量 预计可用库存余额 净需求 计划订单接收 计划订单下达					
部件 D 提前期:1周	总需求 计划接收量 预计可用库存余额 净需求 计划订单接收 计划订单下达					

续表

部件	周	1	2	3	4	5
部件 E 提前期:1 周	总需求 计划接收量 预计可用库存余额 净需求 计划订单接收 计划订单下达					
部件 F 提前期:1 周	总需求 计划接收量 预计可用库存余额 净需求 计划订单接收 计划订单下达					

答案：计划订单下达是：

部件 A:100(第 4 周)。

部件 B:180(第 3 周)。

部件 C:100(第 3 周)。

部件 D:380(第 2 周)。

部件 E:180(第 2 周)。

部件 F:100(第 2 周)。

4.6 完成下表。部件的提前期是 2 周,生产批量是 100 单位。在第 3 个周末预计可用库存余额是多少？计划什么时候下达订单？

周	1	2	3	4
总需求	20	65	35	25
计划接收量		100		
预计可用库存余额 30				
净需求				
计划订单接收				
计划订单下达				

答案：第 3 个周末预计可用库存余额量是 10 单位。

计划在第 2 周的头一天下达订单。

4.7 完成下表。部件提前期是 2 周,生产批量是 50 单位。在第 3 个周末预计可用库存余额是多少？计划什么时候下达订单？

周	1	2	3	4
总需求	30	25	10	10
计划接收量	50			

续表

周	1	2	3	4
预计可用库存余额 10				
净需求				
计划订单接收				
计划订单下达				

4.8 用以下不完整产品树展开、补偿,请确定部件 H、I、J、K 的总需求和净需求。其他部件和目前的问题无关。所需部件数量标注在括号中。主生产计划要求在第 3 周生产 60 个 H、第 5 周生产 80 个 H。第 2 周 I 的计划接收量 120 单位,现有 400 单位 J 和 400 单位 K 可用。所有订购量是逐批订购。

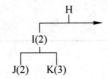

部件	周	1	2	3	4	5
部件 H 提前期:1 周	总需求					
	计划接收量					
	预计可用库存余额					
	净需求					
	计划订单接收					
	计划订单下达					
部件 I 提前期:2 周	总需求					
	计划接收量					
	预计可用库存余额					
	净需求					
	计划订单接收					
	计划订单下达					
部件 J 提前期:1 周	总需求					
	计划接收量					
	预计可用库存余额 400					
	净需求					
	计划订单接收					
	计划订单下达					
部件 K 提前期:1 周	总需求					
	计划接收量					
	预计可用库存余额 400					
	净需求					
	计划订单接收					
	计划订单下达					

答案：计划订单下达是 80 单位的部件 K(第 1 周)。

4.9 主生产计划的母件 X 在第 2 周和第 4 周各有 30 单位的计划订单下达,假定产品树如下,完成 Y 和 Z 的物料需求计划记录,部件的所需数量标注在括号中。

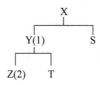

部件 Y 提前期:2 周 批量:50	周			
	1	2	3	4
总需求 计划接收量 预计可用库存余额 30 净需求 计划订单接收 计划订单下达				

部件 Z 提前期:1 周 批量:100	周			
	1	2	3	4
总需求 计划接收量 预计可用库存余额 20 净需求 计划订单接收 计划订单下达				

4.10 假定以下产品树,展开、补偿,请确定总需求和净需求,部件需求数量标注在括号中。主生产计划要求第 5 周生产 100 单位 A,第 1 周有 100 单位 B 的计划接收,现在有 200 单位 F 可用,所有订购量是逐批订购。

```
              A
         ┌────┴────┐
        B(2)      C(1)
       ┌─┴─┐    ┌──┴──┐
      D(1) E(1) D(2) F(1)
```

部　　件	周	1	2	3	4	5
部件 A 提前期:1 周	总需求 计划接收量					

续表

部 件	周	1	2	3	4	5
	预计可用库存余额					
	净需求					
	计划订单接收					
	计划订单下达					
部件 B 提前期:1周	总需求 计划接收量 预计可用库存余额 净需求 计划订单接收 计划订单下达					
部件 C 提前期:1周	总需求 计划接收量 预计可用库存余额 净需求 计划订单接收 计划订单下达					
部件 D 提前期:1周	总需求 计划接收量 预计可用库存余额 净需求 计划订单接收 计划订单下达					
部件 E 提前期:1周	总需求 计划接收量 预计可用库存余额 净需求 计划订单接收 计划订单下达					
部件 F 提前期:1周	总需求 计划接收量 预计可用库存余额 净需求 计划订单接收 计划订单下达					

4.11 假定产品树如下,完成 X、Y、W 和 Z 的物料需求计划记录。注意 X 和 Y 有明确订购量。

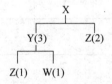

部件	周	1	2	3	4	5
部件 X 提前期:1 周 批量:20	总需求 计划接收量 预计可用库存余额 10 净需求 计划订单接收 计划订单下达	15 20	10	15	10	15
部件 Y 提前期:2 周 批量:50	总需求 计划接收量 预计可用库存余额 30 净需求 计划订单接收 计划订单下达		50			
部件 Z 提前期:1 周 批量:逐批	总需求 计划接收量 预计可用库存余额 净需求 计划订单接收 计划订单下达		90			
部件 W 提前期:1 周 批量:400	总需求 计划接收量 预计可用库存余额 净需求 计划订单接收 计划订单下达					

4.12 在以下产品树上,确定所有部件的低层码。

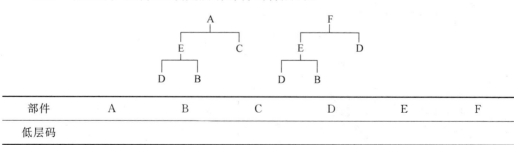

部件	A	B	C	D	E	F
低层码						

4.13 在以下产品树上,确定所有部件的低层码。

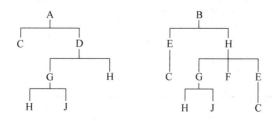

部件	A	B	C	D	E	F	G	H	J
低层码									

4.14 用以下产品树制订部件物料需求计划,部件需求量标注在括号中。下表是目前的有效订单、现有可用库存余额和提前期。

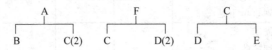

低层码	部件	周	1	2	3	4	5
0	部件 A 提前期:1 周 逐批订购	总需求 计划接收量 预计可用库存余额 净需求 计划订单接收 计划订单下达			60		70
0	部件 F 提前期:1 周 逐批订购	总需求 计划接收量 预计可用库存余额 净需求 计划订单接收 计划订单下达				100	
	部件 B 提前期:2 周 批量:300	总需求 计划接收量 预计可用库存余额 2200 净需求 计划订单接收 计划订单下达					
	部件 C 提前期:2 周 逐批订购	总需求 计划接收量 预计可用库存余额 净需求 计划订单接收 计划订单下达		120			
	部件 D 提前期:2 周 批量:300	总需求 计划接收量 预计可用库存余额 净需求 计划订单接收 计划订单下达	300				
	部件 E 提前期:3 周 批量:500	总需求 计划接收量 预计可用库存余额 400 净需求 计划订单接收 计划订单下达					

答案：部件 D 的低层码是 2。第 1 周部件 D 有 300 单位计划订单下达。部件 E 没有计划订单下达。C 在第 1、2 周的计划订单下达分别是 100 单位、140 单位。

4.15 产品树展开及补偿如下，请确定总需求和净需求。提前期都是 1 周，需求量标注在括号中。主生产计划要求第 4、5 周各生产 100 单位、50 单位 A，第 1 周计划接收 300 个 B，第 3 周计划接收 200 个 D，现有 20 个 A 可用。

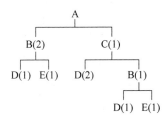

低层码	部　件	周	1	2	3	4	5
	部件 A 提前期:1 周 批量:逐批	总需求 计划接收量 预计可用库存余额 20 净需求 计划订单接收 计划订单下达					
	部件 B 提前期:1 周 批量:逐批	总需求 计划接收量 预计可用库存余额 净需求 计划订单接收 计划订单下达					
	部件 C 提前期:1 周 批量:逐批	总需求 计划接收量 预计可用库存余额 净需求 计划订单接收 计划订单下达					
	部件 D 提前期:1 周 批量:逐批	总需求 计划接收量 预计可用库存余额 净需求 计划订单接收 计划订单下达					
	部件 E 提前期:1 周 批量:逐批	总需求 计划接收量 预计可用库存余额 净需求 计划订单接收 计划订单下达					

4.16 产品树如下,确定部件的低层码及每个部件的总需求和净需求。第 4 周需要 100 个 A,第 5 周需要 50 个 B,第 2 周有 100 个 C 的计划接收量。每个部件的需求量也已标出。

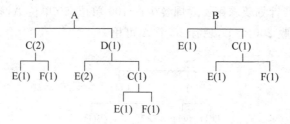

低层码	部　件	周	1	2	3	4	5
	部件 A 提前期:1 周 批量:逐批	总需求 计划接收量 预计可用库存余额 净需求 计划订单接收 计划订单下达					
	部件 B 提前期:1 周 批量:逐批	总需求 计划接收量 预计可用库存余额 净需求 计划订单接收 计划订单下达					
	部件 C 提前期:1 周 批量:逐批	总需求 计划接收量 预计可用库存余额 净需求 计划订单接收 计划订单下达					
	部件 D 提前期:1 周 批量:逐批	总需求 计划接收量 预计可用库存余额 净需求 计划订单接收 计划订单下达					
	部件 E 提前期:1 周 批量:500	总需求 计划接收量 预计可用库存余额 净需求 计划订单接收 计划订单下达					
	部件 F 提前期:1 周 批量:逐批	总需求 计划接收量 预计可用库存余额 净需求 计划订单接收 计划订单下达					

4.17 完成以下的物料需求计划记录。提前期为 4 周,批量为 200 单位。如果第 3 周的总需求增加到 150 单位,将发生什么变化?作为计划员,你能采取什么措施?

初期的物料需求计划

周	1	2	3	4	5
总需求	50	125	100	60	40
计划接收量		200		200	
预计可用库存余额 100					
净需求					
计划订单接收					
计划订单下达					

修改后的物料需求计划

周	1	2	3	4	5
总需求					
计划接收量					
预计可用库存余额 100					
净需求					
计划订单接收					
计划订单下达					

4.18 现在是星期一早晨,你刚来上班。完成以下物料需求计划记录,周一早上就要使用。提前期为 2 周,批量为 100 单位。

初始物料需求计划

周	1	2	3	4	5
总需求	70	40	80	50	40
计划接收量	100				
预计可用库存余额 50					
净需求					
计划订单接收					
计划订单下达					

这一周发生以下事情,请将它们输入物料需求计划记录。

a. 第 1 周 100 单位的计划订单已经下达。

b. 第 1 周的计划接收量中有 30 单位是废品。

c. 收到一个 30 单位的订单,第 3 周交货。

d. 收到一个 50 单位的订单,第 6 周交货。

e. 第 1 周 70 单位的总需求已经发出。

第 1 周周末的物料需求计划

周	2	3	4	5	6
总需求					
计划接收量					
预计可用库存余额					
净需求					
计划订单接收					
计划订单下达					

4.19 以下物料清单给出了一台计算机的主要部件。

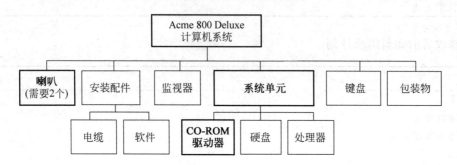

完成下面的物料需求计划表。注意以下问题：
- 对 800 Deluxe 计算机系统的主生产计划如下：

在第 2 周开始组装 2 500 台。

在第 3、4、5 周各开始组装 3 000 台。

在第 6 周开始组装 2 000 台

- 对于系统单元的总需求已经给你了，你需要就其他的部件计算出总需求。
- 所有的计划接收量、提前期和期初库存都已经给出。

系统单元

提前期：1 周
最小订单数量：500

周	1	2	3	4	5	6
总需求		2 500	3 000	3 000	3 000	2 000
计划接收量						
预计可用库存余额 0						
净需求						
计划订单接收						
计划订单下达						

喇叭

提前期：1 周
最小订单数量：5 000

周	1	2	3	4	5	6
总需求						
计划接收量	50 00					
预计可用库存余额 0						
净需求						
计划订单接收						
计划订单下达						

CO-ROM 驱动器

提前期：4 周
最小订单数量：5 000

周	1	2	3	4	5	6
总需求						
计划接收量						
预计可用库存余额 11 500						
净需求						
计划订单接收						
计划订单下达						

案例研究 4.1　阿皮克斯公司

肯·马克是阿皮克斯（Apix）公司的工厂经理，他正与生产和库存控制经理杰克·古尔德进行激烈讨论。肯·马克厌烦了营销经理吉姆·阿普哈斯的疯狂电话，他不停地询问有关 Polybob（Polybob 是一种虚构的产品）顾客订单延迟的事情，并又一次求助杰克解决问题。一些讨论内容如下：

杰克：你瞧，肯，我都不知道我们还能做些什么。我又再次检查了 EOQ 值（经济订购批量）和关于 Polybob 产品的所有库存和再订购点，包括零部件和采购件。我已经严格执行了库存控制程序来保证库存精确度至少达到 80%，而且，我与生产人员一起确保人工效率和设备利用率达到最大化。问题实际出在销售人员身上。我们刚刚使生产顺畅地运转，他们就修改或增加订单。哪怕他们仅留一段时间给我们，让我们完成现在已经延误的订单，我们就可以做到一顺百顺。实际上，每个人都厌烦了修改订单、加急生产，以及把每件事都搞得很紧张。甚至连我们的供应商都已经对我们都失去了耐心，他们不相信我们给他们的任何订单，除非我们要求他们紧急送货。

肯：我很难相信你的 EOQ 和再订购点是准确的。如果准确，零部件不应该总是缺这少那，与此同时总的库存价值却在不断上升。我也不认为我们能够拒绝新订单。哪怕我想想这件事儿,都可以想象到吉姆的暴跳如雷。他肯定会提醒我,公司的使命清楚地指出第一位的事情就是为顾客服务,拒绝订单和修改订单肯定无法很好地满足顾客需要。

杰克:一个办法是,我们或许可以找弗兰克·亚当斯(财务总监)谈一谈。他总是抱怨太多库存、太多加急成本,供应商那太多的额外运输费用及效率太低。我努力说服他允许加班来缓解延迟订单状况,但他说我们肯定是生产了错误的型号。他还指出,现在安排的生产时间足以使生产满足正常发货的订单,而这种情况已经持续了一年多了。他不会在这上面再作预算,或许你可以说服他。

肯:我也不确定这能解决问题。我想他有他的观点,他肯定有数据支持他的看法。我找时间向劳恩·玛利森(CEO)解释我们做了什么,可能会得到更好的结果。我听说一个系统方法叫物料需求计划还是什么,你可以试试。选一个代表性的型号看看是否有助于解决目前这个看似不可能解决的问题,估计肯定会有所帮助的。我知道其他一些工厂也有相似的生产状况,但看起来没有这些问题。

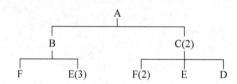

以下是肯建议作为代表性型号用于分析的 A 型号的信息:

零部件	批量	库存	提前期	计划接收量	再订货点
B	80	10	1	无	5
C	150	40	1	无	15
D	200	180	2	无	50
E	400	300	2	无	70
F	500	50	2	500,第 1 周	80

以下是型号 A 的主生产计划批量:

第 3 周完成 50 单位。

第 5 周完成 50 单位。

第 7 周完成 60 单位。

第 9 周完成 60 单位。

第 11 周完成 50 单位。

看到以上信息,杰克说:"看这个型号的生产计划是多么规律。再订货点多于需求,没有提前期使得对订单的响应变得紧张。这个分析说明我对 EOQ 和再订货点所做的工作是对的,真正的问题出现在那些销售人员和财务人员的身上,他们不理解我们的生产需求。"

讨论题

1. 对话中的主要问题是什么?主要症状和根本问题是什么?详细回答。

2. 用产品信息提出一个针对问题的物料需求计划方法。物料需求计划可以解决这个问题吗?如果可以,详细说明物料需求计划如何避免杰克和肯所讨论的问题。

3. 在用物料需求计划解决问题时,有什么情况困扰你吗?这些情况究竟是什么?

4. 假设发现库存只有250单位部件E,而不是库存记录所显示的300单位,这会带来什么问题?有什么方法可以解决?如果其他方法没有用,如何用物料需求计划来解决?

5. 假设设计工程师通知部件F有一种新的设计,但2周之后才能完成,设计工程师要求你给出第一个供应商运货到达的时间,而你则需要告诉供应商出货数量。由于变化对顾客是显而易见的,设计工程师建议你开始工作并用完该型号现有的物料。物料需求计划如何协助解决这一问题?

6. 你能否想到有任何其他"what if"(如果……,那么……)之类的问题,这些问题用诸如物料需求计划这样的系统方法来解决会更为容易些?

案例研究4.2 本泽产品公司

本泽(Benzie)产品公司生产好几类产品,其中一类(他们把它叫作"X"产品)在生产时需要一种独特的零件,而对该产品的需求则季节性很强。通过设计上做出一些变更,该公司就可以借助**可承诺数**(available-to-promise,ATP)方法来掌控该产品的生产节奏了。由于生产X产品的部件非常昂贵,因此,公司会竭尽所能地在销售淡季使得该产品及其部件的库存减到最小。眼下,X产品进入了淡季,下表给出了今后10个星期的预测数据和客户实际订货量:

周	1	2	3	4	5	6	7	8	9	10
预测数	25	20	16	16	15	15	13	11	10	9
客户订单数	27	21	16	13	11	9	7	4	3	2
主生产计划		50			50			50		

目前(第一周的第一天),库存的X产品数为27。下面是X产品的结构图:

```
              X
              |
      ─────────────────
      A              B(2)
      |              |
  ─────────         C(2)
  C       D
```

下表给出了第一周第一天部件A、B、C、D的相关数据。

部件	A	B	C	D
期初库存	0	2	212	63
提前期(周)	2	1	2	4
批量	60	100	250	100
安全库存	0	0	0	0

另外,部件A在第二周有60单位的计划接收量。

讨论题

1. 完成对 X 产品的主生产计划，包括预计可用库存和可承诺（ATP）数量。

2. 依据 X 产品的主生产计划，以及使用 A、B、C、D 部件的相关数据，编制一份今后 10 周内每个部件的物料需求计划表。

3. 假定一位 X 产品的客户想要对其第四周的订单追加 3 个单位的订货，你会对他怎么说？尤其是，假如你无法答应在第四周追加 3 个单位的 X 产品，在现有情况下，你能做到的最好程度是什么？假定所有设备的产能都没有问题。

4. 上面第 3 题中的客户决定第四周不再追加订货了，但不久之后，你得到通知，说是库房中有人把一个装有部件 C 的箱子掉到地上了，其中的 20 个已经摔坏，不得不予以报废。请说明这个事故的后果是什么，以及计划采取什么行动。假定部件 C 的提前期是 2 周，不可更改。

5. 显然，该公司将各部件的安全库存（用以储存额外的物料，以备不时之需）设定为零，这是为了在淡季将库存成本降低到最低。就这个做法加以讨论，指出其利、弊之处。请依据本案例给出的信息，就安全库存这个问题制定一个你所建议的方法。

第 5 章

产 能 管 理

引言

到目前为止,我们已经讨论了优先权计划,即决定生产什么以及何时生产。优先权计划系统是有层次结构的,从长期、几乎没有细节的计划(生产计划)到中期计划(主生产计划),再到非常详细的短期计划(物料需求计划)。在系统的每一个层次,生产部门都制订优先权计划以满足需求。然而,如果缺少完成优先权计划的资源,优先权计划就无法实施。产能管理关注的是提供必需的资源。本章将详细讨论产能问题,即什么是产能,有多少产能可供使用,需要多少产能,以及如何平衡优先权与产能之间的关系等课题。

产能的定义

产能(capacity)是指在一定时间内能够完成的工作量。《APICS 词典》第 14 版中产能被定义为:"工人、机器、工作中心、工厂或机构在一定时间内的产出能力。"产能是进行工作的速率(rate),而不是已完成工作的数量(quantity)。有两种类型的产能相当重要,即可用产能和所需产能。**可用产能**(capacity available)是指在一定时间内系统或资源生产一定量产出的能力。**所需产能**(capacity required)是指一定时间内生产预期产出所需要的系统或资源的能力。与所需产能密切相关的一个术语是**负荷**(load)。负荷是指一定时间内分配给设备的已下达的和计划的工作量,它是所有所需产能的总和。

产能常被描述成图 5-1 那样的漏斗。可用产能是系统处理工作的速率,负荷则是加载在该漏斗上的工作量。

产能管理(capacity management)负责确定实现优先权计划所必需的产能,并提供、监视和控制产能以实现产能计划。《APICS 词典》第 14 版把产能管理定义为:"建立、测量、监视及调整产能范围或水平以执行所有生产计

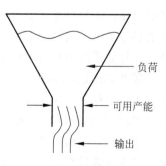

图 5-1　产能与负荷

划的功能。"像所有的管理流程一样,产能管理由计划和控制功能构成。

产能计划(capacity planning)是确定完成优先权计划所需资源,以及找出使产能可用所需要方法的过程,它出现在优先权计划过程的每一个层次上。生产计划、主生产计划和物料需求计划决定了优先权,需要什么及何时需要。然而,除非公司有充足的产能满足需求,否则这些优先权计划将无法执行。因此,产能计划将各个生产优先权计划与生产资源联系了起来。

产能控制(capacity control)是监视生产产出并将其与产能计划对比,必要时采取纠正行动的过程。产能控制将在第6章进行讨论。

产能计划

产能计划包括计算实现优先权计划所必需的产能,以及寻找使这些产能可用的方法。如果不能满足所需要的产能,就必须改变优先权计划。

优先权计划通常以产品数量或某些产出标准单位来表达。产能有时以相同的单位表示,如钢铁的吨位数或布匹的尺码数。如果没有共同的单位,产能必须以可用工时表示。然后优先权计划必须换算成所需工时数并与可用工时对比。制订产能计划的步骤如下:

1. 确定每个时期每个工作中心的可用产能。
2. 确定每个时期每个工作中心的负荷。
   - 将优先权计划换算成每个时期每个工作中心所需的工时。
   - 汇总每一物品在每个工作中心的所需产能,以确定每个时期每个工作中心的负荷。
3. 解决可用产能和所需产能之间的差异,如果可能就调整可用产能来与负荷匹配,否则必须改变优先权计划来匹配可用产能。

这个过程发生在优先权计划过程的每个层次,只是涉及的详细程度和时间范围不同。

计划层次

资源计划(resource planning)包括长期产能资源需求,它直接和生产计划相连。一般情况下,资源计划包括把生产计划中的月、季、年产品优先权转换成一些总产能估算,如总人工时数。资源计划包括人员变化、资产设备、产品设计或其他需要较长时间获得或取消的设施。如果资源计划不能够满足生产计划,则必须改变生产计划。资源计划和生产计划设定了生产限制和水平,如果符合真实情况,主生产计划就是切实可行的(参见第2章生产计划系统中的资源计划一节)。

粗产能计划(rough-cut capacity planning,RCCP)将产能计划带到一个更为详细的层次。主生产计划(MPS)是其主要信息来源。粗产能计划的目的是检验主生产计划的可行性,提供各个瓶颈警告,保证工作中心可用,并向供应商提供产能需求的建议(参见第3章主生产计划中的粗产能计划一节)。

产能需求计划(capacity requirements planning,CRP)直接与物料需求计划相连。由于这类计划的重心在零部件,所以比起粗能力计划更为详细。产能需求计划关注的是每个工作中心的单个订单,并计算每个工作中心在每个时期内的工作负荷和人工需求。

图 5-2 展示了不同层次的优先权计划和产能计划的关系。注意,尽管较高层次的优先权计划是较低层次的输入,但不同的产能计划仅与它们同一层次的优先权计划相关,与下面的产能计划层次无关。资源计划与生产计划相关但不是粗产能计划的输入。

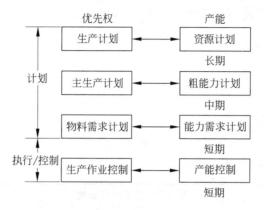

图 5-2　计划层次

计划完成之后,必须授权生产作业控制部门和采购部门处理和执行车间订单和采购订单,仍旧需要以最低的详细程度来考虑产能问题。第 6 章将讨论工作中心的产能控制。

产能需求计划

产能需求计划(CRP)发生在物料需求计划层次,是具体决定完成必需的生产所需的人工和机器资源数量的过程。物料需求计划中的计划订单和未结车间订单(预定接收量)被转换成每个时期每个工作中心对时间的需求。这个过程考虑作业提前期,随后在工作中心对其进行弥补。在考虑未结车间订单时,产能需求计划要说明工厂订单中哪些工作已经完成。产能需求计划是产能计划中最为详细、完整和准确的。越是最近的时期,准确度越是重要。由于详细程度要求很高,因此需要大量的数据和计算。

输入

产能需求计划所需要的输入包括:未结车间订单、计划订单下达、工艺路线、时间标准、提前期和工作中心产能等。这些信息可以从以下资料中获得:
- 未结订单文档。
- 物料需求计划。
- 工艺路线文档。
- 工作中心文档。

未结订单文档。未结车间订单在物料需求计划中作为预定接收量出现,是要进行生产并在某一指定日期完成的一定数量的某一零件的已下达订单,包含了所有相关信息,如数量、交货期和作业。未结订单文档是所有未结车间订单的记录,可以手工维护或作为计算机文档。

计划订单下达。计划订单由物料需求计划基于某种零件的总需求所确定,是评估将来某一时期所需总产能时产能需求计划过程的输入项。

工艺路线文档。工艺路线是工件在加工过程中从一个工作中心到另一个工作中心的路线。工艺路线在路线表(route sheet)或计算机系统的工艺路线文档中列出。生产的每一个零部件都应具有工艺路线文档,该文档包含以下信息:

- 将要进行的作业。
- 作业顺序。
- 要使用的工作中心。
- 可以备用的工作中心。
- 每个作业需要的工具。
- 标准工时:准备时间和单件加工时间。

表 5-1 是工艺路线文档的示例。

表 5-1 工艺路线文档

零件名称:齿轮轴　零件编号:SG123
图纸编号:D123X

作业号	工作中心	准备时间 (标准工时)	单件加工时间 (标准工时)	作业
10	12	1.50	0.20	车削轴
20	14	0.50	0.25	铣槽
30	17	0.30	0.05	打两个孔
40	03	0.45	0.10	打磨
50	仓库			入库

工作中心文档。工作中心由大量能够完成相同工作的机器和工人组成。机器通常都相同,这样每台机器能完成的工作以及产能没有什么差别。几台产能相近的缝纫机就可以看作一个工作中心。工作中心文档包括的信息包括:产能、与工作中心相关的工件搬运时间、等待时间、排队时间等。

搬运时间(move time)是正常情况下将工件从一个工作中心移动到另一个工作中心所花费的时间。**等待时间**(wait time)是工件在工作中心加工完成之后,在搬运走之前的停留时间。**排队时间**(queue time)是工件在工作中心加工之前的等待时间。**提前期**(lead time)是排队时间、准备时间、加工时间、等待时间和搬运时间之和。

工厂日历(shop calendar)。另一个必需的信息是可用工作日数。公历(我们每天用的日历)在生产计划和控制中存在一些很大的缺陷,如每个月的天数不同,全年的节日并非均匀分布,并且日期也不是十进制的。假设某种产品的提前期是 35 个工作日,12 月 13 日我们被问及能否在 1 月 22 日交货。这是 6 周后的事情。用公历必须进行一些计算才能决定是否有足够的时间按期交货。这一时期内有假日,1 月份的第 1 个星期由于库存问题工厂要停工。实际有多少工作日可用?

由于这些问题的存在,制定工厂日历是必要的。有多种方式可用于设置工厂日历,但

表 5-2 所示的例子较为典型。

表 5-2 计 划 日 历

月份	周	周一	周二	周三	周四	周五	周六	周日
7月	27	2 / 123	3 / 124	④	5 / 125	6 / 126	⑦	⑧
	28	9 / 127	10 / 128	11 / 129	12 / 130	13 / 131	⑭	⑮
	29	16 / 132	17 / 133	18 / 134	19 / 135	20 / 136	㉑	㉒
	30	23 / 137	24 / 138	25 / 139	26 / 140	27 / 141	㉘	㉙
	31	30 / 142	31 / 143	1 / 144	2 / 145	3 / 146	④	⑤

7月2日→ [2/123] ←工作日—123   ○为非工作日

资料来源：美国生产库存控制协会公司,物料需求计划教具,5-21,授权重印。

可用产能

可用产能是系统或资源在一定时期生产一定数量产出的能力,它受下列因素影响：

- **产品规格**(product specification)。产品规格变化时,工作内容(制造产品所需的工作)就要变化,因此产品规格会影响可以生产的单位数量。
- **产品组合**(product mix)。每个产品都有自己的工作内容,以生产产品花费的时间来衡量。如果生产的产品组合变化,产品组合的总工作内容(时间)也会改变。
- **工厂和设备**(plant and equipment)。工厂和设备与生产产品所使用的方法相关,如果方法改变,如使用更快的机器,产出就会改变。同样,如果工作中心增加更多的机器,产能也会变化。
- **工作努力状况**(work effort)。工作努力状况与工作速度和节奏有关。如果工人改变速度,在同样的时间或许可以生产更多产品,产能也就会改变。

所有这些因素都会影响产能。如果它们变化很大,则很难使用产品单位数来衡量产能。那么,应该用什么单位来衡量呢？

产能的度量

产出单位数(units of output)。如果工作中心或工厂生产的产品种类不多,通常可以对所有产品以通用的单位来衡量。例如,造纸厂使用吨衡量产能,酒厂用啤酒桶数衡量,汽车厂用小汽车数量衡量。然而,如果生产的产品种类很多,可能就不会存在一个较好的通用单位。这种情况下,对所有产品通用的单位是时间。

标准时间(standard time)。制造产品的工作可以表示为使用某种生产方法生产产品所需的时间。应用实践研究方法可以确定工作的标准时间,也就是一个合格员工以正常速度工作所需要的时间。标准时间提供了一个衡量工作量的标准,一个说明产能的单位。标准时间也用于负荷分配(loading)和排程。

产能层次

产能至少需要在三个层次衡量:
- 机器或单个工人。
- 工作中心。
- 工厂,它可以被看作是不同工作中心的组合体。

确定可用产能

通常用可用工时、利用率和效率等要素来确定三种可用产能:理论可用产能(theoretical capacity),计算或额定产能(calculated or rated capacity),以及实际(测定)产能(demonstrated or measured capacity)。

可用工时(available time)。可用工时是工作中心可以利用的小时数。例如,工作中心每周工作5天,每天工作一班8小时,其可用工时为40小时。可用工时取决于机器数、工人数和作业时间。

例题

工作中心有3台机器,每周工作5天,每天8小时。工作中心的可用工时是多少?

答案

$$可用工时 = 3 \times 8 \times 5 = 120(小时/周)$$

利用率(utilization)。可用工时是工作中心可以期待的,但不可能总能达到最大工作小时数。机器故障、员工缺勤、物料缺乏都会导致停工,所有这些问题都会造成不可避免的延期。工作中心实际工作时间占可用工时的百分比称为工作中心利用率。

$$利用率 = 实际工作时间 \div 可用工时 \times 100\%$$

例题

工作中心可用工时是120小时,但是实际生产产品的时间是100小时。工作中心的利用率是多少?

答案

$$利用率 = \frac{100}{120} \times 100\% = 83.3\%$$

利用率可以通过历史记录,或通过工作取样研究来加以确定。

效率(efficiency)。工作中心可能每周使用100小时,但是并不能完成100个标准工时的工作。效率测量的是与标准产出相比较的产出。工人的工作速度可能高于或低于标准工作速度,这造成工作中心的效率可能高于或低于100%。例如,在一个工作班次内,希望的产出是100小时,或50个单位的产品,但实际的产出是120小时,它生产了60个单位的产品。

$$效率 = 实际生产速度 \div 标准生产速度 \times 100\%$$

例题

工作中心每班生产 120 单位产品,标准是每班 100 单位。工作中心的效率是多少?

答案

$$效率 = \frac{120}{100} \times 100\% = 120\%$$

生产率(productivity)。《APICS 词典》第 14 版将生产率定义为:"对生产一件物品或一项服务能力的总度量。"它将生产的实际产出与所有资源的实际投入加以比较,同时还考虑了可用时间的利用率,以及该段时间内的效率。测量生产率的方法有多种,对一个工作中心生产率进行计算的一个例子表现为以下公式:

$$生产率 = 利用率 \times 效率 \times 100\%$$

例子:一个工作中心在可用时间 40 小时内工作了 32 小时,在此时间内,它的产出相当于工作 30 小时的产出。

$$生产率 = \frac{32}{40} \times \frac{30}{32} \times 100\% = 75\%$$

理论产能。理论产能是指可用的最大产能,不考虑停工检修、利用率和效率等问题。如果一家公司的某个工作中心每天工作两班,每班 8 小时,那么该中心每天的理论产能就是 16 小时。

额定产能(rated capacity)。一个工作中心在某段时间内的可用产能,在考虑到该中心的平均利用率和效率后的产能就叫作计算产能或额定产能。

$$额定产能 = 可用工时 \times 利用率 \times 效率$$

例题

工作中心有 4 台机器,每周工作 5 天,每天 8 小时。过去的利用率是 85%,效率是 110%。工作中心的额定产能是多少?

答案

$$可用工时 = 4 \times 8 \times 5 = 160(小时/周)$$
$$额定产能 = 160 \times 0.85 \times 1.10 = 149.6(标准工时)$$

该工作中心平均每周预期进行 149.6 个标准工时的工作。

实际产能

一个工作中心历史数据里表现出来的产出或产能,就叫作**实际产能**(demonstrated capacity)或**测定产能**(measured capacity)。这类产能考察的是以往的生产记录,并以此作为该工作中心可用产能的依据。它部分取决于该工作中心所实际输入的负荷,而不一定反映该中心能够生产出多少产出。

例题

在过去的 4 周,工作中心进行了 120、130、150、140 标准工时的工作,工作中心的实际产能是多少?

答案

$$实际产能 = (120 + 130 + 150 + 140) \div 4 = 135(标准工时)$$

注意实际产能是平均产出而不是最大产出。实际产能也取决于工作中心的利用率和效率,虽然在这个计算中没有将它们包括在内,这是因为在这个计算中,它们可能已经在生产记录中考虑进去了。

效率和利用率可以从历史数据中得到,如果该记录中包含有一个工作中心生产的可用工时、实际工作小时和标准时间的话。

例题

在过去的4周,工作中心进行了540个标准工时的工作,工作中心可用工时是640小时,实际工作了480小时。计算工作中心的利用率和效率。

答案

利用率＝实际工作时间÷可用工时×100％＝480÷640×100％＝75％

效率＝标准工时生产时间÷实际工作时间×100％＝540÷480×100％＝112.5％

安全产能(safety capacity)。公司经常使用的另一种产能叫作安全产能。这种产能也是一种可用产能,它是计划用于应对超出所需产能这种情况的。它的用处是针对一些意外事情的发生,如设备出了故障、质量出了问题、预防性维修等。它也被称作是**产能缓冲垫**(capacity cushion),也可作为安全库存的一种替代方法。值得注意的是,在使用安全产能和安全库存时要小心,因为这会使企业增加额外的成本。

所需产能(负荷)

产能需求由优先权计划系统产生,包括把以产品单位数或通用单位表示的优先权换算成每个时期每个工作中心所需的工作小时数。这种换算发生在优先权计划的每一个层次,从生产计划到主生产计划再到物料需求计划。图5-2说明了这种关系。

详细程度、计划期和使用方法随每个计划层次的不同而变化。本章将探讨物料需求计划、产能需求计划层次。

确定所需产能包括两个步骤:首先,确定每个订单在每个工作中心需要的时间;然后,汇总单个订单所需的产能以便计算出负荷。

每个订单需要的时间

每个订单需要的时间等于准备时间与加工时间之和。加工时间等于单件加工时间乘以订单的件数。

例题

工作中心准备加工第333号订单的150件操作杆SG123,准备时间是1.5小时,加工时间是每件0.2小时。加工该订单需要的标准时间是多少?

答案

总标准工时＝准备时间＋加工时间
　　　　　＝1.5＋(150×0.2)
　　　　　＝31.5(标准工时)

例题

在上面的例题中,如果工作中心的效率是120%,利用率是80%,加工该订单实际需要多少时间?

答案

$$所需产能 = 实际时间 \times 效率 \times 利用率$$
$$实际时间 = 所需产能 \div (效率 \times 利用率)$$
$$= 31.5 \div (1.2 \times 0.8)$$
$$= 32.8(小时)$$

负荷

一个工作中心的负荷等于该工作中心某个特定时间段加工的所有计划订单和实际订单需要的时间总和。计算负荷的步骤如下:

- 确定每个时期工作中心的每个计划订单和下达订单的作业时间的标准工时。
- 汇总每个时期工作中心的所有标准工时,结果即为每个时期工作中心的计划总所需产能(负荷)。

例题

工作中心第20周的未结订单和计划订单如下,计算这周工作中心需要的总标准工时(负荷)。222号订单已经在进行,只剩下100件需要加工。

订　　单	订单量	准备时间/小时	加工时间/(小时/件)	总时间/小时
下达订单				
222	100	0	0.2	
333	150	1.5	0.2	
计划订单				
444	200	3	0.25	
555	300	2.5	0.15	
总时间				

答案

已下达订单	222	总时间 = 0 + (100×0.2)	=20.0(标准工时)
	333	总时间 = 1.5 + (150×0.2)	=31.5(标准工时)
计划订单	444	总时间 = 3 + (200×0.25)	=53.0(标准工时)
	555	总时间 = 2.5 + (300×0.15)	=47.5(标准工时)
总时间			=152.0(标准工时)

第20周的负荷(需求)是152个标准工时。

> **服务行业的产能**
>
> 在制造业中,尽管很少有人一开始从产能的角度来把库存看成是一种奢侈(考虑到成本,许多人力图限制库存的数量),但它的确是一种奢侈。这是因为,制造业公司常常可以利用其产能在实际需要发生前,将生产出的产品存入仓库,这样一来,一旦接到订单,就可以随时从库存中发货,从而迅速满足客户的需要。从这个角度看,库存也可以看作是一种"储存起来的产能"。
>
> 而在服务业中,则没有什么企业能采用这种用库存来储存产能的奢侈做法了。虽然许多企业确实有库存(如零售店),但它们无法"储存"的产能是售货员为顾客提供服务的能力。由于对这种服务的要求往往飘忽不定,难以预测,那么,如何在设法将可能"浪费"这种能力的时间(如店里没有顾客时)降到最低的同时,又能及时回应对服务的要求呢?
>
> 至少有三种常用的办法可以考虑:
>
> 1. 雇用那些多面手和头脑灵活的员工,如一个既能熟练地整理货架、摆放价签,又能为顾客提供服务的工人。如此一来,在没有顾客时,他们就可整理货架;而当有顾客需要时,又能随叫随到,立即为顾客提供帮助。
> 2. 利用自动化技术。例如,银行里的自我服务结账台和ATM即是一例。
> 3. 在那些提供服务的人员有限,而且费用很高的情况下(如医生),那就不是自动化或灵活性所能解决的问题,而常常是由这种服务来控制需求本身,以便使这些能力获得最大利用而不感到有压力。这时常用的方法是挂号或预约。由于同样的原因,许多汽车修理厂和有名的饭店也多采用这个办法。

现在必须将负荷与可用产能加以比较。方法之一就是使用工作中心的负荷报表。

工作中心的负荷报表

工作中心的负荷报表根据计划内各个时期已下达订单和计划订单来展示未来的产能需求。

上例中计算的负荷152小时是第20周的。同样,其他各周的负荷也能计算出来并且记录在表5-3所示的负荷报表上。图5-3则以图形方式表示这些数据。注意报表中有已下达负荷和计划负荷、总负荷、额定产能和超出产能/不足产能。**超出产能**(overcapacity)是指工作中心超负荷,**不足产能**(undercapacity)是指工作中心负荷不足。这种表示方法给出信息,用以调整可用产能或通过改变优先权计划调整负荷。在这个例子中,第20周和第21周超负荷,其余各周都是负荷不足,累计负荷低于可用负荷。对计划人员来说,这意味着计划期内还有足够的总产能,可用产能或优先权能够勉强满足计划需要。

表 5-3 工作中心负荷报表

周	20	21	22	23	24	总计
已下达负荷	51.5	45	30	30	25	181.5
计划负荷	100.5	120	100	90	100	510.5
总负荷	152	165	130	120	125	692
额定产能	140	140	140	140	140	700
超出/不足产能	−12	−25	10	20	15	8

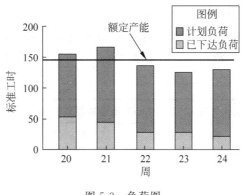

图 5-3 负荷图

订单排程

到目前为止,一直假设生产能力需求计划知道订单应当何时在工作中心开始加工。多数订单要经过多个工作中心加工,因此必须计算订单在每个工作中心的开始时间和完工时间,这样最后的交货期才能得以保证。这个过程叫作**排程**(scheduling)。《APICS 词典》第 14 版将排程定义为"计划事件发生的时间表"。

倒排程(back scheduling)的一般过程是从交货期开始,使用提前期向前计算每个作业的开始日期。这个过程被称为倒排程或后向排程(backward scheduling)。进行倒排程时需要知道每个订单的以下信息:

- 数量和交货期。
- 作业顺序和需要的工作中心。
- 每个作业的准备时间和加工时间。
- 排队、等待和搬运时间。
- 工作中心可用产能(额定产能或实际产能)。

需要的信息从以下资料中获得:

- 计划订单和未结订单文档:数量和交货期。
- 工艺路线文档:作业顺序、需要的工作中心、准备时间和加工时间。
- 工作中心文档:排队、搬运和等待时间,以及工作中心产能。

排程过程如下:

1. 计算每个订单在每个工作中心的所需产能(时间)。
2. 从交货期开始,从后向前排程计算每个作业的完工日期和开始日期。

例题

假设有一个订单是需求 150 件操作杆 SG123,交货期是第 135 天。工艺路线表如图 5-3 所示,给出了作业信息和准备时间、加工时间。工作中心文档如表 5-4 所示,给出了每个工作中心的提前期数据。计算每个作业的开始日期和完工日期,应用以下排程规则:

a. 作业时间近似到最近的 8 小时,表示为单班制的天数。也就是,如果作业需要 6.5 标准工时,将其"近似"到 8 小时,代表 1 天。

b. 假定订单开始于一天的开始,结束于一天的结束。例如,订单在第 1 天开始第 5 天结束,那么订单需要 5 天完成。如果搬运时间是 1 天,订单在下一个工作中心就是第 7 天的开始。

表 5-4 工作中心文档中的提前期数据

工作中心	排队时间/天	等待时间/天	搬运时间/天
12	4	1	1
14	3	1	1
17	5	1	1
03	8	1	1

答案

每个工作中心的作业时间计算如下:

$$准备时间+加工时间=总时间(标准工时)$$

作业 10,工作中心 12:$1.5+0.20\times150=31.5$(标准工时)
$$=4(天)$$

作业 20,工作中心 14:$0.50+0.25\times150=38.0$(标准工时)
$$=5(天)$$

作业 30,工作中心 17:$0.30+0.05\times150=7.8$(标准工时)
$$=1(天)$$

作业 40,工作中心 03:$0.45+0.10\times150=15.45$(标准工时)
$$=2(天)$$

下一步是从交货期(第 135 天)后向排程,计算出每个作业的完工日期和开始日期。这项工作不仅需要上面计算的作业时间,也需要排队、等待和搬运时间,这些都在工作中心文档中。假定表 5-4 所示信息来源于这些文档。

计算过程开始于最后一个作业。产品在第 135 天必须进库,需要 1 天的搬运时间,所以订单的作业 40 必须在第 133 天完工。减去等待、排队和作业时间(11 天),订单必须在第 123 天开工。再扣除 1 天的搬运时间,作业 30 必须在第 121 天完成。使用这种方法,可以计算出整个作业的开始日期和完工日期。表 5-5 是计算得到的进度表,图 5-4 为图形描述。

表 5-5 工作排程

作业号	工作中心	到达日期(上午)	排队时间/天	作业时间/天	等待时间/天	完工日期(下午)
10	12	95	4	4	1	103
20	14	105	3	5	1	113
30	17	115	5	1	1	121
40	03	123	8	2	1	133
50	仓库	135				

另一个方法是**前向排程**(forward scheduling),它从第一个作业开始,然后向后逐次算出每个作业的开始和结束日期,从而求出最后的完成日期。

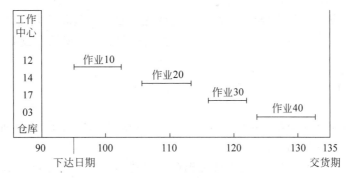

图 5-4　图示工作进度

制订计划

到这里已经讨论了制订产能需求计划所需要的数据、数据来源、车间订单在各个工作中心的排程及负荷等问题。下一步应将负荷与可用产能进行对比,以查看是否有不匹配现象存在,如果存在,则应该找出可能的解决办法。

平衡可用产能和负荷有两种方法:变更负荷;或者改变可用产能。变更负荷意味着把订单提前或推后,这样负荷就得以平衡。如果将订单安排到其他工作中心加工,那么,其他工作中心的进度和负荷也必须改变。这可能意味着要对其他零部件重新排程,从而导致主生产计划改变。

参看图 5-5 所示的物料清单。如果零部件 B 新安排到较晚日期,那么部件 C 的优先权就发生变化,部件 A 的主生产计划也是如此。由于这些原因,改变负荷不是首选的做法。短期来说,通常产能要比负荷更容易调整一些。一些可行的方法如下:

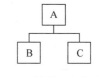

图 5-5　简单的物料清单

- 安排加班或歇班。对于负荷/产能的不平衡不是太大,或不是长期存在的情况下,这是一个提供临时和快速解决的办法。
- 通过雇用或解聘员工调整人员数量。这样做要取决于是否能获得所需技术和必要的培训。技术水平要求越高,必要的培训时间越长,快速改变人员数量的难度就越大。
- 将员工从负荷不足的工作中心调到超负荷的工作中心。这需要灵活的、受过多种培训的员工,以及足够的设备。
- 使用备用工艺路线调整一些负荷到其他工作中心。通常其他的工作中心不如该工作中心的效率高,不过重要的是满足生产进度要求,而这样做就是一个有效的途径。

- 当需要更多产能时可以考虑进行转包；或者在负荷不足时，将先前转包出去的工作拿回来自己做，以便增加负荷。转包的成本可能要高于自己加工，但是再说一遍，保证进度才是最重要的。

产能需求计划的结果应当详细可行，满足优先权目标并提供产能完成这些目标。理想的产能需求计划应满足物料需求计划并考虑充分利用人工、机器和设备。

 ## 小结

产能管理发生在计划过程的每一个层次，直接和优先权计划相关，详细程度和时间范围与相应的优先权计划相同。

在制造业中，产能计划关注的是把优先权计划转换成加工优先权计划中的产品所需产能的工时数，以及使产能可用的方法。可用产能取决于工人和机器的数量、利用率及效率。

产能需求计划发生在物料需求计划层次，从 MRP 中提取计划订单，从未结订单文档中提取未结工厂订单，把它们转换成每个工作中心的负荷。产能需求计划考虑提前期和实际订单数量，是产能计划方法中最为详细的。

物料需求计划和产能需求计划形成闭环系统的一部分，该系统不仅包括计划和控制功能，也提供反馈，这样计划才能总是处于最新。图 5-6 说明了这个概念。

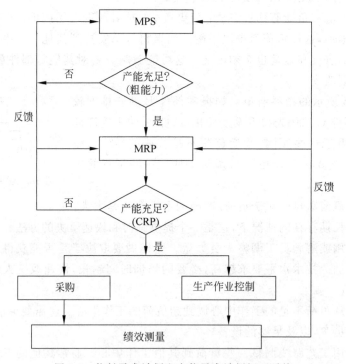

图 5-6 物料需求计划和产能需求计划闭环系统

关键术语

可用工时　available time
后向排程　back scheduling
倒回排程　backward scheduling
计算产能　calculated capacity
产能　capacity
可用产能　capacity available
产能控制　capacity control
产能缓冲垫　capacity cushion
产能管理　capacity management
产能计划　capacity planning
所需产能　capacity required
产能需求计划　capacity requirements planning(CRP)
实际(测定)产能　demonstrated (measured) capacity
效率　efficiency
前向排程　forward scheduling
交货时间　leadtime
负荷时间　load time
负荷　load
负荷报表　load report
搬运时间　move time
未结订单　open order
计划订单　planned orders
生产率　productivity
排队时间　queue time
额定产能　rated capacity
资源计划　resource planning
粗产能计划　rough-cut capacity planning(RCCP)
工艺流程　routing
安全产能　safty capacity
排程　scheduling
工厂日历　shop calendar
标准工时　standard hours
标准时间　standard time
理论产能　theoretical capacity
利用率　utilization
等待时间　wait time
工作中心　work center

问答题

1. 产能管理的任务是什么?
2. 什么是产能计划?
3. 叙述制订产能计划的三个步骤。
4. 将优先权计划的三个层次与产能计划相联系,按使用的详细程度和时期描述每个层次。
5. 什么是产能需求计划?它发生在优先权计划过程的哪个层次?
6. 产能需求计划(CRP)过程的输入是什么?从哪儿可以获得信息?
7. 叙述以下名词及其包含的信息。
    a. 未结订单文档。
    b. 工艺路线文档。
    c. 工作中心文档。
8. 什么是工厂日历?为什么工厂日历是必要的?
9. 以下信息能在什么文档中找到?
    a. 预定接收量。
    b. 计划接收量。
    c. 效率和利用率。
    d. 零部件的作业顺序。
10. 可用产能的定义是什么?影响可用产能的四个因素是什么?
11. 为什么通常用标准工时衡量产能?
12. 什么是理论产能、额定产能、利用率和效率?它们之间有什么关系?
13. 什么是测定或实际产能?它与额定产能的差别是什么?
14. 什么是负荷?
15. 工作中心负荷报表是什么?它都包括什么信息?
16. 什么是排程?
17. 叙述后向排程的过程。
18. 平衡可用产能和负荷的两种方法是什么?优先采用哪个?为什么?
19. 短期来看,调整可用产能的方法是什么?
20. 为什么控制系统中的反馈是必要的?
21. 将额定产能与负荷配置得很接近时可能出现哪些问题?
22. 如何使用安全产能?

计算题

5.1　工作中心有 3 台机器,每周工作 5 天,每天 16 小时。工作中心每周可用工时是多少?

答案：240 小时/周。

5.2 问题 5.1 中工时利用率是 75%，每周实际工作多少个小时？

答案：180 小时/周。

5.3 5.1 中工作中心效率是 120%，工作中心的额定产能是多少？

答案：216 标准工时/周。

5.4 工作中心有 7 台机器，每周工作 5 天，每天 16 小时。工作中心利用率是 80%，效率是 110%，其每周额定产能是多少标准工时？

答案：492.8 标准工时/周。

5.5 工作中心有 4 台机器，每周工作 5 天，每天 8 小时。如果利用率是 80%，效率是 90%，工作中心的额定产能是多少？

5.6 在过去 4 周，某工作中心进行了 50、45、42、52 标准工时的工作，该工作中心的实际产能是多少？

答案：47.25 标准工时/周。

5.7 在过去 11 周，某工作中心进行了 1 050 个标准工时的工作，该工作中心的测定产能是多少？

5.8 某工作中心第 1 周进行了 75 标准工时的工作，计划工时是 80 小时，实际工作了 72 小时。计算该工作中心的利用率和效率。

答案：利用率 90%，效率 104%。

5.9 某工作中心有 3 台机器，每周工作 40 小时。在 4 周时间里，该工作中心实际工作了 355 小时，进行了 475 标准工时的工作。计算该工作中心的利用率和效率。该工作中心每周实际产能是多少？

5.10 某工作中心有 5 台机器，每周工作 5 天，每天 16 小时，公司想确定该工作中心的效率和利用率。物料管理部门研究发现，过去 50 周里，该工作中心实际工作了 16 000 小时，完成了 15 200 标准工时的工作。计算利用率、效率和每周实际产能。

5.11 如果准备时间是 1.3 小时，单件加工时间是 0.3 小时，那么加工一个 200 件的订单需要多少标准工时？如果该工作中心的效率是 130%，利用率是 70%，那么实际需要多少小时？

答案：61.3 标准工时，实际 67.4 小时。

5.12 如果准备时间是 2.0 小时，单件加工时间是 0.2 小时，加工 500 件的订单需要多少标准工时？工作中心的效率是 110%，利用率是 85%，实际需要多少小时？

5.13 工作中心第 4 周的未结订单和计划订单如下，计算需要的总标准工时（负荷）。

订单		订单量	准备时间/小时	加工时间/(小时/件)	总时间/小时
已下达订单	120	300	1.00	0.10	
	340	200	2.50	0.30	
计划订单	560	300	3.00	0.25	
	780	500	2.00	0.15	
总时间（标准工时）					

答案：总时间＝248.5(标准工时)。

5.14 工作中心第4周的未结订单和计划订单如下，计算需要的总标准工时(负荷)。

订 单		订单量	准备时间/小时	加工时间/(小时/件)	总时间/小时
已下达订单	125	200	0.50	0.10	
	345	70	0.75	0.05	
计划订单	565	80	1.00	0.25	
	785	35	1.50	0.15	
总时间(标准工时)					

5.15 使用下面工艺路线文档、未结订单文档和物料需求计划订单计算工作中心负荷。

工艺路线：123号零件：准备时间　　＝2(标准工时)
　　　　　　　　　　单件加工时间＝3(标准工时)
　　　　　　456号零件：准备时间　　＝3(标准工时)
　　　　　　　　　　单件加工时间＝1(标准工时)。

零部件未结订单

周	1	2	3
123	12	8	5
456	15	5	5

零部件计划订单

周	1	2	3
	0	5	10
	0	10	15

负 荷 报 表

周		1	2	3
已下达订单	123			
	456			
计划订单	123			
	456			
总负荷				

5.16 完成下列负荷报表，建议可以采取的方法。

周	18	19	20	21	总计
已下达订单	160	155	100	70	485
计划订单	0	0	70	80	150
总负荷					
额定产能	150	150	150	150	600
超出/不足(产能)					

5.17 后向排程下列工厂订单,所有的时间以天表示。作业之间的搬运时间是1天,等待时间是1天。交货期是第150天。假定订单在一天的开始时加工,在一天的结束时完工。

作业号	工作中心	作业时间/天	排队时间/天	到达日期 (上午)	完工日期 (下午)
10	111	2	4		
20	130	4	5		
30	155	1	2		
	仓库			150	

答案:订单到达工作中心111的时间是第126天。

5.18 后向排程下列工厂订单,所有的时间以天表示。作业之间的搬运时间是1天,等待时间是1天。交货期是第200天。假定订单在一天的开始时加工,在一天的结束时完工。

作业号	工作中心	作业时间/天	排队时间/天	到达日期 (上午)	完工日期 (下午)
10	110	3	2		
20	120	5	3		
30	130	3	2		
	仓库			200	

案例研究　维斯科特产品公司

不管什么时候,一想到周五早晨去上班,詹森·罗伯特心里都觉得特别纠结。詹森最近受聘担任一家小制造公司的运营经理,该公司主要生产一系列按照订单加以组装的产品。他在找到这份工作时刚从一个商业自修班毕业,他学的是运营专业。在班上詹森表现很好,是一个坚定和自信满满的人,因此他确信自己能够胜任这家小公司这个工作。

从五年前只能修理两辆车的小修车厂起家,维斯科特(Wescott)公司经历了快速的成长。实际上詹森是第一个被任命为运营经理的人,之前唯一向厂长朱迪·维斯科特汇报工作的生产"经理"是生产监督员弗兰克·亚当斯。虽然弗兰克是个非常有经验的监督员,但他从原来的机器操作工岗位上直接提拔到监督员时,并没有接受过正式的计划和控制方面的培训。很快,他就发现计划工作非常困难而且复杂,对他来说是赶鸭子上架,尤其是他还要完全负责公司所有的员工和设备的管理工作。营销经理兰迪·斯托卡德请求并支持朱迪·维斯科特雇用詹森,因为他感到在承诺、交付顾客订单上越来越困难。兰迪需要花越来越多的时间去接怒气冲冲的顾客电话,因为顾客没有在他们预期的时间里收到订单。没有时间去拓展新的销售及失去固定客户的危险使他高度关注如何维持销售不断增长这个问题,更别说和他新的销售业绩相关的潜在分红了。

不过,詹森刚一坐上这个职位不久,"蜜月"就结束了,很快他就开始怀疑自己到底有几分真才实学。公司在承诺和交付顾客订单的能力上仍然困难重重。一开始他认为是他使用的预测方法的问题,但是最近的分析说明总的实际订单仅仅占到预测值的10%。而且,生产上也从来没有发生过严重缺少零部件的事情。事实上,很多人都觉得他们有太多的物料储备。最近的几次员工会议上,公司主管杰克·马瑞斯抱怨说库存周转率不到3.5是不合理的,占用了公司太多的资金。因此肯定是有其他原因,而詹森必须加快找出这些原因。

詹森想到的第一个办法是要求组装区加班,但他很快发现这是个敏感话题,只能作为最后一招使用。组装区的工人技术水平都很高,即便可能也很难在任意合理的时间替换掉。由于同样的原因增加工人也很困难。一年前他们加了很多班,但最后就没有多少人愿意干了。虽然维斯科特公司里没有工会,但是工人会聚到一起要求更好的加班制度,或者全部辞职去做其他需要大量技术工人的工作。公司与工人之间的协议是每周每人加班不能超过4个小时,除非有什么紧急情况。他们收入很高,都有家庭,他们更看重与家人在一起,而不是挣更多的加班费。至少高技术水平有个优势:组装区的每个工人都能够熟练组装任何型号的产品,每个机器设备也都能够加工所有型号的产品。

周五早晨是詹森制订下周主计划的时间,但不管他下多大力气,看上去都无法使得诸事妥帖。由于所有组装件的标准提前期是一个星期,所以公司一直认为,在订单不多的情况下,没有必要制订过长时间的计划。他认为应该将这个星期没有完成的工作安排到下周一和下周二,希望除了已经承诺的新的工作外,生产还能赶上进度。当兰迪通知他顾客的要求,并需要一个交货日期时,承诺就做出了,而承诺期一般都是"尽快"。这时詹森会查看订单看所需物料是否有库存,生产设备是否在运行。然后他一般会承诺在需要时就能够交付。由于很多承诺不能够履行,兰迪开始要求詹森"控制"作业。詹森通过安排每周加工每个型号的一批产品进行回应,但是他却发现他不得不打断很多正在进行的工作以加快速度。他也知道这样做会由于额外的准备时间使事情更加糟糕,但是他又能怎么办?甚至朱迪·维斯科特也询问需要她做什么以提高他的绩效,这使得詹森那一向强烈的自信心开始动摇了。

詹森开始查找原来的运营管理课本来寻找可以使用的办法。最后他认识到,他需要的是一个更有效的系统来制订主计划,以帮助承诺订单、订购部件、计划产能。可是,詹森想起来物料那节课由于春假他没有上。虽然他所掌握的知识足以让他认识问题的本质,但如何制订这么一个计划他知道的还不够。他很谦虚地向他原来的老师请教,老师听完简短的介绍后,让他收集一些可用的信息,以便制订一个主计划和粗产能计划。一旦他收集到这些信息后,老师就会告诉他如何使用这些信息。

以下是老师让詹森收集的信息:

1. 挑选一个最近导致产能出问题的工作中心或设备,列出使用该工作中心生产的所有型号产品。

2. 列出每个型号产品使用工作中心的单件加工时间并且列出准备时间。这些时间可从标准中获取,如果标准数据的准确性不可信或不存在,就使用近期生产的实际平均时间。

3. 列出每个型号产品通常的批量。这个应该和主计划使用的批量相同。
4. 列出每个型号产品的当前库存、当前预测量及公司当前的顾客订单量。
5. 列出该设备当前的可用产能(小时)。

下表归纳了詹森所收集到的数据：

型号	加工时间 /(分钟/件)	准备时间 /(分钟/批次)	批量大小 /(最小数量)	现有量*
A	3.7	90	150	10
B	5.1	40	100	0
C	4.3	60	120	0
D	8.4	200	350	22
E	11.2	120	400	153

* 大部分现有量实际上是由于这一周该型号产品的生产批量超出了对其的订购量而产生的，然后会把剩下的组装起来称为"最基本的"构件，这样一旦实际客户订单到来时只需简单地添加一些部件即可。

当前工作中心安排了两名工人，只是安排在第一班。虽然组装工人是灵活的，但是詹森并不能从其他装配区调员工过来，因为那些工作中心的任务也延迟了，因此看上去同样超负荷了。

下表是12号工作中心组装的5个型号产品的预测值和客户订购量：

模型	星期	1	2	3	4	5	6	7	8	9	10
A	预测值	45	45	45	45	45	45	45	45	45	45
	客户订购量	53	41	22	15	4	7	2	0	0	0
B	预测值	35	35	35	35	35	35	35	35	35	35
	客户订购量	66	40	31	30	17	6	2	0	0	0
C	预测值	50	50	50	50	50	50	50	50	50	50
	客户订购量	52	43	33	21	14	4	7	1	0	0
D	预测值	180	180	180	180	180	180	180	180	180	180
	客户订购量	277	190	178	132	94	51	12	7	9	2
E	预测值	200	200	200	200	200	200	200	200	200	200
	客户订购量	223	174	185	109	74	36	12	2	0	0

詹森刚收集好数据就迫不及待地给老师打了电话，但是，具有讽刺意味的是，老师要出去休一个多星期的春假！

讨论题

现在由你来帮助詹森。具体来说，你需要做以下事情：

1. 讨论问题的本质和可能的原因。
2. 使用詹森收集的数据检查粗产能情况，对结果进行讨论，并说明这些结果和问题1中发现的问题有什么联系。
3. 应用这些信息及你对情况的了解，制订一个完整的计划供詹森今后使用。计划的一部分应该建立和展示案例中所给数据的主生产计划方法。

第 6 章

生产作业控制

 引言

在完成了所有的计划和排程之后,现在到了将计划付诸行动的时候。生产作业控制(production activity control,PAC)负责执行主生产计划(MPS)和物料需求计划(MRP),同时,必须有效利用人工和机器,使得在制品库存保持最小,并始终维持客户服务水平。

物料需求计划授权生产作业控制完成以下工作:
- 向车间下达工作订单以进行生产。
- 管理工作订单,确保其按时完成。
- 负责制订生产过程中订单流经制造、执行计划、控制工作直到生产结束的直接详细计划。
- 管理日常活动,提供必要的支持。

计划系统和生产作业控制的关系如图 6-1 所示。

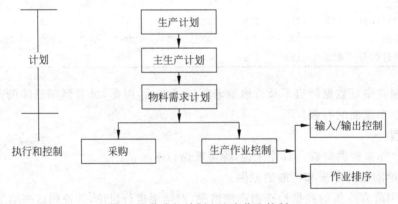

图 6-1 优先权计划和生产作业控制

生产作业控制系统的活动可分为计划功能、执行功能和控制功能。

计划

必须对通过每个工作中心的工作流进行计划以满足交货期,这意味着生产作业控制必须完成以下工作:

- 确保生产零部件所需的物料、工具、人员和信息在需要时能够及时提供。
- 排定每个工作中心对每个车间订单的开始和完工日期,这样就能保证订单计划的完工日期。这包括计划人员为各个工作中心制定相应的负荷文档。

执行

计划一旦制订,生产作业控制部门必须通知车间该做什么,以此将计划付诸实施。通常的做法是:或者对车间下达附有相关信息的指令,或者简单地发出一张说明产品信息、数量和完工期的进度表。生产作业控制部门应该:

- 收集车间生产产品需要的信息。
- 将物料需求计划授权的订单下达到车间。这称之为派工(dispatching)。

控制

一旦制订了计划并下达了车间订单,必须监视这一过程以了解实际情况,并将结果与计划进行对比以确定是否需要采取纠正行动。生产作业控制部门将完成以下工作:

- 将工作中心的车间订单根据计划的优先权顺序进行排列,基于排列结果制定派工单。
- 跟踪工作订单的实际执行情况并将其与计划对比。生产作业控制在需要的地方采取必要的纠正行动、重新计划、重新排程或调整产能,以满足最终交货需求。
- 监控在制品、提前期和工作中心的排队情况。
- 汇报工作中心效率、作业时间、订单量和废品率。

计划功能、执行功能和控制功能如图6-2所示。

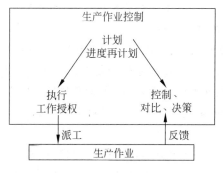

图 6-2 生产作业控制示意图

制造系统

各个公司使用的生产控制系统类型都不相同,但是都必须具备以上功能。不过这些功能的相对重要性取决于制造过程的类型。制造过程一般可以分为三种：

1. 流水式制造。
2. 离散式制造。
3. 项目式制造。

流水式制造（flow manufacturing）。流水式制造关注的是大批量标准产品的生产。如果产品是分立的（如汽车和家用电器），生产过程通常称作**重复制造**（repetitive manufacturing）；如果产品以连续流程生产（如汽油），生产过程称为**连续制造**（continuous manufacturing）。流水式生产通常有四个主要特征：

1. 工艺路线是固定的，工作中心根据工艺路线安排。在一个工作中心进行工作的时间和在生产线上其他工作中心工作的时间几乎一样，以便使生产线保持稳定的流动。
2. 工作中心用于生产一系列范围有限的相似产品。通常需要专门设计的机器和工具来生产特定产品。
3. 通常使用机械工具将物料从一个工作站移动到另一个工作站。很少会形成在制品库存，搬运的次数很少。
4. 产能被生产线所固定。

生产作业控制工作集中在工作流的计划上，并确保正确的物料按计划投放到生产线上。由于工作站之间的工作流是自动进行的，因此执行和控制要相对简单些。

离散式制造（intermittent manufacturing）。离散式制造的特征是产品设计、流程需求及订单量的多样性。

离散式制造的生产有以下特点：

1. 通过车间的工作流是变化的，取决于特定产品的设计。订单在一个工作站的加工时间可能长于在另一个工作站的时间，因此工作流是不均衡的。
2. 机器和员工必须有足够的灵活性，以应付工作的多样性。机器和工作中心通常根据其执行的功能进行成组布置（如所有的车床都安排在一个部门）。
3. 总的说来有效产出时间较长。将工作安排在正好需要的时候到达较为困难，订单在每个工作中心所需的时间不同，工作中心前的工件常常会排队等待，从而造成加工的长时间延迟。通常有大量的在制品库存。
4. 所需产能取决于被加工产品的特定组合，因此难以预测。

在离散式制造环境中，生产作业控制较为复杂。由于所生产产品的数量、产品工艺的变化及排程等问题，所以在这类生产中，生产作业控制是一项主要的工作。计划和控制常常通过每一批次的工厂订单来具体实施。本书对生产作业控制的大部分讨论都是假定在这种环境下进行的。

项目式制造（project manufacturing）。项目式制造通常是指生产单个产品或小批量的产品。大型造船就是一个例子。由于产品设计经常随着项目的进展而展开或者修改，因此生产、营销、采购和工程之间需要有密切的配合。

项目式制造或管理使用许多与生产作业控制相同的技术，但也具有一些独特的特点。一些做法包含在项目管理中，它们是：

- 提出项目，包括找出该项目的要求。

- 制订项目计划,包括项目范围、各项进度和任务、预算、资源和风险等。
- 通过开展各项任务来实施项目。
- 对项目任务和资源加以监控,并与各个利益相关人沟通项目的进展情况。
- 结束项目,包括记录项目完成结果,以及在时间和成本等方面的变动情况。

数据需求

为了计划物料在生产中的加工过程,生产作业控制必须具备以下信息:

- 生产什么及生产多少。
- 为了满足完工日期,需要什么时候提供零部件。
- 生产产品需要何种作业,作业要进行多长时间。
- 各个工作中心的可用产能是什么。

生产作业控制必须具有数据或信息系统以展开工作。通常回答这些问题的数据被组织成数据库。数据库包含的文档有两类:计划和控制。

计划文档

需要四个计划文档:部件主文档、产品结构文档、工艺路线文档和工作中心主文档。

部件主文档(item master)。部件主文档中为每个零件号设置了一个记录。该文档包含了与零件相关的所有数据。对生产作业控制来说包括以下内容:

- 零件号,即分配给部件的唯一编号。
- 零件描述。
- 生产提前期,生产该零件需要的正常时间。
- 批量数量,通常情况下的一次订货数量。

产品结构文档(物料清单)(product structure 或 bill of material)。产品结构文档(物料清单)包括一系列单层部件的清单,以及组装母件所需的部件数量。它构成了仓库人员在汇总生产产品所需零件时所用的"捡货单"的基础。展示物料清单的方法有多种,包括:单层物料清单、锯齿状物料清单、过渡型物料清单、矩阵型物料清单、已估算费用的物料清单等。在某些行业里,特别是在加工行业里,物料清单也被叫作配方、食谱或原料要素表等。

工艺路线文档(routing)。在工艺路线文档中,每个要生产的零件都有记录。工艺路线由生产产品需要的一系列作业组成。对每一个产品,该文档都是一个描述如何生产产品的逐步指令,它提供了以下详细信息:

- 生产产品的作业及进行这些作业的先后顺序。
- 每个作业的简单描述。
- 每项作业需要的设备、工具和配件。
- 准备时间——每项作业前准备设备所需要的标准工时。
- 加工时间——每项作业加工一个单位需要的标准工时。
- 每项作业的提前期。

工作中心主文档(work center master)。工作中心主文档收集工作中心的所有相关数据。对每个工作中心，它提供以下详细信息：
- 工作中心编号。
- 产能。
- 每周工作的班次。
- 每班次机器运行工时数。
- 每班次人工工时数。
- 效率。
- 利用率。
- 排队时间——工件在加工前需要在工作中心等待的平均时间。
- 备用工作中心——用来做备用的工作中心。

控制文档

离散式生产的控制通过车间订单和包含订单数据的控制文档进行。

车间订单主文档(shop order master)。每个有效的生产订单在车间订单主文档中都有记录。其目的是提供每个车间订单的简要数据，诸如以下信息：
- 车间订单号，一个唯一标识车间订单的数字。
- 订购量。
- 完成的数量。
- 废品数量。
- 发给订单的物料数量。
- 交货期——订单预期完成的日期。
- 优先权——用于排列相对于其他订单的顺序先后的数值。
- 余额——尚未完成的数量。
- 成本信息。

每个车间订单都含有生产产品所需的每个作业的记录。每个作业的记录含有以下信息：
- 作业编号。
- 准备时间，计划的和实际的。
- 加工时间，计划的和实际的。
- 每项作业记为完成的数量。
- 每项作业记为废品的数量。
- 交货期或剩余的提前期。

 ## 订单准备

一旦收到加工订单的授权，生产作业控制就开始负责计划和准备将订单下达到车间。必须对订单进行检查以确保必要的工具、物料和产能可用。如果这些没有就位，订单将不能够完成，因此也就不该下达。

如果使用物料需求计划软件,那么它会检测物料可用性并将其分配给车间订单,不需要进一步检查。如果没有使用这种软件,生产作业控制必须人工检查物料是否已经具备。

如果使用产能需求计划系统,必要的产能必须可用。然而,在这一阶段,由于产品的进度拉后了;劳动力每天变化等原因,计划的产能和实际可用的情况会有所差异。当不使用产能需求计划时,那么在下达订单前,确定产能是否就绪就非常必要。

检查产能是否就绪分为两步:第一步,安排订单以查看产能何时需要;第二步,检查那一阶段的工作中心负荷。

排程

排程的目的是满足交货期和最有效地使用生产资源。排程包括建立完成产品需要的每项作业的开始和结束日期。为制订一个可靠的进度计划,计划人员必须了解所涉及的每个工作中心的产品工艺、所需产能和可用产能、相互抵触的工作,以及生产提前期(MLT)等。

制造提前期

制造提前期(manufacturing lead time,MLT)是通常情况下生产典型批量产品所需的时间。一般来说,制造提前期通常包含五个元素:

1. 排队时间——作业开始前工件在工作中心等待的时间。
2. 准备时间——工作中心准备进行作业需要的时间。
3. 加工时间——每项作业加工订单需要的时间。
4. 等待时间——工件移动到下一个工作中心前在前一个工作中心的时间。
5. 搬运时间——工作中心之间的运输时间。

总的制造提前期等于订单准备和下达时间加上每项作业的生产提前期。图 6-3 展示了构成制造提前期的要素。准备时间和加工时间是明确的,确定它们是工业工程部门的责任。排队、等待和搬运时间则由生产和生产作业控制部门加以控制。

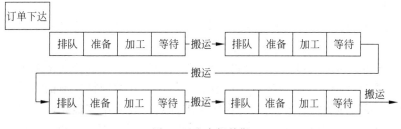

图 6-3 生产提前期

五个要素中最长的是排队时间。一般来说,在离散式制造中,排队时间占总提前期的 85%~95%。生产作业控制通过控制进出工作中心的工作流管理排队。如果等待加工的订单(负荷)减少,排队时间、提前期和在制品都会减少。提高产能也会减少排队。生产作业控制必须对制造过程的订单输入和可用产能进行管理,以控制排队和在制品。

与制造提前期密切相关的一个术语是**产品周期**（cycle time）。《APICS 词典》第 14 版定义产品周期为"物料从进入生产设备到出来的时间长度"。它的一个同义词是**产成时间**（throughput time）。

例题

一个订购 100 件产品的订单在 A 和 B 两个工作中心加工。A 的准备时间是 30 分钟，加工时间是每件 10 分钟。B 的准备时间是 50 分钟，加工时间是每件 5 分钟。两个作业之间的等待时间是 4 小时。A 和 B 之间的搬运时间是 10 分钟。B 作业后的等待时间是 4 小时，搬运到仓库的时间是 15 分钟。在其他工作中心没有排队等待。计算订单的总生产提前期。

答案

```
A 工作中心的作业时间 = 30 + (100 × 10) = 1 030（分钟）
等待时间                              = 240 分钟
从 A 到 B 的搬运时间                  = 10（分钟）
B 工作中心的作业时间 = 50 + (100 × 5) = 550（分钟）
等待时间                              = 240（分钟）
从 B 移动到仓库的时间                 = 15（分钟）
总的生产提前期                        = 2 085（分钟）
                                     = 34（小时）45（分钟）
```

排程方法

对工厂订单进行排程有很多种方法，但是所有的方法都要求理解前向排程和后向排程，以及无限负荷和有限负荷。

前向排程（forward scheduling）假定部件的物料采购和作业排程开始于订单接收的时刻，而不管交货期是什么时候，作业从这一天开始向后安排。图 6-4 的第一行即说明了这种方法。结果是产品在交货期前完成，通常会产生库存堆积。这种方法用于决定产品的最早交货期。

前向排程用于计算完成一项任务需要多长时间。这种方法用于为用户确定承诺日期及计算落后于计划的订单能否赶上进度等目的。

后向排程（backward scheduling）如图 6-4 第二行所示。工艺路线上的最后一项作业最先排定，并安排在交货期那天完成。从最后一项作业开始倒排先前的作业。后向排程根据产品的需要安排物料的可用性，与物料需求计划系统所用逻辑相同。这会减少在制品库存，然而由于系统中缺少松弛时间，顾客服务工作可能会受到影响。

后向排程用于确定订单必须于什么时候开始加工。由于其能够降低库存，因此被广泛使用按库存生产情况下。

无限负荷（infinite loading）也如图 6-4 所示。假定执行作业 1、2、3 的工作站在需要时产能可用。无限负荷没有考虑车间其他订单可能会争抢使用这些工作中心产能的情况，它假设有无限的产能可供使用。图 6-5 所示为一个无限产能的负荷图。注意负荷超

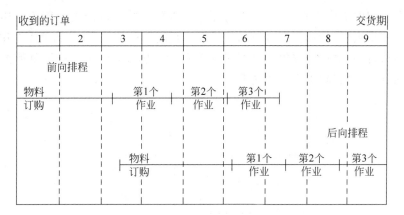

图 6-4　前向排程和后向排程：无限负荷

出和负荷不足。

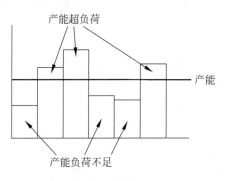

图 6-5　无限产能的负荷

有限负荷(finite loading)假定任何工作站的可用产能都有明确的限制。如果由于其他车间订单的存在，则该工作站就没有足够的可用产能，该订单就必须安排在不同的时间段。图 6-6 说明了这一情况。

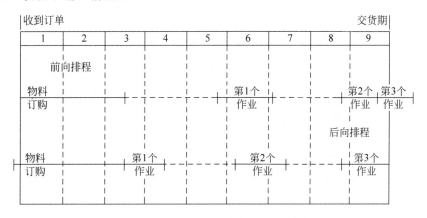

图 6-6　前向排程和后向排程：有限负荷

在图 6-6 所示的前向排程示例中，第 1 个作业和第 2 个作业不能在它们需要进行的时候分别在它们的工作中心内进行,因为在它们需要的时间内所需产能不可用。这些作业必须重新安排到较晚时间段。同样,在后向排程的例子中,第2个和第1个作业在该执行时却不能执行,必须重新安排到较早的时间段内。图6-7所示为有限负荷图。注意负荷是平稳的,因此没有超出负荷的情况。

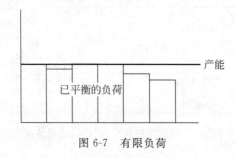

图 6-7　有限负荷

第5章介绍产能需求计划时曾给出一个后向排程的例子,生产作业控制使用同样的过程。

例题

公司收到50件X产品的订单,交货期在第100天。根据下列要求画出后向排程图。

a. 每台机器仅进行一项作业。

b. 工厂每周工作5天,每天单班工作8小时。

c. 零件每50个一批进行搬运。

答案

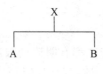

零件	作业	时间
A	10	5
A	20	3
B	10	10
X	组装	5

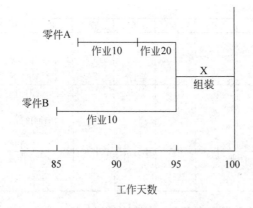

并行作业

在**并行作业**(operation overlapping)中,允许下一个作业在前一个作业整个批次完成前进行。由于第 2 个作业在第 1 个作业加工完订单中的所有零件前开始,这就减少了总生产提前期。图 6-8 所示即为并行作业如何进行及可能减少的提前期。

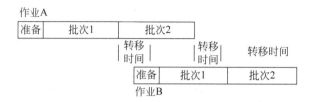

图 6-8 并行作业

在并行作业中,要注意**加工批量**(process batch)和**转移批量**(transfer batch)概念的不同之处。加工批量是指已经下达要生产的订单的总批量;而转移批量指的是从一个工作中心转移到另一个工作中心的数量。加工批量可以由一个或多个转移批量构成。

在实施并行作业时,一个订单至少分为两批。当第一批在 A 作业完成后就传送到 B 作业。在图 6-8 中,假设 B 作业直到收到第一批后才能准备就绪。在 A 作业继续加工第二批时,B 作业开始加工第一批。A 作业完成第二批后将其传送到 B 作业。如果批量大小合适,B 作业将没有闲置时间。制造提前期由于时间的交叉和消除了排队时间而得以缩短。

并行作业是加速生产订单的一种方法,但会产生一些成本。第一,搬运成本增加,尤其是并行进行的作业不在一起时。第二,可能增加其他订单的排队时间和提前期。第三,在第 2 个作业空等第 1 个作业的零件时不能增加产能,而是可能降低产能。

问题在于确定次批量的大小。如果 B 作业上的单件加工时间短于 A 作业,第一个批次必须足够大以避免 B 作业上的闲置时间。

例题

参照制造提前期部分例题的数据。如果把整个批量 100 件分割为 70 和 30 两个批量以进行并行作业 A 和 B。A、B 之间的等待时间和 B 到仓库的等待时间忽略,搬运时间相同。B 作业的准备在 A 批次到达时才开始。计算生产提前期,以及共节省了多少时间。

答案

批量 70 在 A 上的作业时间＝30＋(70×10)	＝730(分钟)
A、B 之间的搬运时间	＝10(分钟)
批量 100 在 B 上的作业时间＝50＋(100×5)	＝550(分钟)
从 B 到仓库的移动时间	＝15(分钟)
总的制造提前期	＝1 305(分钟)
	＝21(小时)45(分钟)
节省的时间	＝13(小时)

作业分割

作业分割(operation splitting)是缩短制造提前期的另一种方法。订单被分割成两个或更多的批次,同时在两台或多台机器上加工。如果批量分割成两部分,提前期中的加工时间被有效地缩减一半,尽管会增加额外的准备工作。图6-9所示为作业分割的示意图。

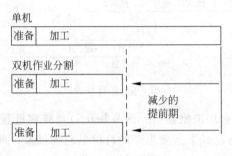

图6-9 作业分割

作业分割在以下情况非常适用:

- 与加工时间相比准备时间较短。
- 另一个合适的加工中心正好处于空闲状态。
- 一个操作者能够同时操作多于一台的机器。
- 具有多个同样的工具和设备。

最后一个条件通常在机器自动加工作业时存在,这样能够留给作业人员准备其他机器的时间。装卸工件所需要的时间必须短于工件的加工时间。例如,装卸工件所需要的时间是2分钟,加工时间是3分钟,作业员在第二台机器工作期间就有时间在第一台机器上装卸工件。

例题

某个工作中心加工某部件的准备时间是100分钟,每件加工时间3分钟。若在两台设备上同时加工500件的订单,两台机器可以同时准备,计算总的作业时间。

答案

$$总的作业时间 = 100 + 3 \times 250 = 850(分钟)$$
$$= 14(小时)10(分钟)$$

 ### 负荷平衡

第5章产能需求计划部分讨论了负荷表。工作中心的负荷表通过计算每个时间段每个订单的作业标准工时,然后将其按时间段加总而建立起来。表6-1是负荷表的示例。

表 6-1　工作中心负荷表

工作中心:10　　　　可用时间:120 小时/周
描述:车床　　　　　效率:115%
机器数目:3　　　　利用率:80%
额定产能:110 标准工时/周

周	18	19	20	21	22	23	总计
已下达负荷	105	100	80	30	0	0	315
计划负荷			60	80	130	80	350
总负荷	105	100	140	110	130	80	665
额定产能	110	110	110	110	110	110	660
(超出)/不足产能	5	10	(30)	0	(20)	30	(5)

这份报表告诉生产作业控制系统该工作中心的负荷是多少。第 20 周产能短缺 30 小时,这意味着没有必要在这周下达所有已计划订单。或许可以在第 18、19 周下达一些订单,或许可以通过一些加班减少产能不足的情况。

非制造业的排程计划

对于所有的行业而言,处理诸如资源计划、需求平衡,以及可用产能与需要产能等问题,都会是一项挑战。例如,在运输行业里,都必须对车队的运输和路线做出计划,以便在把总成本降低到最小的同时,还要确保及时送达货物,减少停车检修和非生产性时间(如空车返回)等。

在卫生保健行业里,各个机构必须将可用产能(如医生、护士、技师、手术室、病房等)与动态的产能需求(如病人、急救车、大型创伤等)加以平衡。尽管可以对其中一些制订计划,如接待上级检查和每年体检量等,但大多数负荷却来自无法计划的事件,如疾病类型和自然灾害等,而且它们也难以预测。许多医院,已经通过考察以往历史上每月的病人人数来预测发展趋势和季节性,以便更好地对产能做出计划。它们还对时间进行了研究,借以确定某些工作的标准,如实验室检验时间、手术准备时间等,以此来确定某些特殊资源的可用产能。

在服务行业中,资源计划也很关键,如零售业、食品业、航空业等。对服务人员的计划安排,常常以星期、天或小时为单位来进行,依据的是对于顾客最可能什么时候需要提供服务的预测。在这种情况下,产能的主要部分是人力资源,但也包括设备、工具和时间。有些行业,如航空业和运输业,还要考虑对员工工作时间的限制,如每天不得超过一定的小时数。

在服务行业中,公司可以通过灵活使用员工,如对员工进行多项培训;使用兼职工;或通过使用自动化设备(如自助报摊)等方法,来优化资源和增加产能。一些非紧急的工作,如清洁和保养等,可以安排在没有客户需求或需求很少的期间,让员工进行。一家广受欢迎的食品连锁店制订了自己的计划,包括工间休息时间,预测需要准备多少食物,什么时间需要停止烘烤食物,以及向顾客提供样品供尝试等。

瓶颈计划

在离散式制造中,几乎不可能平衡各个工作站的可用产能和对其产能的需求。其结果就是有的工作站负荷超出,有的工作站负荷不足。负荷超出的工作站叫作瓶颈,也就是所需产能高于可用产能的工作站。《APICS词典》第14版将瓶颈定义为:"产能低于对其需求的设备、功能、部门或资源。"

有效产出(throughput)。有效产出是通过设备的生产总量。瓶颈控制了需要其加工的所有产品的有效产出。如果供给瓶颈工作中心的在制品多于瓶颈可以加工的量,就会形成过多的在制品库存。因此,必须以瓶颈能够加工的速率安排通过瓶颈的工作。瓶颈加工中心的有效产出即由瓶颈控制,它们的生产计划应该由这些瓶颈决定。

例题

假定某厂家生产货车,货车由厢体、拉手和两个轮子组成。货车的需求量是每周500辆。车轮装配产能是每周1 200套,拉手装配产能是每周450个,最终的组装量为每周550辆货车。

a. 工厂的产能是多少?
b. 什么制约了工厂的有效产出?
c. 每周应该生产多少车轮?
d. 车轮装配作业的利用率是多少?
e. 如果车轮装配的产能利用率增加到100%,会有什么情况发生?

答案

a. 每周是450单位。
b. 有效产出受到拉手装配作业产能的限制。
c. 每周应该生产900个车轮。这和拉手装配产能相匹配。
d. 车轮装配作业利用率是900÷1 200=75%。
e. 会产生过量库存。

服务业也有瓶颈问题,如一个患者的住院时间长短;餐馆里就餐时间内餐桌的周转次数;或者一位客户在银行里排队等待的时间等。服务机构的困难之一就是一项服务所花的时间长短难以确定。例如,一位顾客在银行里排队等候的时间就大不一样,这取决于交易的数量和类型。

瓶颈原则(bottleneck principles)。由于瓶颈控制了设备的有效产出,因此必须注意一些重要原则。

1. 非瓶颈资源的利用率不是由其自身的潜能所决定,而是取决于系统中的另一个约束。在上面的例题中,车轮装配作业利用率取决于拉手装配作业。

2. **100%使用非瓶颈资源时间并不能产生100%的利用率**。如果车轮装配作业的时间100%使用,每周就生产1 200套车轮,比需求多300套。由于库存的增加,车轮作业最终将不得不停止。

3. **系统的产能取决于瓶颈的产能**。如果拉手装配作业出现问题,工厂的有效产出就会减少。

4. **非瓶颈资源上的时间节约对系统没有任何作用**。假设工程部门把车轮装配作业的产能突然提高到每周1 500套,那么这个额外的产能不会被使用,因而没有任何意义。

5. **产能和优先权必须同时考虑**。假设货车厂商生产两种类型的拉手,在准备时没有任何产品生产,这就意味着降低了系统产能。由于拉手装配是瓶颈,所以该作业中的每一次准备都减少了系统的有效产出。比较理想的情况是,公司在生产其中一种类型6个月后转而生产另一种类型。然而需要另一种类型拉手的客户不会愿意去等待6个月。这就需要折中——在满足优先权(需求)的同时,尽可能长时间地进行加工。

6. **负荷可以而且必须被分割**。假设拉手装配作业(瓶颈)每两周生产一种类型的拉手,然后转而生产另一种,批量大小是900件。厂商可以每次转移一天的生产量(90件),而不是等到900件都生产完后才将其转移到最终装配区。加工批量(900件)和转移批量(90件)不同。这样,转移给最终装配区的数量与最终装配的使用量匹配,而且减少了在制品库存。

7. **重点应该放在平衡通过车间的工作流上**。关键是最终生产出可销售产品的总的有效产出。

瓶颈管理(managing bottlenecks)。鉴于瓶颈对系统的有效产出如此重要,因此对它们的安排和控制尤为重要。必须做好以下几点:

1. **在每个瓶颈之前建立时间缓冲**。时间缓冲是每个瓶颈前的库存(排队)区。由于使瓶颈保持工作最为重要,因此瓶颈绝不能缺少物料,只有当工作站进料中断时才能产生缺料情况。时间缓冲最长也只能等于由于工作站进料中断造成的预期延迟。这样一来,时间缓冲就能够保证不会由于缺料而使得瓶颈停机,这个队列也会保持在预定的最低数量上。

2. **控制物料进入瓶颈的速率**。瓶颈必须以等于其产能的速率进料,这样时间缓冲就能保持为一个常量。作业序列中的第一个作业叫作门径作业(gateway operation)。这个作业控制了供应瓶颈的工作,它必须以等于瓶颈产出的速率进行工作,这样时间缓冲队列才能得以维持。

3. **想方设法提供必要的瓶颈产能**。瓶颈产能的任何提高都能提高系统产能。较高的利用率、较少的准备活动,以及通过改进来减少准备和加工时间的方法,是增加产能的有效途径。

4. **调整负荷**。与第3点相似,但重点是减少瓶颈上的负荷,采用诸如备用工作中心和转包的方法。这些方法较之使用瓶颈的成本更高,但是提高了非瓶颈的利用率和整个系统的有效产出,公司的销售和利润也会提高。

5. **变更计划**。这是最后不得已的选择,但为了提供准确的交货期,或许必须这么做。

一旦根据其可用产能和要满足的市场需求排定瓶颈,非瓶颈资源也就排定了。工作订单在瓶颈上完成后,在随后的作业上也排定了。

供料作业应该通过从瓶颈点开始的后向排程来保护时间缓冲。如果时间缓冲设置为4天,紧靠瓶颈前的作业就要计划在瓶颈上加工之前4天完成需要的零件。前面的每一个作业都可以用同样的方法进行倒排,这样零件就能在下一个作业要求时可用。

由于供料作业上发生的任何扰动都能被时间缓冲吸收,因此有效产出不会受到其影响,而且在制品库存也减少了。由于排队等待时间限制在时间缓冲期内,因此提前期也缩短了。

每种工作都会发生瓶颈现象,包括医院、银行和餐馆等,因此如果可能,必须对其加以管理,借以保持顾客的忠诚度。如果瓶颈是因为人手不够,那么可以考虑加班或增加工作班次。但在某些情况下,增加产能,如增加旅馆的客房数或飞机座位数,则不是那么容易实现的。

一家大型航空公司确认,它们的瓶颈是飞机的周转率太低,由此限制了它们的航班数,并且还导致了它们有限的资源——飞机机组人员——太多的停工时间。从到达到机场终点开始算起,在旅客下飞机,清洁飞机,重新补充食品,为飞机加油,卸下和重新装载行李,准备下一批旅客登机等工作上,一共最少要花45分钟。它们还确定,在飞机周转率和准时率之间也有关联。通过采用技术手段使行李车分段运行,以及在飞机机组人员和坡道人员之间使用更加可靠的通信系统等办法,它们把这个时间降低到平均20分钟。而这也对正点起飞率起到了积极作用,使其提高了30%。

 ## 约束理论和鼓—缓冲—绳

本节的瓶颈管理问题是基于艾利雅虎·M.高德拉特(Eliyahu M. Goldratt)在《约束理论》一书中提出的理论所编写的。它让很多人重新思考其提高和管理生产流程的方法。约束理论的基本观点是,提供产品或服务的每一个作业都是一系列相互关联的流程。每一个流程都有明确的产能去生产给定的、定义明确的作业产出,并且,每种情况都有一个流程限制了整个作业的有效产出。图6-10所示为生产产品A的作业实例。

图6-10 产品A

整个作业受到流程3的每小时生产4件的限制。不管其他流程的效率是多少,也不管流程1、2、4改进了多少,都不可能超过每小时4件的总作业产出。提高流程1和流程2的效率及利用率只会增加库存,而不是销售额。

实际上,找出一个流程中的约束点是十分简单的。在生产最终产品时,总是需要有一套明确的行动(加工过程)。当发现一个工序使用了全部产能,而在该工序之后等待加工的库存量增加了,这时,加工过程的中断是因为一个工序由于需要加工这些库存而导致其他工序处于闲置状态时,那就可以发现约束所在了。如果所有的订单都已经排定,这些订单所需要的全部原料都已经到位,但生产过程中所有的工序都有闲置时间时,那么,我们就说销售量受到了约束。

管理约束

前面提出了几个基本原则,可以帮助理解如何管理约束流程及瓶颈,这些原则都在"瓶颈管理"部分进行了讨论。其中,注重平衡车间总的作业流,依据约束保持平稳的工作次序等,都是约束理论的关键内容。

改进流程

瓶颈一旦确定后,就可以采用一个五步骤的方法来提高作业的绩效。这五步概括如下:

1. **找出瓶颈**。这意味着需要检查整个工作过程以确定哪个流程制约了有效产出。它不是把流程检查仅仅限制在作业流程上。例如图 6-11 中,假设销售部门仅仅以每小时 3 件的速率销售,在这种情况下,销售就成了瓶颈,而不再是流程 3。必须记住,是瓶颈而非库存或生产制约了有效产出。

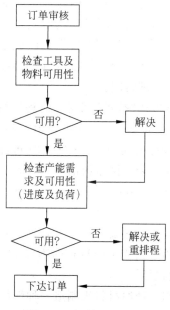

图 6-11 订单下达过程

2. **充分利用瓶颈**。寻找最大化瓶颈利用率的方法以取得高效的有效产出。例如,流程上的很多作业在午饭时间会停止,但如果某个流程是瓶颈,作业就应该考虑利用午饭时间,而且绝不能让瓶颈空闲下来。

3. **瓶颈绝对优先**。瓶颈的有效利用是最重要的事情,其他都是次要的。

4. **提高瓶颈产能**。也就是设法提高瓶颈的可用工时,包括提高其产能。

5. **瓶颈不再是瓶颈时,找到新的瓶颈,重复以上步骤**。随着瓶颈的有效利用率提高,瓶颈可能不再是瓶颈,而另一个流程变为瓶颈。在这种情况下,应当及时将工作重心转移到新的瓶颈流程上。

应用约束理论排程

实际上,用约束理论(TOC)开发的排程有其自己特有的方法,经常被叙述为**鼓—缓冲—绳**(drum-buffer-rope)。

- **鼓**。系统中的鼓指"鼓点"或者生产节奏,它代表作业的主计划,关注的是由约束所确定的有效产出的节奏。需要注意的是,一旦约束的节奏被确定了,如果还想生产比约束所能处理的工作量更多的产品,那是不可能的。如果真这么做的话,只不过会增加在制品的库存,而这实际上可能会降低该约束的效能。
- **缓冲**。由于约束绝不能缺少必要的库存,所以通常在约束之前设置时间缓冲。由于它代表了缓冲中防止瓶颈中断的库存的时间量,所以叫作时间缓冲。在许多系统中,实际上有三种缓冲:一个用于约束;一个用于组装;一个用于发货。约束缓冲常常体现在加工时间上,用来保护缓冲免受意料之外的流程变化。例如,为了保证上游工序完成其加工,并且使得物料能在实际需要它们之前两天到达,设定两天的缓冲时间是必要的。最初所用的时间缓冲常常是从原料下达,一直到到达该约束的整个加工时间。组装缓冲指的是这样一段时间,就是从原料下达,一直到这样一个流程,就是在该流程上,那些不必通过约束流程的部件,要和必须通过该约束流程的部件组装在一起。最后,发货缓冲指的是:物料从离开约束流程到完成最终产品的这段处理时间。
- **绳**。这里用绳子比喻将生产"拉动"到瓶颈流程进行必要的加工。尽管这可能意味着反应式补货系统(reactive replenishment system),比如再订货点法(record point),但它可以通过较好的协调,在正确的时间将物料下达到系统来实现。绳子以维持缓冲节奏的方法来安排原料的下达,借以确保约束不会"挨饿",等着物料的来到,同时也不会有过多的库存积压。这些基本上都是由约束流程的加工能力所决定的。

实际上,鼓—缓冲—绳排程系统主要着重于有效管理企业的有效产出和销售的瓶颈。

有四种主要的生产类型,用于指明生产过程的物料流。它们有助于理解如何应用约束理论管理作业。这四种类型包括:

- I 型工厂,它们仅仅使用一种原材料来制造一种最终产品,加工通常是以直线方式展开。
- A 型工厂,多个部件最后合并为一个单一的最终装配。
- V 型工厂,很少的几种原材料生产多种最终产品。
- T 型工厂,多条直线分割为多个装配线。

约束理论也包括协助制定和实施机构变革的过程。该过程的第一步是识别核心矛盾,随后通过建立**当前现实树**(current reality tree)确认。从核心矛盾中识别出这些负效应(undesirable effects)后,下一步是开发**未来现实树**(future reality tree),以此来设定解决问题的战略。最后的步骤是建立战术目标图,用以确定实现未来现实树的战略。

例题

X 需要 1 单位的 Y 和 1 单位的 Z 部件。Y 和 Z 都是在第 20 个工作中心加工，该工作中心的可用产能是 40 小时。部件 Y 的准备时间是 1 小时，加工时间是每件 0.3 小时。Z 的准备时间是 2 小时，加工时间是每件 0.2 小时。计算可以生产的 Y 和 Z 的数量。

答案

设 X 为可以生产的 Y 和 Z 的数量

$$T_y + T_z = 40(小时)$$
$$1 + 0.3X + 2 + 0.2X = 40$$
$$0.5X = 37$$
$$X = 74$$

因此，工作中心 20 可以生产 74 单位的 Y 和 74 单位的 Z。

例题

在这个问题中，母件 A 由一个 B 和 2 个 C 构成，A 和 B 都在工作站 1 制造，而该工作站的产能是每周 40 小时。C 由工作站 2 来加工，该工作站的产能也是每周 40 小时。

产品	准备时间/小时	加工时间/(小时/单位)
A	2	0.1
B	2	0.2
C	1	0.3

基于以上数据，计算每周最多可以生产 A、B、C 的数量。

答案

B 的生产数量应当等于 A 的生产数量，以避免过度生产。因此，在公式中，B 的数量可以用 A 的数量来表示。

工作站 1：

$$T_A + T_B = 40(小时)$$
$$2 + 0.1A + 2 + 0.2A = 40$$
$$0.3A = 36$$
$$A = 120$$

工作站 1 有足够的产能来生产 A 和 B，从而每周制造出 120 个 A。

工作站 2：

C 的生产数量应当等于两倍 A 的生产数量，以避免过度生产。因此，在公式中，C 的数量可以用 2A 来表示。

$$T_C = 40 \text{ 小时}$$
$$1 + 2 \times 0.3A = 40$$
$$0.6A = 39$$
$$A = 65$$

工作站2有产能生产足够的C,来支持每周生产65个A。为避免过度生产,工作站1应当每周生产65个A和65个B。而工作站2应当每周生产130个C(足够生产65个A)。

在这个例子中,工作站1将有很低的利用率。但是,每周生产65个以上的B,只会造成库存积压,而工作站1将会因为工作站2而感到"饥饿",因为工作站2的产能每周只能生产130个C。

实施

具备工具、物料和产能的订单更有机会准时完工,因此这些订单可以下达到车间。其他不具备所有要素的订单不能够下达,因为它们只会增加过量的在制品库存,并且可能妨碍可以完工的订单的工作。订单下达过程如图6-11所示。

实施是通过下达车间订单给生产部门并授权其加工产品来实现的。工厂通常会编辑一个车间资料包(shop packet),内容包括车间订单和生产中需要的其他任何信息。车间资料包可以包括下列信息:

- 车间订单,上面有车间订单号、零件号、名称、规格描述和数量。
- 工程图纸。
- 物料清单。
- 工艺路线表,上面有要进行的作业、必要的设备和配件、使用的物料、准备时间和加工时间等。
- 授权生产部门去仓库领取所需物料的发料单。发料单也用于向车间订单索取物料费用。
- 授权生产部门从工具仓库领取所需工具的工具申领单。
- 要进行的每个作业的作业传票。作业传票除授权每个要进行的作业之外,还作为报告系统的一部分。工人可以使用作业传票记录作业的开始和结束,这样一来,作业传票就成为作业记录。
- 授权和指导工作在各项作业之间移动的转移单。

如今,许多制造公司使用无纸系统,该系统通过一张生产进度表,而不是通过车间订单来授权生产。车间包被电子访问这些同样的信息而取代,并且用线上的物料流动报告和人工报告来取代各种清单和传票。

控制

工作订单一旦下达到了生产部门,就必须对其进度加以控制。为了控制进度,就必须测量工作绩效并将其与计划进行对比。如果实际情况(所测量的结果)与计划偏离很大,那么或者修改计划,或者采取纠正措施使其按照计划进行。

生产作业控制的目标是满足交货期和最充分地利用公司资源。为满足交货期,公司必须控制车间的订单进度,也就是控制订单的提前期。本章在前面已经讨论过,订单提前期的最大一部分是排队等待。如果排队得到控制,交货期就能得到保证。本章第1节讨论了离散作业的一些特征,不同的产品和订单数量有许多不同的工艺路线,每一个都需要不同的产能。在这种环境下,几乎不可能平衡所有工作站的负荷,不稳定的输入/输出导致了排队等待的存在。

为控制排队和履行交货承诺,生产作业控制必须做到:
- 控制进入和流出工作中心的工作流,一般称为输入/输出控制(input/output control)。
- 设置每个工作中心所加工订单的正确优先权。

输入/输出控制

生产作业控制必须平衡进入和流出不同工作中心的工作流。这就是保证排队、在制品和提前期得到控制。输入/输出控制系统是通过监测和控制设备的输入和输出来管理排队、在制品和提前期的一种方法。它被设计用于平衡每小时的输入率及产出率,这样就实现了控制。

输入率通过订单下达到车间进行控制。如果输入率增加,排队、在制品和提前期就会增加。输出率则通过增加或减少工作中心的产能进行控制。产能变化是生产中的一个问题,但可以通过加班或休班、工人轮班等予以调节。图6-12说明了这种理念。

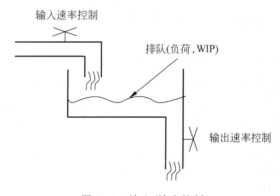

图6-12 输入/输出控制

输入/输出报表(input/output report)。为控制输入和输出,必须制订计划,使用的方法是将实际情况与计划进行对比。这个信息显示在输入/输出报表中。表6-2是这种报表的示例,结果以标准工时为单位。

表6-2 输入/输出报表

工作中心:201
每期产能:40 标准工时

生产期	1	2	3	4	5	总计
计划输入	38	32	36	40	44	190
实际输入	34	32	32	42	40	180
累计差异	−4	−4	−8	−6	−10	−10
计划输出	40	40	40	40	40	200

续表

生产期	1	2	3	4	5	总计
实际输出	32	36	44	44	36	192
累计差异	−8	−12	−8	−4	−8	−8
计划积欠订单 32	30	22	18	18	22	
实际积欠订单 32	34	30	18	16	20	

累计差异(cumulative variance)是一定时间段内总计划与当期实际总和的差,计算如下:

$$累计差异 = 前期累计差异 + 实际 - 计划$$

$$第2周的累计输入差异 = -4 + 32 - 32 = -4$$

未结订单和排队相同,以小时表示要进行的工作。计算如下:

$$第1期计划积欠订单 = 前期积欠订单 + 计划输入 - 计划输出$$
$$= 32 + 38 - 40$$
$$= 30(小时)$$

报表显示计划原本维持每期均衡输出,以减少10个小时的排队和提前期,但是输入和输出都低于预期。

计划输入和实际输入监测的是到达工作中心的工作流;计划输出和实际输出监测的是工作中心的绩效;而计划积欠订单和实际积欠订单监视的是排队和提前期情况。

例题

完成下面第1周和第2周的输入/输出报表。

周	1	2
计划输入	45	40
实际输入	42	46
累计差异		
计划输出	40	40
实际输出	42	44
累计差异		
计划积欠订单 30		
实际积欠订单 30		

答案

第1周累计输入差异 = 42 − 45 = −3

第2周累计输入差异 = −3 + 46 − 40 = 3

第1周累计输出差异 = 42 − 40 = 2

第2周累计输出差异 = 2 + 44 − 40 = 6

第1周计划积欠订单 = 30 + 45 − 40 = 35

第2周计划积欠订单 = 35 + 40 − 40 = 35

第1周实际积欠订单 = 30 + 42 − 42 = 30

第2周实际积欠订单 = 30 + 46 − 44 = 32

作业排序

《APICS 词典》第 14 版将作业排序定义为:"基于产能(如现有人工或机器可用性)和优先权对每个工作中心加工的实际工件的短期计划方法。"这里的优先权是指在工作中心加工工件必须遵守的顺序。

物料需求计划建立合适的需要日期和数量。时间长了,一系列原因会导致日期和数量变化,如顾客可能需要不同的交货数量和日期;零部件的交付,无论是供应商还是工厂内部都可能无法完成;废品、短缺和老化可能发生。此外,多个订单可能会有同样的交货期,或者将多项工作安排在同一天交由一个特殊的工作中心来加工,这就需要排队。优先权的控制通过派工进行。

派工(dispatching)。派工是将手头工件在各个加工中心的加工进行选择和排序的功能。派工单(dispatching list)是优先权控制的工具,它列出可在工作中心加工的所有工件的作业,并标明工件的优先权顺序,一般包括下列信息,并且至少要每天进行更新并公布:

- 工厂、部门和工作中心。
- 零件号、车间订单号、作业号和工件在工作中心的作业描述。
- 标准工时。
- 优先权信息。
- 到达工作中心的工件。

表 6-3 是日常派工单的例子。

表 6-3 派工单(双机,每天单班 8 小时)

工作中心:10
额定产能:16 标准工时/天
车间日期:250

订单号	零件号	订购量	准备时间	加工时间	总时间	完成数量	剩余负荷	作业开始日期	作业结束日期
123	6554	100	1.5	15	16.5	50	80	249	250
121	7345	50	0.5	30	30.5	10	24	249	251
142	2687	500	0.2	75	75.2	0	75	250	259
				总可用负荷/标准工时			107		
待加工									
145	7745	200	0.7	20	20.7	0	20.7	251	253
135	2832	20	1.2	1.0	2.7	0	2.7	253	254
				总未来负荷/标准工时			23.4		

派工规则(dispatching rules)。派工单上的工作顺序是通过应用优先权规则加以确定的。规则有很多种,有的是为了减少在制品库存;有的则是为了最小化延误订单数;或者最大化工作中心产出。没有一个是完美的规则,也没有一个会实现所有目标。一些常用规则是:

- **先到先服务**(FCFS)。工件按其到达的顺序进行加工。这个规则忽略了交货期和加工期。

- **最早交货期**(EDD)。根据工件的交货期进行加工,考虑交货期,但是不考虑加工期。
- **最早作业交货期**(ODD)。根据工件作业交货期进行加工,同时考虑交货期和加工时间。作业交货期在车间也便于理解。
- **最短加工时间**(SPT)。工件根据加工时间进行排序。这个规则忽略了交货期,但它将要加工的工件数最大化。较长加工期的订单一般要延迟。

表 6-4 说明了排序规则如何工作。注意不同的规则通常产生不同的排序。

表 6-4 排序规则的应用

工件	加工时间/天	到达日期	交货期	作业交货期	排序规则			
					FCFS	EDD	ODD	SPT
A	4	223	245	233	2	4	1	3
B	1	224	242	239	3	2	2	1
C	5	231	240	240	4	1	3	4
D	2	219	243	242	1	3	4	2

关键比率(critical ratio,CR)。另一个必须提及的规则是关键比率,它是工作中心一个订单相对于其他订单的优先权指数。关键比率建立在剩余的时间和剩余的工作的比率之上,通常表示为

关键比率(CR)=(交货期－当前日期)÷剩余提前期＝实际剩余时间÷剩余提前期

剩余提前期包括生产提前期的所有要素,表示为通常完成工件所需要的时间量。

如果实际剩余时间少于剩余提前期时间,就意味着没有足够的时间完成工件,工件就落后于计划。同样,如果剩余提前期和实际剩余时间相等,工件就是在按计划加工。如果实际剩余时间大于剩余提前期,则代表工作超前于计划。如果实际剩余时间小于1,说明工作已经落后。下表总结了这些实际情况并对应于关键比率:

CR 小于 1(实际时间小于提前期)	订单落后于计划
CR 等于 1(实际时间等于提前期)	订单按计划加工
CR 大于 1(实际时间大于提前期)	订单超前于计划
CR 等于 0 或更小(今天的日期大于提前期)	订单已经延迟

因此,在使用关键比率派工原则时,订单按其关键比率的顺序列出,最小的排在第一位。一个订单的关键比率会随着实际剩余时间和剩余提前期的变化而改变。

例题

今天的日期是第 175 天,订单 A、B、C 的交货期和剩余提前期如下。计算每个订单的实际剩余时间和关键比率。

订单	交货期	剩余提前期/天
A	185	20
B	195	20
C	205	20

答案

订单 A 的交货期是第 185 天,今天是第 175 天,还有 10 天的实际剩余时间。由于剩余提前期是 20 天,所以

$$关键比率 = 10 \div 20 = 0.5$$

类似地,订单 B 和 C 的实际剩余时间和关键比率也同样计算出来,结果如下表:

订单	交货期	剩余提前期/天	实际剩余时间/天	CR
A	185	20	10	0.5
B	195	20	20	1.0
C	205	20	30	1.5

订单 A 的实际剩余时间小于剩余提前期,所以 CR 小于 1,因此其落后于计划。订单 B 的 CR 等于 1,刚好按计划进行。订单 C 的 CR 等于 1.5(大于 1),比计划提前完工。

另一个排序规则叫**松弛时间**(slack time)。松弛时间是将一个订单的剩余准备时间和加工时间加进去,然后将其从剩余时间中减去。那些具有最少松弛时间的工作将排在第一位。松弛时间也可以除以剩余操作数,得出的是每个操作的松弛时间,那个具有最小值的工作应当具有优先权。

派工规则应该便于使用和理解。每个规则都产生了一个不同的顺序且有着各自的优缺点。不管选择哪个规则都应该和计划系统的目标保持一致。

生产报表

生产报表为工厂车间的实际情况提供反馈。它使得生产作业控制能维持有库存和在购库存余额、工件状况、库存缺货、废品、物料短缺的有效记录。生产作业控制需要这些信息来建立适当的优先权,并回答关于交货、短缺和订单状况等问题。制造管理需要这些信息制定工厂作业决策,而财务需要这个信息计算员工薪酬。

必须对数据进行收集、分类并汇报。特殊数据的收集取决于各个部门的需求。数据收集有很多种方法。有些时候,由作业员汇报作业、订单、搬运的开始和完成时间,并在事件发生时就使用在线系统通过数据终端直接汇报。在其他情况下,作业员、检查员或计时员使用作业报表汇报这些信息,作业报表包括车间资料包。诸如库存的收、发等信息也要进行报告。

数据收集完之后必须进行分类,然后编制成合适的报表。各种报表需要的信息种类有:

- 订单状况。
- 部门或工作中心每周的输入/输出。
- 诸如废品、返工、车间订单延迟等异常报告。
- 库存状态。
- 订单状况、工作中心和部门效率等的绩效总结。

产品跟踪

生产控制常常要负责进行**产品跟踪**(product tracking)或批量可追溯性(lot traceability)工作。这是反向追溯零部件或物料最初来源的过程。这在纺织和油漆等需要配色的行业具有很强的实用价值,它能确保顾客在制造时,或在产品的生命周期期间,使得该产品的不同部分保持配色的一致性。在某些行业里,如食品、药品和宇航等部门,为了保证产品的安全,可追溯性则是法定要求。一旦一个产品被证明是不安全的,制造商就能向后追溯找到所有物料的来源,并召回所有使用同一批物料的产品。由于在收集信息时,需要沿着其他供应链逐一进行收集,因此常常要求生产作业控制人员发挥一丝不苟的工作精神。

测评系统

正如前面提到过的,为了控制工作进程和及时调整计划,必须对工作结果加以考核,并将其与原先的计划加以比较。在生产作业控制领域内,有许多绩效测评方法。这些测评的主要目的,就是对绩效提供客观的考核手段,并在必要时采取纠正措施。重要的是,无论采用哪种测评方法,都必须与机构的总的绩效测评目标保持一致。

除了本书前面已经讨论过的一些指标——利用率、效率、生产率、实际产能,以及输入/输出控制等——之外,一些更加常见的测评指标还有:

实际与计划提前期(actual vs. planned lead time)。实际的完成时间与设定提前期的比较。

按时完成订单的百分数(percent orders completed on time)。按时(既不提前,也不延后)完成订单占所有订单的百分比。

计划执行表现(perfomance to schedule)。生产的数量和日期与主生产计划之间的比较。

第15章和第16章将对测评系统做进一步讨论。

小结

生产作业控制关注的是将物料需求计划转换为行动,并将取得的结果进行汇报,在需要时修改计划并采取行动,以便得到需要的结果。订单下达、派工和工作进展报表是三个主要方法。为完成计划,生产作业控制必须为每个订单制订详细的计划,为工作中心所做的工作设定优先权,而且要保持更新。生产作业控制也负责管理排队和提前期。非制造行业也必须控制产能和库存,以监控工作进展,管理资源,以及制订恰当的计划。

由于约束理论(TOC)将生产设施、供应商和市场看作一系列相关的功能而修改了生产作业控制这种方法。约束理论试图优化系统的约束(瓶颈),因为瓶颈影响了整个系统的有效产出。结果就是传统的批量大小规则必须修改,以提高整个系统而不仅仅是单个工作中心的有效产出。鼓—缓冲—绳描述了约束理论如何通过设置整个物料流的节奏发挥作用,确保瓶颈不会用完物料,并将一个工作中心的产出和另一个工作中心的产出联系起来。生产作业控制使用各种测评系统来监督和控制工作进展,满足交货期,有效利用人力和设备,并使库存水平下降。

 关键术语

后向排程　backward scheduling
物料清单　bill of material
瓶颈　bottlenecks
连续生产　continuous manufacturing
关键比率　critical ratio(CR)
累计差异　cumulative variance
周期时间　cycle time
派工　dispatching
鼓—缓冲—绳　drum-buffer-rope
最早工作到期　earliest job due date
最早作业到期　earliest operation due date
有限负荷　finite loading
先到先服务　first come , first served
流水式生产　flow manufacturing
前向排程　forward scheduling
门径作业　gateway operation
无限负荷　infinite loading
输入/输出控制　input/output control
输入/输出报表　input/output report
离散式生产　intermittent manufacturing
部件主文档　item masterfile
负荷图　load profile
生产提前期　manufacturing lead time
搬运时间　move time
并行作业　operation overlapping
作业分割　operation splitting
批加工　process batch
产品结构　product structure
产品跟踪　product tracking
项目式生产　project manufacturing
排队时间　queue time
重复生产　repetitive manufacturing
工艺路线　routing

加工时间　run time
准备时间　setup time
工厂订单主文档　shop order master file
最短加工时间　shortest process time
每次作业的松弛　slack per operation
松弛时间　slack time
有效产出　throughput
有效产出时间　throughput time
批次转移　transfer batch
等待时间　wait time
工作中心主文档　work center master file

 ## 问答题

1. 生产作业控制的职责是什么?
2. 计划、执行和控制的主要功能是什么?
3. 流水式生产、离散式生产和项目式生产的主要特点是什么?
4. 为什么离散式生产的生产作业控制比较复杂?
5. 生产作业控制必须了解哪些信息?它们如何获得?
6. 生产作业控制中应用的四个计划文档是什么?都包含什么信息?
7. 为了控制生产,都使用哪些信息?
8. 在下达车间订单前,生产计划控制工作必须检查哪些内容?
9. 什么是生产提前期?列出要素的名称并解释。
10. 叙述前向排程和后向排程。为什么优先选用后向排程?
11. 解释无限负荷和有限负荷。
12. 什么是并行作业?它的作用是什么?
13. 什么是作业分割?它有什么意义?
14. 负荷报表都包含什么信息?为什么对生产作业控制有用?
15. 什么是瓶颈作业?
16. 有效产出是如何定义的?
17. 本章所讨论的七个瓶颈规则是什么?
18. 本章所讨论的管理瓶颈的五个重要事项是什么?
19. 什么是车间订单?它通常包含哪类信息?
20. 控制排队和履行交货承诺必须做的两件事是什么?
21. 设计输入/输出控制系统的目的是什么?输入是如何控制的?输出呢?
22. 什么是派工?什么是派工单?
23. 解释下列派工规则并说明它们的优缺点。
    a. 先到先服务。

b. 最早交货期。

c. 最早作业交货期。

d. 最短加工时间。

e. 关键比率。

24. 如果完成一个工件的剩余时间是10天,剩余提前期是12天,那么关键比率是多少?订单是提前、等于还是落后于计划?

25. 关键比率是用作静态比率好,还是动态比率好?为什么?

26. 生产报表的作用是什么?它为什么必要?

27. 生产库存管理专业的一个学生决定将关键比率应用到他的家庭作业安排中。如果他的作业安排的关键比率是以下情况,解释实际情况是什么。

a. 负数。

b. 0。

c. 介于0和1之间。

d. 大于1。

28. 很多服务公众的企业工作中都存在瓶颈问题,表现为顾客排队。挑选一个有排队现象的企业,找出其系统瓶颈。给出应用于该企业的七个瓶颈规则的具体例子。提出一个能提高瓶颈有效产出的建议方法,分析其对业务和顾客的好处。

29. 什么是可追溯性?为什么它对产品的安全性很重要?

30. 选择一个服务行业,说明:为了维持对顾客的服务,必须对排程和瓶颈问题加以控制。

31. 对鼓—缓冲—绳加以解释,并举出一个例子来说明它是如何使用的。

计算题

6.1 7777号车间订单要求生产600个8900号零件。工艺路线文档标明20号作业在第300号工作中心加工。准备时间是3.5小时,加工时间是每件0.233小时。那么7777号工厂订单在第300号工作中心需要的产能是多少?

答案:143.3标准工时。

6.2 一个100件产品的订单在工作中心A和B加工。A的准备时间是50分钟,加工时间是每件5分钟。B的准备时间是60分钟,加工时间是每件5分钟。两个作业之间的等待时间是5个小时,A、B之间的搬运时间为40分钟。作业B之后的等待时间是5个小时,转移到仓库的搬运时间是3个小时。工作中心A和B前的排队等待分别是25个小时和35个小时。计算订单的总生产提前期。

答案:92个小时10分钟。

6.3 在问题6.2中,订单实际加工时间的比例是多少?

答案:18.08%。

6.4 一个50件产品的订单在工作中心A和B加工。A的准备时间是60分钟,加工时间是每件5分钟。B的准备时间是30分钟,加工时间是每件4分钟。两个作业之间的等待时间是 8 个小时,A、B 之间转移时间是 60 分钟。作业 B 的等待时间是 8 个小时,转移到仓库的搬运时间是 2 个小时。工作中心 A、B 前的排队等待分别是 40 个小时和 35 个小时。计算该订单的总生产提前期。

6.5 问题 6.4 中订单实际加工时间的比例是多少？

6.6 混合扁平空投器公司有一个需要 200 个 Model SKY3 的空投器订单,交货期是第 200 天。空投器由三部分组成,部件 B 和 C 组装成部件 A,部件 A 和部件 D 组装成最后的部件。以下是工作中心和每个作业的时间。基于以下信息使用图纸绘出后向排程图。部件 C 必须什么时候开始生产产能满足交货期？

　　a. 每个作业只能由一台机器加工。
　　b. 工厂每周工作 5 天,每天 8 小时。
　　c. 所有部件以每批 200 件进行搬运。

部件	作业	标准工时/天
D	10	5
	20	7
B	10	5
	20	7
C	10	12
	20	5
次级部件 A		7
最终部件 SKY3		5

答案：第 171 天。

6.7 国际门锁公司有一个 500 件门锁的订单,交货期是第 130 天。基于以下条件绘出后向排程图。

　　a. 每一个作业只能由一台机器加工。
　　b. 计划每周工作 5 天,每天 8 小时。
　　c. 零件每次以一批 500 个移动。
　　d. 作业之间允许 8 个小时的排队和转移时间。

一个门锁由三个零件组装而成。采购来的零件 C 和 D 组装成 A,A 和零件 B 组装成最后的部件。零件 B 经过三个作业加工。除了零件 B 需要作业 20 外不需要其他特别工具。制造工具需要 24 个小时。制造所有零件的物料都已经齐备。

这个 500 件的批量的标准工时如下：

零件	作业	标准工时(天)
B	10	10
	20	8
	30	6
次级部件 A		18
最终部件		5

6.8 一个100件的订单在作业A和作业B上加工。A的准备时间是50分钟,加工时间是每件9分钟。B的准备时间是30分钟,加工时间是每件6分钟。A、B之间移动一个批次需要20分钟。由于它是一个紧急订单,被给予了最高优先权(总裁指令),只要到达任何一个工作站就立即被加工。

现已决定这两个作业并行工作,并把这个100件的批量分割成一个60件、一个40件两个批次。作业A加工完第一个批次之后就搬运到作业B,B已经准备好可以开始加工。同时,作业A完成100件中的剩余部分(40件)并送到作业B。这40件应该在作业B加工完第一批的60件后到达,因此,作业B一直加工完100件,中间没有中断。

  a. 计算非并行作业下,作业A和作业B的总的生产提前期。
  b. 计算并行作业时的生产提前期。这样共节省多少时间?

答案:a. 总的生产提前期=1 600(分钟)。
  b. 总的生产提前期=1 240(分钟)。
  提前期节约的时间=360(分钟)。

6.9 订购250件门铃的订单在工作中心10和工作中心20加工,准备时间和加工时间如下。现决定并行加工两个工作中心的批量,并把整个批次分割为100件和150件两个批次。作业之间的搬运时间是30分钟。工作中心20直到第一个批次到达时才进行准备。计算生产提前期节省的时间。

A的准备时间=50分钟   A的加工时间=5分钟/件
B的准备时间=100分钟   B的加工时间=7分钟/件

6.10 一个100件产品的订单在作业A上加工。准备时间是50分钟,加工时间是每件9分钟。由于订单非常紧急,现打算把其分为每批50件的两个批次,在工作中心的两台机器上加工。机器能同时准备好。

  a. 若100件在一台机器上加工,计算生产提前期。
  b. 同时在两台机器上加工,计算生产提前期。
  c. 计算减少的时间量。

答案:a. 950分钟。
  b. 500分钟。
  c. 450分钟。

6.11 问题6.10中,如果第二台机器直到第一台机器准备好之后才能开始准备,生产提前期会减少多少?

6.12 需求100件产品的订单在工作中心40加工。准备时间是4个小时,加工时间是每件3分钟。由于订单紧急,而且工作中心有两台机器,就决定分割订单在两台机器上进行加工。计算分割前、后的生产提前期。

6.13 问题6.12中,如果第二台机器直到第一台机器准备好之后才能开始准备,生产提前期是多少?生产提前期是否会减少?

6.14 完成下列输入/输出表。到期末时,计划积欠订单和实际积欠订单各是多少?

期数	1	2	3	4	总计
计划输入	35	38	36	39	
实际输入	33	33	31	40	
累计差异					
计划输出	40	40	40	40	
实际输出	38	35	40	38	
累计差异					
计划积欠订单 32					
实际积欠订单 32					

答案：计划积欠订单＝20 单位；实际积欠订单＝18 单位。

6.15 完成下列输入/输出表。到第 5 期期末时，实际积欠订单是多少？

期数	1	2	3	4	5	总计
计划输入	78	78	78	78	78	
实际输入	84	80	78	82	80	
累计差异						
计划输出	80	80	80	80	80	
实际输出	85	83	76	82	84	
累计差异						
计划积欠订单 45						
实际积欠订单 45						

6.16 完成下表，根据每个排序规则拟定加工顺序。

工件	流程时间/天	到达日期	交货期	作业交货期	排序规则			
					FCFS	EDD	ODD	SPT
A	5	123	142	132				
B	2	124	144	131				
C	3	131	140	129				
D	6	132	146	135				

6.17 工件 A、B、C 在工作中心 20 完成之前要在工作中心 10 前排队。以下信息是关于工件和工作中心的。不考虑搬运时间。今天是第 1 天。若工件按照最早交货期安排，这些工件能否准时完工？

工件	流程时间/天		交货期
	工作中心 10	工作中心 20	
A	7	3	12
B	5	2	24
C	9	4	18

工件	工作中心 10		工作中心 20	
	开始日期	完工日期	开始日期	完工日期
A				
B				
C				

6.18 计算一下订单的关键比率,并排定它们的加工顺序。今天是第 75 天。

订单	交货期	剩余提前期/天	实际剩余时间/天	CR
A	89	10		
B	95	25		
C	100	20		

案例研究 6.1　约翰斯顿产品公司

尽管约翰斯顿产品公司(Johnston Products)的主计划员贾斯汀·王努力了很多次,但他仍不能够理解顾客的心思。他们一直努力实施"期前负荷"(front load)生产计划,而问题看上去更加严重。所谓"期前负荷",贾斯汀的意思是生产主管应该努力赶上他们上周没能完成的工作。而这好像每周都会发生,但是贾斯汀能够使事情恢复正常的唯一方法是完全重建整个主计划——通常是每 3 个星期一次。

上个月的情况就是一个很好的例子。上个月第 1 个星期在装配区安排的生产等于 320 个标准工时,但由于一些设备的维修和未料到的零件短缺,装配区只能够完成 291 个小时的工作。然后,装配主管就让员工在第 2 个星期一开始完成剩余的 29 个小时的工作。由于第 2 周已经排定了 330 个标准工时的工作,这额外的 29 个小时意味着要让他们努力完成 359 个小时的工作。工人在第 2 周实际上完成了 302 个工时的工作,剩下 57 个小时的工作依次加载到第 3 周,就这样一直下去。通常在贾斯汀开始对前 3 周的主计划加以审核时,装配区落后计划 100 个标准工时的情况并不少见。

显然需要采取一些措施。贾斯汀觉得应该检查一下可能导致问题的几个地方:

1. **工作标准**。虽然工作标准已经审查或修改至少 4 年了,贾斯汀感觉标准并不是问题——其实正好恰恰相反。他的运作课程教了他学习曲线的概念,该概念指出:如果标准太宽,就会让中等程度的工人完成比工作标准所规定的更多产出。

2. **利用率**。总经理一直坚持区域的高利用率,他认为这有助于控制成本,因此将利用率用作装配区的主要绩效测量标准。问题是,客户服务也极其重要。由于主计划方面的问题,贾斯汀很难承诺准确的订单交货时间。同样困难的是,一旦承诺做出,交货却不能够按时。

3. **工人**。由于努力控制成本,工人的小时工资不是很高。这导致了每年几乎 70%的员工流失。尽管如此,但该工厂位于替代员工很容易雇用的地方。在他们接受完至少一周的设备培训之后就会被安排进入生产区。同时,公司还会把从当地临时雇用服务机构那里招聘的临时员工派到空缺岗位上去。

4. **工程变化**。实际上产品设计始终在变化,一般产品大约每两个月就要改变设计的某几个方面。通常这会导致产品的提高,因此,贾斯汀很快把变化不再作为问题。设备上也有很多工程变化,但通常流程很少有变化。一批特别设计的产品的准备时间只剩下大约 15 分钟。这使得每个批次从 50 到 300 单位不等,而批量的大小取决于设计。然而,陈旧的设备要求必须进行日常维修,否则就会导致偶然的停机。每台设备每周一般需要 3 个小时的维护工作。

由于过去计算机完成了大多数计算,贾斯汀决定检查计算机是否是问题根源。他收集信息,按照 8 个人被安排到装配区(8 台机器每台 1 个人),1 天 1 个班次进行了手算,在不加班的情况下,共有 320 小时的生产工时。

产品	批量大小	标准装配工时/(分钟/件)
A174	50	17.0
G820	100	9.0
H221	50	19.5
B327	200	11.7
C803	100	21.2
P932	300	14.1
F732	200	15.8
J513	150	17.3
L683	150	12.8

讨论题

1. 贾斯汀使用这个信息计算出,需要 320 小时可用的总标准工时,他的计算正确吗?计算需要的时间,检查他的计算的正确性。

2. 列出你认为该工厂中导致问题产生的区域。

3. 制订一个计划处理这种情况,尽量使生产计划在所列出的约束条件下回到可控状态。

案例研究 6.2　克罗夫茨印刷公司

约翰·伯顿心绪不宁,因为他最近刚从一个印刷班长提拔为克罗夫茨印刷公司(Crofts Printing Company)的管理员。虽然他对自己的知识和印刷业务上的成功感到十分满意,但这个管理职位却使他备受困扰。然而他决定不能轻易放弃,因为他觉得对自己的知识、经验以及在工人中的威信很有把握。他请求杰森·克罗夫茨给他一个管理职位已经有好几个月了,所以一定不能让他感到失望。

他当前所面临的问题就是计划问题。自从他担任这个管理员以来,销售人员总是要求他能在他们对客户承诺的交货期之前完成订单。他原本以为这很简单,毕竟,有谁还能比自己更清楚印刷业务了?依据自己对作业程序的了解和业已取得的进步,他给出了自己认为是合理的、甚至是保守的估计交货日期。不幸的是,情况并非如此,自从他上任以来,推迟交货的事情屡有发生。

一开始,他以为一定是其他工人的错。他最初的反应是:"他们是嫉妒我被提拔当了管理员,所以要给我难看。"另一个老机器操作工亨瑞·赫利是约翰最好的朋友。有一天下午,在喝啤酒时,约翰诚恳地向亨瑞提出了这个问题。亨瑞说,他相信约翰一直努力想把事情办好,但不知为什么看来并不顺利。亨瑞向约翰保证,工人们始终都很卖劲,事实上,按照亨瑞的说法,工人们一直都在加倍努力,因为他们把约翰的提拔看作是一个积极的信号,他们将来或许也能走上管理岗位。说实话,约翰的失败对大多数工人都是一个很大的打击。

约翰又想,是不是问题出在自己身上,是自己把约定的交货期估计错了。销售人员总是不停地问他,对于某个批次的活儿,该如何回答顾客何时交货。他以为,凭着自己对印刷业务的充分了解,就能够迅速给出自己的估计。为了验证这一点,他检查了最近两个星期的大多数工作。结果是,几乎每批次工作都按照他的估计准时完成了。即使有点儿小偏差,也没有大到足以造成问题的程度。

约翰信任亨瑞,相信他说的话,而对自己交货估计的分析,也使他相信问题不是出在这里。而如果不是工人的原因,也不是由于自己的估计不准,那问题到底出在哪儿?他必须一究到底。杰森·克罗夫茨是个有耐心的人,但他的耐心也是有限度的。他担心的是疏远了那些最好的客户。同时他也知道,作为控制成本的一个措施,他还必须关注效率问题。

约翰决定,需要下猛药来改变不利形势,或者至少找出问题究竟出在哪儿。在一个星期五,他计划在星期六加班,以完成所有正在进行的订单。这样,到星期一,他就能甩掉包袱,重新开始了。还有几批活儿已经答应下来,但还没有开始干。他预计到星期一就能着手干这些活儿了,并且能真的找出问题的根源是什么。

所有这些订单都承诺在四天内交货,他觉得不会有什么问题。他有三个作业点,大部分订单都需要通过所有这三个作业,但也并不是所有的订单都需要这么做。对于每个作业,他指定一个工人去干。在接下来的四天里,他总共有 96 个工作小时(3×4×8),而他需要完成 8 个批次的活儿。估计这所有 8 个批次的活儿一共只需要 88 小时,这等于在今后四天内给了他 8 小时的缓冲时间。为了确保不产生问题,他决定在这四天里,绝不再增加新的工作量了,包括那些原计划在这四天里新开工的订单,唯一的例外是:如果哪个作业点在第四天结束前,已经完成了所有这 8 个批次的活儿,那个作业点才可以接受干新的活儿。如果必要的话,无论如何他都希望能确保做到,所有 96 个小时都能用于完成所计划的 88 个小时的工作量。

约翰学过,知道一个好的优先权法则是关键比率法则,主要是因为它同时考虑了客户的交货期和订单的作业时间两个方面。因此他使用这个法则来对其订单加以优先排序。下表给出了 8 个批次的订单,以及估计的作业时间和交货期。所有的交货期都是指那天的结束时刻。所有批次的订单在所有三个作业点的工作时间都以小时为单位。

批次	作业1/小时	作业2/小时	作业3/小时	总时间/小时	交货期
A	5	3	4	12	星期二
B	0	6	2	8	星期三
C	4	2	5	11	星期二
D	7	0	3	10	星期四
E	2	8	0	10	星期四
F	0	6	3	9	星期四
G	3	3	4	10	星期四
H	6	5	6	17	星期四

讨论题

1. 使用关键比率法则，为这8个批次的订单做出优先排序。
2. 按照优先权法则给出的排序，用图来表示这些作业。换句话说，在所有三个作业点上，指出最重要的那个批次，其次是次最重要的，等等。这就是约翰所使用的方法。
3. 分析约翰所使用的方法，设法确定他是否会遇到问题，如果他的方法的确有问题，那么，帮助他找出问题的根源。
4. 设法为约翰找出一个能缓解问题，或者完全消除其问题的方法。

案例研究6.3 梅尔洛兹产品公司

吉姆·哈特夫很不开心。他工作一向循规蹈矩，当管理员时做管理工作，当工人时就做别人让他干的活儿。而他现在面临的情况是：梅尔洛兹产品公司（Melrose Products）的新总裁是一个心血来潮的人，推行什么自我管理形式的团队。作为制造经理，吉姆不仅要对满足产品需要，还要对以最有效和最佳成本/效益比来完成任务承担最终的重任。对于他而言，那意味着要具体分配大家的工作。这种做法一向有效，他看不出有什么新情况使他觉得不应该继续这么做下去。

吉姆明白，造成这种情况的部分原因是商业环境发生了变化。产品设计的变化越来越频繁，而顾客也希望得到更多的服务。尽管他们依然看重价格（这方面的竞争并没有消失），但他们也注重更快地交货、高质量，以及产品在设计上更加贴合他们的需要。对于吉姆来说，这不过意味着对那些"懒惰、吃得过多的设计师"以及"车间的流浪汉们"施加更大的压力，让前者搞出更好的设计，让后者符合生产要求而已。对于更好的设计，他只需将任务下达给手下的人，让他们去做就行了。他觉得自己已经真正做到了顺应时代——顾客是上帝。问题是，客户要求得更多，意味着除了如何让他们得到他们所要的之外，就没有更多的事情了。而对工厂来说，这只不过就是确保每个干活儿的人该怎么干就怎么干就是了。

虽然梅尔洛兹先生一直设法避免让自己的公司上市，也努力把工会排除在外，但他显然依旧是一个温和的人，至少在吉姆看来是如此。最近，他任命辛迪·洛佩兹担任公司的总裁，一举超过了吉姆。她虽然具有MBA学位（可吉姆始终认为，真才实学来自实践一线），但是从来没有担任过管理员一职。什么部门不好，可她居然来自人力资源部！那个部门除了给吉姆送来一大帮毫无用处的人之外,就没干过什么正事。在他看来,那帮家伙中的一些人,永远不会成为有用之才。他认为,人力资源部的唯一价值,就是设法摆脱政府那些愚蠢的官僚主义骚扰。

可现在,按照辛迪的说法,吉姆处于"与时俱进"的岗位上。K 系列产品是相当标准的产品,可现在无论是在交货速度上,还是在改进设计上,都承受着巨大的竞争压力。梅尔洛兹公司正在逐渐失去 K 产品的市场份额。在任命辛迪担任总裁之前,吉姆的办法是对工人施加更大的压力,促使他们提高效率,并且减少他们完成工作的时间。按照吉姆的说法:"只要我们真正用心,任何作业过程都可以挤出一些时间。"

他们正在使用的是经过仔细考核制定出的标准工时,也就是吉姆在其工业设计课程中学到的方法。他觉得这些方法很管用,包括给出 10% 的宽裕量。鉴于 K 是一种相当标准的产品,吉姆不仅使用标准工时来确定劳动成本的大小,而且还用劳动成本数字来分配间接费用。

眼下,有七项工作任务来制造一批 K 产品:

任务	标准工时/分钟	估计劳动成本/(美元/分钟)
1	7.5	0.24
2	2.3	0.22
3	4.7	0.28
4	5.1	0.29
5	17.8	0.26
6	19.1	0.18
7	8.4	0.25

当前,间接费用是直接劳动成本的 230%。物料成本为每单位产品 9.35 美元。眼下,他们有足够的劳力在每班生产 20 单位的 K 产品。每班一个管理员的成本是每小时 24 美元,摊入间接费用中去。

根据这些信息,要吉姆组织一个没有管理员的团队。按照吉姆的看法,这种做法注定失败。但是吉姆始终把自己看成是一个"公司人",所以依然设法尽力把事情办好。

讨论题

1. K 产品的标准成本是多少?

2. 你将采取哪些具体步骤来组建这样一个自我管理的团队?尤其是,你将如何处理成本和标准工时问题?

3. 你同意辛迪的看法吗?或者是赞成吉姆的看法吗?或者还有什么别的更好的办法来应对这种情况吗?请予以说明。

4. 在这种情况下,你将如何处理管理员?你的办法一定要具体。

5. 你将如何对待吉姆?请拟订一个具体方案来应对某个人所假设出的情况。

6. 自我管理团队是解决问题的办法吗?在什么情况下,应当或不应当采用该方法?请讨论这种团队的好、坏两方面,以及在什么情况下,应当或不应当采用这个办法。在本例这种情况下,如果合适,又该如何使用这个方法?

第 7 章

采 购

 引言

采购可以简单地看作是"购买过程"。很多人认为采购仅仅是采购部门的责任。然而,采购的功能非常广泛,如果能有效执行,公司里的所有部门都会受益。从正确的地方以正确的价格采购正确数量的正确物料,并正确交货(时间和地点)是采购的功能。

选择正确的物料需要来自营销部门、工程部门、生产部门和采购等部门的输入信息。产成品的数量和交付由市场需求确立。生产计划和控制(MPC)必须决定什么时候订购哪种原材料,这样才能满足市场需求。然后由采购部门负责下达采购订单,保证货物准时到达。

采购部门的主要责任是选择合适的供应来源并进行议价。其他部门的输入用于寻找和评价供应来源,以帮助采购部门进行议价。由于潜在的成本和消费者的关注,环境责任已经越来越成为企业考虑的一个重点。在减轻一个公司的环境影响方面,采购部门发挥着先导作用,这是因为它们熟悉所有需要采购的物料,并且对于有关产品情况,能与供应商有很好的接触和了解。从广义上来说,采购是每一个人的事情。

采购和利润杠杆

一般来说,制造企业将其销售收入的50%用于采购原材料、零部件和其他物品,这就赋予采购功能增加利润的巨大潜力。举一个简单的例子,公司用其50%的收入采购物品,其税前利润是10%。因此每100美元的收入里,公司就能获得10美元的利润并花费50美元用于采购,其他费用是40美元。暂且假设所有成本随着销售变化。下面的收益表列出了这些数字:

收益表

销售		100美元
销售成本		
采购	50美元	
其他费用	40美元	90美元
税前利润		10美元

利润增加 1 美元,也就是增加 10%,销售额必须增加到 110 美元,而采购和其他费用增加到 55 美元和 44 美元。修改后的收益表说明了这一情况:

收益表(销售增加)

销售		110 美元
销售成本		
采购	55 美元	
其他费用	44 美元	99 美元
税前利润		11 美元

不过,如果公司能够把采购成本从 50 美元减少到 49 美元,也就是减少 2%,同样也会提高 10% 的利润。在这个例子中,采购成本减少 2% 和销售增加 10% 对利润的贡献是一样的。

收益表(采购成本减少)

销售		100 美元
销售成本		
采购	49 美元	
其他费用	40 美元	89 美元
税前利润		11 美元

采购目标

采购工作负责掌握进入工厂的物料流、监督供应商、加快货物交付等工作。延期交付会对生产和销售造成混乱,但是采购能够减少这两个领域的问题,进一步增加公司利润。

采购工作的目标可以分为五个方面:

- 获取所需数量和质量的商品或服务。
- 以最低成本获取商品和服务。
- 保证供应商提供可能的最好服务和快速交货。
- 发展和维护好与供应商的关系,并开发潜在供应商。
- 挑选那些对环境造成最小影响的产品和供应商。

为实现这些目标,必须执行下列基本功能:

- 确定采购要求:正确的质量、正确的数量、正确的交货(时间和地点)。
- 选择供应商(正确的来源)。
- 谈判条款和采购条件(正确的价格)。
- 签订和管理采购订单。

外包

《APICS 词典》第 14 版将**外包**(outsourcing)定义为:"由供应商提供那些原先由企业内部提供的物品和服务。"外包的一种方式是**境外采购**(offshoring),其定义为:"将一项业务职能外包给不是自己国家的另一个国家的公司去做。"许多公司正在日益扩大这种做法,这是因为在海外有更低的劳动成本以及更多受过教育的劳动力。互联网通信和高效的海运也使得外包和境外采购变得越来越有吸引力。那些处于降低成本和将重点放在自己核心竞争力上的公司,可以将外包转化为一种竞争优势。

外包活动的增长对采购部门造成了直接的影响。经营部门通过有效地使用人力、机器和物料对货物提高了附加值。但是现在,许多部件是通过采购来获得的,而不再由自己内部制造,这样一来,就需要从管理内部人员转变成了通过采购部门来与外部的供应商进行合作。外包的趋势不仅发生在制造部门,它也影响到许多服务部门。例如,公司如今把维修、信息技术、物流、财务和客户服务等工作外包出去。那些外包工作的承包商常常能把事情做得更好、更快和更便宜。

对于采购部门来说,它们在管理外部经营,以及制定和监管合同方面的重任日益增大。而合同和法律问题已经超出了本书的范围。

采购周期

采购周期(purchasing cycle)包括下列步骤:
1. 接收和分析采购请求。
2. 选择供应商,包括研究和寻找潜在供应商,发出竞标要求书,接收和分析报价,选择合适的供应商,等等。
3. 确定合适的价格。
4. 签订采购订单。
5. 监督供应商以保证按期交货。
6. 接收和签收货物。
7. 审核并批准供应商的付款发票。

接收和分析采购请求。采购请求开始于那些最终使用物品的部门和个人。在物料需求计划环境下,计划员下达计划订单,并授权采购部门进一步处理订单。采购请求至少包含以下信息:

- 请求人身份、签字确认及成本归属账户。
- 物料规格说明。
- 数量和度量单位。
- 要求的交货期和交货地点。
- 其他必需的补充信息。

电子请购系统现已广泛使用,通常是**企业资源计划**(ERP)系统的一部分。电子请购系统仍然需要最少的请购信息,而系统本身能够提供多数细节并控制信息。例如,请购者可以输入想要的零件号,系统数据库就会提供可能的描述、规格型号、建议的供应商、装运说明等。然后系统将请求送达以取得相应批准,这些批准有账户号和支出额度的限制。一旦所有的批准都完成,申请书就送到采购部门以生成采购订单,而不必再重新输入所有信息。对经常订购的小额物品(第9章讨论的"C"类物品),系统会直接将电子物料下达书送给认可的供应商。这样做对公司的好处是无须请购者输入信息,减少文书工作,缩短申请周转时间和提高信息准确度。

选择供应商。鉴别和选择供应商是采购部门的重要职责。对常用物品或那些以前采购过的物品，需要保留一份得到认可的供应商名单。如果物品之前没有采购过或者档案中没有合格的供应商，就必须进行寻找供应商的工作。还有一些物品则需要征求工程、设计部门的意见，看看他们是否有建议的供应商。有关选择供应商的问题，本章后面还会详述。

询问报价。对大宗物品来说，发送**竞标请求书**（request for quote，RFQ）通常是必要的。这是一种书面请求，必须发送给足够多的供应商，以保证可以获得有竞争力的、可信赖的报价。竞标请求书不是销售订单。供应商完成报价单并反馈给买方之后，买方要分析报价中的价格、总成本、产品是否符合要求、销售条款和条件、交付和支付条款等。

确定合适的价格。这是采购部门的责任，与供应商选择密切相连。采购部门也负责价格谈判，努力从供应商处获得最低价格。价格谈判问题将在本章的后面予以讨论。

签订采购订单。采购订单是采购的法律协议。供应商接受之后，采购订单就成为根据采购协议中说明的条款和条件进行货物交付的法律合同。采购订单根据采购申请或报价以及其他任何必要信息进行准备。一份送给供应商，一份由采购方保管，此外，也可能会送给其他部门，如财务、请购和收货部门。采购订单也常常以电子方式提交给供应商，也常常在内部以电子文档——替代纸质合同——的方式予以保存，以方便所有的部门查询使用。

监督和交付。采购部门负责确保供应商按时交货。如果对交货期有任何怀疑，采购部门必须及时发现并采取纠正措施。这可能涉及加急运送，采用替代供应来源，与供应商协调解决问题，或重新安排生产等措施。

采购部门也负责与供应商协调交货要求上的任何变更情况。产品需求时刻在变，某些产品可能要求尽快发货，也可能要求将其推后于其他物品交货。买方必须通知供应商真正的需求，这样供应商才能够在需要的时候提供需要的物品。物料需求计划的输出信息中给出了哪种物料的优先顺序发生了变化，这样买方就可以决定采取必要的措施。

接收和签收货物。收到货物时，收货部门要检查商品，确保送达的是正确的物品、正确的数量，在运输途中没有被损坏等。然后由接收部门加以签收。如果有什么问题，应当用手工在装箱单上加以说明。或者用收货软件自动加以记录。如果商品良好不需要进一步检查，会被送到请购部门或者仓库保存。

如果需要进一步检查，比如质量控制部门提出异议，就将商品送到质量控制部门或在收货区进行检查。如果商品接收时就已损坏，收货部门会告知采购部门并留作进一步处理。一旦确定货物已经验收完毕或者拒绝接收，就应当立即通知采购部门。然后由采购部门负责通知供应商，决定是退货还是更换货物。

收货报告的副本随后被送到采购部门，注明任何与采购订单的差异或出入之处。如果接收工作完成，那么采购订单就结束了，它就不再用于接收工作。如果采购订单的接收工作没有完成，无论是由于交货数量不够，还是由于增列项目没有达到，那么，采购订单就依然处于没有完成状态。

审核并批准供应商的付款发票。当收到供应商的发票时，三种单据——采购订单、收货报告和发票——应该一致。三个单据上的物品和数量应该完全一致；采购订单和发票上的价格和价格附则应该相同。必须将原始采购订单上所有折扣和条款与发票再核实一遍，核实的工作由采购部会同财务的应付账款部门执行，并要解决所有的差异问题。一旦得到批准，就将发票送到应付账款账户以进行支付。

制定规格

采购关注的第一个问题——买什么——并不是一个简单的决策。例如，有人决定买一辆车，他应该考虑这种车将如何使用，使用的频率多大，愿意花多少钱，等等。只有这样他才能说明需要哪种汽车，借以进行"最佳购买"。本节将讨论企业在制定产品规格和可能使用的规格类型时所面临的问题。

在向供应商采购商品或服务时，购买的产品中包含了几个要素。这些在制定产品规格时必须考虑，一般可以分为下面三大类：

- 数量需求。
- 价格需求。
- 功能需求。

数量需求

供需平衡决定了所需求的数量。数量之所以重要，是因为数量是产品设计、制定规格和生产中的一个影响因素。例如，如果需求仅为一件，就会考虑以最小的成本进行设计，或者选择一个适合的标准件。但如果需求为几千件，就要从规模经济的角度设计产品，这样才能以更合适的价格满足功能需求。

价格需求

价格代表买者赋予商品的经济价值——个人愿意支付的金额。如果产品以低价销售，厂商就不愿意高价购买零部件。产品的经济价值必须与产品使用及其预期销售价格相关。

功能需求

功能规格（functional specifications）关心的是产品的最终使用和产品被要求做什么。从本质上讲，功能规格是所有类别中最重要的要素，并支配其他要素。从某种意义上来讲，功能规格最难定义。产品要获得成功，就必须满足实际需要的目的。在很多情况下实际需求包括实用和美学要素。大衣是保暖的，但在什么情况下应该如此？它还希望有什么功能？需要穿大衣时天气应该多冷？在什么场合穿？工作场合还是正式场合？应该是什么颜色、什么款式的？它应该满足哪些情感需求？同样，对于一件制造品的零部件，我们也可以问它应该满足哪些实用方面和美学方面的要求。

功能规格和质量。功能规格与产品或服务质量密切相关。质量有很多定义，但所有定义都要落实在用户满意度上。从这点考虑，可以说如果产品实现了用户需求就是具备了要求的质量。

使用户满意包括四个方面：
- 质量和产品计划。
- 质量和产品设计。
- 质量和生产。
- 质量和使用。

产品计划与公司销售的产品和服务种类的决策相关。它决定了要服务的细分市场，以及该市场期待的产品特征和质量水平、价格和预期销售量。这样，高层管理人员根据对需求的理解和市场的需求确定基本质量水平。产品成功与否取决于此。

公司市场调研的结果是产品的一般规格，粗略描绘出市场期待的产品功能、外观、价格和销售量。然后就是产品设计师的工作，把一般规格中的质量水平考虑到产品设计中。如果这点做得不合适，产品在市场上也许就不会成功。

生产部门的责任就是制造出符合产品设计师所设定规格的产品。如果是采购件，确保供应商按要求提供符合质量水平的产品是采购部门的责任。无论是采购部门还是生产部门，质量都意味着符合规格和要求。

对最终用户，质量将关系到他所期待的产品的效能如何。顾客不会关心产品或服务为什么有缺陷，他们只是希望满意。如果产品如顾客期待的一样，设计良好、生产良好、服务良好，那么质量就是令人满意的。

功能规格应该对所需要的质量水平做出规定，必须说清楚最终用户所要求的所有产品特征。

功能、质量、服务和价格是相互关联的，很难在确定其一时不考虑其他。事实上，最后的规格是所有这些要素的折中，成功的规格设计是它们的最好结合。不过功能规格最终是驱动其他几个要素的因素。如果产品不能够做到物有所值，就会销售不出去。

价值分析。《APICS 词典》第 14 版将**价值分析**(value analysis)定义为："系统化地使用技术用以识别需要功能，为该功能建立价值，并以最低总成本来提供该功能。"工程师、用户、生产人员和供应商共同分析零件，质疑当前的规格，确认多余的和不必要的特点。这样可以节约成本，更重要的是，提高零件的整体功能。价值分析一个很好的例子是牛奶瓶的改进，从重重的玻璃瓶到塑料罐体，结果是包装更便宜，而且在无菌、运输和破损上都有改善。这个问题将在第 14 章里详述。

 功能规格描述

功能规格可从通过以下方式，或者是它们的结合来加以描述：
1. 通过品牌。
2. 通过物理、化学特征参数，物料和生产方法，以及性能。
3. 通过工程制图。
4. 通过其他方面。

品牌描述

品牌描述多用于批发和零售业,但在制造业中也被广泛采用,尤其是在下列情况:

- 专利产品,或者生产流程保密。
- 供应商拥有买方没有的专业技能。
- 采购的数量很小,买方不值得下力气制定规格。
- 供应商通过广告或直销工作,使得买方的顾客和员工方面产生了偏好。

凭品牌采购时,顾客信赖的是供应商的名声和诚实。假设供应商总是希望维持品牌的知名度并继续维持和保证产品质量,这样多次的购买也能够给顾客带来相同的满意度。

反对根据品牌采购的原因很多都集中在成本上。总的来讲,品牌产品的价格水平通常高于非品牌产品,为非商标产品开发新规格可能比依赖于品牌开发的成本还要低。凭品牌采购的其他主要缺点是它限制了潜在供应商的数量,减少了竞争。因此,实践中通常的做法是,在指定品牌时,寻找与品牌名称差不多的产品。从理论上讲,这样才会有竞争。

规格描述

描述产品的方法有多种,但通常包括下面的一种或几种。不管采用什么方法,规格描述依赖于买方详细描述真正想要的东西:

- **物理和化学特征**。买方必须详细说明想要购买的物料的物理和化学特征。石油产品、药品和油漆通常使用这种方法。
- **物料和生产方法**。有时生产方法决定了产品的性能和用途。例如,热轧钢和冷轧钢的生产方式不同,特征也不一样。
- **性能**。当买方主要关心产品用来做什么,而由供应商决定如何达到性能要求时使用这种方法。例如,当抽水机只是被描述为每分钟要抽多少加仑水时,性能规格相对容易准备,因为可利用供应商的专业知识。

不管采用什么方法,在描述规格时都有几个问题需要注意:

- 规格必须谨慎设计才能有用。描述得太宽泛可能无法提供让你满意的产品;描述得太详细、太复杂,开发成本会太大,而且很难查验,这或许会使得潜在供应商们止步不前。
- 规格必须考虑到会有多个供应商来源和竞争出价。
- 如果使用性能规格,买方必须得到保证,也就是如果产品没有达到预期结果,卖方要承担责任。这时,性能规格为度量和检验所供物料提供了标准。
- 不是所有的产品都能进行规格描述。例如,很难说明一个产品的色彩图案要求或产品外观。
- 用规格描述的产品不一定比供应商所提供的标准产品更适合,但肯定要贵很多。
- 如果规格由买方设定,确定这些规格的费用可能会很昂贵。因此这种情况只适用于采购数量足够大,能保证成本,或不可能用其他方式描述所需物品的时候。

标准规格。标准规格是政府组织和非政府组织经过反复研究和努力开发出来的,通常用于原材料或半成品、零部件或物料成分。很多情况下,标准规格实际上变成了顾客和工业使用标准。当我们买汽车的电动机润滑油 SAE 10W30 时,我们所指定的正是汽车工程师协会所确立的电动机润滑油等级。在美国,我们购买的大部分电子产品是根据美国安全检测实验室(Underwriter Laboratory,UL)标准进行生产的。

使用标准规格有很多好处。第一,标准规格被广泛了解并接受,因此可以随时从多数供应商那里获得。第二,由于被广泛接受、生产和销售,标准规格产品要比非标准产品便宜。最后,由于应用了广泛的厂商和用户信息进行开发,标准规格通常可以根据多数买方的需要进行修改。

市场等级是一种标准规格,通常由政府设定,用于商品和食品。例如,买鸡蛋时就用到市场等级——小号、中号或大号。

工程制图

工程制图详细描绘零部件的确切外形,也经常提供诸如表面、公差及所使用的物料等信息。工程制图是说明需要什么的主要方法,其广泛采用是因为没有其他办法能够描述零部件外形或者组装方式。工程制图由工程设计部门绘制,绘制过程费用很高,但是能够对所需部件提供准确的描绘。

其他方面

描述规格还有一些其他方法,包括常听到的说法:"最后一件就是标准。"有时会用到样品,如在说明颜色或样式时。通常可以使用的方法有多种,买方必须选出一个最好的。

描述规格的方法取决于如何与供应商进行沟通,而沟通的程度会影响采购的成功与否,有时还会影响价格。

挑选供应商

采购的目标是得到所有正确的东西:质量、数量、交付和价格。一旦决定了要买的东西,下一个最重要的采购决策就是选择正确的供应商。一个好的供应商必须拥有生产符合质量要求的产品的技术,有能力生产需求的数量,能够经营好企业获取利润,还能有竞争力地销售其产品。

采购来源

采购来源有三种类型:唯一采购、多源采购、单源采购。

1. **唯一采购**(sole sourcing)是指由于专利、技术规格、原材料、地点等因素,可选择的供应商只此一家。

2. **多源采购**(multiple sourcing)是指由一个以上的供应商来提供物品。多源采购的潜在优势是竞争可以带来更低的价格和更好的服务及持续供应。

3. **单源采购**(single sourcing)是指有多个供应商可选时,公司计划选择其中一个来供应产品。单源采购意在发展一种长期合作关系。这一问题将在第 15 章关于供应商合作关系部分详细讨论。

供应商选择要素

前面讨论了功能规格、数量规格、服务规格和价格规格的重要性。这些都是希望供应商提供的,是选择和评估供应商的基础。因此,在选择供应商时应当主要考虑以下几个要素:

技术能力。供应商是否有技术能力生产或提供所需产品?供应商是否有计划开发和改进产品?供应商能否协助改进自己的产品?这些问题都很重要,因为买方经常需要依靠供应商来改进他们的产品,而这将提高或降低买方产品的成本。有时,供应商也能提出变更产品规格的建议,这也会有助于改进产品或降低成本。

生产能力。生产必须能够不断生产规格一致的产品,同时生产尽可能少的缺陷产品。这意味着供应商的生产设备必须能够提供所需产品的质量和数量。供应商必须具有较好的质量保证计划,拥有称职的、能干的生产员工及良好的生产计划和控制系统以保证及时交付。在保证供应商能够提供所需质量和数量的产品方面,这些问题都是非常重要的。

可靠性。选择供应商时,都希望挑选一个信誉好、稳定,且财务实力雄厚的供应商。如果要长期维持供应关系,必须有一个互信的氛围,且保证供应商有足够的财务实力以持续经营下去。

售后服务。如果是技术性产品,或者是需要更换备件或得到技术支持时,供应商必须能提供良好的售后服务。这包括良好的服务机构和充足的库存备件。

供应商地点。有时需要供应商位于买方附近,或至少在当地备有库存。就近供应能够缩短交付时间,这意味着紧急缺货时能够快速补充。

精益能力。在精益生产环境下,相互竞争的公司依赖于供应商快速交付小量产品,或将库存维持在较低水平上。现代企业以极小的原材料库存运营,因此需要供应商更加准确、及时地交货。仅仅保有满足这些需求的额外库存的供应商很快就会面临增加成本和提高价格的压力。精益生产环境下的买方需要这样的供应商,即他们能重视买卖双方的关系并合作消除系统浪费。这样一来,供应商就需要适当的信息和交付系统,以帮助他们快速准确地运送客户需要的产品,同时没有成本和其他耗费的增加。我们将在第15章讨论精益生产问题。

其他考虑。有时还要考虑其他要素,比如信用条款、互惠贸易、供应商的健康和安全记录,以及供应商为买方保有库存的意愿等。

价格。供应商应该能够提供具有竞争力的价格。这不一定就是指最低价,而是还要进一步考虑供应商能够以所需数量和质量提供必要的货物、需要交付的时间,同时提供其他服务。

产品的总**到岸成本**(landed cost)包括偿付的价格,加上与产品投入生产过程相关的搬运和交付等成本。买方在订购较大数量时,经常会得到一个价格和每单位运输的折扣,不过,总获得成本在包含储存和库存成本时会有所增加。

企业在考虑产品**总拥有成本**(total cost of ownership)时,较低的总到岸成本不一定是最好的决策。例如,木匠以较低价格买得一块低等级木材,然后花在挑出木材上的结节和缺陷的时间,以及相对于好的原材料而减低的收益,都会带来与生产相关的成本,这都会增加最终产品的总成本,或许也抵消了原先在价格上的节省。总成本概念关注的是产品的总体成本,而不仅仅是为物料支付的价格。

在现代企业环境下,供需双方的关系对双方都是重要的。较为理想的情况是,这种关系会随着双方的相互依赖而不断发展。供应商能够发展未来的业务,买方能够确保得到符合质量要求的产品供应、技术支持和产品改进。买方和供应商之间的交流必须坦诚、详尽,这样双方才能够理解对方的问题,并会为了共同的利益而一起解决问题。因此,供应商选择和供应商关系是最为重要的。

寻找供应商

采购部门的一个重要责任是持续不断地研究所有可供挑选的供应商。在寻找供应商时,以下方面可以提供帮助:
- 供应商一方的销售人员。
- 网络。
- 产品目录。
- 贸易杂志。
- 贸易指南。
- 买方员工获取的信息。

最终选定供应商

评估潜在供应商的一些因素是定量的,因此可以赋予这些因素以资金价值。价格和到岸成本就是显而易见的例子。其他一些因素则是定性的,需要判断才能做出决定。这些因素通常以描述性形式表达。供应商的技术能力可以视作一个例子。

这里颇为困难的是找出一些方法把这两大因素结合起来,以使购买者能够挑选出最好的供应商。一个方法叫作**供应商排序法**(supplier ranking),叙述如下:

1. 选择评估潜在供应商必须考虑的因素。
2. 为每个因素赋予一个权重。权重决定了该因素相对于其他因素的重要程度,通常使用1~10的分值。如果一个因素的权重是5,另一个因素的权重是10,第二个因素就被认为是第一个因素重要性的2倍。在确定因素和权重时,可以采用那些受供应商选择影响的人的意见作为输入,这有助于买方制定更加见多识广的决策,也能够提高新的供应商在买方的被接受程度。
3. 为每个供应商的每个因素打分。这个分数和权重无关,而且是根据供应商实现每个因素需求的能力为其打分。这里也使用1~10分。
4. 将供应商排序。将每个供应商的每个因素权重乘以每个因素的得分,如如果某因素的权重是8,供应商该因素得了3分,那么该因素的排序分是24。然后把供应商排序分相加得到一个总排序分。这样就能根据总分对供应商进行排序,得分最高的一个会被选中。

表7-1是使用这种方法选择供应商的例子。供应商B得分最高,223分,但是供应商

D紧随其后,222分。应用排序法时,通常的做法是将最低分数的供应商排除在外,不予考虑,以便让管理层做一个简单的决策。

表7-1 供应商评级

因素\供应商	权重	供应商得分				供应商排序			
		A	B	C	D	A	B	C	D
功能	10	8	10	6	6	80	100	60	60
成本	8	3	5	9	10	24	40	72	80
服务	8	9	4	5	7	72	32	40	56
技术支持	5	7	9	4	2	35	45	20	10
信用条款	2	4	3	6	8	8	6	12	16
总分(供应商等级)						219	223	204	222

排序法是把本质上非数量化的问题予以数量化,它试图把分数加在主观判断上。排序法并非完美,但是能够促使买方公司考虑各个因素的相对重要性。这个方法在决定相关因素权重时,如果能囊括多人的意见,最终选择的一致性将会得到提高。

决定价格

如前所述,价格不是采购决策中的唯一因素,然而当其他因素都一样时,价格就成为决定性因素了。在一般的制造企业,采购占到所售商品成本的50%,所以采购成本的任何一点节省对利润都有直接影响。最佳价格就是功能、数量、服务和价格特性等要素的最佳组合。

议价基础

"公平价格"(fair price)有时用来描述应该付给商品的价格。但什么是公平价格?一种答案是可以买来产品的最低价格。不过,也有其他考虑,尤其是当重复购买中买卖双方想建立一个良好的工作关系时。公平价格的一个定义是一种具有竞争性的价格,是既能给卖方带来利润,也能使买方在最后销售其产品时获得利润的价格。卖主要价太低,以至于不能够收回成本,他就无法继续经营。为了生存,他们可能通过降低质量和服务水平来降低成本。总之,价格必须使得买卖双方都满意才行。

既然我们只想支付公平价格而不是更多,所以最好能为确定什么是公平价格建立一个基础。

价格有上限和下限。市场决定价格的上限,买方愿意支付的价格是基于他们对需求、供应和需要的判断。卖方设定价格的下限,它取决于生产、销售成本和利润期望。如果买方想达成公平价格,他们就必须了解市场的供需情况;什么是有竞争力的价格;以及计算成本的方法。

在分析成本时,一个广泛使用的方法是把其分为固定成本和可变成本。**固定成本**(fixed cost)是不管销售量是多少都发生的成本,如设备折旧、税金、保险和管理费用等。

可变成本(variable cost)是直接与生产或销售的数量相关的成本,如直接人工、直接物料和销售人员的佣金等。

总成本 = 固定成本 + 单位可变成本 × 单位数量

单位成本 = 总成本 ÷ 单位数量 = 固定成本 ÷ 单位数量 + 单位可变成本

以上公式说明,随着生产的产品数量增加,单位成本逐渐下降。这是决定价格时的一个重要因素。买方可以通过使用长期合同,增加每次订货量,或通过零件标准化来降低单位成本。卖方则以提供数量折扣的方式鼓励多订货,这也是利用单位成本的降低。数量折扣将在第 10 章讨论,而标准化问题将在第 14 章讨论。

图 7-1 说明了固定成本和可变成本与销售量的关系,以及收入的情况。固定成本与可变成本之和在图中标示为总成本。虚线代表销售收入,这条线和总成本线的相交点意味着收入等于总成本,此时利润为零。这个点叫作**盈亏平衡点**(break-even point)。当销售量小于盈亏平衡点时,就会产生亏损;当销售量大于盈亏平衡点时,就会产生盈利。盈亏平衡点发生在收入等于总成本的地方。

收入 = 总成本

单位价格 × (销售)数量 = 固定成本 + 单位可变成本 × 数量

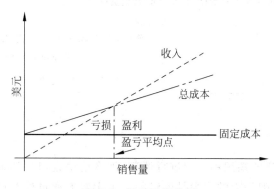

图 7-1 盈亏平衡分析

例题

生产某部件的管理费用(固定成本)是 5 000 美元,单位可变成本是 6.50 美元。生产 1 000 件的总成本和平均成本是多少?如果售价是每件 15 美元,盈亏平衡点是多少?

答案

总成本 = 5 000 + (6.50 × 1 000) = 11 500(美元)

平均成本 = 11 500 ÷ 1 000 = 11.50(美元/件)

盈亏平衡点:令 X = 销售数量

15X = 5 000 + 6.5X

8.50X = 5 000

当生产并销售 588.2 件时达到盈亏平衡。

招投标

当买方希望对多个供应商的产品价格进行比较,但仅选择最低的价格时就会通过招投标进行。正式的过程是发送邀约书、分析结果,或仅仅对比目录或广告价格。整个过程需要持续一段时间,也必须有一定数量的供应商。至少有三个供应商才能进行充分对比。此外,使用招投标采购需要产品有明确说明并有广泛来源。像螺栓螺帽、汽油、面包和牛奶等通常通过招投标进行采购。

保健业的价格谈判

如同其他行业一样,价格取决于许多因素。但在保健行业里,需要了解的第一点是:机构需要为特定物品所做的补偿量(reimburse)。为患者提供服务的成本包括这些物品的成本,以及医护服务的成本。虽然保健行业中的大多数合同都通过谈判达成一个固定成本,但机构需要确保它们能抵偿这些成本,并知道它们能从供应商那里得到什么补偿。

第二点是基准议价能力。有些机构可以从各种渠道获知议价的数据。通过这些数据,使得机构了解某种特定产品价格的上限和下限。在开始谈判时,可以利用这些数据来确保能抵偿所有的成本。

最后一点是产品的可获得性。机构需要与那样一些零售商/供应商合作,他们能够充分满足其需要,并且能及时地、以成本-效益高的方式交货。

高质量产品就是那些以正确价格、在正确时间交货的产品。

作者:路易斯·A.理查德(Luis A. Richard)
AVP,供应链管理保健探索系统公司
纽约,普格基珀斯(Poughkeepsie)

价格谈判

如果买方具备一定的知识和实力进行谈判,那么价格是可以协商的。小的零售商可能没有能力讨价还价,但是大的买主是可以的。买卖双方通过谈判试图解决采购条件以实现互利。技巧和谨慎的计划是成功谈判所必需的。谈判也要花费大量的时间和精力,因此潜在的利润必须能抵消费用。

谈判方法中的一个重要因素是产品类型,一般有四类:

1. **大宗商品**。大宗商品是诸如铜、煤炭、小麦、肉和金属制品等货物,价格通过市场供求关系来确定,波动很大。谈判关注的是签订未来价格的合同。

2. **标准产品**。标准产品由很多供应商提供,由于产品是标准的,因此供应商选择范围较广,价格的确定是以目录价格为基础,没有太多的谈判空间,除非大规模采购。

3. **小额产品**。小额产品包括维护或清洁用品。对于这类小额产品的采购,谈判不是为了价格,其主要目标应该是保持较低的订货成本。企业可以和能够供应多种产品的供应商谈判签订合同,从而建立一个简单的订购系统以降低订货成本。

4. **订货型产品**。订货型产品包括根据规格生产的产品,或收到多家供应商报价的产品,一般可以进行价格谈判。

物料需求计划对采购的影响

前面已经讨论了采购的传统任务和责任。这一部分将探讨物料需求计划(MRP)对采购部门的影响以及采购角色正在发生改变的一些问题。

采购可以分为两类活动：物品购买；协助供应商做好后续工作。本章所讨论的内容大部分集中在购买领域。购买包括制定规格、选择供应商、价格决策和谈判等功能。协助供应商做好后续工作关注的是下达订单给供应商，协同供应商安排交付，以及完成各种后续工作。协助供应商做好后续工作的目标和生产作业控制的目标相同：执行主生产计划和物料需求计划，确保最佳利用资源，最小化在制品库存，保持期望的顾客服务水准，等等。

计划/采购人员。 在传统系统中，物料需求计划或者向生产作业控制部门，或者向采购部门下达订单。采购部门根据物料需求计划发出采购订单。生产作业控制部门则准备好车间订单，安排零部件进入工作流，并控制工厂的物料进度。当计划变化时，他们一直的做法是，生产计划员必须将变化告诉采购员，采购员必须告诉供应商。相比采购人员，生产计划员与物料需求计划及不断变化的生产计划接触得更密切、也更持续不断。为提高计划/采购人员的效率，很多公司把采购和计划功能合并起来。有时计划员的工作和采购员的工作合并起来由一人去完成。计划/采购人员负责制订其控制下的物料计划，与供应商沟通计划，监督并解决问题。当出现交货问题时，协同其他计划员和主计划员一起工作。计划/采购人员负责：

- 决定物料需求。
- 制订计划。
- 下发车间订单。
- 将物料订单下达给供应商。
- 制定交货优先权。
- 控制工厂内订单以及交给供应商的订单。
- 处理与采购和生产计划功能相关的工作。
- 与供应商保持密切接触。

由于生产计划和采购角色的合并，供应商和工厂的信息流和物料流变得更加通畅。计划/采购人员比采购员更了解工厂需求，能够更好地与供应商协调物料流。同时，计划/采购人员还能够更好地将供应商的生产能力和约束情况与物料需求相匹配。

契约采购。 通常，物料需求计划系统会生成数量相对少而次数频繁的订单，逐批订购的零部件尤其如此。为了每周的需求都去签发订单，不仅成本相当高，而且效率低下，有时候甚至是做不到的，因此可以选择与供应商签订长期合同，授权供应商根据订单发货。通常给供应商一份物料需求计划的副本，这样供应商能够知道未来的需求。然后买方根据计划下达订单。这种方法有效且成本较低，但是需要与供应商保持密切协调和沟通。契约采购同样可以由计划/采购人员管理得很好。

供应商的响应和可靠性。 由于物料需求经常变化，供应商必须能够根据变化做出快速反应,他们必须保持高度灵活性和可靠性,这样才能在计划变化时反应敏捷。反应敏捷和可靠是挑选供应商时必须加以考虑的重要因素。鉴于契约采购确保供应商有了一定的业务量,因此使他们可以承诺把自己的一部分产能分配给顾客。这样一来,使得供应商对顾客需求的响应更为及时,并能对计划的变化做出快速反应。由于顾客知道产能在需要时可用,因此他们就能延迟订货,直到对需求更加确定时才进行。

密切与供应商的关系。契约采购和对供应商的灵活性及可靠性的需要意味着买卖双方的关系应当密切协调,必须有非常好的双向沟通、合作及团队精神。双方必须理解彼此的运作状况和问题。

计划/采购人员和供应商的相关人员(通常是供应商的生产计划员)必须每周或每月协调工作,保证双方知道物料需求或物料可用性方面的变化。

电子数据交换。电子数据交换(EDI)能够使顾客和供应商以电子方式交换交易信息,比如采购订单、发票和物料需求计划等信息。这避免了耗时的纸质工作,使计划/采购人员和供应商之间的沟通简便易行。

由供应商管理库存。近几年有一种采购方法发展迅速,这就是由供应商管理库存(vendor-managed inventory,VMI)。这个概念是说,供应商为客户维持某些物品的库存。供应商一直"拥有"库存,直到顾客实际上提走物料使用,顾客才在这个时候付款。顾客不必要订购库存,因为供应商有责任维护充足的供应品供客户使用。这种方法在具有一定标准设计的低价值产品中最为常用,比如紧固件、标准电器设备等,尽管有时也可用于一些高价值物品。由供应商管理库存使得买方无须经常下达物料需求计划中的那些小订单,从而提高了供应链的合作程度。

网络。网络技术业已在许多方面改变了采购工作。共有三种不同的网络,即互联网、企业内部网和企业外部网。**互联网**(Internet)使用最为广泛,向大众开放。**企业内部网**(Intranet)是一种内部网,通常用于公司内部,可能延伸到许多生产地点甚至国家。这个环境里共享的多数资料是敏感的,因此其访问通常限于公司内部员工。**企业外部网**(Extranet)是两个或更多公司共享的局域网,每个公司把自己内部网的一些数据移到外部网,但仅供共享该外部网的公司访问。例如,供应商可能只能读取依据企业资源计划而下达的订单,或某种物品的库存状况等信息。将两个不同的企业资源计划通过互联网连接到一起,使得顾客和供应商实行即时通信,现在已经成为可能。

医疗品的供应和分销

在供求过程方面,医疗品没有什么不同之处。一切都建立在需要,以及机构在医护患者当时所拥有的医疗品的数量上。通过与供应商和分销商的合作,医疗机构可以依据趋势或订单类型来预测它们的需求。然后,供应商/分销商可以遵循既定的补货程序,向机构提供库存。这个过程通常如下进行:

- 提出采购要求。
- 下达采购订单。
- 供应商/分销商提供物品。
- 收货。

- 将补充的物品或者放入仓库和储藏室,或者放在现场旁边。
- 个别/周期盘点。

依据机构的偏好,这个过程可以手工完成,也可以电子方式进行。机构可以在现场附近保持一定的库存,也可以从仓库或储藏室加以补充。

作者:路易斯·A. 理查德(Luis A. Richard)
AVP,供应链管理保健探索系统公司
纽约,普格基珀斯(Poughkeepsie)

响应环境要求的采购活动

在本章一开始,我们提到采购有五个目标,其中第五个就是机构里的采购部门应当尽量减小对环境的影响,也就是实施**响应环境要求的采购活动**(environmentally responsible purchasing)。在大多数机构里,管理废物是由采购部门负责的,这是因为它们具有以下方面的优势:

- 掌握有关废物价格趋势的第一手情况。
- 它们与销售人员频繁接触,而销售人员是废料可以如何使用的极佳信息来源。
- 熟知公司本身的需要,或机构内部所使用的物料。
- 了解物流过程,知道如何运输和搬运那些对环境敏感的物料。

在指导人们如何降低对环境影响方面,有三个广泛采用的方法:**减量**(reduce)、**重复使用**(reuse)和**回收**(rcycle)。正确地理解和实施这三个"R",也能降低费用和增加利润。

减量

减少物料的使用或生成,无论是危险的物料,还是废品,是 3R 中对环境最友好的做法。由于采购部门直接与供应商接触,因此他们往往是第一个了解与环境友好的新型物料的人。无铅焊料和水基溶剂,就是两个由供应商所开发出来的物料的例子,这些物料不仅帮助他们的客户降低了对环境的影响,同时还降低了他们的生产成本。当把精益原则——我们将在第 15 章讨论——应用于供应商时,它要求在供应链的所有阶段都要减少废物。在许多行业里,广泛地使用可回收的货物托架和包装物,既降低了成本,又减少了对环境的影响。

在制定物料规格时,应当向供应商请教,了解如何通过减少废物,或如何使用大宗货物储运系统来降低成本。

重复使用

下一个最有效的方法就是只要可能,就对物料实行重复使用。一个加工过程中所产生的废物,或许可以直接被本机构内部的其他地方所使用,或者稍微经过处理,就被另一个产品所使用。将瓦楞纸板箱撕裂或粉碎后,可以作为海运部门的包装填充料。许多制造品是从大卷的钢板材料上冲压下来的,从而留下了许多边角余料,但是,它们可以作为一些更小产品的原料来使用,这不仅减少了对原材料的需要,同时也减少了送往垃圾场的数量。另一类再利用是所谓的**副产品**(by-products),它们是由原先认为是废物做原料所生产出来的、可供销售的产品。

有一个来自食品包装业的例子。在运送空玻璃罐的纸箱上,预先印上最终产品的图样。当这些空玻璃罐送到清洗和灌装站时,把它们从这些纸箱中取了出来。当这些罐子被灌装完毕,成为最终产品后,又被放回到原先这些纸箱中。这时将每个纸箱印上相应的说明,打上条形码。这样一来,公司就再也不用搬运和处理这些原先装运空玻璃罐的纸箱了。这些纸箱被利用了两次:一次是将玻璃罐从玻璃制造厂运送到食品加工厂;一次是作为最终产品从产品加工厂运出。

回收

回收是 3R 中最普遍,也是最没办法的办法,而采购部门可以通过良好的管理使得回收的效益达到最大化。供应商常常是如何处理废物方面的最佳信息来源,而且常常购回物料加以再处理。这就需要加以良好的管理,以便让物料处于有用的状态。某些液体,如众所周知的含氯溶液是很难处理的。它们应当与其他那些有价值的液体,如用过的废机油,分开保管。那些可再次出售的有价值废料,如果被这类废液流所污染,就造成了公司的损失,因此无论如何应当加以避免。只要有可能,所有那些要被回收的废物都应当与其他物料始终分开。

采购对供应链管理的扩展

由于计算机和软件(比如企业资源计划)发展越来越强大、有效,信息流已经变得简单,操作大量数据已经变得可行。这种条件允许公司扩大其计划和控制范围到"上游"(供应商)和"下游"(分销商和顾客)企业。供应链主要管理四个部分:

- 从供应商经过公司向下最终到达分销商和顾客的物料流。
- 从顾客向上到公司和供应商的资金流。
- 贯穿整个过程的上、下信息流。
- 从顾客返回(上游)的产品流,通常是维修或回收。它也被称为逆向物流。

影响公司供应链的其他组织也是存在的,一个典型的例子是多个政府,它会对供应商产生积极或消极影响。之所以是多个政府,是因为很多现代的供应链事实上都是跨国的,通常包括世界上很多国家的公司和顾客。

尽管一些影响供应链的因素已得到关注并已形成常规,但其中有两个已经正式确定下来,尤其值得注意:

- **客户关系管理**(customer relationship management,CRM)。它包括多项活动,目的是建立和维持一个强大的顾客基础。顾客的希望和需要被评估,公司的多功能团队将围绕顾客需求开展相应的活动。

- **供应商关系管理**(supplier relationship management, SRM)。它与 CRM 相同, 只是将公司的活动集中在与主要供应商建立并维持密切的、长期的关系方面。

在供应链中发展正规的联系和关系, 一个重要原因是有助于控制"**牛鞭效应**"(bullwhip effect)。该效应的发生是因为使用预测时在供应链中存在不确定性, 然后当物料在供应链传递时, 这种不确定性变化被放大。

处于供应链末端的顾客相对较小的需求变化, 由于牛鞭效应的存在, 会造成对原材料需求较大的波动。图 7-2 显示了这种情况。客户端的小波动, 在通过整个供应链的每个节点时, 引发了涟漪效应, 在提前期和批量大小不同的影响下, 被逐渐放大。应用可视化的数据(信息流)管理供应链, 以及增强供应链的灵活性和敏捷性等措施, 都可以显著减少大波动的发生。

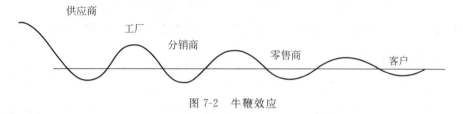

图 7-2 牛鞭效应

对供应链进行有效管理主要依赖对数据和库存的管理, 但是也有其他方面。好的战略计划注重对故障的预期和准备, 以及与供应链中的其他组织共享风险, 这代表了正在发展的一种供应链管理类型。

与供应链发展同样重要的一个主要方面集中在职业道德上。采购部门和供应链上的人通常负责管理大量现金流, 这些人的诚实行为和职业道德就显得尤为重要。很多公司和国家已经制定了严格的行为规则和制度, 以保证对供应链活动和举报措施采取一致的、道德上的处理。

供应链管理的组织含义

从传统采购转变为供应链管理的机构必须意识到, 它们那种管理整个机构的观点也必须改变。例如, 已经采用供应链概念的大多数机构发现:

- 成本重心已经大大改变。通常决策不再仅仅从价格考虑, 取而代之的是从总成本和价值出发。这意味着公司将价格、质量、适用性、耐久性和其他任何特征放在总价值上进行综合考虑。它也可能包括运输、存储和物料搬运成本。为实现这种观点的变化, 公司已经采取过程分析、价值流分析和共同(公司和供应商之间)价值分析等方法。
- 应用多功能团队计划和控制供应链。这些团队由来自各个部门的代表组成, 包括生产、质量控制、工程、财务、采购等。与传统部门相比, 多功能团队的决策更快, 也更加能够考虑公司的整体利益, 而不仅仅是单个部门的利益。
- 采购部门究竟应该实行分散化管理, 还是集中化管理, 这个问题的决策也受到供应链概念的影响。集中化管理能使得机构获得大批量订购所带来的折扣, 对供应商加以统一管理,以及增强议价能力等好处。但是,供应链所具有的合作概念常常使得公司考虑采取更加分散化的做法,因为这样做更能促进采购方与当地供应商之间的关系。像企业资源计划(ERP)这样的一体化系统既能够提供集中化采购所带来的好处,又能使得内部的不同部门实现采购本地化。两者方法各有其长处,最终的决策要根据公司的战略计划来确定。

- 决策已经由"我说你做"或者与供应商谈判转变为"我们一起商谈最好的处理方法以达成互利的决策",也就是意味着与供应商建立长期的合同。
- 信息共享已经仅仅由买方公布订单信息转变为共享业务本身的一些重要信息。这需要不同机构间的相互信任和合作。
- 测评系统考核的是供应链全盘,而不仅仅是供应商一方的绩效。
- 电子商务增长。这意味着更多地使用互联网处理业务信息流和交易。
- 在所有物料的购买、储存、使用和废物处理等全过程中,都要考虑环境问题。

节省会很可观

很多优势都与有效的供应链视角相关,其中的一些节省是:

- 更为有效的产品规格,从而使得有效的产品替代和产品规格更关注产品的适用性。
- 更好地兼顾数量折扣和巩固与供应商关系。
- 通过有效的交流系统所建立的长期合同,能大大减少订购和订单跟踪的管理成本。
- 更高效的应用技术,比如电子商务、信用卡支付及一揽子订购等。
- 通过避免有害物料的污染,以及运用减量、重复使用和回收这三项措施,得以降低环境成本。

 小结

在任何公司里,尤其是那些使用大量难以获得的原料和物料的制造企业来说,采购始终是一个十分重要的部门。采购部门必须不断地做到:在正确的时间、以最优的价格得到正确的产品,但是,其功能正在发生变化。采购过程中的各个步骤仍然是必不可少的,但是许多人工作业,如书写订单、获取产品信息、与供应商沟通等,都业已通过互联网和计算机化而加快进行了。通过减少职员的常规烦琐工作,使得他们有时间更多地以机构战略眼光来看问题,这对公司的盈利具有越来越大的影响。把供应链看作是一个整体、外包以及精益生产,这三个方面都对采购产生了积极影响,从而鼓励采购部门改善它们与供应商的关系,以及在产品和物流等计划中发挥更加主动的作用。在减少公司对环境影响方面,通过与供应商合作,以及使用环境友好物料等措施,采购部门也有机会发挥带头作用。

关键术语

盈亏平衡点　break-even point
牛鞭效应　bullwhip effect
副产品　by-product
商品　commodities
契约采购　contract buying
客户关系管理　customer relationship management(CRM)
电子数据交换　electronic data interchange(EDI)
工程图纸　engineering drawings
企业资源计划　enterprise resource planning (ERP)
响应环境要求的采购　environmentally responsible purchasing
企业外部网　extranet
公平价格　fair price
固定成本　fixed costs
功能规格　functional specifications
互联网　Internet
企业内部网　Intranet
到岸成本　landed cost
维护、修理和作业供应品　maintenance, repair, and operating supplies (MRO)
多源采购　multiple sourcing
境外　offshoring
外包　outsourcing
计划/采购人员　planner/buyers
采购周期　purchasing cycle
采购请求　purchasing requisition
减量、再利用和回收　reduce, reuse and recycle
招标书　request for quote (RFQ)
逆向物流　reverse logistics
单源采购　single sourcing
唯一采购　sole sourcing
标准规格　standard specifications
供应商灵活性和可靠性　supplier flexibility and reliability
供应商排序　supplier ranking
供应商关系管理　supplier relationship management(SRM)
总拥有成本　total cost of ownership
价值分析　value analysis

可变成本　variable costs
供应商管理库存　vendor-managed inventory

问答题

1. 采购的五个目标是什么?
2. 写出采购周期的七个步骤。
3. 说出采购请求、采购订单和邀请投标的目的、相似性和不同点。
4. 采购部门在采购后续工作中的责任是什么?
5. 说出收货部门在接收货物时的责任。
6. 除了功能规格外,必须确定的其他规格是什么?为什么每个都重要?
7. 给出两种规格来源的名称。
8. 唯一采购和单源采购的不同之处是什么?
9. 说出下列方法描述功能需求的优缺点,并举例说明每一种都在什么时候使用。
    a. 通过品牌。
    b. 通过物理化学特征、物料和生产方法、性能。
10. 使用标准规格的优点是什么?
11. 选择正确的供应商并与其维持关系为什么很重要?
12. 列举并描述采购来源的三种类型。
13. 说出选择供应商时必须使用的有关要素。
14. 牛鞭效应指的是什么?
15. 产品类型是影响谈判方法的一个因素,说出四类产品类型及其谈判余地。
16. 采取供应链管理方法能够带来哪五种节省?
17. 一家公司打算在其焊接某些电子产品时减少提前期,在这个问题上,采购部门应如何做出自己的贡献?
18. 阐述3R中的哪一项对环境具有最好的影响。

计算题

7.1 采购成本占销售额的45%,其他费用也占45%,如果通过更好的采购,采购成本下降到销售额的43%,利润会增加多少?

7.2 如果对供应商以下表评分,列出的两个供应商的排序是什么?

因素	权重	供应商评分		供应商排序	
		供应商A	供应商B	供应商A	供应商B
功能	7	6	9		
成本	5	9	6		
技术支持	4	5	7		
信用条款	1	7	4		

7.3 公司与一个潜在供应商谈判购买 10 000 件小装饰品,公司估计供应商的可变成本是每件 5 美元,固定成本,也就是折旧、管理费用等是 50 000 美元。供应商报价是每件 10 美元。请计算估计的平均单位成本。你认为 10 美元是不是太贵?采购部门能否通过谈判获得一个更好的价格?应当如何做?

案例研究 7.1　让我们聚会吧

"采购原理"课结束之后,你耳朵里仍然回响着"让我们聚会"的声音,你又一次问自己,"我为什么要竞选班长呢?"班里多数人是好的、清醒的、喜欢享受美好时光的人,而你喜欢与他们一起工作。但是班里那几个在全校都有名的"刺头"分子,则经常把自己的意见强加给别人,影响班级活动。决定年终聚会正中他们下怀,下课时便传来"让我们聚会"的喊声。听上去像一个摔跤比赛。正好老师已经离开教室,你可以和全班同学讨论年终聚会的形式。

"刺头"分子立即提议去"羊耳朵",这是一家小店,除了便宜的饮料没有别的。其余同学提出了一些其他建议,但是在班委和同学之间根本达不成一个究竟去哪儿的共识。如果你说去"羊耳朵",多数有头脑的同学会不参加,甚至建议你去更为普通地方,大家也会由于播放的音乐类型等原因而无法达成一致。

由于常规授课只有两周了,你感到必须抓紧安排。找到最受欢迎的地点并不难,但是让全体同学达成共识却很难。

你最近正在上的一门课是供应商选择,老师已经交给你们一种方法叫排序法或加权评分法(weighted-point method)。方法看上去非常简单,以至于因为自己问了"为什么不直接选一个最便宜的供应商"这样的问题而感到羞愧。一个念头浮上心来,或许老师的回答能使你想到一些解决目前问题的方法,"任何团体,不管是商业还是社会团体,最难的一件事情是达成共识,哪怕是最简单的选择。"

讨论题

在这个练习中,把你放在案例中班长的位置上,完成下面练习之一。

练习 1:

1. 对这种情况进行一个供应商评分分析,至少包含 10 个因素、4 个地点。
2. 根据分析进行选择。
3. 讨论为什么这个分析导致了步骤 2 中的选择,你是否会改变标准或权重。

练习 2:

1. 准备一个幻灯片,用于在课堂上说明年终聚会的选择。
2. 发起讨论,确定至少 4 个地点、10 个因素。
3. 使全班统一每个标准的权重因素。
4. 计算、选择。
5. 与全班同学讨论为什么做出了步骤 4 中的选择,是否要改变标准或权重。
6. 在这一过程结束后,问全班同学是否更加同意现在的决定。

案例研究 7.2　康纳利制造公司

当胡安·赫南德兹第一次被任命为康纳利制造公司（Connery Company）采购主管一职时，他只不过把这看作是他原先职务——商品采购员——的一种扩展而已。他高中一毕业，就直接来到这家公司担任仓库保管员，后来被提拔为商品采购员，也没有经过任何正式的培训。

当他第一次担任采购主管时，缺乏正式培训不是什么大问题。康纳利公司是一家虽小、但正在增长的公司，采购部门关心的主要是获得适当的物料来支持生产和公司的进一步发展。价格谈判方面也没有多少可做的，原因在于，公司的产品没有什么竞争对手，所有的成本都很容易从销售价格中得到补偿，就这还能给公司留下比较大的利润，并由此来帮助公司如此迅速地发展。

但好景不常在，司空见惯的是，没有竞争带来的轻松愉快和定价上的主导权往往转瞬即逝。康纳利公司产品的成功让人眼红，很快，康纳利公司就发现市场上出现了几个厉害的竞争对手。

尽管自己公司仍然具有一定的公认优势（即"首发"优势，指的是第一个进入市场的人通常所具有的优势）。但这种优势地位正在遭到逐步蚕食。在进一步下降的学习曲线上，它们的优势也还存在，因为它们产品的质量一向为人称道。现在的问题是成本。竞争正在压低产品价格，而为了阻止市场份额遭到剥蚀，以低价格来保持以往的交货数量已经迅速成为头等大事。

这些情况也正是胡安得到提拔的主要原因之一。因为他被认为是公司里最优秀和最有经验的采购员。他主要负责采购标准部件和物料，因此，他从所有可能的供应商那里收集了几百种这些标准商品的产品目录。每当他需要下订单时，一般都使用目录价格，或一家供应商的报价，只要供应商能满足自己的交货日期就行。对于运输成本和产品质量，他很少操心，因为对于所有的供应商来说，这些标准部件的质量都相差无几。以往质量出问题的事情也很少见，而且一旦有了问题，供应商也会很快加以更换。尽管供应商通常会对拒收的货物给以延期付款，但由此而改变生产计划，或保持安全库存以防止意外情况发生，最终都使得康纳利公司耗费了更多的资金。

在被提拔为采购主管后不久，胡安就认识到，事情绝不是将原先工作加以扩展那么简单。康纳利先生告诉胡安，他之所以安排采购主管这一岗位，是为了推动公司成为一家更有成本竞争力的公司。他希望胡安制订并实施一项计划，以便做到以下几点：

- 降低所采购的原材料的库存水平。
- 提高所采购物料的交货速度和可靠性。
- 改进供应商在物料质量上的表现。
- 降低所采购物料的总成本。

如果公司打算降低总成本，并在价格竞争中始终处于前列的话，这些做法被认为是非常重要的。

现在，胡安终于理解了新岗位的工作范围和严重性，以及他的责任所在了。下列数据

指明了公司当前经营方面的一些情况:

每年销售产品的成本/美元	14 827 527
直接物料成本/美元	8 517 323
库存(资产负载表上的数字)/美元	2 352 117
供应零件的运输成本/美元	256 103
供应商的数目/个	2 872
库存持有成本	每年21%
平均每件产品的总加工成本	3小时27分钟
最终产品在设计上的不同类型数	72

讨论题

1. 为了帮助胡安制订他的计划,他还需要收集哪些信息?说明你将如何使用这些信息。

2. 一旦你知道了有关信息,请帮胡安制订一项计划。

第 8 章

预测和需求管理

 ## 引言

预测是计划的前奏曲。在制订计划之前,要对将来一段时间内可能存在的状况进行预测。至于怎样预测及预测的精度如何,则是另外一个问题。但是,如果没有一定形式的预测,就无法进行后续工作。

为什么要做预测?情况和原因有很多,但在制定满足未来需求的计划时必不可少。多数企业不可能在实际接到订单之后再计划生产什么。顾客通常要求在适当的时候交货,企业必须能够预测顾客对产品或服务的未来需求,并制订产能和资源计划来满足需求。标准产品生产企业必须具有能够立即销售的适当产品,或者至少有现成的物料和零部件以缩短交货时间。按订单生产型企业直到接到顾客订单时才能开始生产,但是必须有可用的人力和设备资源来满足需求。

很多因素影响产品和服务需求,虽然不可能确定所有的因素及其影响,但是考虑下列一些关键因素不无裨益:

- 总的业务情况和经济情况。
- 竞争因素。
- 市场走势,比如需求变化。
- 企业自身的广告、促销、定价和产品变更计划。

 ## 需求管理

企业的主要目的是服务客户。通过有效地服务顾客,公司才能成功。正如财务人员所说的那样,公司的主要目的就是要使得股东的利益最大化。营销部门的工作重心是满足顾客要求,而经营部门必须通过物料管理提供资源。这两个部门的计划协调即是需求管理。

需求管理(demand management)是确认和管理对产品/服务所有需求的一种工作。需求管理可以是短期的、中期的和长期的。长期来说,需求预测对诸如工厂设施等战略业务计划是必要的;中期来说,需求管理的目的是生产计划预测总需求;短期来说,需求管理对所有物料都是必需的,且与主生产计划相关。这里最为关注的是后者。

要想制订有效的物料和产能资源计划,就必须确认所有需求的来源。这些资料包括国内外的客户,同一企业的其他工厂、分公司的仓储部门,备件及其需求,促销,配货库存,以及存放在客户仓库的委托库存,等等。

需求管理包括几项主要活动,而所有这些活动都受到市场的驱动:

- 找出在一个给定市场里的所有产品和服务需求。这包括:预测未来需求,以及可能出现的细分市场;对顾客加以分类;确定那些不会增加价值,从而应当加以忽略的需求;等等。

这又包括明确顾客对现有,以及未来可能出现的新产品的要求,或对服务样式及特点的要求等方面。

- 找出并理解市场可能对顾客产生潜在影响的所有方面。包括:经济情况和指标;政府法规;现有的或潜在的竞争状况,包括可能出现的竞争对手;等等。
- 设法使得公司的产能与找出的市场需求相互匹配。
- 当供应无法满足所有的需求时,应当根据优先顺序对需求加以取舍。
- 做出交付承诺。关于可承诺供货的概念,请参看第3章。
- 衔接生产计划与控制和市场之间的关系。图8-1以方框图的形式表达了这种关系。
- 订单处理。

图8-1 需求管理和生产计划控制系统

在每种情况下,生产(供应)计划的制订都必须反映依据预测所给出的未来需求。

对于需求管理,还有其他一些活动或工作需要考虑,它们是:

- 设定和保持恰当的客户服务水准。
- 对新产品的推出和老库存的逐步淘汰做出计划。
- 计划并管理各工厂之间的运输问题,并对配送要求做出计划(参看第11章)。
- 确定库存量目标,并加以维持。
- 确定需求管理的业绩指标,并以此来考核绩效表现。

对需求加以积极主动管理包括四个主要方面,由塞西里(Cecere)和蔡司(Chase)所著的《砖的问题:供应链在增强市场驱动差异性上的作用》(*Bricks Matter: The Role of Supply Chain in Buiding Market-driven Differentiation*)一书中是这样论述的:

- 对需求保持敏感。
- 塑造需求——根据战略和市场计划。
- 改变需求——在适当时,销售、营销和经营等工作要通过使用沟通、广告、定价和促销等方法,使得需求以公司所希望的方式改变。这意味着鼓励那些更容易制造或更能盈利的产品和服务方面的需求,同时贬抑那些难以生产或盈利很少或根本不盈利的产品和服务的需求。
- 响应需求。

共同计划、预测和补充（collaborative planning, forecasting and replenishment, CPFR）。随着供应链概念的不断发展和成熟，另一个确定需求的方法也开发出来了，这就是共同计划、预测和补充，该方法确立了供应链中各个交易伙伴之间的关系。随后共同制订一份联合商业计划，依据此计划，供应链中的各成员可以进行销售预测。该方法的好处在于，能通过该供应链获得更为精确的需求信息。该方法类似于一种闭环方法，也就是在实施计划后可以对结果加以分析，而来自分析的结果则可以用来评估和改进伙伴之间的合作关系。

订单处理（order processing）。接到客户订单后就要对订单进行处理。产品可能由成品库存直接交付，也可能按照订单进行生产或装配。如果产品是存货售出，订单就是授权产品从库存中运出。如果产品根据订单生产或装配，销售部门就必须详细拟订订单，明确说明产品。如果产品由标准零部件组装就相对简单，但如果产品涉及多方面的工程，就可能是一个漫长、复杂的过程。这时，需要发给顾客一份销售订单副本，对订单接受的条款和条件加以说明。同时发一份副本给主计划员，授权其制订生产计划。主计划员必须清楚生产什么、生产多少和何时交货。销售订单必须以书面形式清晰描述这些信息。

需求预测

预测各有不同，这取决于要做什么。战略规划、战略业务计划、销售和经营计划，以及主生产计划都必须进行预测，但如第 2 章所述，它们预测的目的、计划期的长短和详细程度相差很大。

战略规划和业务计划关注的是整个市场及未来 2~10 年或更长时间的经济走向，其目的是为那些很长时间才变化的事情制订计划提供足够的时间。对生产而言，战略规划应该为资源计划提供充足的时间，如工厂扩建、资产设备采购和采购提前期较长的其他资源等。预测的详细程度不高，通常以销售量、销售金额和产能表示。通常每个季度或每年对预测和计划审核一次。

销售和经营计划关注的是未来 1~3 年的生产活动。对生产来说，预测意味着确定生产计划所需要的项目，如预算、人工计划、提前期长的采购项目和总体库存水平等。预测针对产品群或产品族而非具体的最终产品。通常每个月都要对预测和计划进行审核。

主生产计划关注的是现在到几个月后的生产活动。预测对象为：诸如主生产计划中的单个产品，以及单个产品的库存水平、原材料和零部件、人工计划等。每周都要对预测和计划进行审核。

需求特征

在本章中，使用的术语是"需求"而不是"销售"。两者的区别是，销售一般指实际卖掉的东西，而需求则是市场或客户对某产品的需要。有时候需求并不能得到满足，所以销售量可能小于需求量。

在讨论预测原则和方法之前,最好先了解一下需求的特征,因为它将影响预测及所使用的具体方法。

需求模型

如果需求的历史数据以时间刻度进行绘制,可能会是任意形状,也可能是连续的曲线。曲线是时间序列的大体形状,虽然一些单个的数据点不能恰好落在图形上,但其趋向于分布在曲线周围。

图 8-2 是一个假设的历史需求曲线,该曲线表明每个时期的实际需求都不相同。造成这一现象的原因有四个:趋势、季节性、随机变化和周期。

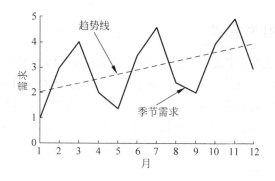

图 8-2 时间需求曲线

趋势(trend)。图 8-2 表明需求逐年稳定增加,图形显现了一个线性趋势。但还有其他形状,如几何增长或指数增长。趋势可能是水平的,随着时间没有变化,也可能上升或下降。

季节性(seasonality)。图 8-2 的需求曲线说明每年的需求在不同时段都有变化。这一变化可能是天气、假日或季节性发生的事件引起的。

季节性通常认为每年发生,但也可能每周甚至每天发生。餐馆的需求在一天的任意时段都不同,而超市的销售量则是一周中的每一天都不同。

随机变化(random variation)。随机变化发生在有很多因素影响需求的某些时期,并且这些因素的发生是随机的。变化可能很小,此时实际需求离曲线很近;变化也可能很大,此时实际需求的点严重分散。变化曲线通常可以测量,这一内容将在预测跟踪部分讨论。

周期(cycle)。在几年甚至十几年的时间内,经济的波浪式上升或下降都会影响需求。然而,周期预测是经济学家的事情,不在本书的讨论范围之内。

静态需求和动态需求

一些产品或服务的需求曲线形状会随着时间变化,而另外一些则不变。保持大致相同形状的需求叫作**静态需求**(stable),相反的则是**动态需求**(dynamic)。动态变化可能影响实际需求的趋势、季节性或随机性。需求越稳定预测越简单。图 8-3 是静态需求和动态需求的示意图,注意静态曲线和动态曲线的平均需求是相同的。通常预测的是平均需求。

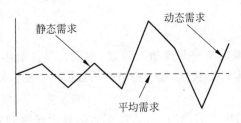

图 8-3　静态需求与动态需求

独立需求和相关需求

第 4 章讨论了相关需求和独立需求。当某产品或服务的需求与其他产品或服务的需求无关时,就是独立需求;而相关需求是指某个产品或服务的需求来自对另一种产品或服务的需求。相关需求物品不需要预测,而是从独立需求物品中计算出来。

只有独立需求物品需要预测。它们通常是最终产品或制成品,但也应该包含同一公司向其他车间提供的备件和供应物品(公司内转移)。

 ## 预测原则

预测有四个主要特征,或称原则,理解它们可以更有效地进行预测。这些特征很简单,从某种意义上说都是常识。

1. **预测通常会出错**。预测试图窥探未知的将来,除非运气非常好,否则总会在某种程度上出错。错误不可避免,应有预先准备。

2. **预测都应包含误差估计**。既然认为预测肯定会出错,那么真正的问题就变成了"误差多大"。预测应该包括误差估计,通常表示为预测值的百分比(正的或负的),或表示为最大值和最小值之间的极差(range)。误差估计可以通过研究平均需求基础上的需求变化大小,用统计方法求得。

3. **对产品组或产品族的预测更准确**。即便产品组的特征很稳定,但产品组中单个产品的表现则是随机的。例如,班里单个学生的分数比全班平均分更难准确预测,因为高分和低分可以互相抵消。这意味着对大批产品的预测要比对其中单个产品的预测更精确。

对生产计划而言,产品组或产品族建立在加工过程和使用设备相似性的基础上。例如,把织袜作为一个产品组进行需求预测的公司,可能将男士织袜作为一个产品组,将女士织袜作为另一个产品组进行预测,因为市场不同。然而,男女短袜可能会在相同的机器上生产,而长袜是在另外的机器上生产。对于生产计划来说,应该对男女短袜和男女长袜分别做出预测。

4. **时间越近,预测越准确**。近期的不确定性要小于远期。多数人对预测下周要做什么比预测一年之内要做什么更有信心。就像有人说的那样,预期明天与今天差不多。

同样道理,企业预测近期的需求要比预测一段时间之后的需求更容易。这对那些长提前期的产品尤其重要,特别是需求不断变化的长提前期产品。任何缩短提前期的措施都能提高预测准确度。

数据收集和准备

预测通常建立在历史数据之上,而这些数据通过判断或统计方法进行处理。因此,预测的好坏和所使用数据的优劣完全相关。为得到可靠数据,以下三条数据收集原则很重要。

1. **以与预测需求同样的术语记录数据**。问题在于确定预测的目的和对什么进行预测。这一点涉及三个方面:

  a. 如果目的是预测对于生产的需求,那么我们需要的是基于需求的数据而不是出货数据。出货表明什么时候发运,它并不一定表明客户什么时候需要这些物品。因此出货数据并不一定能反映需求。

  b. 预测周期,或者是周、月或季,应该和计划期一致。如果计划期以周为单位,预测就应该使用相同的时间区段。

  c. 预测项目应该和生产控制的项目一致。例如,某种产品的供应有多种选择,则必须对产品需求和各种选择都进行预测。

  假设公司生产 3 种车架的自行车;有 3 种可能的车轮尺寸;有 3 速、5 速或 10 速的齿轮变速器;配备或不配备豪华框架。这样公司总共有 54(3×3×3×2)种不同的产品可供销售。如果每种产品都做预测,需做 54 次。比较好的办法是预测(a)总需求和(b)每种车架、车轮等占总需求的比例。这样就只需 12 次预测(3 种车架、3 种车轮、3 种变速齿轮、两种框架方式,以及自行车本身)。

  在这个例子中,生产零部件的提前期较之于组装自行车的提前期要长一些。生产部门可以根据零部件预测进行生产,然后根据顾客订单组装。如第 3 章所讨论过的那样,这在使用最终组装计划的情况时比较理想。

2. **记录与数据相关的情况**。需求受个别事件的影响,这些事件也应该与需求数据一并记录下来。例如,需求中的人为因素可能由促销活动、价格变化、天气变化或竞争对手的罢工等造成。至关重要的是,必须将这些因素与需求历史关联在一起,这样在考虑未来情况时,可以将其包含进来或排除出去。

3. **分别记录不同顾客群的需求**。很多企业通过不同的分销渠道配送产品,每一个渠道都有其自身的需求特征。例如,企业可以销售给定期订购、每次订购量相对较小的批发商,也可以卖给一年两次订货、每次数量很大的大零售商。这样,预测平均需求就没有任何意义,而应该对每一种需求分别进行预测。

预测方法

预测方法有很多种,但一般可以将它们加以归类。一般来说,预测技术可以分为定性预测和定量预测,而它们又可以基于外部和内部因素(《APICS 词典》第 14 版)。

定性预测法

定性预测法是基于判断、直觉和经验判断的方法,本质上来说是主观的。这种方法常用于预测一般的业务趋势和大的产品族的长期潜在需求。这样,定性预测主要用于高层管理。鉴于生产和库存预测通常关注的是对某些最终产品的需求,因此定性预测方法很少适用。

预测新产品的需求时,预测没有历史数据作依据。在这种情况下,可能用到市场调查(market research)法和历史类推(historical analogy)法。市场调查是一种系统的、正式的、有意识的测试过程,用以确定顾客的观点或意向。历史类推法基于对类似产品引入和成长的对比分析,以期新产品亦是如此。另外一种方法是产品试销(test-market)法。

还有一些其他的定性预测方法。其中之一是德尔菲法(Delphi method),即通过一组专家对可能发生的情况给出他们的意见。

定量预测法

定量预测法是建立在历史或数据基础上的预测,不管这些数据是来自本机构内部,还是本机构外部。

外部预测法

外部预测法(extrinsic forecasting techniques)是基于与公司产品需求有关的外部指标而进行的预测。这类外部指标如房屋开工率、出生率及可支配收入等。外部数据法的理论根据是对产品组的需求直接与其他领域的活动成比例或相关。相关性的例子如:

- 砖的销售与房屋开工率成正比。
- 汽车轮胎的销售与汽油的消费成正比。

房屋开工率和汽油消费称为**经济指标**(economic indicators),它们可以表明一定时期内的主要经济状况。由于这些指标往往早于它们所提示的某些情况的发生,因此常被称作是**先导指标**(leading indicators)。举例来说,房屋的开工(常常由申请房屋建造许可所表示)会引起房屋建筑材料(包括屋面材料、电工材料等)的需求。所以房屋开工率就是许多建筑材料需求的很好的先导指标。其他一些常用的经济指标有:建筑合同发放量、汽车产量、农场收入、钢铁产量,以及国民总收入等。这类数据由不同的政府部门、财经期刊、贸易协会和银行等编撰发布。

问题是找到与需求相关的指标,或者是能很好地引导需求的指标,也就是在需求发生之前所出现的指标。例如,一个时期所授予的建筑合同能预示下一时期建筑材料的销售量。如果找不到这样一个有指示性的指标,也可以用政府或某个机构预测的非指示性指标。从某种意义上说,这是基于预测的预测。

外部预测法在预测产品总需求或产品族的需求上非常有用。因此,该方法最常用于商业和生产计划,而很少用于对单个最终产品的预测。

内部预测法

内部预测法(intrinsic forecasting techniques)是应用历史数据进行预测。这些数据通常在公司保有记录,随时可用。内部预测法建立在过去发生的将来也会发生这个前提下,这个假设好比是看着后视镜开车。尽管这个比喻显然只是部分正确,但如果没有其他预测方法,那么,对于未来最好的向导也就是过去曾经发生过的事情。

由于内部预测法非常重要,在接下来的章节中将继续讨论一些更重要的方法。它们经常用作主生产计划的输入信息。在主生产计划中,对计划期内的最终产品进行预测时,常常要用到内部预测法。

一些重要的内部预测法

假设过去一年对某产品的月需求如表 8-1 所示。

表 8-1 12 个月的需求历史

1月	92	7月	84
2月	83	8月	81
3月	66	9月	75
4月	74	10月	63
5月	75	11月	91
6月	84	12月	84

假设现在是 12 月末,现在要预测明年 1 月份的需求。应用以下规则:

- **本月需求和上月需求相同**。1 月份需求的预测值是 84,和上年 12 月份相同。这看起来很简单,但如果每个月需求变化很小,这个原则是适用的。
- **本月需求和去年同月需求相同**。需求预测是 92,与去年 1 月份相同。如果需求是季节性的且变化趋势不大,这个原则适用。

这类规则都是基于过去的某个月或一段时间,在需求有较大的随机波动时使用有限。通常,采用历史平均数的方法更加妥当,因为它们能消除随机变化的一些影响。

例如,可以用去年需求的平均值预测 1 月份的需求。这种简单平均不能很好地反映需求水平的趋势和变化,更好的方法是使用移动平均法。

平均需求(average demand)。这里提出个问题:预测什么。前面讨论了,随机变化导致需求波动。最好是预测平均需求,而不是预测随机波动的影响。前面讨论预测的第 2 个原则提到预测应该包括误差估计,后面将看到极差是可以估计的。因此,应该预测平均需求,并对这种预测的相应误差进行估计。

移动平均预测

一种简单的预测方法是用最近 3 个时期或 6 个时期的平均需求作为下一时期的预测值。在下一个期末,去掉第 1 个时期的需求,加上最近这一期的需求,求出新的平均值作为预测。这种预测总是基于某些时期实际需求的平均值。

例如,假设用图 8-4 中的数据做 3 个月的移动平均,预测下一年 1 月份的需求时使用 10 月、11 月和 12 月的需求数据,结果是

$$(63+91+84) \div 3 = 79$$

假设 1 月份的需求是 90 而不是 79,那么 2 月份的预测计算如下:

$$(91+84+90) \div 3 = 88$$

例题

过去 3 个月的需求是 120、135 和 114 单位,用 3 个月的移动平均计算第 4 个月的预测。

答案

第 4 个月的预测 $=(120+135+114) \div 3 = 123$

假如第 4 个月的实际需求是 129,计算第 5 个月的预测。

第 5 个月的预测 $=(135+114+129) \div 3 = 126$

在之前的讨论中,1 月份的预测是 79,2 月份的预测是 88。预测值上升,反映了 1 月份的数值较大并舍弃了较小的 10 月份的数值。如果使用较长时期,如 6 个月,预测值的变化就不会很快。移动平均中的月份越少,最近信息赋予的权重越大,预测反映趋势越快。不过,预测总是落后于趋势。例如,考虑如下过去 5 个时间段的历史需求:

时期	需求
1	1 000
2	2 000
3	3 000
4	4 000
5	5 000

我们看到需求有增长的趋势。如果用 5 个月的移动平均,第 6 个月的预测就是 $(1\,000+2\,000+3\,000+4\,000+5\,000) \div 5 = 3\,000$。看起来并不准确,因为预测落后于实际需求很大。不过,如果用 3 个月的移动平均,预测就是 $(3\,000+4\,000+5\,000) \div 3 = 4\,000$。结果仍不精确,但准确很多。问题在于移动平均总是落后于趋势,移动平均中包含的期数越多,落后越大。

另外,如果没有趋势,但由于随机变化导致实际需求波动很大,那么,基于几期的移动平均反映的就是波动而不是预测平均需求。考虑以下历史需求:

时期	需求
1	2 000
2	5 000
3	3 000
4	1 000
5	4 000

需求没有趋势,是随机的。如果用 5 个月的移动平均,下一个月的预测是 3 000,这反映了所有历史需求。如果仅用 2 个月的平均值,那么第 3 个月、第 4 个月、第 5 个月和第 6 个月的预测就是:

第 3 个月预测值 =(2 000+5 000)÷2=3 500

第 4 个月预测值 =(5 000+3 000)÷2=4 000

第 5 个月预测值 =(3 000+1 000)÷2=2 000

第 6 个月预测值 =(10 00+4 000)÷2=2 500

使用 2 个月的移动平均对最近的需求反映很快,因此很不稳定。

移动平均预测(moving average)最适合用于预测需求稳定、没有什么趋势和季节性的产品。移动平均也可用于过滤随机波动。常识告诉我们:高需求期之后通常紧随低需求期,这是由于一般情况下,总的市场需求是恒定的,由于销售或其他外部影响(如天气或节假日等),消费者通常会提前购买,而提前购买就会压低未来的销售。

应用移动平均法的一个缺点是要保留所预测的每一种货物过去几期的数据,这需要大量的计算机存储空间或记录工作,而且计算麻烦。另外一种常用的预测方法叫**指数平滑法**(exponential smoothing),不需要这么多数据,而且计算简便,能得到与移动平均法相同的结果。

指数平滑预测

当使用指数平滑法时,由于先前计算的预测已经考虑了历史情况,保留数月的数据去求移动平均已没必要。这样,预测可以建立在原先的预测和新的数据之上。

考虑图 8-4 中的数据,假设用最近 6 个月的需求平均值(80 单位)预测下一年 1 月份的需求。如果 1 月底的实际需求是 90 单位,必须舍弃 7 月份的需求并取用 1 月份的需求进行新的预测。然而,如果采用原先的预测(80 单位)和 1 月份实际需求的平均值,2 月份的需求预测就是 85 单位。这个公式赋予最近月份和原先的预测(先前所有月份)相同的权重,如果这样不合适,可以赋予最近实际需求较小权重,而给予原先的预测较大权重,或许只赋予 10% 的权重给最近月份的需求,而把 90% 的权重给先前的历史数据更好。在这个例子中:

$$2\text{月份的预测} = 0.1 \times 90 + 0.9 \times 80 = 81$$

注意:这次的预测并不像先前计算时把原先的预测和最近的实际需求赋予相同的权重,所以预测值上升并不很多。指数平滑法的一个优点是可以给新数据赋予任意希望的权重。

赋予最近实际需求的权重叫作**平滑常数**(smoothing constant),用希腊字母 α 表示,通常用 0~0.3 的小数表示。

通常,计算新预测的公式是

$$\text{新的预测} = \alpha \times \text{最近的需求} + (1-\alpha) \times \text{以前的预测}$$

例题

5 月份原来的预测是 220,实际需求是 190。α 是 0.15,计算 6 月份的预测值。如果 6 月份的需求是 218,预测 7 月份的需求。

答案

6 月份的预测 $= 0.15 \times 190 + (1-0.15) \times 220 = 215.5$

7 月份的预测 $= 0.15 \times 218 + 0.85 \times 215.5 = 215.9$

指数平滑法为定期更新产品预测提供了一个一般方法,对需求稳定的产品来说效果很好。一般说来,对于短期预测,指数平滑能提供比较满意的效果。而当需求量很小或者断断续续时则效果不佳。

虽然,当存在一定的趋势时,预测会落后于实际需求,但是指数平滑法仍能够发现趋势。图 8-4 是指数平滑预测落后于实际需求的例子,且存在向上的趋势。值得注意的是:α 值越大,则预测离实际需求越接近。

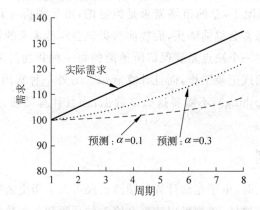

图 8-4 存在趋势时的指数预测

如果存在趋势,或许可以使用一个稍微复杂的公式,叫作二次指数平滑法。这种方法使用相同的原则,但是注意到了每个连续值沿趋势线的上升或下降。用二次指数平滑法进行预测超出了本书范围。

问题在于如何选择"最好的"α 值。如果使用较小的 α 值,如 0.1,原先的预测权重很大,就不能像预期的那样快速反映变化趋势。如果使用较大的 α 值,如 0.4,预测能明显反映出需求变化,但有大的随机波动时会不稳定。获得最佳 α 值的一个好方法是应用计算机仿真,采用特定产品过去的实际需求,使用不同的 α 值进行预测,观察哪一个最适合历史需求曲线。

季节性

许多产品都有季节性或周期性需求特征,如滑雪板、割草机、泳装和圣诞树彩灯。还有些不明显的例子,这些产品的需求每天、每周或每月都不同,如一天的电力使用或一周的食品采购。电力使用高峰期是下午 4 点到 7 点,而超市往往在周末或者节假日前最忙。

季节指数

衡量产品季节变化程度的一个有效指标是**季节指数**(seasonal index)。季节指数是估计一个季节内产品需求高于或低于平均需求的程度。例如,泳衣需求平均每月 100 件,但在 7 月份平均是 175 件,而 9 月份却是 35 件。7 月份需求的季节指数是 1.75,9 月份则是 0.35。季节指数的计算公式如下:

季节指数 = 单期平均需求 ÷ 所有时期平均需求

这里的"期"可以是天、周、月或季度,取决于需求的季节性这一基础。所有时期的平均需求是抵消掉季节性的一个值,叫作**非季节性需求**(deseasonalized demand)。上面的公式也可以写为

非季节性需求 = 单期平均需求 ÷ 季节指数

例题

季度性需求的某季节性产品过去 3 年的需求如图 8-5 所示。产品未出现趋势,但存在明显的季节性。平均每季度需求是 100 单位。图 8-5 也给出了实际季节性需求和平均季度需求,图中的平均需求是所有时期的历史平均需求。记住预测平均需求,而不是季节性需求。

年	季度				
	1	2	3	4	总计
1	122	108	81	90	401
2	130	100	73	96	399
3	132	98	71	99	400
平均	128	102	75	95	400

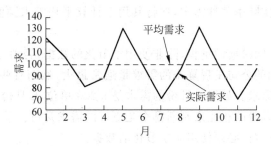

图 8-5 季节性销售历史纪录

答案

季节指数计算如下：

季节指数＝128÷100＝1.28（第 1 季度）
　　　　＝102÷100＝1.02（第 2 季度）
　　　　＝75÷100＝0.75（第 3 季度）
　　　　＝95÷10＝0.95（第 4 季度）

季节指数合计＝4.00

注意季节指数的总和等于期数，这是检查计算结果是否正确的一个好方法。

季节性预测

计算季节指数的公式也可以用来预测季节性需求。如果公司预测得到了所有期的平均需求，季节指数可以用来计算季节性预测，变换公式得

　　　　季节性需求 ＝ 季节指数 × 平均需求

　　　　非季节性需求 ＝ 实际季节性需求 ÷ 季节指数

例题

在上例中，公司预测下一年的年需求为 420 单位，计算每一季度的销售预测。

答案

预期每季需求＝季节性指数×平均每季需求

预测平均每季需求＝420÷4＝105（单位）

预期第 1 季度需求＝1.28×105＝134.4（单位）

预期第 2 季度需求＝1.02×105＝107.1（单位）

预期第 3 季度需求＝0.75×105＝78.75（单位）

预期第 4 季度需求＝0.95×105＝99.75（单位）

总预测需求＝420（单位）

非季节性需求

预测不考虑随机变化。预测的结果是平均需求，季节性需求通过季节指数由平均需求计算得来。图 8-6 所示为实际需求和预测平均需求。预测的平均需求也就是非季节性需求。历史数据属于实际季节性需求，在将其用于计算平均需求预测前必须对其加以非季节化。

而且，如果对比不同时期的销售，除非使用季节化的数据，否则，这种比较是没有意义的。例如，销售网球拍的公司发现夏季的需求量通常最大，然而有些人打室内网球，因此冬天月份网球拍也有需求。如果 1 月份的需求是 5 200 单位，6 月份是 24 000 单位，如何将 1 月份的需求和 6 月份的相比来判断哪个是更好的需求月份？季节性存在使得对比实际需求没有意义，进行对比必须使用非季节化的数据。

计算非季节性需求的公式从季节性公式得来，如下：

　　　　非季节性需求 ＝ 实际季节性需求 ÷ 季节指数

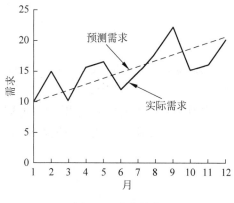

图 8-6 季节需求

例题

销售网球拍的公司 1 月份的需求是 5 200 单位,6 月份的需求是 24 000 单位,如果 1 月份的季节指数是 0.5,6 月份的季节指数是 2.5,计算 1 月份和 6 月份的非季节性需求。如何比较这两个月的需求?

答案

1 月份非季节性需求=5 200÷0.5=10 400(单位)

6 月份非季节性需求=24 000÷2.5=9 600(单位)

6 月份和 1 月份的需求现在可以进行比较,考虑非季节性存在,1 月份的需求大于 6 月份。

预测必须使用非季节性数据。预测的结果是平均需求,季节性需求的预测通过使用适当的季节指数由平均需求计算而来。

预测季节性需求的原则是:

- 只使用非季节性数据进行预测。
- 预测非季节性需求(基础预测),而不是季节性需求。
- 将季节指数应用于基础预测,计算季节性预测。

例题

公司利用指数平滑法预测其产品需求。4 月份的非季节性预测是 1 000 单位,实际季节性需求是 1 250 单位。4 月份的季节指数是 1.2,5 月份是 0.7。如果 α 等于 0.1,计算:

a. 4 月份的非季节性实际需求。

b. 5 月份的非季节性预测。

c. 5 月份的季节性预测。

答案

a. 4 月份的非季节性实际需求=1 250÷1.2=1 042

b. 5 月份的非季节性预测=α×最近实际需求+(1−α)×先前预测
 =0.1×1 042+0.9×1 000=1 004

c. 5 月份的季节性预测=季节指数×非季节性预测
 =0.7×1 004=703

跟踪预测

正如讨论预测原则时提到的那样,预测通常都会出错。造成出错的原因有多种,一些和人为因素有关,其他的则和经济以及客户的行为相关。如果存在可以确定预测好坏的方法,就可以改进预测方法,并对造成误差的因素做出更好的估计。根据拙劣的预测数据制订计划是没有任何意义的。因此需要跟踪预测。预测跟踪就是将实际需求与预测值进行比较的过程。

预测误差

预测误差(forecast error)是指实际需求和预测需求之间的差异。误差可能以两种方式出现:偏移和随机变动。

偏移(bias)。累计实际需求可能不等于累计预测。考虑表 8-2 中的数据,实际需求不等于预测,在 6 个月的时间里,累计需求高于预期 120 单位。

表 8-2 预测和实际需求的偏差

月	预测		实际	
	月度	累计	月度	累计
1	100	100	110	110
2	100	200	125	235
3	100	300	120	355
4	100	400	125	480
5	100	500	130	610
6	100	600	110	720
总计	600	600	720	720

当累计实际需求不等于累计预测的时候,偏移就会产生,这意味着预测平均需求不准确。表 8-2 的示例中,预测平均需求是 100 单位,但实际平均需求是 $720 \div 6 = 120$(单位)。图 8-7 所示为累计预测和实际需求。

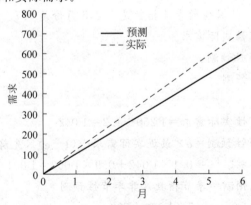

图 8-7 预测和实际需求的偏差

偏移是实际需求总是大于或小于预测需求的系统性误差。当存在偏移时，必须对预测加以分析，并改变预测方法以提高准确度。

跟踪预测的目的是通过调整误差的设定或者减少误差来对预测误差做出反应。当发现不可接受的重大误差或偏移时，应该进行调查以确定引起误差的原因。

偏移的产生通常有一些异常的一次性原因。这类例子有竞争者的行动、客户停工、一次性大订单及促销活动等。这些原因与讨论过的数据收集和处理，以及记录与数据相关情况的必要性有关。这种情况下，必须考虑异常状况来对需求历史加以调整。

偏移的出现也可能是时间的原因。例如，早冬或晚冬都会影响对雪铲的需求，尽管累计需求可能相同。

跟踪累计需求能够确定时间误差或意外的一次性事件。下面的例子能充分说明这一点。注意4月份累计需求回到正常范围。

月份	预测	实际需求	累计预测需求	累计实际需求
1	100	95	100	95
2	100	110	200	205
3①	100	155	300	360
4	100	45	400	405
5	100	90	500	495

① 顾客预见了可能的罢工，并储备了库存。

随机变动（random variation）。在一个给定时期内，实际需求可能围绕平均需求上下变动。变化大小则取决于产品的需求曲线，一些产品有稳定的需求，变化不会太大；另外一些则不稳定，变化较大。

考虑表8-3预测和实际需求的数据，注意有很多随机误差，但平均误差是0。这说明平均预测是准确的，没有偏移。数据用曲线连起来即为图8-8。

表8-3 预测和实际销售没有偏差的示例

月份	预测值	实际需求	差异（误差）
1	100	105	5
2	100	94	−6
3	100	98	−2
4	100	104	4
5	100	103	3
6	100	96	−4
总计	600	600	0

平均绝对偏差

预测误差必须首先经过测评，然后才能用于调整预测，或者用于制订计划。测评预测误差的方法有多种，常用的一种是**平均绝对偏差**（mean absolute deviation，MAD）。

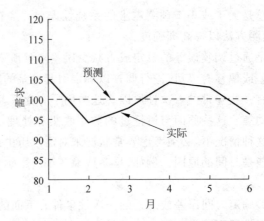

图 8-8 没有偏移的预测销售值和销售实际销售值

参考表 8-3 中的数据变异性,虽然总偏差(差异)为 0,但每个月仍有较大的差异,用总误差量度偏差没有作用。一种量度偏差的方法是不考虑偏差的正负,计算总误差然后取平均。平均绝对偏差的含义是:

- 平均指的是平均值。
- 绝对指的是不考虑正负。
- 偏差指的是误差。

$$MAD = 绝对偏差之和 \div 观察次数$$

例题

计算表 8-3 中数据的平均绝对偏差。

答案

绝对偏差之和 $= 5+6+2+4+3+4 = 24$

$MAD = 24 \div 6 = 4$

注意:如果不考虑偏差的绝对值,那么结果就大不一样了:

偏差之和 $= 5+(-6)+(-2)+4+3+(-4) = 0$

显然,这个例子说明,实际偏差不能用作求取平均预测误差的好方法,因为在该例子中,它的"平均"预测误差为 0。而平均绝对偏差则要好很多。偏差之和为 0,并不等于其中没有偏差。一般说来,任何随时间而得到的偏差之和不等于 0,就表明其中存在有预测偏差。由于偏差是指一个给定时期内,用实际需求减去预测需求而得到的差,如果偏差之和为正值,表明实际需求之和大于预测需求之和,这意味着预测方法偏向于较低方向;另外,如果偏差之和为负值,则意味着预测方法偏向于较高方向了。有了这种了解,在制订安全库存计划时(详情请看第 11 章),就明白用平均绝对偏差(MAD)来处理数据之意义所在了。

正态分布(normal distribution)。平均绝对偏差衡量的是实际需求和预测需求之间的差异(误差)。实际需求通常接近于预测,但有时不是。由实际需求出现特定数值的次数(频率)所生成的钟形曲线,这种分布叫作正态分布,如图 8-9 所示。第 11 章中将详细讨论正态分布及其特征。

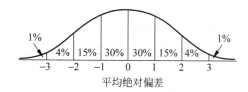

图 8-9　正态分布曲线

正态曲线有两个重要特征：集中趋势或称平均；离散度或称分散。图 8-9 中集中趋势就是预测。离散度也就是正态曲线的胖瘦，用标准偏差表示。分散越大标准偏差就越大。平均绝对偏差是标准偏差的近似值，使用平均标准偏差是因为其易于计算和应用。

由统计学可知，误差将在以下范围之内：

平均值在 ±1MAD 之间的概率约为 60%。

平均值在 ±2MAD 之间的概率约为 90%。

平均值在 ±3MAD 之间的概率约为 98%。

平均绝对偏差的应用。平均绝对偏差用处很多，几个重要的用途如下：

跟踪信号（tracking signal）。当累计实际需求和预测不相等时就存在偏差。问题是要猜测偏差是由于随机变动还是由于偏移引起的。如果偏差由随机变动引起，它会自我修正，不需要对预测作任何调整。然而如果偏差是由偏移引起的，就应该修正预测。应用平均绝对偏差能够判断误差的合理性。正常情况下，实际单期需求落在 ±3MAD 之内的概率为 98%。如果实际单期需求和预测之间的差异大于 3MAD 时，可以 98% 地肯定预测存在误差。

跟踪信号可以用于检测预测的质量。有几种方法可以使用，一种比较简单的方法是比较累计预测误差和与平均绝对偏差。公式如下：

跟踪信号 = 预测误差的代数和 ÷ MAD

例题

预测每周需求 100 单位，过去 6 个星期的实际需求分别是 105、110、103、105、107 和 115。如果 MAD 是 7.5，计算累计预测误差及跟踪信号。

答案

预测误差总和 = 5 + 10 + 3 + 5 + 7 + 15 = 45

跟踪信号 = 45 ÷ 7.5 = 6

例题

某公司使用 ±4 的指标来决定预测是否需要审查。假设历史数据如下，决定哪一期的预测应该进行审查。产品的 MAD 为 2。

期	预测值	实际需求	偏差	累计偏差	跟踪信号
				5	2.5
1	100	96			
2	100	98			
3	100	104			
4	100	110			

答案

期	预测值	实际需求	偏差	累计偏差	跟踪信号
				5	2.5
1	100	96	−4	1	0.5
2	100	98	−2	−1	−0.5
3	100	104	4	3	1.5
4	100	110	10	13	6.5

应当对第4期的预测加以审查。

应急计划。假如对门锁的需求预测是100把,而门锁的生产能力是110把。过去计算的实际需求和预测的平均绝对偏差是10把。这就是说,大约有60%的可能实际需求会在90把和110把之间,40%的可能不在这个范围内。了解了这一信息,生产管理部门或许能够制订一个应急计划以应对可能出现的额外需求。

安全库存。这些数据可以用作设置安全库存的依据,这将在第11章进行讨论。

P/D 比率

由于预测所固有的误差,依赖预测的企业可能会遇到各种问题。例如,可能会采购错误的物料,然后加工成错误的产品。一种生产市场真正需要的产品更可靠的方法是使用P/D比率。

P 表示**生产提前期**(production lead time),是产品的累计提前期。它包括原材料的采购和到达时间、生产时间、装配时间、配送时间,有时还包括产品设计时间。图1-1给出了不同类型工业的各种提前期,图8-10是对该图的复制。

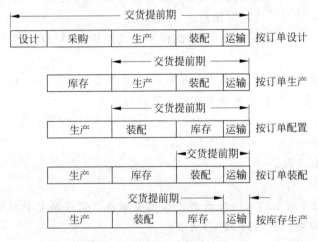

图 8-10 生产提前期和战略

D 表示**需求提前期**(demand lead time),是顾客的提前期,指顾客发出订单到交货之间的时间。需求提前期可能很短,比如按库存生产的情况;也可能很长,如按订单设计的产品。

防止预测中固有误差的传统方法是设置安全库存。这个"以防万一"的额外库存会增加额外的费用。另一种方法是预测得更准确一些,一般有五种方法。

1. **减少 P**。P 越长,误差出现的概率越大。理想情况下 P 应该小于 D。
2. **使 P 和 D 匹配**。可以采用下列两种方法达到这一目的:
   - 使顾客的 D 和公司的 P 相等。厂商根据顾客的规格需求生产产品,这对于客户产品是一种很常见的做法。
   - 按预测销售。这种情况发生在公司控制市场的情况下。一个很好的例子是汽车市场。通常在年终会采取特别的促销以达到厂商所预测的需求量。
3. **简化生产线**。生产线变化越大,误差发生的空间就越大。
4. **标准化的产品和流程**。也就是说最终装配会体现"顾客化"。所有部件的基本零部件都是相同或相似的。图 8-11 说明了这个问题。
5. **更准确地预测**。遵循"设计好,控制好"的原则进行预测。

如果 P 小于 D,这意味着产品的生产时间要小于客户期盼的提前期。生产可以在订单实际到达时开始,并依然在客户的提前期内交货。

图 8-11　蘑菇形设计

小结

预测是一门不准确的科学,然而,如果记住以下要点,预测就是一种价值很高的工具。

- 应该对预测进行跟踪。
- 应该对预测误差是否合理进行评估。
- 当实际需求超出合理误差时,应该进行调查以发现引起误差的原因。
- 如果没有明显的误差原因,应该对预测方法进行检查,看看是否有更好的预测方法。

多种方法可以用于预测,包括定性预测法、定量预测法、内部预测法和外部预测法。

关键术语

平均需求　average demand

偏移　bias

共同计划、预测和补充　collaborative planning, forecasting, and replenishment (CPFR)

需求提前期　demand lead time

需求管理　demand management

非季节性需求　deseasonalized demand

动态需求　dynamic demand

经济指标　economic indicators

指数平滑　exponential smoothing

外部预测法　extrinsic forecasting techniques
预测误差　forecast error
内部预测法　intrinsic forecasting techniques
领先指标　leading indicator
平均绝对偏差　mean absolute deviation(MAD)
移动平均　moving averages
正态分布　normal distribution
订单处理　order processing
生产提前期　production lead time
定性预测法　qualitative forecasting techniques
定量预测法　quantitative forecasting techniques
随机变动　random variation
季节指数　seasonal index
季节性　seasonality
平滑常数　smoothing constant
静态需求　stable demand
跟踪信号　tracking signal
趋势　trend

问答题

1. 什么是需求管理？它包括哪些功能？
2. 为什么必须进行预测？
3. 什么因素会影响对公司产品的需求？
4. 描述战略业务计划、销售和经营计划和主生产计划的预测目的。
5. 列举并描述本书提到的需求的三个特征。
6. 叙述预测中涉及的趋势、季节性、随机变动和周期等概念。
7. 列举并描述本书讨论的预测的四个原则。
8. 列举并描述数据收集的三个原则。
9. 描述定性预测法、定量预测法、外部预测法和内部预测法的特点和差异。
10. 分别描述移动平均和指数平滑，并指出它们的优缺点。
11. 什么是季节指数？如何计算季节指数？
12. 什么是非季节性需求？
13. 跟踪预测是什么意思？预测可能以哪两种方式出错？
14. 什么是预测偏差？导致偏差的原因是什么？
15. 什么是随机变动？
16. 什么是平均绝对偏差(MAD)？为什么它在预测中有用？
17. 当跟踪预测发现不可接受的误差时，应该采取什么措施？

第8章 预测和需求管理

18. 什么是 P/D 比率？怎样改进 P/D 比率？
19. 如果一家制造商的 P/D 小于 1，它该如何制订生产计划？这对库存有什么影响？
20. 预测方法没有偏移，但 MAD 却很大，这说明了什么？

 计算题

8.1 在过去的 3 个月，产品需求分别是 255、219 和 231。用 3 个月的移动平均预测第 4 个月的需求。如果第 4 个月的实际需求值是 228，计算第 5 个月的预测值。

答案：分别是 235，226。

8.2 假设数据如下，用 3 个月的移动平均计算第 4～7 月的预测值。

月	实际需求	预测
1	60	
2	70	
3	40	
4	50	
5	70	
6	65	
7		

8.3 过去 10 个月的每月需求如下。

a. 画出需求图。

b. 对第 11 个月的需求，进行最佳预测。

c. 用 3 个月的移动平均计算第 4、5、6、7、8、9、10 和 11 个月的预测值。

月	实际需求	预测
1	102	
2	91	
3	95	
4	105	
5	94	
6	100	
7	106	
8	95	
9	105	
10	98	
11		

8.4 如果 2 月份的预测值是 122，而实际需求值是 135，如果平滑常数 α 是 0.15，那么 3 月份的预测值是多少？用指数平滑法计算。

答案：预测＝123.95≈124。

8.5 如果原来的预测值是 100，最近的实际需求值是 83，用指数平滑法计算的下一期预测值是多少？假设 α 是 0.25。

8.6 用指数平滑法计算第 2、3、4、5 和 6 个月的预测值。平滑常数是 0.2，原来对第 1 个月的预测值是 245。

月	实际需求	预测需求
1	260	
2	230	
3	225	
4	245	
5	250	
6		

8.7 用指数平滑计算问题 8.3c 中相同月份的预测值。原先第 3 个月的移动平均是 96，α 等于 0.4。对 11 月份的两种预测值的差异是多少？

月	实际需求	预测需求
1	102	
2	91	
3	95	
4	105	
5	94	
6	100	
7	106	
8	95	
9	105	
10	98	
11		

8.8 在过去的一年里，对某产品的周需求平均是 100 单位，之后 8 周的实际需求如下表。

a. 画出图形表示数据。

b. 如果 α 是 0.25，用指数平滑计算每周的预测值。

c. 评价预测值跟踪实际需求值的好坏，它是落后于实际需求值还是超前于实际需求值？

周	实际需求	预测需求
1	103	100
2	112	
3	113	
4	120	
5	128	
6	131	
7	140	
8	142	
9		

8.9 如果第1季度的平均需求值是140,所有季度的平均需求值是175,那么第1季度的季节指数是多少?

答案:季节指数=0.8。

8.10 利用问题8.9中的数据,如果下一年的预测需求是800,计算下一年第1季度的需求值。

答案:第1季度的预测=160。

8.11 1月份的平均需求是80,平均年需求是1800。计算1月份的季节指数。如果公司预测下一年的需求是2000单位,下一年1月份的预测需求值将是多少?

8.12 假设每月平均需求如下,计算每月的季节指数。

月份	实际需求	季节指数
1	30	
2	50	
3	85	
4	110	
5	125	
6	245	
7	255	
8	135	
9	100	
10	90	
11	50	
12	30	
总计		

注意:如果你的计算是正确的,那么,将你所有的季节指数加在一起应当等于全部季节的期数,在本例中就是12。

8.13 用问题8.12中的数据和已经计算出的季节指数,若年预测是2000单位,计算预期每月需求。

月	季节指数	预测
1		
2		
3		
4		
5		
6		
7		
8		
9		
10		
11		
12		

8.14 如果4月份的实际需求是1 440单位,季节指数是2.5,那么4月份的非季节性需求是多少?

答案:非季节性需求=576单位。

8.15 计算以下数据的非季节性需求。

季度	实际需求	季节指数	非季节性需求
1	130	0.62	
2	170	1.04	
3	375	1.82	
4	90	0.52	
总计			

8.16 先前的非季节性预测是100单位,$\alpha=0.30$,上个月的实际需求是180单位。如果上个月的季节指数是1.2,下个月的季节指数是0.8,计算:

a. 上个月的非季节性实际需求。

b. 下个月的非季节性预测,用指数平滑法。

c. 下个月的实际需求预测。

答案:

a. 上个月的非季节性实际需求=150。

b. 下个月的非季节性预测=115。

c. 下个月的实际需求预测=92。

8.17 极速轨迹滑雪用品商店在滑雪季节的4个月里销售滑雪护目镜,平均需求如下:

a. 计算这4个月每个月的非季节性销售和季节指数。

b. 如果下一年的需求预测是1 200副,那么每个月的预测销售是多少?

月份	平均历史需求	季节指数	下年的预测需求
12	300		
1	400		
2	220		
3	130		
总计			

8.18 假定预测和实际需求如下,计算平均绝对偏差。

期	预测	实际需求	绝对偏差
1	110	85	
2	110	105	
3	110	120	
4	110	100	
5	110	90	
总计			

答案：MAD=14。

8.19 数据如下,计算平均绝对偏差。

期	预测	实际需求	绝对偏差
1	100	105	
2	105	95	
3	110	90	
4	115	130	
5	120	100	
6	125	120	
总计	675	650	

8.20 公司使用±4的跟踪信号来决定是否需要对预测进行检查。假定历史数据如下,决定哪一时期的预测应该进行检查。产品的 MAD 是15。是否应该有任何先前的迹象表明预测应该进行检查?

期	预测值	实际值	偏差	累计偏差	跟踪信号
1	100	110			
2	105	90			
3	110	85			
4	115	110			
5	120	105			
6	125	95			

案例研究 8.1　诺斯卡特自行车公司的预测问题

简·诺斯卡特是诺斯卡特自行车公司(Northcutt Bikes)的老板,该公司成立于1995年。当时,简注意到,在她的自行车商店里,她采购回来再转手销售的自行车的质量下降而价格却不断上升。而且她还发现,想要收到她定制的自行车越来越困难,而且有时候要等几个月。于是她决定自己制造自行车以满足她的顾客的特殊需求。

简开始购买必要的零部件(车架、车座、轮胎等),并且有两个助手帮助她在租来的仓库里进行组装。由于她的店铺在选择性、交货和质量方面的声誉鹊起,她的客户除了个人购买外,还增加了当地的自行车商店。随着生意的不断发展,她也不得不投入更多的精力。于是她认识到,有必要卖掉她的自行车商店,以便集中精力在一个大的租赁厂房里生产自行车。

随着业务的进一步扩大,她整合了越来越多的后向工序,自己动手生产一些配件,所以现在她只采购整个自行车不到50%的零部件。这不但加强了她对产品质量的控制,也帮助她控制了生产成本,使得她的产品更加吸引顾客。

现在的状态

简认为自己是一个亲力亲为的管理者,充分利用了自己的直觉和市场经验来预测产品需求。基于她所建立的经营原则：快速、可靠地按照每一个客户的具体要求把产品交出去。因此她认为必须在顾客提出需求之前，生产出每一个特定品种自行车的基本零部件。也因为如此，她需要在确认实际需求之前有基本的车架、车轮和标准配件以供生产，而一旦收到订单，只需要装配上可供选择的附加件即可。她完成一个订单的时间少于行业平均时间的一半，这被认为是一个战略性优势。简认识到，如果她想继续现在这样成功的运作，就必须保持甚至继续改善响应时间。

然而，随着客户整个群体数的增加，简却发现，自己以前所认识的那些客户却在急剧减少。很多新的顾客在期望着，甚至要求更短的反应时间，这也是吸引他们来诺斯卡特自行车公司的最初原因。再加上需求总数的减少，使得制订生产能力计划迫在眉睫。简发现，有时存在很多空闲时间（明显增加了成本），而有时需求又超过了生产能力，进而增加了对顾客的响应时间。因此，简转而预测某些品种的需求，而对这些品种建立成品库存。此举并不令人满意，因为这实际上增加了成本和某些响应时间。原因如下：

- 成品库存不是"正确"的库存，这就意味着某些产品品种缺货，而其他品种库存过多。这种情况既影响了响应速度又增加了成本。
- 常常为了有助于维持响应速度，撤销成品库存，而后又重新建立，从而增加了生产成本。
- 重建库存占用了完成其他顾客订单的可用产能，这进一步又导致了更差的响应时间并增加了赶工成本。在需求高峰期，现有的生产订单和重建库存工作同时竞争必需的设备和资源，从而使得生产排程成了一大难题。

关于库存的又一问题是需要额外的存储空间，这一项成本也是简想尽力避免的。

另外一个困扰简的难题是自行车需求的起伏变化太快。她担心空闲时间的低生产率，可又不愿意在低需求时期解雇她的工人，她要求工人继续安心工作，生产自行车。这使得生产"正确"的自行车的问题显得尤为重要，尤其是在库存空间紧张的时候。

历史需求

下面列出了对一个主要产品——标准26英寸10速街道自行车——的每月需求。尽管它只是简的产品之一，但是它代表了诺斯卡特自行车公司现有的大部分产品的主要生产类型。如果简能利用这些数据找到一种方式，来更好地理解产品需求，她相信可以用同样的方法预测其他主要产品族的需求。她认为，这些知识可以让她更有效地做计划，同时继续保持良好的响应速度并控制好成本。

月份	实际需求			
	2011	2012	2013	2014
1	437	712	613	701
2	605	732	984	1 291
3	722	829	812	1 162
4	893	992	1 218	1 088
5	901	1 148	1 187	1 497
6	1 311	1 552	1 430	1 781
7	1 055	927	1 392	1 843

续表

月份	2011	2012	2013	2014
8	975	1 284	1 481	839
9	822	1 118	940	1 273
10	893	737	994	912
11	599	983	807	996
12	608	872	527	792

讨论题

1. 用已知数据画图,并描述你所得到的结论。这些结论的意义是什么?你怎么利用图中的信息帮助你做预测?

2. 用至少两种方法做需求预测,越准确越好。用这些方法预测此后4个月的需求。

3. 在第2题中,哪一种方法比较好?你是怎么知道的?

4. 怎样利用简的市场知识改善预测?能否更好地以季度为单位进行预测?为什么?

5. 是否还有其他可能的方法可以改善简的经营状况?有什么方法?能起到什么样的作用?

6. 是否是简的生意扩展得太大而使得公司不好控制了?为什么是,或为什么不是?你有什么建议?为了改善当前状况,你建议她还需要搜集其他什么信息?

案例研究8.2 哈切齿轮公司

当营销部送给杰克·菲尔丁一份某种齿轮的年度销售需求预测报告时,他发现自己真地陷入了两难境地。杰克是哈切齿轮公司(Hatcher Gear Company)的物料经理,他的任务是根据该预测,将其转化为对生产要求的预测,其中部分工作是转化为对采购原材料的要求——既包括数量,也包括交货期。直到他遇到V27齿轮族之前,这种常规性的工作一直进行得顺风顺水。

由于购买V27齿轮族的那些客户的使用要求很高(应用于高压力状态),所以该齿轮必须用一种具有复杂化学成分的高强度合金钢来制造。而钢铁厂不很愿意生产这种钢,因为它们必须为此专门将一个熔炉停下来,并加以彻底清洁,以防污染。用于准备这个熔炉所花的时间和工作,再加上制造这种特种钢所需的化学原料很贵,所以哈切齿轮公司所买的这种钢的价格很高。此外,该钢铁厂告诉哈切齿轮公司,它们只能每年生产一个批次的这种钢。因为它们有自己的生产计划,不可能因为哈切齿轮公司在一年内除了这个批次之外,由于再提出追加订货而打乱自己的生产节奏。鉴于哈切齿轮公司是需要这种钢的唯一一家客户,所以该钢铁厂要求哈切齿轮公司一次就买下这一个批次的钢。它也不愿意专门为了哈切齿轮公司而保持昂贵的库存。如果同意这些条件,那么,该钢铁厂才勉强愿意接受哈切齿轮公司的订货。杰克原打算另找一家愿意生产这种特种钢的工厂,但遭到的都是迅速和断然的拒绝。

这些情况意味着,杰克必须尽可能准确地测算出它需要购买多少这种钢,而不管他买多少,都必须能维持全年的需要。如果他买的太少,就无法对其中一些客户供货,而这对于服务客户来说就是一场灾难,并且他的老板(总经理)肯定会追究他的责任。事实上,就在最近,总经理又一次强调指出,V27齿轮族的客户极其重要,他希望至少在97%的时间里,能保证按时向V27齿轮族的客户交货,尽管为此肯定会使库存的成本十分高昂。所有那些使用V27齿轮族的客户都把哈切齿轮公司作为他们唯一的供货来源。然而,一次买得太多也很难办。杰克作为物料经理,是公司内库存的实际"主管人",也就是说,他负责掌管所有的原材料、在制品和制成品库存,包括对库存的持有成本负责。如果一年内库存了太多的这种昂贵钢材,那么首席财务官和总经理就会找他麻烦。虽然那些V27齿轮族的客户知道这种钢材很贵,并愿意为此支付较高的价格,但他们却不愿意再次提高价格来帮助哈切齿轮公司弥补库存上的损失。他们希望哈切齿轮公司自己来设法解决这个问题。

除了所有这一切,杰克的两难之处还在于,营销部所制定的年度销售预测为16 000套V27齿轮族。当他看到这个数字后,他决定回顾一下该产品近十年来的实际销售情况。其数据如下:

10年前	9 733
9年前	10 115
8年前	9 814
7年前	10 033
6年前	10 077
5年前	9 782
4年前	10 145
3年前	10 097
2年前	9 924
去年	9 897

杰克决定打电话给营销部经理(菲尔·约翰逊),了解一下这个预测数字是怎么来的。以下就是谈话的情况:

杰克:"我想问一下对V27齿轮族的需求预测问题。你说是16 000套,请问你是怎么得到这个数字的?"

菲尔:"因为那是我们打算销售的数量。"

杰克:"你是否已经有了,或是预料会有V27齿轮族的新客户?"

菲尔:"没有。"

杰克:"在你的客户中,是否有客户对V27齿轮族有了新的应用领域?"

菲尔:"我不清楚。"

杰克:"在你的客户中,是否其中有的客户又有了,或是预料会有新客户,他们将使用用我们V27齿轮族所生产的产品?"

菲尔:"我不清楚。"

杰克:"在你的客户中,是否其中有的客户要扩大生产,生产更多使用我们V27齿轮族的产品?"

菲尔:"我不清楚。"

杰克："那么，为什么你说你们将销售 16 000 套 V27 齿轮族？"

菲尔："因为那是我们计划销售的数量。而你最好不要让我们的任何一个客户感到失望，或者将他们的订单推迟交货！"

杰克挂上了电话，一脸茫然，不知所措。如果他最终持有太多的库存，或者是让任何一个客户失望，他知道总经理不会饶了他。他还知道，如果反过来指责营销经理，那将是一个大错误。因为营销经理不仅在公司里具有比自己更高的地位，而且他和总经理的私交甚笃，杰克知道，他们经常在周末一起打高尔夫，而他们的家庭还常常一起参加各种社交活动。

讨论题

1. 设法帮助杰克找出一个短期解决办法。帮助他决定应该购买多少钢材——足以满足来年生产多少 V27 齿轮族？在你得出这个数字后，说出你的理由。尽量把你的理由综合到一起——包括所有可能的选择，说明为什么你反对你所拒绝的选择，以及为什么你赞成你所提出的建议。

2. 为杰克和哈切齿轮公司拟定一份可以长期使用的建议，特别是要将当前这种两难处境降低到最小程度，并防止其再次发生。

第 9 章

Modern Management

库 存 基 础

 ## 引言

库存是企业或机构持有的、用于销售或为生产过程提供输入或供给的物料和用品。所有企业和机构都需要库存,库存通常是总资产的重要组成部分。

从财务角度来说,库存对制造类企业非常重要。在资产负债表上,库存通常代表20%~60%的总资产。库存消耗之后,价值转换成现金,从而增加了现金流和投资回报。持有库存需要耗费成本,因此它增加了营运费用,降低了公司利润。所以,好的库存管理非常重要。

库存管理负责计划和控制从原材料阶段到向顾客交货期间的库存。由于库存既可能由生产产生,也可能由支持生产产生,二者不能分开管理,因此必须协调进行。在计划的每一层次都应考虑库存,因此库存是生产计划、主生产计划和物料需求计划的一部分。生产计划关注的是全部库存;主生产计划关注的是最终产品;而物料需求计划关注的是零部件和原材料。

 ## 总体库存管理

总体库存管理根据库存分类(原材料、在制品和成品)及其功能来管理库存,而不是管理单个产品层次的库存。总体库存管理以财务为导向,关注的是持有不同类型库存的成本和收益。这样,总体库存管理包括:
- 需要的库存流和种类。
- 供应和需求模型。
- 各种库存的功能。
- 库存管理的目标。
- 与库存相关的成本。

单项物品库存管理

不仅要管理总体层次上的库存,单项物品层次上的库存也要管理。管理层必须建立库存物品的决策规则,这样负责库存控制的员工才能有效地工作。这些规则包括:
- 哪些单项物品库存项目最为重要。
- 单项物品库存如何控制。
- 一次订货多少。
- 什么时候订货。

本章将讨论总体库存管理和影响库存管理决策的一些因素,包括:
- 基于物流的库存类型。
- 供应模型和需求模型。
- 库存的功能。
- 库存管理的目标。
- 库存成本。

最后,本章将对前两个决策——确定单项最终产品的重要性以及如何对其加以控制——得出结论。在以后几章中,将对用来补充库存的一次订货数量和订货时间进行讨论。

 库存和物流

库存分类有多种方法,一种常用的分类方法与流进、流经和流出生产组织的物料有关,如图 9-1 所示。

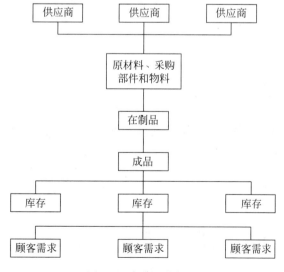

图 9-1 库存和物料流

- **原材料**。原材料是指已经接收的、尚未进入生产过程的采购物品,包括采购的物料、零部件和组件等。
- **在制品**。在制品是指已经进入生产过程、正在加工或待加工的原材料。
- **成品**。生产过程形成的成品是准备用来销售的物品,可能储存在工厂、中心仓库或者配送系统的多个地点。
- **配送库存**。放在配送系统中的成品。
- **维修与作业耗材**。用于生产但不会加工到产品中的物料,包括手工工具、备件、润滑剂和清洁用品等。

物品究竟分类到哪种库存取决于生产环境。例如,钢板或轮胎对于供应商来说是成品,而对于汽车制造商来说却是原材料和零部件。

供应和需求模型

如果供应能够准确地满足需求,就不需要库存。如果商品生产速度与需求速度等同,也不会积压库存。要出现这种情况,需求必须可预测、稳定,且在一个较长时期内相对保持不变。

如果是这样,生产部门就可以以流水线方式生产产品,使生产和需求匹配。应用这种生产方式,物料按需求供应给生产,工作站之间的工作流平衡,因此几乎不需要在制品库存,商品按客户需求的速度交付给顾客。第1章讨论了流水式生产系统,由于这种方式生产的产品种类有限,因此,需求必须足够大,以便在经济上能抵消设置整个生产系统的费用。这些生产系统都具有精益生产的特征,将在第15章继续讨论。

多数产品的需求数量既不够大,也不稳定,难以保证建立一个流水线生产系统,这些产品一般进行批量或批次生产。工作站根据功能进行布置,如所有机床放在一个地方;所有的焊接设备放在另外一个地方;而所有的装配工具放在第三个地方。物料按照工艺路线的要求从一个工作站成批地运到下一个工作站。从该生产系统的本质上来说,原材料、在制品和成品都会产生库存。

库存的功能

在批量生产环境中,库存的基本用途是将供应和需求分隔开来。库存在以下活动之间作为一种缓冲:

- 供给与需求。
- 顾客需求与成品。
- 成品与可用的部件。
- 一个作业的需求与前一个作业的产出。
- 生产所需的零部件及物料与物料供应商。

基于这些,库存可以按照其发挥的功能进行分类。

预期库存

预期库存(anticipation inventory)建立在对未来需求的预期之上。例如,销售旺季、促销活动、休假停产及可能发生罢工的威胁之前,都要设置库存。预期库存的设置有助于均衡生产,以及降低因改变生产节奏所带来的成本。

波动库存(安全库存)

波动库存(fluctuation inventory)的设置是为了应对供应和需求,或提前期中偶然出现的不可预测的波动。如果需求或提前期大于预测,就会发生缺货。**安全库存**(safty stock)的设置就是为了预防这种可能性的发生,其目的是避免生产或交付客户过程的中断。安全库存也叫作缓冲库存(buffer stock)或储备库存(reserve stock)。

批量库存

所购买的或生产的物品数量大于需求时即产生**批量库存**(lot-size inventory)。这样做是为了利用大量采购所带来的打折扣上的好处,同时也降低了运货、员工和准备成本,以防制造或采购物品赶不上它们的使用或销售速度。批量库存有时又称为**周期性库存**(cycle stock)。周期性库存是指在顾客订单逐渐减少时,收到供应商订单时周期性补货的一种库存。

在途库存

在途库存(transportation inventory)的存在是由于商品从一个地方运到另一个地方需要时间,如从工厂运到配送中心或客户。在途库存有时又称为**途径库存**(pipeline inventory)或者**移动库存**(movement inventory)。运输中的库存的平均数量是

$$I = tA \div 365$$

其中,I 是运输中的年平均库存;t 是以天计算的运输时间;A 等于年需求量。注意,在途库存并不取决于运输量,而是取决于运输时间和年需求量。减少在途库存及其成本的唯一方法是减少运输时间。此外,由于一个流程中的库存量与搬运库存通过一个流程的时间有直接的关系,因此,减少在途库存能获得成本和时间两个方面的好处。这一点,将在第15章展开讨论。

例题

供应商配送货物的运输时间是10天,如果年需求是5 200单位,年平均在途库存是多少?

答案

$I = 10 \times 5\,200 \div 365 = 142.5$(单位)

这个问题也可以用价格作为单位,以同样的方式进行计算。

期货库存

有些产品如矿产和日用品(如粮食和动物产品)在全球市场上交易,这些产品的价格

随着全球的供应和需求而波动。如果买方预期价格将上涨,可以在价格较低时买进**期货库存**(hedge inventory)。期货库存非常复杂,超出了本书的讨论范围。

维修与作业耗材

维修与作业耗材(maintenance, repair and operating, MRO)是用来支持一般作业和维修,但不会直接成为产品一部分的物品,包括维修用品、设备的零备件,以及像洗涤剂、润滑油、铅笔、橡皮等消耗品。

在大多数情况下,计划员(公司里大部分物料采购要求都来自他们)并不制订采购这些MRO的订单,这些订单一般都直接由维修或工程部门提出。有些MRO物料的库存,是根据需要的可能性而决定的,特别是那些经常使用的物品,如清洁用品。用于维修的物料往往是依据以往对该设备的维修计划来决定的。这一点,对于那些极其昂贵,没有理由始终随时保有库存的物料尤其重要。而某些修理材料,即便库存成本很高,但却需要有一定的库存,这是因为,获得这些材料可能需要很长的提前期;或者缺乏这些材料可能导致设备的关键部分无法工作,直到有了这些材料才行。可以建立缓冲库存,其建立方式与建立生产库存几无差别(详见第11章)。可以对关键维修物料加以统计分析,以此来确定该零件的平均故障间隔时间(mean time between failure, MTBF)。这样一来,就可制订专门的维修计划,以便将设备停工的可能性减到最小,而对维修零部件的采购就可与维修计划同步进行,从而降低了库存持有成本。这非常类似于汽车公司向购车人提供的维修计划。车主往往不愿遵从这种维修计划,但是,忽视这些建议常常导致代价高昂而又十分不便的停车检修。

MRO的存放地点取决于公司的需要和规定。在某些情况下,MRO物料与生产物料储存在同一个安全的仓库内,但有时会将MRO单独存放。无论是哪种情况,与生产物料一样,MRO都是一种很大的财务成本支出,所以与生产物料一样,它们的储存地点和正确的库存数量都是十分重要的。

库存管理的目标

对于希望获取最大利润的公司而言,库存管理至少有以下三个目标:
- 最好的客户服务。
- 低成本的工厂运行。
- 最小的库存投资。

客户服务

从广义上说,客户服务是公司满足客户要求的能力。从库存管理的角度来说,客户服务用来表示物品在需要时的可得性,是库存管理效率的衡量指标。客户可能是买主、中间商、本公司内别的工厂或进行下一个作业的工作站。

衡量客户服务有很多不同的方法,每一种方法都有优缺点,不存在所谓的最好的方法。有些衡量方法是根据订单按期发货百分比、单项(line items)按期发货百分比及订单缺料天数等来制订的。

库存可以通过预防不稳定性造成的影响来帮助达到最好的客户服务。如果能准确预测客户需要什么及何时需要，就可以制订计划在免受不确定性影响的情况下满足客户的需求。然而，需求的大小和获取物品的提前期通常是不确定的，有可能导致缺货而引起顾客的不满。由于这些原因，有必要保留额外库存以规避这种不确定性的影响。这种库存叫安全库存，将在第 11 章进行讨论。

运行效率

库存在四个方面使生产作业具有更高的生产率。

1. 库存使不同生产节奏的作业分别运行，且更为经济。如果先后有两个或多个顺序进行的作业，而产出速度各不相同，如要有效运作，各作业之间就必须设置库存。这种专门设置用来分隔各个作业，使作业高效进行的库存常常被称作**去耦库存**(decoupling inventory)。

2. 第 2 章讨论了季节性产品的生产计划，其全年的需求是不同的。讨论的策略之一是均衡生产，为旺季的销售设置预期库存。这一策略会有下列作用：

- 降低加班成本。
- 降低雇用和解雇员工的成本。
- 降低培训成本。
- 降低外包成本。
- 减少所需要的产能。

通过均衡生产，厂商能够连续生产一个等于平均需求数量的产品。这一策略的优点在于避免了改变生产规模所产生的成本，如图 9-2 所示。

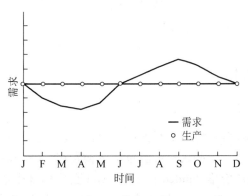

图 9-2　均衡生产

3. 库存使厂商进行更长的生产运行，这可以：

- **降低单件产品准备成本**。生产成批产品的成本取决于准备成本和运行成本。准备成本是固定的，但是运行成本随着产量的不同而变化。如果加工更大的批量，那么准备成本会被更多的产品分摊，平均（单位）成本就会降低。

- **由于生产资源很大一部分时间用于加工，而不是用于准备，因此生产能力就得到提高**。工作中心的时间由准备时间和加工时间构成，只有产品进行加工而不是准备时才有产出。如果一次生产更多的量,那么一定的年产出就需要较少的准备时间,这样就有更多的时间用于生产。这对"瓶颈"资源尤为重要,在这些资源上损失时间就等于损失了有效产出(总产量)和产能。

4. 库存可以使厂商以较大数量采购物料,这样就会有较低的单位订货成本和数量折扣。

然而,所有这些都是要付出代价的,问题在于如何平衡库存投资和以下一些问题:

1. **客户服务**。库存水平越低,缺货的可能性越高,客户服务水平就越低;库存水平越高,客户服务水平就越高。

2. **与改变生产水平相关的成本**。如果生产随着需求波动,过量的设备能力、加班、雇用员工、培训和解聘成本可能都较高。

3. **下达订单的成本**。较低的库存可以通过多次订购较小的数量来实现,但是这种方法会造成较高的年订购成本。

4. **运输成本**。商品少量运输比大量运输的单位成本更高。然而,大量运输意味着更多的库存。

如果持有库存,那么收益一定要大于持有库存的成本。有人曾经说过,保留大于目前需求的库存的唯一理由是,库存持有成本更低。这也就是说,我们应该关注与库存有关的成本。

库存成本

在进行库存管理决策事,需要考虑以下成本:

- 物品成本。
- 持有成本。
- 订购成本。
- 缺货成本。
- 与产能相关的成本。

物品成本

物品成本(item cost)是采购物品所支付的价格,包括物品本身的成本和与物品运进工厂相关的任何直接成本。这些成本可能包括运输费用、关税和保险费用等。包含这些项目的成本通常称为**到岸价格**(landed price)。对于公司内部生产的产品来说,成本包括直接物料、直接人工和工厂的管理费用。这些成本通常可以从采购或财务部门得到。

持有成本

持有成本(carrying costs,有时也叫作 holding costs)包括公司由于持有库存所发生的所有费用。库存增加,成本就随之增加。持有成本可以分为三类:

1. **资金成本**。资金用来投资库存就不能作为他用,这意味着损失机会成本。最小成本就是当前利率下资金没有投资而存入银行可获得的利息。该成本也可能更大,这取决于公司的投资机会。

2. **存储成本**。存储库存需要空间、工人和设备。库存增加，这些成本也会增加。
3. **风险成本**。持有库存的风险有：
   a. 陈旧。由于型号或样式变化，或技术进步而造成的产品价值损失。
   b. 破损。保管或搬运过程中损坏的库存。
   c. 偷盗。丢失、散落或被盗的产品。
   d. 损耗。储藏过程中因腐烂或浪费而损耗的库存，或者是保存期限有限的库存。

持有库存需要花费什么？实际数据随着行业的不同和企业的不同而不同。资金成本的不同取决于利率、公司的信用等级及公司的投资机会。存储成本随所需的储存地点和形式而不同。风险成本可能很低，但对于易腐品来说也可能接近于100%的商品价值。持有成本通常定义为单位时间（通常是1年）库存资金价值的百分比，对于制造业，教科书中一般采用20%～30%。这在很多情况下是可行的，但并不是所有产品。例如，时尚或流行产品陈旧的可能性很高，持有这类产品的成本也就会更高。

例题

公司持有2 000 000美元的平均年库存，如果公司预测这些库存的资金成本是10%，存储成本是7%，风险成本是6%的话，持有这些库存每年花费多少钱？

答案

持有库存的总成本＝10%＋7%＋6%＝23%

持有库存的年成本＝0.23×2 000 000美元＝460 000(美元)

订购成本

订购成本(ordering costs)是指给工厂或供应商下达订单时发生的相关成本。下达订单的成本并不取决于订购数量。不管是订购一批10个单位还是一批100个单位的货物，与下达订单相关的成本本质上都一样。不过，年订购成本取决于一年之内下达订单的次数。

订购成本包括以下内容：

- **生产控制成本**。花费在生产控制上的年成本和精力取决于订购次数而不是订购数量。每年订购的次数越少，该成本就越低。发生的成本包括签发和完成订单的成本、排程成本、负荷成本、派工成本和加急成本等。
- **准备成本和拆卸成本**。每次签发订单，工作中心就需要准备机器来加工订单，并在加工结束时拆卸机器。这些成本并不取决于订购数量，而取决于每年的订购次数。
- **产能损失成本**。工作中心每次接到订单，用于花费在准备上的时间相当于损失了生产产出的时间。这意味着产能损失，并与下达的订单次数直接相关。这对"瓶颈"工作站尤其重要和昂贵。
- **采购订单成本**。每次下达采购订单，都会产生成本。这些成本包括订单准备、订单跟踪、加急、接收、准许付款，以及接收和支付发票的财务成本。
- **搬运或运输成本**。在下达订单时，该订单所相关的物料就要从一个作业点转移到另一个作业点。

订货的年成本取决于每年下达的订单数量。这个成本可以通过一次订购量的增加而减少,这样订购次数就会减少。然而,这又造成库存水平上升,持有库存的年成本增加。

例题

假定以下年成本,计算下达一次订单的平均成本。

生产控制部门工资＝60 000(美元)

生产控制部门的用品及运营费用＝15 000(美元)

工作中心对每个订单的准备成本＝120(美元)

每年的订购次数＝2 000

答案

平均成本＝固定成本÷订购次数＋可变成本

＝(60 000＋15 000)÷2 000＋120

＝157.50(美元)

缺货成本

如果提前期内的需求超过了预测,就会出现缺货。由于订单未及时交货、销售损失和可能的顾客流失,缺货成本可能会很大。缺货现象可以通过持有额外库存来减少,以预防提前期内出现需求大于预测的情况。

与产能相关的成本

当必须改变产出水平时,就可能涉及加班成本、雇佣成本、培训成本、额外的班次成本和解雇成本等。这些**与产能相关的成本**(capacity-associated costs)可以通过均衡生产来避免,也就是说在淡季多生产以备旺季销售,但这样就增加了淡季的库存量。

例题

公司生产和销售季节性产品。每季度销售预测分别为2 000、3 000、6 000和5 000,计算均衡生产计划、季末库存和每季平均库存。如果库存持有成本是每季每件3美元,年持有库存成本是多少?期初和期末库存等于零。

答案

	第1季度	第2季度	第3季度	第4季度	总计
预测需求	2 000	3 000	6 000	5 000	16 000
生产	4 000	4 000	4 000	4 000	16 000
期末库存	2 000	3 000	1 000	0	
平均库存	1 000	2 500	2 000	500	
库存成本/美元	3 000	7 500	6 000	1 500	18 000

财务报表和库存

两个主要的财务报表是资产负债表(balance statement)和损益表(income statement)。资产负债表说明资产、负债和所有者权益。损益表说明获得的收益和获得这些收益过程中所发生的费用。

资产负债表

资产(asset)是一些有价值的东西,并预计有益于将来的业务运作。资产可以是有形的,如资金、库存、机器和建筑物等;也可以是无形的,如应收账款和专利等。

负债(liabilities)是公司的债务或欠款,如应付账款、应付工资和长期债务等。

所有者权益(owners' equity)是指资产和负债的差额,代表公司支付完所有的债务之后,所有者剩余的资产。所有者权益或者通过所有者商业投资产生,或者通过商业运作赚取利润后产生。所有者从企业提取资金或企业亏损时,所有者权益就会减少。

会计等式(accounting equation)。资产、负债和所有者权益之间的关系可以用资产负债表等式表示:

$$资产 = 负债 + 所有者权益$$

这是一个基本的会计等式,已知其中的两个值就可以求出第三个值。

例题

a. 如果所有者权益是 1 000 美元,负债是 800 美元,资产是多少?

b. 如果资产是 1 000 美元,负债是 600 美元,所有者权益是多少?

答案

a. 资产=负债+所有者权益=800+1 000=1 800(美元)

b. 所有者权益=资产-负债=1 000-600=400(美元)

资产负债表(balance sheet)通常是左边显示资产,右边显示负债和所有者权益,如下表所示:

资产		负债	
现金	10 000	应付票据	5 000
应收账款	300 000	应付账款	20 000
库存	500 000	长期债务	500 000
固定资产	1 000 000	总负债	525 000
		所有者权益	
		资本	1 000 000
		留存收益	375 000
总资产	1 900 000	总负债和所有者权益	1 900 000

资本(capital)是指所有者在公司中投资的资金数量。

留存收益(retained earnings)随着公司收益的增加而增加,随着公司费用的增加而减少。收益和费用的汇总参见以下所述的损益表。

损益表

收益(income,或利润 profit)。商业的主要目的是通过盈利增加所有者权益。基于这一原因,所有者权益分为多个账目,其中收入账目(revenue account)说明使所有者权益增加的项目,费用账目(expense account)则说明使所有者权益减少的项目

收益 ＝ 收入 － 费用

收入（revenue）来源于销售产品或服务。支付有时直接以现金形式，但通常情况是承诺较迟支付，叫作应收账款（account receivable）。

费用（expenses）是在取得收入的过程中发生的成本，通常被分为销货成本、日常管理费用等。

销货成本（cost of goods sold）是指制造产品发生的成本，包括直接人工、直接物料和工厂管理费用。工厂管理费用（factory overhead）是指除直接人工和直接物料之外的所有其他的工厂费用。它常用某种百分比，按照所生产的单位，分摊到每个产品上。

日常管理费用（general and administrative expenses）包括经营过程中的所有其他费用，如广告费、保险费、财产税、工资和福利等，但它不包括直接物料、直接人工和工厂管理费用等成本。

以下是损益表的例子。

收入		1 000 000 美元
销货成本		
直接人工	200 000 美元	
直接物料	400 000 美元	
工厂管理费用	200 000 美元	800 000 美元
毛利（毛利润）		200 000 美元
日常管理费用		100 000 美元
净收益（利润）		100 000 美元

例题

假定以下数据，计算毛利和净收益。

收入　　　　　＝1 500 000（美元）
直接人工　　　＝300 000（美元）
直接物料　　　＝500 000（美元）
工厂管理费用　＝400 000（美元）
日常管理费用　＝150 000（美元）

如果通过更好的物料管理使得物料成本降低了 50 000 美元，利润可以增加多少？

答案

收入		1 500 000 美元
销货成本		
直接人工	300 000 美元	
直接物料	500 000 美元	
工厂管理费用	400 000 美元	1 200 000 美元
毛利（毛利润）		300 000 美元
日常管理费用		150 000 美元
净收益（利润）		150 000 美元

如果物料成本降低50 000美元,收入就会增加50 000美元。物料管理直接影响到最后一行——净收益。

现金流分析

当库存作为原材料采购时,库存记为资产;当原材料进入生产环节时,记为在制品库存;随着原材料的加工,由于施加了人工成本和加工过程的管理费用,原材料就增加了价值。物料被认为吸收了管理费用。当商品准备好用于销售时,那么直到售出才能成为收入。然而,必须支付生产商品时发生的费用,这引发了另一个财务问题:企业必须具有现金来支付各种账款。现金由销售产生,流入企业的现金必须足以支付到期的账款。企业必须编制财务报表以表明流入和流出企业的现金。任何现金短缺都必须解决,或通过借款,或借助其他方式。这种类型的分析称为现金流分析。

投资回报率

对投资来说,另一个经常使用的财务效益评估指标就是**投资回报率**(return on investment,ROI)。计算投资回报率有许多方法,但一个常用的简单公式如下:

$$投资回报率 = 投资所得净利润 \div 投资成本$$

当然,投资所得净利润就等于来自投资的财务收益减去投资成本。

库存绩效的财务评估

从财务角度来看,库存属于资产,代表被捆绑的资金,不能用于其他目的。如本章前面讨论的,库存有持有成本——资金成本、存储成本和风险成本等。财务部门希望库存尽可能少,因此需要某些指标来评估库存水平。总库存投资是一种评估方法,但是它本身并不与销售相关。与销售确实相关的两个衡量指标是库存周转率和供给天数。

库存周转(inventory turns)。厂商的理想情况是没有库存,但这是不切实际的,因为支持生产和供给客户通常都需要库存。那么多少库存才是充足的?答案不是唯一的。量度库存如何有效使用的一个便捷方法是**库存周转率**(inventory turns ratio):

$$库存周转率 = 年销货成本 \div 平均库存金额$$

平均库存的计算较为复杂,是成本会计的一个科目。本书中作为已知使用,在假定需求和补充相对恒定的情况下,一个常用的简单公式为

$$平均库存 = (期初库存 + 期末库存) \div 2$$

例如,如果年销货成本是100万美元,平均库存是50万美元,那么

$$库存周转率 = 1\,000\,000 \div 500\,000 = 2$$

这是什么意思呢?至少,这意味着有这50万美元的库存,公司能够产生100万美元的销售额。如果通过更好的物料管理,公司把其库存周转率增加到10,就意味着只需要10万美元的库存就可以产生同样的销售额。如果持有库存的年成本是库存价值的25%,减少40万美元的库存可以节省成本(及利润增加)10万美元。

库存周转率也是估计一定经营期间内库存存留的平均时间长度的一个方便方法。例如,如果库存周转率是每年4次,那么在这个经营期间,库存的平均时间就是3个月(12

个月/4次)。在某种程度上,这个概念类似于循环时间或最终产出时间(参看第6章)。另一个十分有用的、与库存和时间有关的概念是**库存速度**(inventory velocity),它实际上指的是:物料从被库存接受到最终以产成品销售出去的时间。

例题

a. 如果年销货成本是2 400万美元,平均库存是600万美元,库存周转率是多少?

答案

库存周转率＝年销货成本÷平均库存金额＝24 000 000÷6 000 000＝4

b. 如果库存周转率增加到每年12次,库存减少多少?

答案

平均库存＝年销货成本÷库存周转率＝24 000 000÷12＝2 000 000(美元)
减少的库存＝6 000 000－2 000 000＝4 000 000(美元)

c. 如果持有库存成本是平均库存的25％,将节省多少成本?

答案

减少的库存＝4 000 000(美元)
节省的成本＝4 000 000×0.25＝1 000 000(美元)

供给天数(days of supply)。为了在管理和经营两个方面做出有效的决策,公司需要知道它们手头现有多少库存。一个在使用和理解上最为简单的方法之一就是供给天数。它实际上就是以天为单位来衡量:按照预测的需求速度,使得当前的库存达到零,或达到预定的安全库存水平的时间有多长。这对于决定何时需要订货,以及判断现有库存物品是否能供应相同的天数都十分有用。在下一个订货周期内,可以在相同的时间点上,订购具有相同时间价值库存的物品。供给天数也是最容易理解的指标之一,同时还避免了去计算如同库存周转率等其他一些指标。计算供给天数的公式是

$$供给天数 = 现有库存 \div 平均日用量$$

这个指标也很方便转化为现有库存的供应周数(weeks),它对于考察总库存量十分有用,因为与仅仅考察总的库存具体数量相比,人们更加关心这个指标。

随着供应链概念的发展,供应链中的每个成员都可以建立自己的库存供应天数。这个概念常常被称作**库存概略**(inventory profiling),它对于观察库存可能会在什么地方出现积压,或者库存绩效什么地方出了问题等,都十分有用。也可将实际库存概略与计划的库存概略,甚至是最佳库存概略加以比较,从而制订改正计划。

例题

公司现有9 000单位库存,年用量48 000单位,每年有240个工作日,供给天数是多少?

答案

平均日用量＝48 000÷240＝200(单位)
供给天数＝现有库存÷平均日用量＝9 000÷200＝45(天)

一般而言,以较少的库存来有效经营一个企业的能力,能对该企业的财务绩效产生正面的影响。例如,由于库存体现为一种资产,而企业总是希望看到现金(也是一种资产)在增加,尤其是当该企业以自己的现金来采购库存时更是如此。当然,与库存相比,现金是

一种灵活得多的资产。此外,倘若公司将其现金用在库存上,那么,其中就涉及机会成本问题,也就是说,被库存所束缚住的现金就无法用于其他可能带来收益的投资了。另外,如果公司不用自己的现金去购买库存,那么,通常它就要设法借钱来采购库存。但这就减少了它的盈利,因为它必须为自己所借的钱支付利息。库存对收入的另一个影响表现在库存有处理、储存、搬运、损坏和风险等成本上。这些成本通常都包括在管理费用中,当这些成本增加时,无疑也将减少企业的利润。全世界的公司之所以纷纷采纳精益管理的概念来减少库存,正是由于库存对财务上的这种影响。当然,这只是影响它们使用精益管理的原因之一,但不是唯一的原因,我们将在第15章详细讨论精益管理这个问题。

库存评估方法

财务上有四种方法用来计算库存成本:先进先出、后进先出、平均成本和标准成本。每一种方法对于库存价值都有其特定的意义。如果物品的价格没有变化,四种方法计算的结果基本一致。然而如果价格上升或下降,就会有明显的差异。这四种计算方法与实际物品是否发生移动没有任何关系。使用任何一种方法都仅仅是计算其使用价值和会计价值。

先进先出(first in first out,FIFO)。先进先出方法假设最先进入库存的物品被最先使用。价格上升的时候,补充货物的价格就高于假定成本。这种方法并不能反映当前价格,补货的价值就会被打折扣。当市场价格降低时,情况相反。

后进先出(last in first out,LIFO)。后进先出方法假设最后进入库存的物料最先用掉。价格上升时以当前价格补货。当市场价格下降时,现有库存就会估价过高。然而,企业剩余库存价值总体上就会大打折扣。

平均成本(average cost)。平均成本方法假定赋予所有商品以平均价格。这种方法的问题是价格变化(上升或下降)时使用的成本与实际成本不相关。

标准成本(standard cost)。标准成本方法使用的是开始生产之前就已确定的成本。这些成本包括直接物料、直接人工和一般的管理费用。标准成本和实际成本之间的任何差异都被视为一种变动。

 ## ABC 库存控制

库存控制通过控制单个物料项目进行,称为库存单位(stock-keeping units,SKUs)。库存控制必须回答四个问题:
1. 库存物品的重要性是什么?
2. 怎样控制库存物品?
3. 一次应该订购多少?
4. 订单应该什么时候下达?

通过确定物品的重要性,然后基于物品的相对重要性准许不同水平的库存控制,ABC 库存(ABC inventory)分类系统回答了前两个问题。

多数公司都持有大量库存。为了以合理的成本更好地控制库存,根据物品的重要性对库存进行分类很有必要。这通常建立在年资金使用量上,但也可能使用其他标准。例如,一种物品特别难以获取,并且具有很长的补货提前时间,那么,该物品可能属于很重要物品类别,即使它只不过占用了相对较少的年度资金使用量。

ABC 原则基于这样一种观察:少数物品通常决定了多种情况的结果。这一观察首先由意大利经济学家维尔弗雷德·帕累托得出,因此称为**帕累托法则**(Pareto's law)。当帕累托法则用于库存管理时,经常发现物品的百分比与年资金使用百分比的关系遵循这样一种模式,其中共分三类:

A 类——大约 20% 的物品占用了 80% 的资金使用量。

B 类——大约 30% 的物品占用了 15% 的资金使用量。

C 类——大约 50% 的物品占用了 5% 的资金使用量。

这里的百分比是近似值,不是绝对的。这种分类方法可用来帮助控制库存。

ABC 分析的步骤

1. 确定影响库存管理结果的那些物品的特征。通常使用年资金使用量,但是也可能使用其他标准,如物品稀缺性,较长的补货提前期,较短的货架寿命,或质量问题,等等。

2. 根据已经确定的标准将物品分类。

3. 根据每一类物品的重要性,对其进行不同程度的管理。

影响物品重要性的因素包括年资金使用量、单位成本和物品稀缺性。为简单起见,本书中只使用年资金使用量。用年资金使用量进行分类的步骤如下:

1. 确定每类物品的年用量。

2. 将每类物品的年用量乘以该物品的成本得到总的年资金使用量。

3. 根据年资金使用量排列物品。

4. 计算累计年资金使用量和累计物品所占百分比。

5. 考查年资金使用分布情况,根据年资金使用百分比将物品分为 A、B、C 三类。

例题

某公司生产一系列 10 种产品。物品使用量、单位成本和年资金使用量如下表所示。年资金使用量是由物品使用量乘以单位成本得到的。

a. 计算每种物品的年资金使用量。

b. 根据年资金使用量排列物品。

c. 计算累计年资金使用量和物品累计百分比。

d. 将物品分成 A、B、C 三类。

答案

a. 计算每一种物品的年资金使用量。

零件号	单位使用量	单位成本/美元	年资金使用量/美元
1	1 100	2	2 200
2	600	40	24 000

续表

零件号	单位使用量	单位成本/美元	年资金使用量/美元
3	100	4	400
4	1 300	1	1 300
5	100	60	6 000
6	10	25	250
7	100	2	200
8	1 500	2	3 000
9	200	2	400
10	500	1	500
总计	5 510		38 250

b. b、c、d 步骤的解答如下:

零件号	年资金使用量/美元	累计资金使用量/美元	累计资金使用百分比/%	累计物品使用百分比/%	类别
2	24 000	24 000	62.75	10	A
5	6 000	30 000	78.43	20	A
8	3 000	33 000	86.27	30	B
1	2 200	35 200	92.03	40	B
4	1 300	3 500	95.42	50	B
10	500	37 000	96.73	60	C
9	400	37 400	97.78	70	C
3	400	37 800	98.82	80	C
6	250	38 050	99.48	90	C
7	200	38 250	100.00	100	C

价值百分比和物品百分比通常以图形表述,如图 9-3 所示。

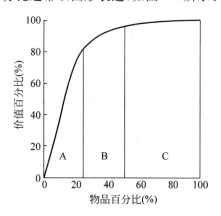

图 9-3 ABC 曲线:价值百分比与物品百分比

基于 ABC 分类的控制方法

使用 ABC 库存管理方法,需要遵循以下两个基本原则:

1. **有大量低价值物品**。C 类物品占大约 50% 库存,但却只占库存总价值的 5% 左右。持有更多的 C 类物品库存几乎不增加库存总值。只有当某一 C 类物品缺货时,C 类物品才显得真正重要。因此 C 类物品的供应应当总是可以得到的。例如,一次采购一年的供应量,从而持有充足的安全库存。这样一来,一年中仅有一次缺货的可能。

2. **通过减少高价值物品的库存来节省资金和管理工作**。A 类物品代表了 20% 的库存,却占库存总价值的 80%。因此,A 类物品至关重要,需要最严密的控制和最频繁的检查。

依据类别的不同,需要采取不同的控制方法:

- **A 类物品:最高优先级**。严密的控制包括完整准确的记录,管理层定期频繁的检查,频繁检查需求预测,密切追踪,以及加速以缩短提前期。
- **B 类物品:中度优先级**。正常的控制包括良好的记录、定期的检查及正常的处理。
- **C 类物品:最低优先级**。可能的最简单的控制——确保充足的供应。简单记录或者没有记录,可能采用两仓系统(two-bin system)或定期检查系统(periodic review system)。大批量采购并持有安全库存。

小结

持有库存既有好处也带来成本问题,难点在于使得库存持有成本和以下指标之间取得平衡:

- **客户服务**。库存水平越低,缺货的可能性越高,潜在的未交货成本、销售损失和客户流失成本也越高;库存水平越高,则客户服务水平也越高。
- **运行效率**。库存协调多个作业,使得生产部门更有效地运行。库存能使得生产均衡进行,避免改变生产规模带来的成本。持有库存使得生产得以运行更长时间,从而减少了准备次数。最后,库存可使生产部门进行大批量采购。ABC 库存分类系统赋予每一类物品不同的优先权,因而能够更有效地管理库存和控制成本。
- **下达订单成本**。可以通过每次下达订单时只进行少量采购来减少库存,不过这增加了年采购成本。
- **运输和搬运成本**。物品搬运越频繁、搬运的数量越少,运输和搬运成本也就越高。

库存管理受多个因素影响:

- 库存分类。它们是原材料、在制品,还是成品。
- 库存的作用:预期库存、波动库存、批量库存或者在途库存。
- 供应和需求曲线。
- 与持有库存相关(或无关)的成本。

除了从整体水平上管理库存之外,库存管理还必须在物品层次上进行。管理层必须制定库存物品决策规则,这样库存管理人员才能够有效地开展工作。

关键术语

A 类物品　A items
ABC 库存　ABC inventory
预测库存　anticipation inventories
资产　asset
平均成本　average cost
资产负债表　balance sheet
C 类物品　C items
与产能相关的成本　capacity-associated costs
资本持有成本　capital carrying costs
销货成本　cost of goods sold
周期库存　cycle stock
供给天数　days of supply
去耦库存　decoupling inventory
配送库存　distribution inventory
费用　expenses
成品　finished goods
先进先出　first in first out(FIFO)
波动库存　fluctuation inventory
日常管理费用　general and administrative expenses
期货库存　hedge inventory
收入　income
库存概略　inventory profiling
库存周转率　inventory turns
库存速度　inventory velocity
物品成本　item cost
到岸价格　landed price
后进先出　last in first out(LIFO)
负债　liabilities
批量库存　lot-size inventory
维修与作业耗材　maintenance, repair, and operational supplies(MROs)
所有者权益　owners' equity
帕累托法则　pareto's law
途径库存　pipeline or movement inventory
原材料　raw materials
留存收益　retained earnings
投资回报率　return of investment

收益　revenue
安全库存　safety stock
标准成本　standard cost
缺货　stockout
在途库存　transportation inventory
在制品　work-in-process(WIP)

 ## 问答题

1. 什么是库存？为什么库存对生产企业很重要？
2. 库存管理的责任是什么？
3. 什么是总体库存管理？它所关注的是什么？
4. 什么是决策规则？为什么它是必要的？
5. 根据物料流原则，库存分成哪四类？
6. 为什么流水线生产系统比批量生产需要更少的库存？
7. 库存的基本目标是什么？库存在哪五个方面提供缓冲？
8. 叙述以下库存种类的功能和目的：
    a. 预期库存。
    b. 波动库存。
    c. 批量库存。
    d. 在途库存。
9. 叙述库存如何影响以下方面：
    a. 客户服务。
    b. 工厂作业。
10. 与库存相关的五类成本是什么？
11. 列举并叙述库存持有成本的类别。
12. 列举并描述工厂订购成本的类别。
13. 什么是缺货成本和与产能相关的成本？它们与库存的关系是什么？
14. 什么是资产负债表等式和损益表等式？
15. 现金流分析的目的是什么？
16. 什么是库存周转率和供给天数指标？
17. ABC 分析的基本前提是什么？ABC 库存分类的三个步骤是什么？
18. 用年资金使用量对库存进行分类的五个步骤是什么？
19. 用你自己厨房里的物品为例，将它们分为 A、B、C 三类。你是否用 ABC 分类法对它们加以良好的控制了？为什么？
20. 先进先出(FIFO)和后进先出(LIFO)的区别是什么？
21. 在通货膨胀期间，为什么库存价值会在先进先出(FIFO)和后进先出(LIFO)估值之间变化？

计算题

9.1 如果产品运输时间是 11 天,年需求量是 10 000 单位,年平均在途库存是多少?
答案:301.4 单位。

9.2 公司雇用运输公司给主要客户送货,年需求 250 万美元,平均运输时间 10 天;另一家运输公司承诺只需 7 天就能完成送货,请问在途库存减少了多少?

9.3 假定以下比例的持有库存成本:资金成本是 10%,存储成本是 6%,风险成本是 9%。如果平均库存是 100 万美元,计算年持有库存成本。
答案:25 万美元。

9.4 花商持有平均 12 000 美元的鲜花库存,鲜花需要特殊的储存,并且很容易衰败。花商预测资金成本是 10%,存储成本是 25%,风险成本是 50%。那么,其年持有成本是多少?

9.5 年采购人员工资是 65 000 美元,采购部门的运行费用是 25 000 美元,每一订单的检查和接收成本是 25 美元。如果采购部门每年下达 9 000 个订单,订购的平均成本是多少?问:年订购成本是多少?
答案:平均订购成本=35(美元)。
年订购成本=315 000(美元)。

9.6 某进口商经营一个小型仓库,其每年的成本如下:采购人员工资是 45 000 美元,采购费用是 30 000 美元,每个订单的客户和经纪人回扣是 30 美元,库存的融资成本是 8%,存储成本是 7%,风险成本是 10%。平均库存是 250 000 美元,每年下达 6 000 个订单。问:年订购成本和持有成本是多少?

9.7 一公司生产、销售季节性产品。根据以下销售预测,计算均衡生产计划、季末库存、每季平均库存。假设每季的平均库存等于该季期初和期末库存的平均数。如果库存持有成本是每单位产品每个季度 3 美元,预期库存的年持有成本是多少?期初和期末库存等于零。

项目	第 1 季度	第 2 季度	第 3 季度	第 4 季度	总计
销售	1 000	2 000	3 000	2 000	
生产					
期末库存					
平均库存					
库存成本					

答案:年库存成本=6 000(美元)。

9.8 假定以下数据,计算均衡生产计划、季末库存和每季平均库存。如果库存持有成本是每单位产品每季度 6 美元,年持有成本是多少?期初和期末库存都是零。

项　　目	第 1 季度	第 2 季度	第 3 季度	第 4 季度	总计
需求预测	5 000	7 000	8 500	9 500	
生产					
期末库存					
平均库存					
库存成本					

如果公司总是持有 100 单位的安全库存，那么它的年持有成本是多少？

9.9　基于以下数据计算均衡生产计划、季末库存和每季平均库存。如果持有成本是每单位产品每季度 3 美元，年持有成本是多少？期初和期末库存都是零。

项　　目	第 1 季度	第 2 季度	第 3 季度	第 4 季度	总计
需求预测	3 000	4 000	6 500	6 500	
生产					
期末库存					
平均库存					
库存成本					

9.10　如果资产是 200 万美元，负债是 160 万美元，那么所有者权益是多少？

答案：40 万美元。

9.11　如果负债是 400 万美元，所有者权益是 120 万美元，那么资产价值是多少？

9.12　假定以下数据，计算毛利润和净收益。

收入　　　　　3 000 000 美元

直接人工　　　700 000 美元

直接物料　　　900 000 美元

工厂管理费用　700 000 美元

日常管理费用　300 000 美元

答案：毛利润＝700 000（美元）。

　　　　净收益＝400 000（美元）。

9.13　在问题 9.12 中，如果物料成本减少 200 000 美元，利润将增加多少？

9.14　如果年销货成本是 1 200 万美元，平均库存是 225 万美元：

a. 库存周转率是多少？

b. 如果通过更好的物料管理，库存周转率增加到每年 10 次，平均库存减少多少？

c. 如果持有库存成本是平均库存的 20%，每年节省多少？

答案：a. 5.3；b. 105 万美元；c. 21 万美元。

9.15　如果年主营业务成本是 3 000 万美元，平均库存是 500 万美元：

a. 库存周转率是多少？

b. 如果通过更好的物料管理，库存周转率增加到每年 10 次，那么平均库存将减少多少？

c. 如果持有库存成本是平均库存的 25%，每年节省多少？

9.16 公司现有库存600单位,年使用量7 200单位,每年240个工作日。供给天数是多少?

答案:20天。

9.17 在过去的一年里,公司销售了以下10种物品。年销售量和每种物品的成本如下表所示。

a. 计算每种产品的年资金使用量。
b. 根据总的年资金使用总量排列产品。
c. 计算累计年资金使用量和产品累计百分比。
d. 根据年资金使用量百分比将产品分类为 A、B、C 三类。

零件号	年单位使用量	单位成本/美元	年资金使用量/美元
1	21 000	1	
2	5 000	40	
3	1 600	3	
4	12 000	1	
5	1 000	100	
6	50	50	
7	800	2	
8	10 000	3	
9	4 000	1	
10	5 000	1	

答案:A 类物品:2、5。
 B 类物品:8、1、4。
 C 类物品:10、3、9、6、7。

9.18 分析以下数据,根据年资金使用量对物品进行分类。

零件号	年单位使用量	单位成本/美元	年资金使用量/美元
1	200	10	
2	17 000	4	
3	60 000	6	
4	15 000	15	
5	1 500	10	
6	120	50	
7	25 000	2	
8	700	3	
9	25 000	1	
10	7 500	1	

9-19 a. 阿加科斯公司的库存中有好几种物品。下表给出了每个物品的年度需求量及其成本。请根据 ABC 法则对这些库存做出分类。

物品	物品成本/美元	年使用量/单位
C34	12	4 000
B99	23	8 000
V94	19	5 500
H64	41	1 200
P77	72	400
Y12	62	1 100
R74	33	1 440

b. 还有一种物品 M22，其使用量很少（每年 300 单位），成本也很低（每单位 3 美元）。但它具有很长的提前期，并且常常难以获得。请问应该如何处理该物品？为什么？

案例研究　库存控制经理兰迪·史密斯

兰迪·史密斯对于他的新职务——约翰逊·特林克特公司的库存控制经理——非常自豪。他的责任十分清楚：既要使得库存保持在一定的水平上，确保生产不至于中断，又要使得库存持有成本和管理成本达到最小。由于兰迪最近刚学了物料管理这门课，因此他觉得自己有办法来挑起这个重担。他决定先从仓库中的某个小部分入手，为其列出一张库存物品表，如果这个方法有效，那么他就可以将它扩展到仓库里的其他 3 万多件物品上了。

以下就是兰迪整理出来的数据：

零件编号	每件价值/美元	现有库存量	年均使用量
1 234	2.5	300	3 000
1 235	0.20	550	900
1 236	15.00	400	1 000
1 237	0.75	50	7 900
1 238	7.60	180	2 800
1 239	4.40	20	5 000
1 240	1.80	200	1 800
1 241	0.05	10	1 200
1 242	17.20	950	2 000
1 243	9.00	160	2 500
1 244	3.20	430	7 000
1 245	0.30	500	10 000
1 246	1.10	25	7 500
1 247	8.10	60	2 100
1 248	5.00	390	4 000
1 249	0.90	830	6 500
1 250	6.00	700	3 100
1 251	2.20	80	6 000
1 252	1.20	480	4 500
1 253	5.90	230	900

当兰迪扫视这张表时,他注意到有几个问题让他感到不对头,于是就询问了一个有经验的仓库管理员。下面就是那几个引起兰迪关心的零件,以及那位仓库管理员回答的汇总情况:

- 1236号零件是一种很贵的零件,它几乎占用了半年的库存资金使用量。该零件用于一种需求很有规律的产品上,而每年用量最大的时间都在年初。
- 1241号零件是一种很便宜的零件,其库存量也很少。该零件由一家常常不遵守交货期的供应商供货,而该零件具有很长的提前期。一个时期以来,每次订货都是一次订购150个,而现在又晚了好几天没交货了。
- 1242号零件与1236号零件一样,它很贵,也几乎占用了半年的库存资金使用量。该零件要运送到国内很远的某个地方去,为了节约运费,常常要累积到一定批量才发货。
- 1246号零件不太贵,库存量也不大。该零件由公司内部自己生产,而用来生产该零件的机器已经十分陈旧了,因此加工误差常常超标。这不,最近一批零件已经被质检部门拒收了。
- 1253号零件价格中等,而与使用量相比库存量显得太大了。最近对该零件进行了质量审查,根据审查结果,有大约150件被拒收了。

兰迪一旦了解到了这些问题,突然之间,他就感到自己不那么自信了。他怀疑自己是否有把握以最佳的处理方法来满足老板的期望了。

讨论题

1. 请用上面提供的信息来评估当前的情况。
2. 根据你的评估,设法制订一套完整的库存管理方法,提供给兰迪参考。
3. 为了有助于你制订更有效的库存管理方法,你还需要其他信息吗?如果有,都是哪些信息,而你又将如何使用它们?

第 10 章

订 购 量

 引言

库存管理的目标是提供需要的顾客服务水平,并减少所有相关的总成本。为达到这一目标,必须回答两个基本问题:

1. 一次订货量应该是多少?
2. 什么时候订货?

管理层必须建立决策规则来回答这些问题,这样库存管理人员才知道何时订购及订购多少。由于缺少更深入的了解,决策规则通常建立在看似合理的基础之上。然而这样的规则不能总是产生最好的结果。

本章将研究回答第 1 个问题的方法,第 11 章将讨论第 2 个问题。首先,我们必须确定订购什么和控制什么。

库存单位

对某一库存,控制是通过对单个物品进行的,这些单个物品叫作**库存单位**(stock-keeping units,SKU)。同一库存中的两件大小不同或样式不同的白衬衫属于两个不同的 SKU;而两个不同库存中的同样的衬衫也是两个不同的 SKU。

批量订购决策规则

《APICS 词典》第 14 版将批量定义为:"同时生产,且具有相同的生产成本和规格的一定数量的产品。"以下是确定一次订购批量的常用决策规则。

逐批订购(lot-for-lot)。逐批订购规则是严格按需求订购,不多也不少。订购数量随需求的变化而变化。这种方法需要及时的时程(time-phased)信息,该信息可通过物料需求计划或主生产计划提供。由于物料仅在需要的时候订购,这种方式不会产生无用的批量库存。正因为如此,逐批订购方法是计划 A 类物品(参见第 9 章)的最佳方法,也用于即时生产(just-in-time,JIT)或精益生产环境中。

固定订购量(fixed-order quantity)。固定订购量规则是指：在下达订单订购某一物品或者 SKU 时，指明每次订购的单位数量。订购数量有时是武断的，如一次订购 200 单位；但有时则基于经济订购量的计算、容器的尺寸，或包装物料所用的包装物的尺寸等。这种方法的优点是容易理解，而缺点是没有最小化所涉及的成本。

固定订购量方式的变形之一是最小—最大方法(min-max system)。这种方法是，当可用数量下降到订货点(第 11 章讨论)时下达订单。所要订购的数量等于下达订单时实际可用数量和最大量之差。例如，如果订货点是 100 单位，最大量是 300 单位，下达订单时的实际可用数量是 75 单位，那么订购量就应该是 225 单位。如果实际可用数量是 80 单位，那么订购数量就应该是 220 单位。

一种常用的计算订货量的方法是经济订货批量模型，这将在下一节进行讨论。

期间订货量(period order quantity)。库存管理人员不是订购一个固定的数量，而是订购足够的量以满足未来给定时期的需求。问题是订购的数量应该满足多少期数，答案将在本章后面讨论期间订购量系统时给出。

成本

正如第 9 章所述，订购成本和持有库存成本都是由订购量决定的。理想情况下，所使用的订购决策规则应该使这两项成本总和最小。这就是所熟知的经济订购批量。

经济订购批量

假设

经济订购批量(economic-order quantity，EOQ)建立在以下假设之上：
1. 需求相对稳定且已知。
2. 物品以批量进行生产或采购，且不连续。
3. 订单准备成本和库存持有成本稳定不变，且为已知。
4. 补货能够立刻完成。

这些假设通常对需求相对独立，且大致相同的成品行之有效。不过很多情况下这些假设无效，EOQ 概念也没有用处。例如，对按照订单生产型产品来计算 EOQ 就没有意义。因为这种情况下顾客指明订购量，产品的货架寿命短，或加工时间受到工具寿命和原材料批量的限制。在制订物料需求计划中经常使用逐批订购规则，但也会使用经济订购批量的一些变形规则。

经济订购批量公式的推导

在假定条件下，库存中的物品数量以匀速减少。假如某物品的订购量是 200 单位，使用速度是每周 100 单位，图 10-1 显示了库存的变化情况。

纵轴表示现有库存为零时库存立即到达，库存量立即增加了 Q，即所订购的量。这是所有采购部件或制造部件都准确到达的情况，也就是所有部件同时到达了。

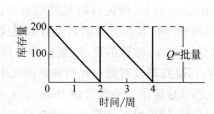

图 10-1 一段时间的现有库存

由以上可知:

平均批量库存 = 订购量÷2 = 200÷2 = 100(单位)

每年订购次数 = 年需求量÷订购量 = (100×52)÷200 = 26(次/年)

例题

某 SKU 的年需求是 10 075 单位,订购量是每次 650 单位,计算平均批量库存和年订购次数。

答案

平均批量库存=订购量÷2=650÷2=325(单位)

年订购次数=年需求量÷订购量=10 075÷650=15.5(次/年)

注意:例题中年订购次数没有四舍五入取整数。因为这是一个平均数,实际订购次数每年都不同,但平均下来就是所计算的数值。该例中,可能第 1 年的订货次数是 16 次,第 2 年是 15 次。

相关成本(relevant cost)。相关的成本如下:

- 年下达订单成本。
- 年持有库存成本。

订购量增加,平均库存和年持有库存成本也增加,但年订购次数和订购成本下降。这有点像跷跷板,一边成本的减少只能以另一边成本的增加为代价。诀窍是找到一个适当的订购量,使总持有库存成本和订购成本之和最小。假设:

A=年使用量

S=单个订单的订购成本

i=年持有成本率,表示为小数或百分比

c=单位成本

Q=订购量

那么

年订购成本=订购次数×单个订单的订购成本
$=A\div Q \times S$

年持有成本=平均库存×单位年持有成本
=平均库存×单位成本×年持有成本率
$=Q\div 2 \times c \times i$

总的年成本=年订购成本+年持有成本
$=(A\div Q)\times S+(Q\div 2)\times c \times i$

例题

年需求是 10 000 单位,单个订单的订购成本是 30 美元,持有成本率是 20%,单位成本是 15 美元,订购量是 600 单位。计算:

a. 年订购成本。

b. 年持有成本。

c. 总的年成本。

答案

$A = 10\,000$(单位)

$S = 30$(美元)

$i = 0.2$

$c = 15$(美元)

$Q = 600$(单位)

a. 年订购成本 $= A \div Q \times S = 10\,000 \div 600 \times 30 = 500$(美元)

b. 年持有成本 $= Q \div 2 \times c \times i = 600 \div 2 \times 15 \times 0.2 = 900$(美元)

c. 总的年成本 $= 1400$(美元)

在理想情况下总成本应当最小。在任何年需求量(A)、订购成本(S)和持有成本率(i)已知的情况下,总成本取决于订购量(Q)。

试错法

考虑下面的例子:

某一五金备件分销商持有 3 英寸螺钉库存。螺钉的年使用量是 1 000 箱,全年的需求相对稳定。单个订单的订购成本是 20 美元,库存持有成本预计为 20%,单位成本是 5 美元。

这里:

$A = 1\,000$(单位)

$S = 20$(美元)

$c = 5$(美元)

$i = 20\% = 0.20$

所以

年订购成本 $= A \div Q \times S = 1\,000 \div Q \times 20$

年持有成本 $= Q \div 2 \times c \times i = Q \div 2 \times 5 \times 0.2$

总的年成本 $= 20\,000Q + Q \div 2$

表 10-1 是个同订购批量的成本,其结果如图 10-2 所示。表 10-1 和图 10-2 说明了以下重要事实:

1. 存在一个订购量使得订购成本和持有成本之和最小。
2. 经济订购批量发生在订购成本等于持有成本的点上。
3. 在经济订购批量附近的较大批量范围内总成本变化很小。

表 10-1 不同批量的成本

订购量/Q	订购成本/(AS/Q)	持有成本/(Qic/2)	总成本
50	400	25	425
100	200	50	250
150	133	75	208
200	100	100	200
250	80	125	205
300	67	150	217
350	57	175	232
400	50	200	250

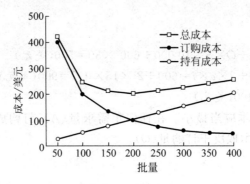

图 10-2 成本与批量

最后一点很重要,有两个原因。第一,通常很难准确地确定持有库存成本和订购成本。由于总成本在经济订购批量附近变化相对不大,所以有没有精确值并不重要,较为接近的近似值就足够了。第二,零件通常以方便的包装单位进行订购,如托盘、箱或打,订购最接近于经济订购批量的包装量就足够了。

经济订购批量公式

前一部分讨论到经济订购批量发生在订购成本等于持有成本的订购量上,如果这两个成本相等,得到以下公式:

持有成本=订购成本

$$Qic \div 2 = AS \div Q$$

解出 Q,得

$$Q^2 = 2AS \div ic$$

$$Q = \sqrt{2AS/ic}$$

所求得的订购量的值就是经济订购批量。用这个公式计算前面例子中的 EOQ,得

$$EOQ = \sqrt{2AS/ic} = \sqrt{2 \times 1\,000 \times 20/(0.20 \times 5)} = 200(单位)$$

如何减小批量

经济订购批量公式有 4 个变量。经济订购批量随着年需求量(A)和订购成本(S)的

增加而增加；随着持有库存成本（i）和单位成本（c）的增加而减少。

年需求量（A）是市场情况，超出了生产控制。持有库存成本（i）由产品本身和公司的资金成本决定，也超出了生产控制。

单位成本（c）可以是库存单位的采购成本，也可以是生产产品的成本。理想的情况是这两种成本都尽可能低。任何情况下单位成本的降低都会导致经济订购批量的增加。

订购成本（S）或者是下达采购订单的成本，或者是下达生产订单的成本。下达生产订单成本由生产控制成本和准备成本组成。任何降低这些成本的改进都将减小经济订购批量。

精益生产强调减少准备时间。这样做的原因有很多，减少订购量是其一。第15章将进一步讨论这个问题。

经济订购批量模型的变形

可以对基本经济订购批量模型加以调整，以适合某些具体环境。两个经常使用的模式是：货币单位批量模型和非瞬间接收模型。

货币单位批量模型

经济订购批量（EOQ）除了用物品单位计算以外，还可以用货币单位进行计算。前面给出的公式仍然使用，但年使用量由物品单位变为资金。

A_D＝年使用量，以资金为单位。

S＝订购成本，以资金为单位。

i＝持有成本率，小数或百分比。

由于年使用量用资金表示，单位成本在修改后的公式中就不再需要。

以资金为单位的 EOQ 公式是

$$EOQ = \sqrt{2A_D S/i}$$

例题

产品的年需求是 5 000 美元，每个采购订单的准备成本是 20 美元，持有成本是 20%，计算以资金为单位的 EOQ。

答案

A_D＝5 000（美元）

S＝20（美元）

i＝20％＝0.2

$EOQ = \sqrt{2A_D S/i} = \sqrt{2 \times 5\,000 \times 20/0.2} = 1\,000$（美元）

非瞬间接收模型

有些情况下做出补货订单时，订单不是一次全部接收。最常见的原因是订购的物料要经过很长的时间进行加工，物料根据订单随着生产进行接收。在这种情况下，经济订购批量修改为反映与需求速率相关的生产速率：

$$EOQ = \sqrt{\frac{2AS}{ic}\left(\frac{p}{p-d}\right)}$$

式中，p=生产速率，天；d=需求速率，天；p 和 d 的单位可以任意（上式是天），只要二者的单位相同即可。

例题

产品生产准备成本是每个订单 500 美元，库存持有成本是每年每件 12 美元，对该产品的需求是稳定的，每天 11 单位。生产速率每天 50 单位，计算非瞬间经济订购量。

答案

年需求$(A) = 11 \times 365 = 4\,015$（单位/年）

$$EOQ = \sqrt{\frac{2 \times 4\,015 \times 500}{12} \times \frac{50}{50-11}} = \sqrt{334 \times 583.3 \times 1.3} = 655 \text{（单位）}$$

订购量折扣

采购物品时，供应商通常对超过一定批量的订单给予折扣。这样做是因为较大的订单能够降低供应商的成本。为得到较大数量的订单，供应商愿意提供数量折扣。而采购方必须决定是否接受折扣，这样做必须考虑相关成本：

- 采购成本。
- 订购成本。
- 持有成本。

例题

物品的年需求是 25 000 单位，单位成本是 10 美元，订单准备成本是 10 美元，持有成本是 20%。物品以 EOQ 的方式采购，然而，供应商对超过 10 000 美元的订单给予 2% 的折扣，这一折扣是否该接受？

答案

$A_D = 25\,000 \times 10 = 250\,000$（美元）

$S = 10$（美元）

$i = 20\% = 0.2$

$$EOQ = \sqrt{\frac{2 \times 250\,000 \times 10}{0.2}} = 5\,000 \text{（美元）}$$

打折后的订单量 $= 10\,000 \times 0.98 = 9\,800$（美元）

项 目	无折扣批量	打折后批量
单位价格/美元	10	9.8
批量/美元	5 000	9 800
平均批量库存($Q_C/2$)/美元	2 500	4 900
年订购次数	50	25
采购成本/美元	250 000	245 000
库存持有成本(20%)	500	980
订单准备成本(10 美元/个)	500	250
总成本/美元	251 000	246 230

从以上例子可以得出,接受折扣会带来以下结果:
- 节省了采购成本。
- 订购量增多使得订购次数减少,从而订购成本降低。
- 订购量增加,库存持有成本增加。

买方必须权衡前两点和最后一点的利弊,然后决定如何去做。需要着重考虑的是总成本。根据给出的数据,接受折扣或许是,也或许不是最好的决策。在考虑大批量采购折扣时,通常可以用打折后的总成本与用经济订购批量方法得出的总成本加以比较。

成本未知时产品族的订购量

经济订购批量公式取决于订购成本和持有库存成本。实际过程中这些成本并不总是已知或很难决定的。然而经济订购批量公式应用于产品族时仍然有利。

对于产品族来说,每个产品的订购成本和持有成本一般都是相同的。例如,如果我们订购五金零部件——螺母、螺栓、螺钉、钉子等,每个产品的持有成本(存储成本、资金成本和风险成本)是完全相同的,向供应商下达订单的成本也一样。这种情况下,产品族内的所有产品的下达订单成本(S)和持有库存成本(i)都是相同的。

所以
$$Q = \sqrt{2A_D S/i}$$

其中,A(年需求量)用货币表示。

由于产品族所有产品的 S 和 i 都相同,那么 $\sqrt{2S/i}$ 也就都相等。为简便起见,令
$$K = \sqrt{2S/i}$$

那么 $Q = K\sqrt{A_D}$

而 $Q=$ 年需求量/年订购次数 $=A_D/N$

因此
$$K\sqrt{A_D} = A_D/N$$

即 $K = \sqrt{A_D}/N$

现在看该公式如何应用。

例题

假设产品族的决策规则是每年订购 4 次。由于订购成本(S)和持有库存成本(i)未知,因此每年订购 4 次不是基于经济订购批量 EOQ。那么,在 EOQ 不能计算的情况下,能否制定一个更好的决策规则?

产品	年使用量/美元	年订购次数	目前批量/美元	$\sqrt{A_D}$/美元	$K=\sqrt{A_D}/N$
A	10 000	4	2 500	100	25
B	400	4	100	20	5
C	144	4	36	12	3
		12	2 636	132	33
平均库存		1 318			

答案

所有批量的总和是 2 636 美元。由于平均库存等于订购量的一半,平均库存就是 2 636÷2=1 318(美元)。

由于它们准备成本相等、持有成本也相等的同一产品族,那么所有物品的 $K=\sqrt{\dfrac{2S}{i}}$ 应该也相等。而前面的计算结果显示并不是这样。K 的正确数值仍然未知,一个更好的 K 值应该是所有数值的平均值

$$K = \sum \sqrt{A_D} \div \sum N$$
$$= 132 \div 12$$
$$= 11$$

可以用得到的 K 值来重新计算每个物品的订购量。

产品	年使用量 /美元	目前 年订购次数	目前批量 /美元	$\sqrt{A_D}$/美元	新批量/美元 $K\sqrt{A_D}$	新的订单数 $N=A_D/Q$
A	10 000	4	2 500	100	1 100	9.09
B	400	4	100	20	220	1.82
C	144	4	36	12	132	1.09
	10 544	12	2 636	132	1 452	12.00
平均库存			1 318		726	

对于 A 物品:新的批量 $= K\sqrt{A_D} = 11 \times 100 = 1\ 100$(美元)

新的每年订单数 $= N = A_D/Q = 10\ 000 \div 1\ 100 = 9.09$

平均库存从原来的 1 318 美元降低到 726 美元,而每年的订购次数(12)保持不变。因此,与库存相关的总成本也降低了。

周期订购量

经济订购批量试图最小化订购成本和持有库存成本的总成本,而且经济订购批量建立在市场需求不变的假设上。然而需求通常是不稳定的,尤其在物料需求计划中,使用经济订购批量并不能使成本最小。订购量常常会超过下几个期间所预测的需求量,这可能导致所持有的库存跨越没有需求的期间,借以避免另外再下订单的成本。但是,也会存在订购量可能并不恰好满足下几个期间的需求量,而这会导致需要再下订单,即使上一次的订货仍有一定的余量时也如此。保持库存以避免订购固然是一个好主意,但不保持足够的库存造成再次订购却与经济订购批量的目的相抵触。因此需要对经济订购批量的应用做出更改,而这正是周期订购量方法的用处所在。

周期订购量(period-order quantity)的批量规则建立在与经济订购批量相同的理论基础上,用经济订购批量公式计算经济的订单间隔时间(time between orders)。订单间隔时间等于经济订购批量除以需求速率,这就可以计算下达订单的时间间隔。下达订单不是订购相等数量的经济订购批量(EOQ),而是满足计算的时间间隔内的需求。一年中

下达的订单次数与经济订购批量相同,但每次订购的数量不同。因此订购成本相同,但由于订购量由实际需求决定,所以持有成本降低。

$$周期订购量 = 经济订购批量(EOQ) \div 平均每周使用量$$

例题

产品的经济订购批量(EOQ)是 2 800 单位,年使用量是 52 000 单位。周期订购量是多少?

答案

平均每周使用量 = 52 000 ÷ 52 = 1 000(单位/周)

周期订购量 = EOQ ÷ 平均每周使用量 = 2 800 ÷ 1 000 = 2.8(周)→3(周)

下达订单时,订购量能满足未来 3 周的需求。

注意:计算出的是大约数,这里的精确度并不重要。

例题

假定以下物料需求计划记录和 250 单位的经济订购批量,用经济订购批量计算计划订单接收。然后计算周期订购量和计划订单接收量。计算两种情况下的期末库存和 10 周的总持有库存。

周	1	2	3	4	5	6	7	8	9	10	总计
净需求	100	50	150		75	200	55	80	150	30	890
计划订单接收量											

答案

EOQ = 250 单位。

周	1	2	3	4	5	6	7	8	9	10	总计
净需求	100	50	150		75	200	55	80	150	30	890
计划订单接收量	250		250			250			250		
期末库存	150	100	200	200	125	175	120	40	140	110	1 360

周期订购量(POQ):

每周平均需求 = 890 ÷ 10 = 89(单位)

周期订购量(POQ) = 250 ÷ 89 = 2.81(周)→3(周)

周	1	2	3	4	5	6	7	8	9	10	总计
净需求	100	50	150		75	200	55	80	150	30	890
计划订单接收量	300				330			260			
期末库存	200	150	0	0	255	55	0	180	30	0	870

注意:例题中 10 周总库存从 1 360 单位减少到 870 单位。还要注意的是:在第 4 周并没有下订单,因为这个期间没有需求,而且每次下订单前的那一周具有零库存,也就是把以前的订购量全都用完了。

使用经济订购批量时的实际考虑因素

波动需求(lumpy demand)。经济订购批量假设需求稳定,补货在瞬间进行。当情况不是这样时,经济订购批量的结果就不是最佳。这种情况下,使用周期订购量更好。

预期库存(anticipation inventory)。需求不稳定,就必须在高需求到来之前提前增加库存。最好能根据产能和未来需求计划提前储备好一定的库存。

最小订购量(minimum order)。有些供应商要求最小订购量。这个最小量可能基于总订购量而不是单个产品。通常这些是 C 类产品,此时的订购决策规则应当是大量订购而不是经济订购批量。

在途库存(transportation inventory)。第 13 章将要讨论承运商会根据运量确定价格。满载的单位成本要低于部分承载时的单位成本。这与供应商给大量订购提供价格折扣的道理相同,可以进行同类分析。

成倍订购(multiples)。有时订购量受到包装大小的限制。例如,供应商可能只以托盘方式批量运输货物,这种情况下,使用的订购单位应该是最小包装量的倍数。

订购量和精益生产(order quantity and lean production)。第 15 章将讨论精益生产对一次性生产的库存量具有深远影响。补货量应当调整为与供应链上的下一个作业需求匹配。这个调整导致更小的批量,通常由运送给顾客的频次或易于搬运的容器大小决定,而不是通过计算决定。

小结

经济订购批量(EOQ)基于需求相对稳定的假设之上。这对某些库存是合适的,使用经济订购批量公式能产生合理的结果。使用经济订购批量公式的目的之一是确定订购成本和持有库存成本。由于总成本曲线在底部趋于平缓,好的计算往往会产生一个经济订购量。当订购成本和持有成本未知时,经济订购批量概念也可以有效地用到产品族中。

受订购量影响的两个成本是订购成本和库存持有成本,所有计算订购量的方法都试图使这两种成本之和最小。周期订购量可以做到这一点。与经济订购批量相比,周期订购量的优势是:它更适用于波动需求,因为它关注的是未来的实际需求。

关键术语

经济订购批量　economic order quantity(EOQ)
固定订购量　fixed-order quantity
逐批　lot-for-lot
最小-最大系统　min-max system
非瞬时接收模式　noninstaneous receipt model
周期订购量　period order quantity
数量折扣　quantity discounts

库存单位　stock-keeping units(SKUs)

问答题

1. 本章讨论的库存管理的两个基本问题是什么？
2. 批量订购决策规则有哪些？它们的目的是什么？
3. 什么是库存单位(SKU)？
4. 什么是逐批决策规则？它的优点是什么？用在什么地方？
5. 经济订购批量的四个假设是什么？这些假设对哪类物品有效？什么情况下这些假设无效？
6. 在经济订购批量的假设条件下，平均批量的公式是什么？年订购次数是多少？
7. 与问题6中两个公式有关的相关成本是什么？随着订购量增加，成本各自发生了什么变化？确定固定订货量的目标是什么？
8. 用自己的话解释以下术语，并用公式表示：
   a. 年订购成本。
   b. 年持有成本。
   c. 年总成本。
9. 经济订购批量的公式是什么？说出公式中的每项内容及使用单位。使用货币单位时，公式的单位如何变化？
10. 当决定是否接受价格折扣时，需要考虑的相关成本有哪些？制订决策的基础是什么？
11. 什么是周期订购量？如何建立？什么情况下使用？
12. 以下情况怎样影响库存的批量决策？
    a. 波动需求。
    b. 最小订购量。
    c. 运输成本。
    d. 成倍订购。
13. 公司使用精益生产时的订购批量小于传统方式下的订购批量。讨论其对于库存相关成本的影响。什么是可控成本？什么是不可控成本？

计算题

10.1 一个库存单位的成本为10美元，订购量是500单位，年需求是5 200单位，持有成本是20%，下达一个订单的成本是50美元。计算：
   a. 平均库存。
   b. 每年下达订单的次数。
   c. 年库存持有成本。
   d. 年订购成本。

e. 年总成本。

答案：

a. 250 单位。

b. 每年 10.4 次。

c. 库存持有成本＝500（美元）。

d. 年订购成本＝520（美元）。

e. 年总成本＝1 020（美元）。

10.2 如果订购量增加到 1 000 单位，重新计算上面的问题 10.1a～c，并比较结果。

10.3 公司决定确定某物品的经济订购批量。物品年需求 400 000 单位，每单位的成本是 9 美元，订购成本是每个订单 35 美元，库存持有成本是 22%。计算：

a. 经济订购批量（EOQ）（以产品单位为单位）。

b. 年订购次数。

c. 订购成本、持有库存成本和总成本。

答案：

a. EOQ＝3 761（单位）。

b. 年订购次数＝106。

c. 年订购成本＝3 723 美元。

年持有成本＝3 723 美元。

年总成本＝7 446 美元。

10.4 公司决定确定物品的经济订购批量。该物品年需求是 800 000 美元，订购成本是 32 美元，持有库存成本是 20%。计算：

a. 经济订购批量（EOQ）（以资金为单位）。

b. 年订购次数。

c. 订购成本、持有库存成本和总成本。

d. 库存持有成本与订购成本相比，结果如何？

答案：

a. EOQ＝16 000 美元。

b. 年订购次数＝50。

c. 年订购成本＝1 600 美元。

年持有成本＝1 600 美元。

年总成本＝3 200 美元。

d. 库存持有成本与订购成本相同，因为订购量使用的是 EOQ。

10.5 某库存单位（SKU）的年需求是 10 000 单位，单位成本是 15 美元，每个订单的订购成本是 80 美元，持有库存成本是 25%。计算物品单位的经济订购批量（EOQ），然后转化为货币单位。

10.6 公司目前以经济订购批量进行采购。物品年需求是 10 000 单位，每个单位的成本是 10 美元，订购成本是 30 美元，持有库存成本是 20%。供应商对 1 000 单位以上的订单给予 3% 的折扣，接受这一折扣将节省（损失）多少？

答案：节省＝2 825.45（美元）。

10.7 采用习题10.3的数据。供应商对超过5 000单位的订单给予2%的折扣。如果下达5 000单位的订单，计算采购成本、订购成本、持有成本和总成本。比较结果并计算接受折扣后节省的成本。

10.8 当地的消防部门每年使用10 000块碱性手电筒电池，每块成本为4美元。订购该电池的成本估计大约是50美元；由市政委员会提供贷款的当前利率是25%；销售部门建议，如果一次订购2 000块以上，就可以给予2%的折扣。那么，你应当利用这个报价所给予的好处吗？

10.9 如果 $K=5$，计算新的批量。

物品	年需求	$\sqrt{A_D}$	新的批量
1	2 500		
2	900		
3	121		

答案：

物品1：250。

物品2：150。

物品3：55。

10.10 数据如下，计算 K 值。

物品	年需求/美元	年订购次数	$\sqrt{A_D}$
1	14 400	5	
2	4 900	5	
3	1 600	5	
总计			

答案：$K=15.33$。

10.11 某公司生产三种尺寸的避雷针，订购成本和持有成本未知，但是已知它们每种尺寸都相同。目前每种尺寸每年生产6次。如果每一尺寸的避雷针需求如下表，计算使库存最小并且总加工次数不变的订购量及原来的和新的平均库存。年订购次数有什么变化？

物品	年使用量/美元	现每年订购次数	现批量	$\sqrt{A_D}$	新批量＝$K\sqrt{A_D}$	新的年订购次数 $N=A_D/Q$
1	22 500	6				
2	7 225	6				
3	1 600	6				
总计						
平均库存						

答案：现有批量下平均库存＝2 610.40(美元)。

新批量下平均库存＝2 100.70(美元)。

10.12 某公司生产五种不同规格的螺丝刀,订购成本和库存保管成本暂时无法知道。但是我们知道每一规格的订购成本和库存保管成本都相同。目前,每种规格一年生产4次。如果每一规格的需求如下表所示,计算:什么订购量可以使库存量保持最低,并且保持同样的总加工次数？新、旧库存量分别是多少？每年的订购次数有何改变？

物品	年使用量/美元	现有每年订购次数	现有批量 $\sqrt{A_D}$	新批量＝$K\sqrt{A_D}$	新的年订购次数 $N=A_D/Q$
1	12 000	4			
2	8 100	4			
3	3 600	4			
4	1 600	4			
5	225	4			
总计					
平均库存量					

10.13 某一物品的经济订购批量是800单位,年使用量是2 300单位。周期订购量是多少？

答案：POQ＝18(周)。

10.14 假定以下净需求,请基于周期订购量来计算计划订单接收。经济订购批量是300单位,年需求是4 200单位。

周	1	2	3	4	5	6	7	8	总计
净需求	100	85	90	0	85	80	90	100	630
计划订单接收									

答案：POQ＝3(周)。

第1周计划订单接收＝275(单位)。

第5周计划订单接收＝255(单位)。

第8周计划订单接收＝100(单位)。

10.15 假定以下物料需求计划(MRP)记录和200单位的经济订购批量(EOQ),用经济订购批量计算计划订单接收。然后计算周期订购量(POQ)和计划订单接收。计算两种情况下的期末库存和10周的总持有库存。

周	1	2	3	4	5	6	7	8	9	10	总计
净需求	75	70	60	0	100	80	70	65	0	80	
计划订单接收											
期末库存											

答案：POQ＝3(周)。

EOQ 总期末库存＝985(单位)。
POQ 总期末库存＝570(单位)。

10.16 某物品全年内每周的需求是 240 单位,物品每单位的价值是 42 美元,企业的年库存成本是该物品价值的 20%。订购时,生产一个订单的准备成本是 600 美元,生产过程每周能生产 500 单位,并且随着生产进行每周发运出去。请问经济订购批量是多少?

第 11 章

独立需求订货系统

引言

第 10 章提到的经济订货批量解决了一次订货的数量问题。另一个重要问题是何时下达下次订单。如果不能及时补充存货,就会出现缺货及潜在客户的流失。但是,太早订货会产生多余库存。此时要解决的问题就是如何平衡保管多余库存的成本和缺货损失的成本。

不管是什么商品,我们都要设立补充订货的条件。例如,需要的时候,每月订货一次,或者是当存货消耗到预定水平时发出订单。生活中我们也或多或少地使用到订购规则,这些规则视物品的重要性不同而不同。家庭主妇凭直觉来准备每周的购物单。例如,买足够一周吃的肉,盐罐快要空的时候才去买盐,或者如果下几周需要的话就买一些香草油,等等。

在制造业中,有很多涉及很大投资而且缺货成本很高的存货,控制这些存货需要有效的补充订货系统。决定何时订货的基本系统有以下三个:

- 订货点系统。
- 定期检查系统。
- 物料需求计划。

前两个系统用于独立需求的物品,后一系统用于非独立需求的物品。

订货点系统

当现有存货消耗到预先设定的水平,即**订货点**(order point,OP)时,就要发出订单。订购数量通常是预先通过经济订购批量计算出来的。

应用这种系统时,确定订单发出时间必须满足的条件是:当时手头的存货数量能够满足从订货点至货物到达期间(称为**提前期**——lead time)的生产需求。假设某产品的平均需求为每周 100 单位,提前期为 4 周。如果手头有 400 单位存货时发出订单,平均来说所持存货就能够满足订货到达前的生产需求。但是,任一提前期的需求都可能多于或少于平均数。从统计学的观点来说,有一半的概率需求会大于平均数,发生缺货;而一半概率需求将小于平均数,出现过量库存。为防止缺货必须采取预防措施,即安全库存。当现有存货消耗到提前期需求量与安全库存之和时,发出订单。

$$OP = DDLT + SS$$

其中,OP＝订货点;DDLT＝提前期内需求量;SS＝安全库存。

重要的是:需要注意提前期内的需求量(以及需求的变化量)。缺货现象只可能出现在提前期内。若提前期内需求高于预期水平,就会出现缺货,除非有足够的安全库存。

例题

设需求为每周 200 单位,提前期是 3 周,安全库存 300 单位,求订货点。

答案

OP＝DDLT＋SS＝200×3＋300＝900(单位)

图 11-1 反映了安全库存、提前期、订货数量与订货点间的关系。在订货点系统中:

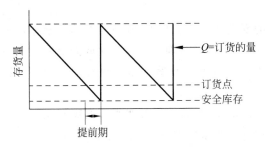

图 11-1　现有数量与时间:独立需求物品

- 订货数量通常是固定的。
- 订货点由提前期内的平均需求量决定。如果改变平均需求量或提前期,订货点不会有变化,而安全库存会相应变化。
- 补货时间间隔不是固定的,而是随着再订货周期内的实际需求量而变化。
- 一个时期内的平均库存量＝(期初库存＋期末库存)/2。

周期期初库存＝订货量＋安全库存

周期期末库存＝安全库存

平均库存量＝(订货量＋安全库存＋安全库存)÷2

＝订货量÷2＋安全库存＝$Q÷2+SS$

例题

订货量为 1 000 单位,安全库存为 300 单位。求平均库存量。

答案

平均库存量 ＝$Q÷2+SS$＝1 000÷2＋300＝800(单位)

决定订货点的因素为提前期内的需求量与所需的安全库存。

预估提前期内需求量的方法已在第 8 章内讨论过,本章中我们将讨论决定安全库存所需要考虑的因素。

确定安全库存

安全库存用于预防供给与需求中的不确定性。不确定性分为两种：数量的不确定性和时间的不确定性。当供应或需求数量发生变化时产生数量的不确定性，如给定期间内需求大于或小于预期数量。当供应或需求的接收时间与预期不符时产生时间的不确定性，如客户或供应商可能变更交付日期。

有两种方式可以预防不确定性：保留额外库存——称为**安全库存**（safety stock），或提前订货——称为**安全提前期**（safety lead time）。安全库存是计算出来的额外保留的库存量，用于防止数量的不确定性。安全提前期是通过早于需要的时间进行订单发放与订货接收来预防时间的不确定性。安全库存与安全提前期都会产生多余库存，但其计算方法不同。

安全库存是预防不确定性最常用的方法，也是本章要讨论的问题。所需要的安全库存量取决于以下因素：

- 提前期内需求的变动性。变动越大，则所需要的安全库存量也越大。
- 再订货频率。如果经常订货，则需求的变化或需求的变动性就能及早发现。
- 所期望的服务水平。服务水平所要求的库存量越高，则更能适应周期性的需求增加。
- 提前期时长。提前期越长，特定服务水平下所需安全库存越多。这也是为什么要尽量减少提前期的一个重要原因。

提前期内需求的变化

第8章讨论了预测误差，提到实际需求偏离预测值的两个原因：预测平均需求时的偏移误差及需求与预测值之间的随机变动。在确定安全库存时主要关注后者。

假如两种产品A与B有10周的销售历史记录，如表11-1所示。两种产品一周提前期的平均需求都是每周1 000单位。(请注意：为了简化起见，提前期和销售历史的间隔时间都为一周。一般情况下并非如此，订购提前期与销售间隔之间的差别，将在本章后面谈到。)但产品A的每周需求变化区间为700～1 400单位，产品B为200～1 600单位。产品B比产品A的需求更不稳定。如果订货点都为1 200单位，则A出现1次缺货，而B出现4次缺货，这将发生在那些每周需求超过1 200单位的情况下。如果要提供相同的服务水平(即每种产品缺货次数相同)，就需要运用一些预测产品需求随机变动的方法。

表 11-1　两种物品的实际需求

周	物品 A	物品 B
1	1 200	400
2	1 000	600
3	800	1 600
4	900	1 300

续表

周	物品 A	物品 B
5	1 400	200
6	1 100	1 100
7	1 100	1 500
8	700	800
9	1 000	1 400
10	800	1 100
总计	10 000	10 000
平均	1 000	1 000

平均需求的变化

假设过去 100 周内某产品的历史需求显示其平均每周需求为 1 000 单位。期望情况是大部分需求都在 1 000 单位左右，只有少数偏离平均值较远，更少的几个偏离非常远。如把每周需求归入平均值附近的组或区间的话，就产生了需求平均值的分布图。设需求分布如下：

每周需求	出现的周数（频率）
725～774	2
775～824	3
825～874	7
875～924	12
925～974	17
975～1 024	20
1 025～1 074	17
1 075～1 124	12
1 125～1 174	7
1 175～1 224	3
1 225～1 274	2

将这些数据整理后的结果是一个柱状图，如图 11-2 所示。

正态分布(normal distribution)。生活中任何事物都是不同的，就算是双胞胎也不例外。需求平均值分布模型也随着产品与市场的不同而不同。因此需要一些方法来描述这些分布——分布的形状、分布中心及其分布宽度。

图 11-2 的柱状分布的形状表明，虽然分布不同，但是遵循一定的模型，如图中平滑的曲线所示。这样一个自然的模型表明其可预测性。只要需求条件不变，我们就可以预测到大致不变的需求模型。如果需求不确定，那么需求模型也就不确定，预测也就更难准确。幸运的是，大多数需求是稳定且可预测的。

最常见的可预测模型类似于图 11-2 中所显示的柱状图的形态，称为**正态曲线**(normal curve)或**钟形曲线**(bell curve)，因为它的形状像一口钟。标准正态分布的形状如图 11-3 所示。

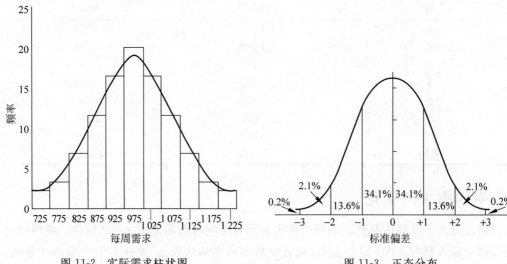

图 11-2　实际需求柱状图　　　　图 11-3　正态分布

正态分布的大部分数值都集中在中心附近，其他少数点逐步分散在两边。正态分布中心的两边是相互对称的，分别朝两边均匀地延展。

正态分布由两个特征值来描述。一个与其趋势或平均值有关，另一个与实际值同平均值的偏差或离差有关。

均值或中位数(average or mean)。均值或中位数位于曲线的最高点，它是分布的核心趋势。均值的符号是 $\tilde{x}$，并通过所有数据相加然后除以数据个数得到。

用公式表示为

$$\tilde{x} = \Sigma x \div n$$

其中，x 代表单个数据（这里表示单个需求），Σ 是求和符号，n 是数据（需求）个数。

例题

以下是 10 周的实际需求资料，计算分布的平均值。

周	实际需求	周	实际需求
1	1 200	6	1 100
2	1 000	7	1 100
3	800	8	700
4	900	9	1 000
5	1 400	10	800
		总计	10 000

答案

$$平均需求 = \tilde{x} = \Sigma x \div n = 10\,000 \div 10 = 1\,000 \text{（单位）}$$

离差(dispersion)是指实际需求量与平均值的偏差，反映单个数据在平均值附近分布的密集程度，可用以下几种方法来衡量：

- 最大值减最小值的区间。
- 平均绝对偏差(MAD),是对平均预测误差的衡量(第 8 章中已讨论过 MAD 的计算)。
- 标准差。

标准差(σ)

标准差(standard deviation)是一个统计学数据,度量单个数据相对于平均数的聚集程度。用希腊字母 σ 表示。标准差的计算步骤如下:

1. 预测需求减去实际需求,计算每一期的偏差。
2. 计算每一期偏差的平方值。
3. 加总这些偏差的平方值。
4. 将第 3 步所得数据除以期数,得其平均值。
5. 计算第 4 步所得数据的平方根,所得数据即为标准差。
6. 大多数计算器和表格应用程序都具有统计功能,从而可以直接计算出 σ,而 σ 具有两个变种,其一是 σ_n,它建立在母体的基础上;另一个是 σ_{n-1},它建立在对估计母体的取样基础上。σ 通常都是建立在 $n(\sigma_n)$ 基础上。可惜,对于这种差别的进一步说明已经超出了本书的范围。

本书前面将平均绝对偏差(MAD)作为离差的度量,这是因为它更方便用手工来加以计算。但标准差是应用更加广泛的技术,可以用它来计算安全库存。一个标准差大约等于 1.25 倍的平均绝对误差。

需要着重指出的是,在讨论安全库存时,需求偏差的计算对应于相同的提前期时间间隔。如果提前期是 1 周,那么需要用 1 个星期的需求变化来确定安全库存。本章的后面将讨论提前期与预测时间间隔不同时的情况。

例题

用上一个例题中的数据计算标准差。

答案

周	预测需求	实际需求	偏差	偏差的平方
1	1 000	1 200	200	40 000
2	1 000	1 000	0	0
3	1 000	800	−200	40 000
4	1 000	900	−100	10 000
5	1 000	1 400	400	160 000
6	1 000	1 100	100	10 000
7	1 000	1 100	100	10 000
8	1 000	700	−300	90 000
9	1 000	1 000	0	0
10	1 000	800	−200	40 000
总计	10 000	10 000	0	40 000

方差的平均值＝400 000÷10＝40 000

$\sigma = \sqrt{40\ 000} = 200$（单位）

从统计学的角度，我们可以确定：

实际需求将在预测平均值的$\pm 1\sigma$（± 200单位）之内的概率大约为68%。

实际需求将在预测平均值的$\pm 2\sigma$（± 400单位）之内的概率大约为95%。

实际数据将在预测平均值的$\pm 3\sigma$（± 600单位）之内的概率大约为99.7%。

确定安全库存及订货点

现在我们已经计算出了标准差，下面就要计算需要多少安全库存。

正态曲线的一个特征就是平均值两边是对称的。这就意味着实际需求量一半的概率小于平均值，一半的概率大于平均值。安全库存只需要用来预防提前期中实际需求量大于平均值的部分。因此，50%的服务水平可以在没有安全库存的情况下完成。如果需要更高的服务水平，就需要安全库存来预防实际需求量大于平均值时的需要。

如前所述，从统计学的观点来看，有68%的概率需求落在预测数的$\pm 1\sigma$之内（34%的概率小于预测值，34%的概率大于预测值）。

假设提前期内需求的标准差是100个单位，并把这100个单位作为安全库存。这些安全库存为实际需求大于预测值有34%的概率提供了保障。总体看来，如果有足够的安全库存，那就为84%（50%＋34%）的可能缺货时间提供保障。

服务水平等于不缺货的概率。但是有84%的时间能够为客户供货意味着什么呢？它意味着当可能出现缺货时能够照常供货，而缺货只有可能在发出订单到接收了新的补货期间发生。如果我们每年订货100次，就有100次缺货的可能。如果安全库存相当于一个平均绝对偏差，平均来说，我们可以预期这100次中将有84次不会出现缺货。

应当指出的是，对于服务水平这个概念，还有其他一些定义和解释，但全面地处理这些额外的解释，只会对安全库存量产生很小的变化，而这已经超出了本书的范围。

例题

用上一个例题中的数据，σ等于200单位。

a. 计算在84%的服务水平情况下的安全库存与订货点。

b. 如果保留两个标准差的安全库存量，计算安全库存与订货点。

答案

a. 安全库存量＝1σ＝1×200＝200（单位）

订货点＝DDLT＋SS＝1 000＋200＝1 200（单位）

其中DDLT与SS是预先确定的。在这种安全库存与订货点条件下，平均有84%的可能缺货时间不会发生缺货。

b. SS＝2×200＝400（单位）

OP＝DDLT＋SS＝1 000＋400＝1 400（单位）

安全系数（safety factor）。服务水平与作为安全库存量的标准差直接相关，通常称为安全系数。在前面的讨论中，用正态曲线可以得出一个、两个或三个标准差所产生的服务水平。而安全系数是这个过程的逆运算，也就是根据所需要的服务水平来求出相应的、所需要的标准差。

表11-2展示了不同服务水平下的安全系数。注意服务水平是不缺货的订货周期的百分比。对于表中未给出的值,可以通过给定系数运用差值法计算安全系数的近似值。例如,如果要计算服务水平为77%的安全系数,那么计算服务水平为75%和80%的安全系数的平均值,就可以估计出服务水平为77%的安全系数:

$$(0.67+0.84)\div 2=0.76$$

表11-2 安全系数表

服务水平/%	安全系数	服务水平/%	安全系数
50	0.00	96	1.75
75	0.67	97	1.88
80	0.84	98	2.05
85	1.04	99	2.33
90	1.28	99.86	3.00
94	1.56	99.99	4.00
95	1.65		

例题

如果标准差是200个单位,应该保留多少安全库存以提供90%的服务水平?如果提前期内的预测需求为1 500个单位,那么订货点为多少?

答案

由表11-2可知,服务水平为90%时的安全系数为1.28,因此

安全库存=σ×安全系数=200×1.28=256(单位)

订货点=DDLT+SS=1 500+256=1 756(单位)

确定服务水平

从理论上来说,我们希望手头保存足够的安全库存,以使额外库存成本加上缺货成本达到最低。

缺货造成损失的原因如下:
- 延期交货成本。
- 销售损失成本。
- 客户流失成本。

缺货成本的差异取决于产品、所服务的市场、客户及竞争条件等因素。在某些市场上,客户服务是主要的竞争手段,缺货成本可能异常昂贵;而在另一些情况下,缺货成本可能并不是一个主要的考虑因素,因此难于确定。通常,应该提供什么样的服务水平属于高层管理者的决策范围,它是公司市场战略的一个组成部分,因此这一话题不属于本章讨论的范围。

只有当库存处于低水平时才有可能发生缺货,而每次缺货的发生都是在订单下达的时候。因此,缺货的可能性与发放订单的频率直接成正比。下达订单越频繁,缺货可能性越大。图 11-4 展示了订货数量对每年可能发生缺货次数的影响。注意:当订货数量增加时,缺货的可能性降低,所需要的安全库存量也降低,但是由于订货量的增加,平均库存量也随之增加。当公司致力于精益生产模式时,减少平均库存的方法多半是设法大大减少订购量,从而减少订货成本。由于这往往会增大缺货的可能性,所以另一个方法就是努力使得与缺货相关的风险降到最低。我们将在第 15 章详细讨论精益生产问题。

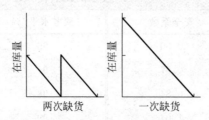

图 11-4　缺货影响

决定每年可以接受的缺货次数是管理层的责任。然后据此逐一计算并确定服务水平、安全库存与订货点。

例题

假设公司管理层决定,对某特定产品每年只能允许出现一次缺货。

这一特定产品的年需求为 52 000 单位,每次订货量为 2 600 单位,提前期内需求的标准差为 100 单位,提前期为 1 周。计算:

a. 每年的订货次数。
b. 服务水平。
c. 安全库存。
d. 订货点。

答案

a. 每年订货次数=每年需求量÷每次订货量=52 000÷2 600=20(次/年)

b. 由于每年只允许缺货一次,所以每年必须有 19(20−1)次不缺货。

服务水平=(20−1)÷20=95%

c. 从表 11-2 可知:

安全系数=1.65

安全库存量=安全系数×σ=1.65×100=165(单位)

d. 提前期内需求量(1 周)=52 000÷52=1 000(单位)

订货点=DDLT+SS=1 000+165=1 165(单位)

不同的预测与提前期间隔

通常,库存中会有多种物品,而每种都有不同的提前期。实际需求的记录与预测值通常是以每周或每月为基础的,并且是针对所有物品而不考虑单个物品的提前期。因此针对每个不同的提前期来衡量需求变化的平均值几乎不可能。因此,我们需要研究一些方法来调整不同时间间隔的标准差。

若提前期为0,需求的标准差也为0。提前期增加,标准差也跟着增加。然而,标准差并不与提前期呈线性增加。例如,提前期为1周的标准差为100,而提前期为4周的标准差不一定为400,因为标准差不可能在4周内都呈线性增加。间隔时间增加,效果会减缓。间隔时间越长,效果减缓程度越明显。

可对标准差或安全库存做如下调整,以弥补提前期时间间隔(LTI)和预测时间间隔(FI)之间的差异。公式不一定准确,但是提供了一个不错的估计值:

$$\sigma(\text{LTI}) = \sigma(\text{FI})\sqrt{\frac{\text{LTI}}{\text{FI}}}$$

例题

预测时间间隔4周,提前期时间间隔2周,预测间隔的标准差为150单位。计算提前期时间间隔的标准差。

答案

$$\sigma(\text{LTI}) = 150 \times \sqrt{\frac{2}{4}} = 150 \times 0.707 = 106(\text{单位})$$

以上的公式也适用于当提前期时间间隔有变化的时候。或许,比起用标准差,直接用安全库存更加方便,新安全库存公式如下:

$$\text{新安全库存} = \text{老的安全库存}\sqrt{\frac{\text{新间隔时间}}{\text{老间隔时间}}}$$

例题

某产品安全库存为150单位,提前期为2周。若提前期变为3周,计算新的安全库存。

答案

$$\text{SS}(\text{新}) = 150 \times \sqrt{\frac{3}{2}} = 150 \times 1.22 = 183(\text{单位})$$

应当注意的是:随着提前期的减少,安全库存量也减少了。这是第15章所讨论的精益生产所带来的直接好处之一。

确定何时到达订货点

一定有某些方法能够显示现有存货数量何时达到订货点。实际操作中有很多系统,但它们都可归为三个基本系统的转化形式或延伸:两仓库存系统、看板系统与永续盘存记录系统。

两仓库存系统

等于订货点数量的物品被分离出来专门放置(通常置于分开的或第二个存储仓),直到主要的库存用完后才动用。当需要用这部分库存时,通知产品控制或采购部门,并发出补货采购订单。

这种系统有很多演变形式，如红牌系统，在达到订货点的位置放置红牌。书店通常使用这一系统。将一张红牌或卡片放置于书堆的某一本之中，红牌或卡片的位置就是订货点。当顾客拿着这本书去付款时，就等于告知书店该给这本书补货了。

两仓库存系统（two-bin system）是管理C类物品的简便方法。因为它们比较廉价，不需要付出太多的时间和金钱来控制，但是它们也确实需要控制，当货物用到预留库存时，应该有人负责发出订单。当缺货时，C类物品就变成了A类物品。

看板系统

看板系统（kanban system）是标示需要更多产品的简单系统。它通常只是包含生产所需要的物品信息与数量的一张卡片或传票。它避免了专门信息的保存，与两仓库存系统一样，在现有库存降低到预定水平时发出需要补货的可视信号。它用于补充所有物品而不只是价值低的C类物品。看板系统将在第15章详细介绍。

永续盘存记录系统

永续盘存记录系统（perpetual inventory record system）是随着库存变化进行实时控制的系统。在任何时候都保持最新的库存交易记录。库存记录至少包括现有库存量，也可能包括已经订货但是还没有收到的物品；已经分配还未发出的物品；以及现有的可用库存量。库存记录的准确性取决于记录交易的速度及数据输入的准确性。由于人工系统依靠人的手工数据输入，因此有可能反应速度慢和缺乏准确性。基于计算机的系统具有更高的处理速度，减少了人为出错的可能性。

一份库存记录包括可变信息和永久信息。表11-3展示了一个永久信息的例子。

表11-3 永续盘存记录

	426 254 螺钉			订货数量 500		订货点 100
日期	订货量	接收量	发出量	在库量	分配量	可用量
01				500		500
02				500	400	100
03	500			500		100
04			400	100	0	100
05		500		600	0	600

永久性或静态信息（permanent or static information）在表11-3的上半部分列出。虽然不是绝对永久，但这类信息不经常变化。任何变动通常都是工程变更、制造过程改变或库存管理变化的结果。永久性信息包括以下内容：

- 部件编号、名称与物品描述。
- 存储地点。
- 订货点。
- 订货量。

- 提前期。
- 安全库存。
- 供应商名称。

可变或动态信息（variable or dynamic information）是随每一笔交易不同而随时变化的信息，它包括以下内容：

- 订货数量：日期、订单号与数量。
- 接收数量：日期、订单号与数量。
- 发出数量：日期、订单号与数量。
- 现有库存余额。
- 分配数量：日期、订单号与数量。
- 可用库存数量。

可变信息取决于公司的需要和某些特定的情况。

定期检查系统

在订货点系统中，当现有库存降至预定水平（即订货点）时发出订单。订货数量通常根据经济订购批量等准则预先确定。订货的时间间隔通常取决于特定周期的需求量。在大部分零售业中，特别是超市中，通常有几千种商品，而每种商品可能在任何时间到达订货点。实际上不可能下达许多单独的订单，而常常希望将许多商品用一辆卡车一次运来。在这种情况下，订货成本（其中包括运输成本）将分摊到许多商品上。定期检查系统将在定期时间间隔的基础上，确定每次订货的时间点。

应用定期检查系统，某一物品的现有库存量由特定的、固定时间间隔确定，然后发出订单。图 11-5 展示了这一系统。

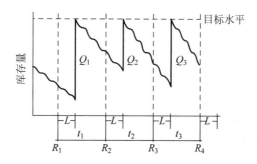

图 11-5　定期检查系统：库存量与时间

图 11-5 显示检查的时间间隔（t_1、t_2 和 t_3）相同，而订货数量 Q_1、Q_2 和 Q_3 则不一定相同。检查时间是固定的，订货量是可变动的。现有库存量加上订货数量必须足够维持到下一期订货量收到。也就是说，现有库存数量加上订货量必须等于提前期需求量、检查期间需求量与安全库存量的总和。

目标水平或最高水平库存

等于提前期需求量、检查期间需求量与安全库存量总和的库存数量称为目标水平或最高水平库存(target-level or maximum-level inventory)：

$$T = D(R+L) + SS$$

式中，T 为目标(最高)库存水平；D 为单位时间需求；L 为提前期时长；R 为检查期时长；SS 为安全库存。

订货量等于最高库存水平减去检查期期间库存数量：

$$Q = T - I$$

式中，Q 为订货量；I 为现有库存量。

定期检查系统适用于以下情况：

- 库存中有很多小的进出交易，每笔都记录在案，成本昂贵。超市和零售商属于这一范畴。
- 需要将每种物品的订货成本保持很低。例如，很多不同物品都从同一家供应商处订购；一个区域配送中心可能从一个中心仓库订购大部分或全部的所需物品。
- 将很多物品一起订购，以进行一个批量的生产或装满一车。一个典型的例子就是一个区域配送中心每周从中心仓库订购一车的物品。

例题

一家五金公司储存螺帽和螺钉。公司每两周(10 个工作日)从当地的一家供应商订购一次物品。提前期为 2 天。公司已知 1/2 英寸螺钉的平均需求是每周(5 个工作日)150 单位，公司希望保留足够 3 天供应的安全库存。这周将发出一个订单，目前现有库存是 130 个单位的螺钉。

a. 目标库存水平为多少？
b. 这次该订购多少 1/2 英寸的螺钉？

答案

假设：

D＝单位时间需求量＝150÷5＝30(个／工作日)
L＝提前期时长＝2(天)
R＝检查期时长＝10(天)
SS＝安全库存＝3 天需求量＝90(单位)
I＝现有库存量＝130(单位)

那么

a. 目标库存水平 $T = D(R+L) + SS = 30 \times (10+2) + 90 = 450$(单位)
b. 订货数量 $Q = T - I = 450 - 130 = 320$(单位)

配送库存

配送库存包括在配送系统中储存的所有成品。在配送中心保留库存的目的是将产品保存在客户附近以改善客户服务水平，并且通过使远距离制造商能够一次运送满载的产品,而不是半载的产品来减少运输成本。这一部分将在第 13 章中讲到。

配送库存管理的目标是提供客户所期望的服务水平,最大限度降低运输和搬运成本,并与工厂协商以最大限度地减少与排程相关的问题。

配送系统之间差异悬殊,但是通常来说,它们都是由工厂、数量不等的配送中心及客户支持的集中供应设施构成的。图 11-6 就是这样一个系统的示意图。客户可能是最终客户,也可能是配送链中的中间客户。

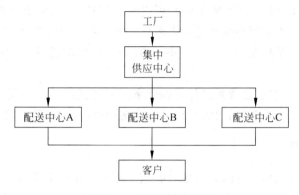

图 11-6　配送系统示意图

除非公司将产品直接从工厂运送给客户,否则对工厂产品的需求则来自集中供应中心。反之,对集中供应中心的需求又是由各配送中心产生的。这种形式可能对集中供应中心和工厂的需求形态产生重大的影响。虽然客户的需求可能相对一致,但对集中供应中心的需求却不是,因为它取决于配送中心何时发出补货订单。反过来,对工厂的需求也就取决于集中供应中心何时发出订单。图 11-7 展示了这一过程。

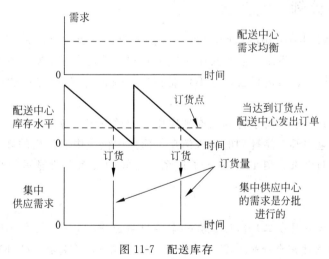

图 11-7　配送库存

请注意图 11-7 中配送中心连续和稳定的需求是如何改变了的,这是由于批量进入的不连续,或者是由于集中供应中心的波动需求产生的。配送系统是工厂的客户,配送系统与工厂的交易方式对工厂运作效率产生重大影响。

配送库存的管理系统可以分为：分布式系统、集中式系统和配送需求计划。

分布式系统

分布式系统（decentralized system）中，每个配送中心首先确认各自需要什么物品及什么时候需要，然后向集中供应中心发出订单。每个配送中心订购自己需要的物品，而不考虑其他配送中心的需要、集中供应中心的可供库存或工厂的生产计划。

分布式系统的优点是：每个配送中心可以独立作业，因此降低了配送中心之间的沟通与协调费用。分布式系统的缺点是：缺乏配送中心之间的协调，可能对库存、客户服务及工厂的排程产生负面的影响。由于这些不利因素，很多配送系统都已经朝着中央控制的方向发展。

在分布式系统下，很多订货系统都可以拿来使用，包括订货点和定期检查系统。分布式系统有时也称为拉动式系统，因为订单下达给集中供应中心，然后"拉动"整个系统。

集中式系统

集中式系统（centralized system）中，所有的预测与订货决策都以集中的方式制定。库存从集中供应中心"推向"整个系统，配送中心对于它们所收到的货物没有决策权。

可以使用不同的订货系统，但总体目标是为了补充已经卖掉的货物，并且为某些特殊情况，如季节性销售或促销等做好供货准备。集中式系统试图平衡可供库存与每个配送中心间的需求。

集中式系统的优点是：能够协调工厂、集中供应中心和配送中心的需求。其缺点是：不能对地方性需求做出快速反应，从而降低了客户服务水平。

配送需求计划

配送需求计划（distribution requirements planning）是预测配送系统何时会向集中供应系统提出各种需求的系统。它为集中供应中心和工厂提供了能够根据实际需要的产品和时间来对计划加以调整的机会。它不仅能够响应顾客需求，同时也能有效地协调计划与控制。

配送需求计划将物料需求计划的原理应用于配送系统。各配送中心发出的计划订单下达成为集中供应中心物品计划的输入信息。而集中供应中心发出的计划订单成为工厂主生产计划的预期需求。图11-8显示了该系统之间的关系。所显示的都是同一物品号的记录。

例题

某剪草机制造公司在工厂附近设有一个集中供应中心，以及两个配送中心。配送中心A今后5周的预计需求分别为25、30、55、50和30单位，并且有100部剪草机正在运输途中，预计第2周将会到达。运输时间为2周，订货量为100单位，现有库存为50单位。配送中心B今后5周的预计需求分别为95、85、100、70和50。运输时间为1周，订货数量为200单位，现有库存量为100单位。集中供应中心提前期为2周，订货量为500单位，现有库存量为400单位。分别计算两个配送中心的总需求、预计可用库存余额与计划

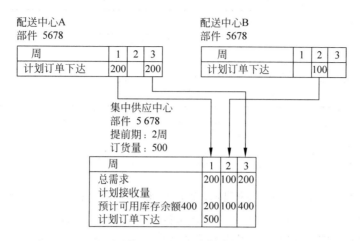

图 11-8 配送需求计划

订单下达,以及集中供应中心的总需求、预计可用库存余额与计划订单下达。

答案

配送中心 A

运输时间:2 周

订货量:100 单位

周	1	2	3	4	5
总需求	25	30	55	50	30
在途库存		100			
预计可用库存余额 50	25	95	40	90	60
计划订单下达		100			

配送中心 B

运输时间:1 周

订货量:200 单位

周	1	2	3	4	5
总需求	95	85	100	70	50
在途库存					
预计可用库存余额 100	5	120	20	150	100
计划订单下达	200		200		

集中供应中心

提前期:2 周

订货量:500 单位

周	1	2	3	4	5
总需求	200	100	200		
计划接收量					
预计可用库存余额 400	200	100	400		
计划订单下达	500				

小结

本章讨论的问题是何时订货的问题,而第 10 章讨论的是订购多少货的问题。订货系统应当方便使用,如订货点系统或定期检查系统。订货系统必须确保及时下达订单,以避免库存缺货。统计应用程序能预测关键提前期内的需求,从而建立安全库存。订货点则使用该安全库存,加上提前期内的预测需求,以确保应有的客户服务水平。在整个供应链运转过程中,配送系统可以运用像物料需求计划那样的逻辑来使得订货量达到最佳程度。库存和订货系统都要受到提前期的影响,而本书的大部分章节中,都在讨论如何缩短提前期的问题。

关键术语

平均值或中位数　average or mean
集中式系统　centralized system
分布式系统　decentralized system
离差　dispersion
配送需求计划　distribution requirements planning
看板系统　kanban system
提前期　lead time
正态曲线或钟形曲线　normal curve or bell curve
正态分布　normal distribution
订货点　order point
永久性或静态信息　permanent or static information
永续盘存记录系统　perpetual inventory record system
安全系数　safety factor
安全提前期　safety lead time
安全库存　safety stock
标准差　standard deviation(sigma)
目标水平或最高水平库存　target-level or maximum-level inventory
两仓库存系统　two-bin system
可变或动态信息　variable or dynamic information

问答题

1. 什么是独立需求物品？独立需求物品所使用的两个基本订货系统是什么？什么是非独立需求物品？非独立需求物品使用什么样的订货系统？
2. a. 如果使用订货点系统，必须在什么时候发出订单？
   b. 为什么要保留安全库存？
   c. 订货点的公式是什么？
   d. 订货点取决于哪两个因素？
   e. 为什么提前期内的需求相当重要？
3. 订货点系统的四个特征是什么？
4. 影响持有安全库存数量的五个因素是什么？提前期时长如何影响所持有的安全库存数量？
5. 什么是正态分布？正态分布有哪两个特征值？为什么正态分布在确定安全库存时很重要？
6. 什么是提前期需求的标准差？如果提前期间隔内需求的标准差是100单位，实际需求等于±100单位的可能性为多大？±200单位呢？±300单位呢？
7. 服务水平是什么？
8. 缺货成本的三个类别分别是什么？在任何一个公司里，这些成本取决于什么？
9. 为什么服务水平取决于每年的订货次数？
10. 如果提前期由1周增加到4周，提前期内需求的标准差会跟着增长4倍吗？如果不会，为什么？
11. 描述两仓库存系统。
12. 在永续盘存记录中会有什么样的信息？
13. 在何时订货及一次订货数量的确定上，订货点系统与定期检查系统有什么区别？
14. 说明定期检查系统中所用到的目标水平。
15. 描述使用定期检查系统时需求变动对订货数量的影响。
16. 配送库存管理的目的是什么？
17. 如果工厂不直接向顾客送货，那么对工厂的需求来自哪里？是独立需求还是非独立需求？
18. 描述并比较库存管理的推动与拉动系统。
19. 描述配送需求计划。
20. 杂货店是控制良好的库存与补充系统的一个例子。请用自己的话来描述安全库存、双仓库存系统及定期检查系统的例子，包括目标水平、检查周期、补充周期及订货数量。
21. 说明分布式配送系统的优、缺点。
22. 说明从一个配送中心到集中供应中心连续需求变化的样式。

计算题

11.1 某 SKU 的提前期是 4 周,每周的平均需求是 150 单位,安全库存量是 100 单位。如果每次订货量为 1 600 单位,那么平均库存为多少?订货点为多少?

答案:平均库存量=900(单位)。

订货点=700(单位)。

11.2 某 SKU 提前期为 6 周,平均需求量为每周 90 单位,安全库存量为 200 单位。如果一次订购 10 周的需要量,那么平均库存为多少?订货点为多少?

11.3 用以下数据计算分布的平均值 x 与标准差 σ。

期	实际需求	偏差	方差
1	500		
2	600		
3	425		
4	450		
5	600		
6	575		
7	375		
8	475		
9	525		
10	475		
总计			

答案:平均需求 $\bar{x}=500$(单位)。

$\sigma=71.59$(单位)。

11.4 用以下数据计算平均需求及标准差。

期	实际需求	偏差	方差
1	1 700		
2	2 100		
3	1 900		
4	2 200		
5	2 000		
6	1 800		
7	2 100		
8	2 300		
9	2 100		
10	1 800		
总计			

11.5 如果 σ 是 130 单位,提前期内需求为 250 单位,计算以下条件下的安全库存与

订货点：

a. 50%的服务水平。

b. 80%的服务水平。

利用表 11-2 中的数据进行计算。

答案：a. 安全库存＝0,订货点＝250(单位)。

b. 安全库存＝135(单位),订货点＝385(单位)。

11.6 提前期内需求的标准差为 100 单位。

a. 计算以下服务水平下所需要持有的安全库存量:75%、80%、85%、90%、95%、99.99%。

b. 计算服务水平由 75%变为 80%,80%变为 85%,85%变为 90%,90%变为 95%,95%变为 99.99%时安全库存量的变化情况。由此可得出什么结论？

11.7 某 SKU 提前期内需求的标准差为 150 单位,每年需求量为 10 000 单位,订货量为 750 单位。管理层决定公司每年只允许缺货一次。问：需要持有多少安全库存量？平均库存量为多少？若提前期为 2 周,订货点为多少？

答案：安全库存＝213(单位)。

平均库存量＝588(单位)。

订货点＝598(单位)。

11.8 某公司 SKU 的每周需求量为 225 单位,提前期为 3 周。管理层决定公司每年只允许缺货一次。若提前期的 σ 为 175 单位,而订货数量为 800 单位,问：安全库存量、平均库存量与订货点分别为多少？

11.9 某公司 SKU 的每周需求量为 600 单位,提前期为 4 周。管理层决定公司每年只允许缺货一次。若提前期的 σ 为 100 单位,而订货数量为 2 500 单位,问：安全库存量、平均库存量与订货点分别为多少？

11.10 如果从每周需求量计算出来的标准差为 100 单位,那么提前期为 3 周的标准差为多少？

答案：173 单位。

11.11 如果某物品安全库存为 200 单位,提前期为 3 周,若提前期增加为 6 周,那么安全库存量应为多少？

答案：283 单位。

11.12 如果每周的标准差为 140 单位,那么提前期为 3 周的标准差为多少？

11.13 某 SKU 的安全库存设为 220 单位。供应商说可以把提前期由 8 周降为 6 周,新的安全库存为多少？

答案：191 单位。

11.14 某 SKU 的安全库存设为 500 单位。供应商说不得不把提前期由 4 周增加为 5 周,新的安全库存为多少？

11.15 管理层决定公司每年只允许缺货一次。预测某 SKU 每年需求量为 100 000 单位,每次订货量为 10 000 单位。提前期为 2 周,以下为过去 10 周的销售记录。计算：

a. 历史时间间隔内的标准差。

b. 提前期时间间隔内的标准差。
c. 服务水平。
d. 在这一服务水平下需要的安全库存。
e. 订货点。

周	实际需求	偏差	方差
1	2 100		
2	1 700		
3	2 600		
4	1 400		
5	1 800		
6	2 300		
7	2 200		
8	1 600		
9	2 100		
10	2 200		
总计			

11.16 如果问题11.15中,管理层决定公司提高服务水平,要求每两年只允许缺货一次的话,安全库存为多少?如果每年保存这种物品的费用为每单位10美元,允许缺货次数由每年一次变为每两年一次后,其所增加库存造成的费用增加额为多少?

11.17 某物品每年需求量为10 000单位,订货数量为250单位,服务水平为90%。计算每年可能的缺货次数。

答案:4次/每年。

11.18 某烤箱制造公司有一家工厂,两个配送中心。给出配送中心的如下信息,分别计算两个配送中心的总需求、预计可用库存余额和计划订单下达,以及集中供应中心的总需求、预计可用库存余额和计划订单下达。

配送中心A

运输时间:2周

订货数量:100单位

周	1	2	3	4	5
总需求	50	50	85	50	110
在途库存		100			
预计可用库存余额 75					
计划订单下达					

配送中心B

运输时间:1周

订货数量:200单位

周	1	2	3	4	5
总需求	120	110	115	110	105
在途库存	200				
预计可用库存余额 50					
计划订单下达					

集中供应中心

提前期：2 周

订货数量：500 单位

周	1	2	3	4	5
总需求					
计划接收量					
预计可用库存余额 400					
计划订单下达					

答案：集中供应中心计划订单下达：第 2 周 500 单位。

11.19 某雪铲制造公司有一家工厂，两个配送中心。给出配送中心的如下信息，分别计算两个配送中心的总需求、预计可用库存余额和计划订单下达，以及集中供应中心的总需求、预计可用库存余额和计划订单下达。

配送中心 A

运输时间：2 周

订货数量：500 单位

周	1	2	3	4	5
总需求	300	200	150	275	300
在途库存	500				
预计可用库存余额 200					
计划订单下达					

配送中心 B

运输时间：2 周

订货数量：200 单位

周	1	2	3	4	5
总需求	50	75	100	125	150
在途库存					
预计可用库存余额 150					
计划订单下达					

集中供应中心

提前期：1 周

订货数量：600 单位

周	1	2	3	4	5
总需求					
计划接收量					
预计可用库存余额 400					
计划订单下达					

11.20 某公司每两周从一个地区仓库订购物品，交货时间为1周，平均需求量为每周200单位，安全库存为2周的需求量。

a. 计算目标库存水平。

b. 如果现有库存为600单位，需要订购多少？

答案：目标库存水平＝1 000 单位。

订货数量＝400 单位。

11.21 一个地区仓库每周从中央仓库订货一次，订单发出3天后收到货物。仓库每周5个工作日。对于某特定品牌和规格的鸡汤来说，其需求量大致稳定在每天20箱。安全库存设为2天的需求量。

a. 计算目标库存水平。

b. 如果现有库存为90箱，需要订购多少？

11.22 一家小五金商店使用定期检查系统来控制库存，并且计算订货量。每2周检查一次库存，而交货的提前期为1周。安全库存量设定为1周的供应量。下表列出了一些产品及其现有库存量，请计算目标库存水平和每种物品的订购量。按照每年50周进行计算。

品名	年需求量	目标库存水平	现有库存量	订购量
螺帽——6毫米	500		22	
螺帽——8毫米	750		54	
螺栓——6毫米	200		0	
螺栓——8毫米	100		6	
8#螺丝——30毫米	250		12	
8#螺丝——40毫米	200		8	
垫圈——8毫米	380		20	
垫圈——10毫米	100		5	
开口销钉	400		40	

11.23 使用11.22题目里的数据，如果该商店改为每周检查一次库存，那么，订购量应为多少？订购次数的增加对订购量产生了什么影响？

案例研究　卡尔的计算机

卡尔的天赋毋庸置疑。几年前，他决定进入竞争激烈的个人计算机业务。尽管表面看来，这并不是一个明智之举，但是明智之处在于，他开发了计算机的独特设计。同时，他承诺对于当地和区域性的市场两天之内送货。其他计算机制造商也能迅速地生产和运送，但是他们一般是全国性的竞争者，对于一些距离较远的市场，卡尔在交货时间方面则要更胜一筹。

卡尔很快就有了一些忠诚的客户，尤其是本地区内的那些小企业。卡尔不仅能快速送货，而且能提供及时服务来解决任何技术性问题。这一服务特点对于当地的小企业来说很重要，因为它们强烈依赖计算机。于是卡尔很快就发现，这种及时服务的能力比最初的产品交货速度更重要。由于这些企业大部分都是小企业，它们没有财力在公司内部专门雇用一个计算机专家，所以它们对卡尔有强烈的依赖。

现状

然而，卡尔的计算机业务并不是所有事情都进展得很完美。最近，他们聘请了罗莎·常担任新设置的售后服务仓库经理一职。第1周，在与卡尔的几个员工面谈了以后，罗莎有了一个好主意，可以克服自己目前面临的挑战。

客户服务经理兰迪·斯密斯："我不确定你需做什么，但无论如何都必须马上做！当前，我们主要的竞争优势是客户服务，而不是产品交运。然而，我经常听到，由于缺少一些关键部件而不能完成售后服务。客户和现场服务人员都抱怨此事。他们打服务热线，发现缺少特定的零部件，但是很多情况下我们却无法提供。目前顾客还算忠诚，但是他们的耐心是有限的。我们的原则是提供至少98%的客户服务水平，不能降低。但是，这还不是唯一的问题。由于我们的服务水平下降，顾客正越来越挑剔我们的产品价格。我打算降低价格，但是财务部告诉我，我们的利润已经非常低，主要原因是我们的库存及其相关成本太高。在我看来，好像咱们有太多不该有的库存积压。我并不确定是否如此，但是我希望你能找到解决办法，而且要快！"

总工程师艾伦·班德劳森："罗莎，非常高兴你来到这儿。库存问题正在折磨着我们工程师。卡尔以独特的设计而著称，我们一直努力在这方面保持竞争优势。问题是大多数时候，当我们努力做出新的设计时，库存和财务人员都告诉我们要等待。看起来他们总有太多用于老设计的库存，而这些闲置库存给予财务上的打击也变得极为严重。他们告诉我，一旦我们提出一个新的设计，那么很多顾客就等待这些新设计出的产品，这使得现有的设计原料甚至是服务，都成了明日黄花。我们也试图在做出新设计的时候马上告诉库存服务人员，以便让他们把旧的物料用完，但是这并不奏效。"

采购经理吉姆·休斯："你好，罗莎，祝你好运。我正面对多方面的压力，有时候不知道如何处理。首先，财务部一直告诉我要节省成本、控制成本，而工程师们却总会有新的设计，而且大多数的新设计都要采购新的零部件。我们大部分时间都在与供应商洽谈新设计，试图以低价格快速得到零部件。尽管大部分条件可以满足，但是令他们头疼的是我们三番五次地改变订单。我们的现场服务人员经常告诉我们，他们缺少某些零部件，需要马上送货。而很多情况下，他们并没有事先对这些零部件下订单。另外一点就是他们希望我们取消一些一天前还说是很关键的订单。我们的顾客和供应商都很好，但是他们也不是神奇人物，他们也不能立刻完成一些事情。我们的一些供应商甚至威胁我们，如果我们仍然不能说话算数的话，就取消与我们的业务往来了。我们也尽力为现场服务人员提供解决办法，但是并不成功。可能他们根本就不关心这些问题。"

财务总监玛丽·舒尔顿："如果你能帮助我们解决库存问题,那你真的就对得起你的工资或者别的什么了。我们在价格、运输和高效服务方面有很强的优势,但是我们的服务库存成本已经完全失控。在过去的两年里我们的总库存上升了 200% 多,而我们的服务收益只增加了 15%。最主要的是,在这两年时间内,没有任何价值的废旧材料库存上升了 80%。另外,库存相关成本明显上升。额外的物品运输,如仅去年,由于关键部件短缺引起的零部件空运就花费了 67 000 美元。你知道吗? 这几乎是我们服务业务 20% 的毛利润。再加上我们的利息、仓库和废旧库存成本,使得我们库存持有成本达到了 23%。如此巨大的库存量吞噬了我们很大一部分利润。所有这些告诉我,我们需要控制这一状况,否则我们就会垮掉。"

　　现场服务主管富兰克林·努乐思："在聘用你之前,由我和其他一些生产主管来管理库存。我不愿意给你泼冷水,但是这确实是一项不可能完成的工作。采购人员买一大批标准箱的物品。他们说,对某一部件,一旦某个零件有了 1 周的平均使用量,我们就应当订购更多的该物品,具体说就是能够装满一箱。由于大部分零部件的提前期是 1 周或更短,这样做是有道理的。由于所有的记录都在计算机里,因此,应该由计算机程序来告诉我们什么时候只有 1 周的库存量了。这对我很重要,但是有些事情经常出错。第一,现场服务技师经常抢夺零部件而不填写领料记录。这使得我们的记录遭了殃。事实是,两个月前,我们已经有一个完整的实物库存的盘库报告,该报告显示我们的准确度还不到 30%!我怀疑我们的记录几乎又要那么糟糕了,在剩下的 9 个月我们不会再搞什么实物库存记录。"

　　"第二,由于我们的记录一塌糊涂,以至于现场服务技师也不能告诉我们,某些零部件是否还有。有些服务技师甚至开始自己储存大量的关键零部件。每次整理他们自己的'私人仓库'时,总能发现很多零部件。这使得对库存中心的需求显得很不正常。在某天我们还有大量库存,而第二天就可能全都用完了! 你能想象,当市场部每次看到一个需要紧急送货的采购订单时的心情。我们已经规定,技师只能保存一部分特殊的、已授权的零部件,但是我敢肯定,很多技师已经违反这一规定很长时间了。"

　　现场服务技师昆汀·贝茨："库存中的一些问题已经非常严重,我和其他一些技师都很烦恼。公司规定不允许我们保有库存物品,因此我们手头只有一些常用的零部件。如果我们在现场服务的时候需要一个零部件,就需要到库存中心领取。问题是,大多数情况下,库存中心缺少必需的零部件。我们需要花费时间催促采购,同时,在等待到货期间努力安抚我们的客户。与此同时,如果我们客户的计算机系统不能正常使用,他们就会失去一些业务。要不了太久,客户就会对我们怒气冲冲。我想采购人员并不关心这一点,因此我们不得不一再地催促他们。后来,我干脆自己领取和保管一部分零部件,尽管我无权保管这些,而且,我知道其他一些技师也这么做。虽然这会节省我们一些时间,但是情况正在变得越来越糟糕。"

　　现在,罗莎获得了问题要害的一手信息,她需要开始着手来解决问题,而且看起来急需迅速找到好的解决方法。她要做的第一件事情就是随机挑选一部分零部件,然后考虑能否改善订购方式。

　　她选择的第一种零件是 A233 电路板。平均每周需求是 32 个。假设提前期是 1 周。

电路板成本是 18 美元,假设签发一次订单的成本是 16 美元。满一箱的订购数量通常是 64。第二种零件是 P656 电源。单位成本是 35 美元,由于供应商只接受传真订购,所以订购成本是每个订单 2 美元。用传真采购的提前期是 2 周,平均每周需求是 120 个。公司通常一次订购 350 个。最近,该电路板供应商暗示,如果卡尔每次订购 200 个以上的电路板,就给予每个电路板 2 美元的折扣。

讨论题

1. 根据已给的两种零部件的数据,请对订购原则进行全面评价。比较现在的年平均成本和经济订购批量(EOQ)模式下的成本,并讨论任何其他适当的订购原则。
2. 卡尔是否应该争取该价格折扣?为什么,或为什么不?
3. 你认为其他一些问题的根源是什么?请尽可能完整地具体说明和加以分析。
4. 制订一个完整的计划,以帮助罗莎管理好库存。

第 12 章

实地盘存与仓库管理

引言

因为库存物料是存放在仓库中的,因此实际的库存管理和仓库管理就密切地联系起来。某些情况下,货物库存时间可能很长;某些情况下,货物会迅速周转,此时仓库就起到了配送中心的功能。

本章将讨论仓库里的实物管理,包括仓库布局的基本方法、货物搬运方法,以及在保持客户希望的服务水平条件下有效开展作业所需要的控制手段等。库存准确度是仓库管理的指标,这就涉及确定存货准确度的方法,此外还包括如何进行年度实物审计的说明。审计库存所使用的周期盘点法具有及时纠正误差的优点,并能改进对误差的预防。条形编码技术与无线射频识别技术(RFID)将被引进作为提高信息收集速度与准确性的方法。

在工厂里,储藏室履行着与仓库相同的功能,用来保存原材料、在制品、成品、备品备件及可能要用的维修部件等。由于它们功能相同,本章将储藏室与仓库同等对待。

仓库管理

与配送系统中的其他要素一样,仓库的目的是最大限度地降低成本和最大限度地提高客户服务质量。为达到这一目标,有效的仓库运作必须履行以下职责:

- 提供及时的客户服务。
- 跟踪物品,并能够及时、准确地找到物品。
- 最大限度地降低总的体力劳动,以降低搬运货物进出仓库的成本。
- 提供与客户沟通的纽带。

管理一个仓库的成本可以细分为资本成本和运作成本。资本成本是指场地空间成本和物料搬运设备的成本。所需要的空间大小取决于高峰期需要存储物品的数量、存储方法,以及对辅助的过道、装卸货站台和办公室等的空间需求。

主要的运作成本是人工成本,衡量劳动生产率指标的是一个操作工一天可以搬运物品的单位(如托盘)。这取决于所使用的实物搬运设备的类型、存放地点、存货易接近性、仓库布局、存货定位系统及所使用的订单的拣选系统等。

仓库活动

管理一个仓库涉及很多活动,仓库的有效运作取决于这些活动的履行情况。这些活动包括:

1. 接收物品。仓库接收外部运输来的或附近工厂提供的货物,并承担管理责任。这意味着仓库必须做到:
   - 对照订单与提单核查物品。
   - 核查物品数量。
   - 检查物品是否有损坏,如有必要,则填写物品损坏报告。
   - 如有必要,则需要对物品加以检验。

2. 标识物品。根据适当的库存保管单位(SKU)编码(零件编号),对物品加以标识,并记录接收数量。

3. 分派物品储存。对货物进行分类摆放。

4. 保管物品。在仓库中保管物品,并提供适当的保护,直到货物被需要而提走的时候。

5. 提取物品。从仓库中挑选所需物品,并码放于集中区。

6. 集合订单物品。同一订单的物品码放在一起,检查是否有遗漏或错误。更新订单记录。

7. 物品装车派发。将订单物品打包,准备运送文件,把物品装载到合适的运输工具上。

8. 记录信息。维护仓库中的每个物品记录,随时显示现有库存数量、收到物品数量、发出物品数量及物品在仓库中的位置。这个系统可能非常简单,只是依赖于少量的书面信息和人工记忆,也可能是基于计算机的复杂系统。

所有活动都会在仓库以不同方式发生。其复杂性取决于需要处理的库存保管单位(SKU)的数量、每个库存保管单位物品的数量,以及收到的订单数量和需要填写的订单数量。为提高效率、降低成本,库存管理必须遵循以下原则:

1. 最大限度地使用仓库空间。通常占用资本成本最多的是空间成本。这不仅意味着地面的空间,也意味着立体的空间,因为物品既存储在地面上,也存储在地面之上的空间中。

2. 有效利用人力和设备。物料搬运设备是第二大资本成本,而人力成本是最大的运作成本。这两者之间有交叉,使用更多的搬运设备能够减少人力成本。库存管理需要做到:
   - 选择最好的人力与设备组合,最大限度提高总体运作效率。
   - 提供所有能够接近库存保管单位的现成渠道,库存保管单位应该易于辨认并找到。这需要设计一个合理的库存定位系统与仓库布局。
   - 高效率地搬运物品。仓库中的主要活动就是搬运物品,也就是物品进出其存放位置的移动过程。

许多因素影响库存的有效利用。包括：
- 立体空间的利用，以及物品是否能方便地接触到。
- 储存位置。
- 订单的拣选与组合。
- 物品包装。

除了包装问题外，其他问题都将在以下各节一一讨论。

立体空间利用与物品可接触性

物品不仅存放于地面，也存放于立体空间。虽然仓库的大小可以用多少平方英尺来描述，但仓库的储存能力却取决于物品能够码放的高度。

通道、收货和装货站台、办公室及订单的拣选和组合等也都需要空间。在计算存储所需空间时，我们需要一些最大库存量的设计数据。假如最多要存储 90 000 个纸箱，每 30 个纸箱码放在一个托盘上，那么就需要能够存储 3 000 个托盘的空间。如果托盘堆 3 层高，那么需要能够摆放 1 000 个托盘的位置，一个托盘通常的尺寸为 48″× 40″×4″。

托盘位置（pallet position）。假设仓库里有一块地方如图 12-1 所示。由于储藏区域为 48 英寸深，40 英寸的一边靠墙摆放。托盘之间不能摆放太密，两者之间必须留出 2 英寸的空间，以便托盘可以进出移动。这样在通道的两边就分别留下了 120′×12″÷ 42″＝ 34.3 或 34 个托盘位置。由于托盘码放 3 层高，所以总共可以摆放 34×3×2＝204（个）托盘。

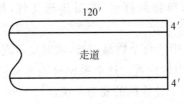

图 12-1　立体空间利用

例题

某公司希望存储一批 SKU，这批 SKU 由 13 000 个纸箱物品组成，每个托盘可码放 30 个纸箱。如果托盘码放 3 层，需要多少个托盘位置？

答案

需要的托盘数＝13 000÷30＝433.33→434 个托盘

需要的托盘位置＝434÷3＝144.67→145 个托盘位置

注意：某个托盘位置上面将只有两个托盘。

物品可接触性（accessibility）。物品可接触性是指能够用最少的工作量拿到所需要的物品。例如，如果不需要移动其他物品就能够拿到一个 SKU 的话，那么该 SKU 的物品可接触性就为 100％。只要所有的托盘都码放相同的 SKU，就不会有物品可接触性的问题，就不需要移动其他物品而得到所需要的 SKU。当有几个 SKU 存储于同一地方时，每个产品都应该以最小的努力就可以将其移出。

立体空间利用(cube utilization)。假设物品沿墙摆放,如图 12-2 所示,那么,除了第 9 种物品外,每个物品都很容易接触,但是没有最有效地利用立体空间。立体空间利用是指横向和纵向地利用空间。图 12-2 中有 30 个托盘的空间,但是只使用了 21 个空间,立体空间利用率为 70%(21÷30×100%)。我们必须用其他方法来提高空间的利用率,同时要保持接触的方便性。一种方法是添置一些货架,使底层的物品能够自由移出而不影响高层的物品。这就要设法在增加的货架成本和节省的额外货物搬运成本之间做出权衡。是否值得额外支出货架成本就取决于货物搬运量和可以节省的成本。

1	1	2	3	4					
1	1	2	3	4					10
1	1	2	3	4	5	6	7	8	9

图 12-2 立体空间利用与物品可接触性

例题

一个小仓库以托盘的方式存放 5 种不同的 SKU,如果托盘码放 3 层高,货物的可接触性要达到 100%。问:需要多少个托盘位置?立体空间利用率为多少?

SKU A　　4 个托盘
SKU B　　6 个托盘
SKU C　　14 个托盘
SKU D　　8 个托盘
SKU E　　5 个托盘
总计:　　37 个托盘

答案

SKU	托盘位置
A:4 个托盘	2
B:6 个托盘	2
C:14 个托盘	5
D:8 个托盘	3
E:5 个托盘	2
总计:	14

在 14 个托盘位置中,有存储空间 14×3=42(个)托盘
实际存储的托盘数=37
立体空间利用率=37÷42×100%=88%

存储位置

存储位置或仓库布局,关注的是单个物品在仓库中的位置。目前并没有通用的库存定位系统适用于所有的情况,但是有一些基本的系统可以拿来使用。使用哪个系统或系统组合,取决于所储存物品的类型、所需存储设备的类型、有效产出及订单大小等因素。

不管使用哪种系统,必须保持足够的安全库存及作业库存,以保证提供所期望的客户服务水平。此外,管理者还要随时跟踪物品的位置,使物品能够容易找到,从而减少接收物品、储存物品和出货所需要的总付出。

以下是储存物品的基本系统:

- **将功能相关的物品摆放在一起**。将用途相近(功能相关)的物品摆放在一起。例如,将所有的五金用品存放在仓库的同一位置。如果同时订购功能相关物品的话,订单的拣选就比较容易,而仓库管理人员也会对物品的摆放位置比较熟悉。
- **将使用频繁的物品摆放在一起**。如果将频繁使用的物品摆放在靠近收发区域的话,物品进出仓库的搬运工作就会减少很多。使用不很频繁的物品则可以摆放在仓库靠里面一些的位置。
- **将性质相似的物品摆放在一起**。性质相似的物品通常需要特定的存储设施和搬运工具。小件包装物品可能需要用到货架;重型物件,如汽车轮胎或汽车钢圈,需要不同的存放设施和搬运工具;而速冻食品则需要冷藏空间。
- **将作业用库存和储备库存分开摆放**。数量相对较小的作业库存(working stock)——经常从中提货的库存——可以放在靠近货物集中和出货的区域,而作为补充作业库存的储备库存(reserve stock)可以放在仓库更靠里一些的地方。这可以使订单拣选发生在一个较为集中的地方,而作业库存的补充则可以使用托盘或集装箱以批量方式进行。带有货架的仓库常常在地面上进行订单拣选,并从上层货架上取下储备库存来供拣选之用。

有两个基本系统用来把某个库存物品存放在某个特定位置上:固定位置存放和随机位置存放。对于上述的定位系统,你可以采用其中任何一个系统。

固定位置存放(fixed-location system)。在定置存放系统中,一个SKU分配一个或几个永久的位置,在这些位置不存放其他物品。这一系统使我们在储存和提取物品时不需太多记录。在一些小的手工系统中,根本就不需要做任何记录。就像家里总是把玉米片放在橱柜的同一格子里,所有的东西都摆放得整洁而简单,容易找到。但是,定置存放通常对空间的利用率较低。如果需求确定,假设平均库存量是订购量的一半,那么必须预备足够的空间来储存满载订购量。平均来说,定置存放只是使用了50%的立体空间。定置存放系统通常用于小型仓库,在那里,空间并不是主要考虑因素,而且产品体积较小,并且只有不多的几个库存保管单位。

随机位置存放[random location system,有时也叫作浮动位置存放(floating-location system)]。在随机位置存放系统中,物品会摆放在任何适合存储的位置。同一个SKU可能同时存放于几个地方,或者不同时间存放于不同位置。浮动定位系统的优点是提高了立体空间利用率。但是,它需要对物品摆放的位置和可用储存空间有准确及时的信息,使物品能够有效地码放和提取。如果零件编号或其存放位置中,有任何一个信息不准确,那就会给寻找它的人带来大麻烦,因为该零件可能存放在仓库的任何地方。使用随机位置存放系统的现代化仓库通常都是电脑化的仓库。计算机系统给新进的物品分派位置,记住目前有什么物品、物品存储在什么位置,并引导提货者到正确的位置提取货物。这样一来,立体空间的使用率和仓库的效率都得到极大的提高。

一个时期以来,还发展出了其他一些存放系统,以应对上面两个基本存放系统所遇到的特殊情况和问题。

区域随机存放(zone random storage)。这实际上是两种基本系统组合在一起的系统,因此也就具有它们二者的优点和某些缺点。首先,这里的区域指的是仓库中那些密切相关的产品所存放的地方。其次,在每个区域内,就像浮动位置存放系统一样,物料是随机存放的。例如,如果一个区域用来存放所有的紧固件,并且如果某个存放位置或某个紧固件的号码在记录中是不准确的,那么,你不必把整个仓库全都找个遍,而只需在紧固件这个区域内寻找即可。由于在该区域内采用的是浮动存放方式,因此该系统对于充分利用空间是相当有效的。

使用点储存(point-of-use storage)。有时候,尤其是在重复性制造和精益生产环境中,库存物品就存储在靠近它需要使用的地方。

使用点储存有以下优点:
- 使用者可就近使用物料。
- 减少或完全不需要搬运物料。
- 减少集中库存的成本。
- 物料可以随时取得。

只要能把库存保持在低水平,而操作人员又能够管理好库存记录,那么这种方法是十分理想的。有时 C 类物品就是以"现场库存"的形式发放的,而制造部门则直接向现场发出大量这些物品,使这些物品可以根据需要而随时使用。库存记录是在物品被发出时更新,而不是在使用时更新。

集中储存(central storage)。与使用点储存相反,集中储存将所有的库存物品存放在一个集中的地方。集中储存有以下优点:
- 容易控制。
- 容易保持库存的准确性。
- 可以使用特殊的储存方式。
- 降低安全库存量,因为使用者不需要保留自己的安全库存。

订单的拣选与组合

一旦收到订单,订单所需要的物品就必须从仓库中提出、组合,然后准备出货。所有这些活动都涉及人工和物品的搬运。应该妥善安排工作,以使用最低的成本,提供期望达到的客户服务水平。有一些系统可以用来组织这项工作,例如:

1. **区域系统**(area system)。订单拣选者穿行于仓库之中,挑选订单所需要的物品,就像是购物者在超市购物一样。然后物品被拿到出货区域准备出货。订单在出货区域加以集合,等到所有物品拣选齐全,订单就完成了。这种系统一般用于物品固定位置存放的小型仓库。

2. **分区系统**(zone system)。仓库被分区,订单拣选人员只是在他所在的区域活动。订单也根据区域来划分,每个订单拣选者在他们各自的区域拣选订单所需物品,并把它们送到集合区,订单在那里组装出货。每个订单都分开处理,一个订单完成之后才开始处理另一个。如果拿上面提到的超市购物的例子,就是一个人去新鲜水果区,另一个则去冷冻物品区,等等,然后大家带着各自的物品在付款台那里集合。

集中分区通常是通过将相关的物品摆放在一起来划分的。物品相关可能是因为它们需要相同的存储类型(如冷藏),或者是因为它们经常被一起采购。

分区系统的变化形式之一是,将订单物品转移到另一个分区,而不是直接送到集合区,待所有物品移出最后一个分区时,才进行组装出货。

3. **多订单系统**(multi-order system)。这个系统和分区系统相似,只是多订单系统不是一次只处理一个订单,而是将几个订单集合在一起,所有需要的物品都按照分区划分。然后,订单拣选者穿行于物品所在的区域,挑选出一组订单所需要的所有物品。在此之后,物品统一送到集合区域,然后再按照每个订单的要求分别组装出货。

区域系统易于管理和控制,但是随着仓库物品数量和规模的增加,区域系统将变得笨拙而不适用。分区系统将订单取货过程分散到一系列更小的区域,便于更好地逐个管理。多订单系统可能最适用于有很多物品,或者物品不多但有很多小订单的状况。

作业库存与储备库存(working stock and reserve stock)。除了以上提到的系统之外,储备库存和作业库存可以分开。如果客户所订购的物品正好是一个盒子或者存放于托盘上的纸箱时,这样做正好合适。托盘可以用叉车移动到作业区域,然后从托盘上提取纸箱或盒子。作业库存存放在靠近出货的区域,从而减少提取货物的工作。但需要专门的人员从储备库存向作业库存补货。

在最需要的时候,小包装节省了时间

2014年,作为纽约市公共汽车和地铁经营者的纽约市运输公司,其下属的后勤供应部从其65个仓库中,发送了将近250万件物料。这些物料都是拿来对5 600辆大巴和6 500辆地铁车厢维修用的。由于平均每个大巴或地铁的仓库面积都不到5 000平方英尺,因此,仓库的空间始终都是一个主要问题。尽管该后勤供应部采用了各种节约空间的方法(如夹层料架、旋转料架、专门用于玻璃、管子、软管的物料架等),但工人的劳动也是一个限制因素。在一个狭小的空间里,有那么多人同时在处理进料和发料问题,不仅导致生产率下降,而且还容易引发严重的生产安全事故。

该后勤供应部最大化利用仓库空间的一个办法就是把物料搞成小包装。小包装的做法始于1989年;到了2001年,达到了里程碑式的100万个;而到了2014年,则共组装了300万个小包装。仅仅在2014年这一年里,该后勤供应部就组装了216 000个小包装。

小包装对纽约市运输公司产生了何种影响?每个小包装平均装有12件物料,假如没有生产这么多的小包装,那就意味着,该后勤供应部将从其仓库里多发出240万件物料,几乎是目前每年发出数量的两倍。而那就要对仓库空间和设备进行大量投资,同时还要雇用更多的人手。小包装的做法为后勤供应部、纽约市运输公司,以及纽约市民节省了大量的时间和金钱。

作者:卡里·A. 斯密斯(Gary A. Smith)CFPIM, CSCP
纽约市运输公司,后勤供应部副总经理

实物控制和安全

由于库存都是一些实物东西,所以库存物品经常容易丢失、弄乱,或者被盗,或者在夜间无端丢失。这并不是说人们不诚实,而是他们太健忘了。我们需要一个系统使人不容易犯错误,或者是不容易变得不诚实。以下几点对我们有所帮助:

- **一个好的零件编码系统**。零件编码已经在第 4 章有关物料需求计划的章节中讨论过。对订单拣选者和物料搬运者而言,它必须一目了然和方便使用。
- **一个简单的、记录准确的交易系统**。当货物收到、发出或者以任何方式移动时,就发生一个交易。每个交易都包括四个步骤:标识物品、核查物品数量、记录交易及实际进行交易。

1. **标识物品**。很多错误来源于不正确的标识。收到物品时,采购订单号、零件号及数量都要准确无误地标识。物品存放时,存放位置必须准确注明。发出物品时,物品位置、数量及部件号必须记录清楚。

2. **核查物品数量**。物品数量的核查是通过称重或计数来进行实物清点。有时标准容器对实物清点是非常有用的。

3. **记录交易**。在任何交易实际执行之前,所有有关交易的信息都必须记录在案。

4. **实际进行交易**。将物品搬进、搬到附近或者搬出存放区域。

- **限制进入**。库存必须保存在一个安全而没有危险的地方,并限制一般人的进入。除了正常的工作时间外,仓库都应该锁上。这样做倒不是完全为了防止东西被偷,而是为了确保没有人不履行物品请领手续就将物品拿出仓库。如果人们可以随意进入储存区拿出东西,那么库存交易系统就形同虚设了。
- **一支训练有素的员工队伍**。不仅仓库管理人员需要在搬运、存放物品及交易记录方面得到很好的训练,而且那些与仓库有互动的人员也要接受相关的培训,以保证所有交易都能准确无误地记录下来。

 ## 库存记录的准确性

库存记录是否有用与其准确性直接相关。企业根据库存记录来确定某物品的净需求;根据物料的可供使用情况来发出订单;根据库存记录来进行库存分析。如果库存记录不准确,就会出现原料短缺、排程受干扰、交货延迟、销售损失、生产率低下及过多的库存(不需要的东西)等各种问题。

有 3 种信息必须准确:部件描述(部件编号)、物品数量及其位置。准确的库存记录使公司能够:

- **运作一个有效的物料管理系统**。如果库存记录不准确,粗-净计算就会出差错。
- **保持满意的客户服务水平**。如果库存记录显示仓库有的物品而实际上却没有,那么交货承诺就会出错。
- **生产作业准确而有效**。计划人员可以放心做计划,因为可以确保有多少部件是可供使用的。
- **对库存进行分析**。对任何库存分析来说,只有数据准确,分析才会准确。

不准确的库存记录将导致:
- 销售流失。
- 物料短缺与排程中断。
- 过量库存(不需要的东西)。
- 低生产率。
- 不良的交货表现。
- 过度使用赶工。因为人们总是习惯于事后补救,而不是计划未来。

库存记录出错的原因

很多因素会导致库存记录准确性差,但是它们都是由不良的记录系统和缺乏训练的人员造成的。例如,造成库存记录错误的原因有:

- **未经许可从仓库提取物品**。员工常常因为自己部门发生了短缺或问题而到仓库里拿走物料。这往往解决了他们部门的问题,却没有将该交易记录下来。
- **仓库保管不严**。管理严格的仓库能防止未经批准而拿走物料,这种乱拿可能是合理的,也可能是不合理的。
- **库管人员缺乏训练**。大多数员工不了解没有适当的记录交易,以及拿错物料所造成的后果是什么。
- **不准确的交易记录**。可能产生误差的因素有:不准确的部件数、未记录交易、交易记录延迟、不准确的物料位置信息,以及部件标识不准确等。
- **不良的交易记录系统**。目前大多数的系统是基于计算机系统的,具有能够提供准确记录每笔交易的机制。错误通常都是在人为数据录入时发生的。文档记录系统应该在设计时就设法减少人为错误的可能性。
- **缺乏审核能力**。一些核查物品数量和位置的规定是必需遵守的。目前最常用的是周期盘点,这一问题将在下一节讨论。

衡量库存记录准确性

在理想情况下,库存记录的准确性应该是100%。银行和其他金融机构达到了这一水平。其他公司或许也可以朝这个目标发展。

表12-1列出了10个库存项目,显示了它们的实物盘点数量和记录中显示的数量。库存的准确性为多少?所有物品的总数是相同的,但是在10个库存项目中只有两个是正确的。那么其准确性是100%还是20%?或是其他数据?

表 12.1　库存记录准确性

零件号	库存记录	实际盘点数量
1	100	105
2	100	100

续表

零件号	库存记录	实际盘点数量
3	100	98
4	100	97
5	100	102
6	100	103
7	100	99
8	100	100
9	100	97
10	100	99
合计	1 000	1 000

容差(tolerance)。为了评估库存准确性,必须明确每种物品的容差。对于某些物品来说,可能不允许任何误差;而对其他一些物品,可能很难或者需要付出昂贵的成本来衡量和控制100%的准确性。后者的例子如,采购和使用数以千计的螺钉或螺帽。基于此,我们对每种物品都设置了容差。容差是指库存记录和实物清点之间允许的差异数量。

每个物品的容差设置是根据物品价值、物品关键特性、物品可用性、提前期、对停产的影响能力、安全问题及物品精确衡量的难易程度等来确定的。

表12-2显示的是与表12-1相同的数据,只是加上了物品的容差,它能告诉我们库存精确度为多少。

表12-2　库存准确性与容差

零件号	库存记录	实际盘点数量	容差	容差范围内	超出容差
1	100	105	±5%	√	
2	100	100	±0%	√	
3	100	98	±3%	√	
4	100	97	±2%		√
5	100	102	±2%	√	
6	100	103	±2%		√
7	100	99	±3%	√	
8	100	100	±0%	√	
9	100	97	±5%	√	
10	100	99	±5%	√	
合计	1 000	1 000			

例题

确定以下物品哪个在容差范围内。物品A的容差为±5%;物品B的容差为±2%;物品C的容差为±3%;物品D的容差为±0%。

零件号	实际盘点数量	库存记录	容差
A	1 500	1 550	±5%
B	120	125	±2%
C	225	230	±3%
D	155	155	±0%

答案

物品 A：容差为±5%，差异可以达到±75单位

物品 A 在容差范围内。

物品 B：容差为±2%，差异可以达到±2单位

物品 B 超过容差范围。

物品 C：容差为±3%，差异可以达到±7单位

物品 C 在容差范围内。

物品 D：容差为±0%，差异可以达到±0单位

物品 D 在容差范围内。

库存记录的核查

误差发生后，必须有一定的机制来发现这些误差，以保持库存的准确性。有两种基本方法可以用来检查库存记录的准确性：定期（通常是年度）盘点所有物品，以及周期（通常是每天）盘点某些特定物品。检查库存记录准确性很重要，但是更重要的是检查整个库存管理系统，找出库存记录不准确的原因，并消除这些因素。周期盘点能做到这点，定期盘点多半却不能。

定期（年度）盘点［periodic(annual)inventory］。定期（年度）盘点的主要目的是使财务审计人员相信库存记录代表的就是库存价值。对于生产计划人员，实物盘点代表了修正记录中不准确数据的机会。财务审计人员关注的是库存的整体价值，而计划人员关注的则是库存物品的细节。

库存盘点的任务往往落在物料经理和财务人员的身上，他们需要确保制订一个好的计划并执行它。乔治·普罗斯尔（George Plossl）[1]曾经说过，物品盘点就像画画，其结果取决于良好的准备。良好的准备包括三个要素：整理、标识和培训。

整理。库存必须进行分类，同样的物品放在一起以便于清点。有时可对物品预先清理并放入封好的纸箱里。

标识。部件必须明确地加以标识，并系上标有部件编号的标签。这一步骤应该在开始库存盘点之前完成。熟悉部件标识的人员应该参与其中，所有问题都应该在库存盘点开始之前解决。

培训。需要给予那些将要参加库存盘点的人员明确的指示，并对他们进行培训。实物盘点通常是每年一次，一年之后，盘点的程序不一定还能够记得住。

库存盘点过程。库存盘点过程包括四个步骤：

1. 清点物品，然后在物品上的卡片上记录清点结果。
2. 再次清点或抽样清点物品，以核实清点结果。
3. 核查完之后，将卡片收集在一起，并在每个部门登记清点的物品。
4. 调整实物盘点与库存金额之间差异的库存记录。从财务上讲，这一步是会计的工

---

[1] George Plossl，《生产和库存控制，原则和技术》(Production and Inventory Control, Principle and Techniques)，第二版，附录6：实物盘点技术。Englewood Cliffs, NJ：Prentice Hall, 1985。

作,但是物料管理人员也参与调整库存记录工作之中,以反映手头上实际有什么物品。如果存在重大的差异,必须立即对出现的差异进行检查。

对库存进行实物盘点是很多公司由来已久的实践活动,主要由于年度财务报表要求对库存价值具有"准确"评估。然而,采用年度库存盘点存在以下几个问题:通常需要停产,由此造成生产损失;所涉及的人工和文档作业费用昂贵;因为有很大的压力要尽快做完,好恢复生产,以致工作通常做得仓促而马虎;另外,进行库存盘点的人并不熟悉这一工作,容易犯错误。所以,盘点的结果通常是在记录中加入更多的错误,而不是消除错误。

由于这些问题,周期盘点的想法得以发展。

周期盘点(cycle counting)。周期盘点是在一年里持续清点库存物品的制度性安排。实物库存盘点以计划形式安排,使每个物品按预先确定的计划清点。基于各自的重要程度,有些物品每年需要经常清点,而有些物品则不用。这一方法是每天清点所挑选出来的物品。

周期盘点的好处是:

- **及时发现和解决问题**。盘点的目的首先是发现产生问题的原因,然后纠正引发错误的原因,从而减少错误再次发生的可能性。
- **全部或部分地减少生产损失**。周期盘点通常在不停产的情况下进行。
- **使用接受过训练的专门从事周期盘点的人员**。这样就培养了有经验的周期盘点人员,他们不太会犯那些"一年一次"盘点人员所犯的错误。周期盘点人员也接受相关的培训以发现并解决问题。有时候,那些使用这些零部件的生产人员也就是周期盘点人员。

应当指出,尽管周期盘点是在最少中断生产的前提下保持记录准确性的重要方法,但更重要的是,它也是一种能够发现记录不准确原因的方法。而一旦发现不准确的原因,并针对这些原因对交易系统加以改进后,那么不仅会使得记录更加准确,而且经过一段时间后,不准确的现象也会大为减少。在某些机构内,那些负责查找不准确原因的周期盘点人员会变成公司内部的高价值员工,因为评估发现问题原因的工作,将使得他们成为公司内部以及改进工作流程两个方面的行家里手。这些工作也是**数据管理**(data governance)的重要组成部分,所谓数据管理,是指一整套用于维护有效的数据和信息系统的方针、步骤和标准。

在那些具有高效周期盘点工作程序的机构里,通常会鼓励财务审计人员去审计通过周期盘点所得到的记录,而不是去审计年度盘点记录。一旦这些审计使得财务审计人员有了充分的信心,他们往往会放弃年度盘点,从而为公司节省下大量的时间和金钱。

盘点频率(count frequency)。其基本想法是每天都清点部分物品,以使所有物品每年都能清点预先确定的次数。一个物品每年清点的次数称为盘点频率。对一个物品而言,随着物品的价值和交易次数(出错机会)的增加,盘点频率也应该增加。有好几种方法可以用来确定盘点的频率。三种常用的方法是:ABC法、分区法和位置核查法。

- **ABC法**。这是一种比较常用的方法。根据 ABC 系统(参照第 10 章)对库存进行分类。有些规则可用来确定盘点频率。例如,A 类物品需要每周或每月清点;B 类物品每两个月或每季度清点;C 类物品每半年或每年清点一次。根据这个基准,可以制订盘点计划。表 12-3 展示了一个根据 ABC 系统制订的周期盘点计划。

表 12-3 周期盘点计划

分类	物品数量	每年盘点频率	每年盘点次数	盘点次数百分比	每天盘点次数
A	1 000	12	12 000	58.5	48
B	1 500	4	6 000	29.3	24
C	2 500	1	2 500	12.2	10

每年总的盘点次数:20 500
每年工作日:250
每天盘点次数:82

例题

某公司把它们的库存进行 ABC 分类。决定 A 类物品一个月盘点 1 次;B 类物品一年盘点 4 次;C 类物品 2 年盘点 2 次。库存中共有 2 000 种 A 类物品,3 000 种 B 类物品,5 000 种 C 类物品。制订一个各类物品的盘点计划。

答案

分类	物品数量	每年盘点频率	每年盘点次数	盘点次数百分比	每天盘点次数
A	2 000	12	24 000	52.2	96
B	3 000	4	12 000	26.1	48
C	5 000	2	10 000	21.7	40

每年总的盘点次:46 000
每年工作日:250
每天盘点次数:184

- **分区法**(zone method)。把货物按区划分,以方便盘点。这种方法适用于采用固定位置摆放的仓库,或清点在制品以及在途库存时。
- **位置核查法**(location audit system)。在浮动定位系统中,物品可能存放于仓库的任何地方,仓库管理系统记录它们所在的位置。由于人为误差,这些位置信息并不是 100%准确。如果物品放错了位置,那么正常的周期盘点就可能发现不了。使用了位置核查系统,定期地检查预定数量的库存存储位置。每个存货箱中的物品编号都要对照库存记录进行检查,以验证物品存放位置。

一个周期盘点系统可能包括所有这些方法。分区法最适合于快速移动的物品。如果采用的是浮动定位系统,那么将 ABC 法和位置核查法结合在一起则是最合适的。

何时盘点(when to count)。周期盘点可以以正常时间间隔或特殊情况的方式安排。选择盘点时间的标准如下:

- **下达采购订单的时候**。正好在采购订单下达之前进行物品清点。这样做的优点是,在采购订单下达之前就发现问题,并且在库存量最低时进行盘点,还可以减少盘点的工作量。那些高采购频率的物品往往更容易出现交易错误。对于那些高进出频率的物品,该方法能够对其更多次数地加以清点。

- **接收订单物品时**。此时库存量处于最低,而且,已经做好了去往存放位置的准备。
- **库存记录达到零时**。这种方法的优点也是减少工作量。
- **当特定数量交易发生时**。误差易于在交易发生时发生。快速进出的物品交易次数更多,因此也更容易出错。
- **错误发生的时候**。当发现一个明显的错误时,应进行一次特别的盘点。这或许是一种对库存记录的亡羊补牢之法,如当库存记录显示有物品,但却找不到的时候。

寄售库存和供应商管理库存

在许多公司里,最近一种流行趋势是:基本上把某些库存管理外包出去,并且将持有成本转嫁给供应商。这种库存方法叫作**寄售库存**(consignment inventory)。供应商通常在一个特定的客户那里设置库存,以便客户在需要时使用。在非寄售的情况下,当客户从供应商那里订购物料时,他有义务按照预先确定的条款——例如在30天内——付款。而对于寄售库存来说,客户则没有付款义务,而是直到物料被使用后,或者被售出后才付款。显然,对于客户而言,这种做法具有降低成本的好处,因为他们不必为库存而投入金钱,但却可能给供应商带来现金流方面的问题。但是,把库存放在客户那里,却为客户和供应商之间创建了更加牢固的关系。鉴于凭借有力的寄售协议,能够及时确定库存水平以及物料丢失或损坏的责任,从而降低了经营风险。

一些公司使用的另一个方法就是**供应商管理库存**(vendor-managed inventory,VMI)。供应商管理库存实际上是一种库存管理和计划系统。在不采用供应商管理库存方法时,是由客户的计划系统来决定库存需要,并且是通过采购活动来获得库存的。而当采用供应商管理库存方法后,则由供应商承担计划责任,由他来决定需要什么物料,以及什么时候需要。显然,为了做到这点,供应商和客户之间必须建立牢固的合作关系,因为既然由供应商来决定客户的物料需求,那么,客户就有责任向供应商报告其物料的使用数据。这意味着,要花费一定的成本来进行沟通和制订计划,然而,在客户服务、供应不确定性方面的改进,降低了对预测的要求,以及减少了总库存等方面的好处,常常会抵消掉那些成本。它对储存的影响也应当注意。另外一个好处可能就是供应商和客户之间有了更加紧密和牢固的合作关系。

库存准确性:生存之路

对于纽约市运输公司的后勤供应部来说,库存准确性业已成为一种生存之路。对于其下属的65个仓库来说,每个仓库每个季度都要进行一次周期盘点,而重要仓库则每年要进行6次周期盘点。每次周期盘点都由三项活动组成:数量清点、位置清点,以及精确性-准确性和控制测试。周期盘点由第三方承包商进行,以避免引起矛盾。

数量清点是通过挑选一定种类的物品(快速的、中等速度的,以及慢速进出仓库的物品),对选定的仓库加以盘点。例如,如果选择了150种物品,那就对所有这些物品加以清点,而清点实物库存的结果应当与仓库管理系统记录中所给出的现有数量一致。如果有两种物品不符,那么,数量清点的百分比就是98.7%(148/150)。

位置清点考核的是位置的准确度。在上述例子中,如果这150种物品分布在160个位置上,那么,就要对每个位置加以检查。在当前这个例子中,如果有7个位置的存货不准确,则位置清点的百分比为95.6%(153/160)。

最后进行的是精确性-准确性和控制测试。在这个测试中,审计人员要对有疑点的位置或物品(如打开的纸箱或散落在地的物品)加以清点。然后将清点得到的物品数量与库存记录加以比较。如果对100个位置进行了盘点,发现有5个位置不准确,那么,该测试结果就是95%(95/100)。

但是必须认识到,周期盘点只是对准确性的考核,它无法找出产生不准确的原因。库存是否准确,取决于所使用的管理程序是否严格和全面,是否突出了最佳库存管理的基本要求。而后勤供应部正是这样做的,其结果是:2014年,对其所有仓库和储藏室进行的盘点,其平均准确性都达到了99.6%。

作者:卡里·A.斯密斯(Gary A. Smith)CFPIM,CSCP
纽约市运输公司,后勤供应部副总经理

技术应用

大部分的库存记录误差都是人为错误造成的。任何交易过程中,读取存货编码、录入数据都可能是错误的源泉,包括盘点本身。使用一种通过计算机处理的标识——**条形码**(bar codes)就可以大大降低出现错误的概率,并且广泛应用于收集零售、分销和生产等各种信息。这种方法的错误率明显低于人工误差,重复录入误差估计值仅为3%。这种编码通常采用行业标准模式,并被印在纸制标签或标志符上。通常它们只是包含所需要的特定标志符,如零件号。如需要,则可查询数据库来得到进一步的信息,如价格或规格描述等。自动化工业(automotive industry)需要根据版面及使用编码类型而专门设计的标签。这些标签的内容除了生产编码外,还包括制造商、包装数量、生产日期等。

条形码通过激光扫描标签上的条码和空格信息来进行识别,虽然技术不断发展,但通常还是用于短距离收集信息。条形码的使用提高了数据录入速度,更重要的是,提高了数据检索的精度。

无线射频识别技术(RFID)的用途和条形码相似,但它是从一个小装置或标签上接收无线反射波,而不是通过激光来进行信息的收集。不同于条形码,无线射频装置不需要标签与读码器之间的光线扫描过程,它可以直接准确地识别容器内的或视线之外的物品。这一特征使得无线射频技术适用于安全装置或标签难以接近或读取的情况。北美地区的铁路在所有的货车车厢和机车上都使用了RFID标签。那些工作在极端天气状况下的火车,则需要在车体的每一侧都安装被动式RFID标签,以便能准确地传送如业主、车厢编号、设备类型等信息。无线射频标签通常比印刷的条形码贵很多,但是现在价格也在急剧下降,如今每个标签只有几美分,因此刺激了它的广泛使用。大型零售商如沃尔玛公司认识到了这种信息收集方法的价值,在它们的产品中使用这一技术,从而大大降低了供应链成本。

与条形码一样,RFID标签也能提供身份信息,并借助于该信息去访问数据库,从而

也能提供所标注物品的更多信息。在铁路系统中,通过车厢的编号就可查询到车厢内是什么物品、目的地等,以便进行交货跟踪,甚至能跟踪获得安全/有害等方面的信息。许多机构使用 RFID 入门卡来进入停车场或禁区。通过 RFID 信号来确认使用者的身份,然后才允许其进入相应的区域。这样,管理层就能很方便地对整个地区实行中央控制。当你的季节性停车许可到期时,就会自动收回你的进入权。

供应链是依靠信息的推动来展开工作的,因此,及时、准确和综合性的信息收集能力就能降低成本。前一章提到,提前期会对库存和客户服务水平产生影响。条形码和 RFID 技术就可以缩短提前期,从而使得供应链的所有成员都降低成本,同时还大大减少了缺货发生的次数。

仓储管理系统(warehouse management system,WMS)是管理仓储所有活动——包括收货、拣选和外运——的计算机应用程序。由企业资源计划(ERP)生成的输出,是通过仓储管理系统来加以执行的。例如,对储存位置的管理和最佳化、周期盘点、自动补货,以及管理订单拣选和逆向物流等。

库存的可跟踪性

随着物料变成商品和被客户使用,常常有必要,或要求对物料加以跟踪。有时候会发现,当一个产品通过供应链之后,某个物料出现了问题。这或许是该物料具有先前没有检查出来的质量问题,甚至会对客户的健康或福祉造成负面影响,尤其是食品、药品和汽车这些产品。一旦出现了这种情况,重要的是尽快和尽可能高效率地找出这些产品,并加以召回或修理。批量物料常常带有批号,而该批号可能包含在条形码中。跟踪物料的标准已经制定出来(如**全球贸易识别号码**,global trade identification number,GTIN),而在一定的场合,也可使用 RFID。

小结

本书的前面几章讨论的是使用理论和常识来有效地管理库存,本章考察的则是实物的储存问题。仓库正在从一个简单的存放物料的场所,变为影响公司重大投资的战略因素,以及提高客户服务水平的重要因素。那些基本的仓库工作,如收货、标识、储存、查找,直至最终发运等,都依然是必须的,但技术以及对供应链速度的要求正在改变我们仓库的工作方式。"一个存放任何东西的地方,以及任何东西都在它自己的地方"指的是浮动位置存放和使用地存放法。随着工作节奏的加快,越来越需要关注控制和安全问题,而重要的是,员工必须知道和理解正确的管理方法以及错误所造成的后果。为了实现高水平的客户服务,库存记录必须准确。周期盘点能够提高记录的准确性,但更重要的是,找出库存系统中的错误,以便工作得以不断改进。在任何一个现代化库存和仓库系统里,条形码和 RFID 技术得到了广泛使用,从而提高了数据的准确性,并加快了产品的运转速度。寄售库存和供应商管理库存改变了库存的补货方式,并对库存的储存方式产生了影响。

关键术语

物品可接触性　accessibility
条形码　bar codes
集中储存　central storage
盘点频率　count frequency
寄售库存　consignment inventory
立体空间利用率　cube utilization
周期盘点　cycle counting
数据管理　data governance
固定位置存放系统　fixed-location system
全球贸易识别号码　Global Trade Identification Number(GTIN)
托盘位置　pallet position
定期(年度)盘点　periodic (annual) inventory
使用地储存　point-of-use storage
无线射频识别技术　radio frequency identificatoin(RFID)
随机(浮动)位置存放系统　random (floating)-location system
储备库存　reserve stock
容差　tolerance
供应商管理库存　vendor-managed inventory（VMI）
仓库管理系统　warehouse management system
作业库存　working stock
分区随机储存　zone random storage

问答题

1. 库存运作管理的四个目标是什么？
2. 描述应用于超市库存的八大活动？用自己的语言描述这些活动何时发生，由谁进行？
3. 什么是立体空间利用率和物品的可接触性？
4. 为什么仓库中的物品摆放位置很重要？四大基本库存定位系统的名称是什么？详细描述每个库存定位系统，并举例说明。
5. 描述给库存保管单位安排位置的固定位置和浮动位置系统。
6. 列举并描述三种订单拣选系统。
7. 作业库存和储备库存之间的差别是什么？

8. 交易的四个步骤是什么?
9. 库存记录准确性差的后果是什么?
10. 本章讨论了导致库存记录准确性差的六个原因,列举并描述它们。
11. 如何衡量库存准确性?什么是容差?为什么需要容差?
12. 设定容差的基准是什么?
13. 核查库存准确性的四个主要目的是什么?
14. 在进行实物盘点时,盘点准备的三要素是什么?为什么说良好的准备工作非常重要?
15. 库存实物盘点的四个步骤是什么?
16. 描述周期盘点。以什么为基础来确定盘点的频率?
17. 为什么说周期盘点比年度盘点更适合于检查库存记录?
18. 什么时候是清点实物的最佳时间?
19. 在条形码和RFID中通常都存储了哪些信息?
20. 给出三个说明RFID优于条形码的例子。
21. 条形码和RFID是如何降低了供应链成本的?
22. 什么是寄售库存?
23. 什么是供应商管理库存?
24. 供应商管理库存与寄售库存有什么差别?

计算题

12.1 某公司希望储藏一批SKU,该SKU由5 000箱物品组成,每个托盘可码放30箱。托盘在仓库中码放3层高,需要多少个托盘位置?

答案:56个托盘位置。

12.2 某公司有7 000个纸箱要储存在托盘上,每一个托盘可码放30个纸箱。托盘码放4层高,需要多少个托盘位置?

12.3 如下图所示,某公司有一块空地可以储存托盘。如果说在托盘之间预留2英寸的间隔,而且码放4层高的话,那么可以放置多少个48″×40″的托盘?

答案:342个托盘。

12.4 某公司有面积如下所示的仓库。如果托盘之间预留2英寸的间隔,而且码放3层高的话,那么可以储存多少个48″×40″的托盘?

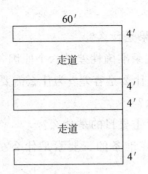

12.5 某公司希望储存以下的 SKU,并希望达到 100% 的物品可接触性。物品都存放在托盘上,托盘可以码放 3 层高。

a. 需要多少个托盘位置?

b. 立体空间利用率为多少?

c. 如果公司购买货架来存放托盘的话,需要多少个托盘位置才能达到 100% 的物品可接触性?

SKU	托盘数量	所需要的托盘位置
A	13	
B	4	
C	10	
D	13	
E	14	
总计:		

答案: a. 所需托盘位置 = 21。

b. 立体空间使用率 = 86%。

c. 18 个托盘位置。

12.6 某公司希望存储以下 7 个 SKU,并希望有 100% 的物品可接触性。物品都放在托盘上,托盘码放 4 层高。

a. 需要多少个托盘位置?

b. 立体空间利用率为多少?

c. 如果公司买货架来存放托盘的话,需要多少个托盘位置才能达到 100% 的物品可接触性?

SKU	托盘数量	所需要托盘位置
A	14	
B	17	
C	40	
D	33	
E	55	
F	22	
G	34	

总计：

12.7 a. 以下哪个物品在容差范围内？

b. 物品准确性的百分比为多少？

零件号	实际盘点数量	库存记录	差额	差额百分比	容差	是否在容差范围内
A	650	635			±3%	
B	1 205	1 205			±0%	
C	1 350	1 500			±5%	
D	77	80			±5%	
E	38	40			±3%	
合计						

答案：a. A、B 和 D 在容差范围内。

b. 60%。

12.8 a. 以下哪个物品在容差范围内？

b. 物品准确性的百分比为多少？

零件号	实际盘点数量	库存记录	差额	差额百分比	容差	是否在容差范围内
A	75	80			±3%	
B	120	120			±0%	
C	1 400	1 500			±5%	
D	75	76			±5%	
E	68	66			±2%	
合计						

12.9 某公司对现有库存进行了 ABC 分析，计算出在 5 000 个物品中，有 22% 可归为 A 类物品，33% 可归为 B 类物品，剩下的为 C 类物品。管理层做出如下规定：A 类物品每月盘点 1 次，B 类物品每 3 个月盘点 1 次，C 类物品每年盘点 2 次。计算总盘点数和每天的盘点数。公司每周 5 个工作日，每年工作 50 周。

分类	物品数量	每年盘点频率	每年盘点次数	占总盘点次数百分比	每天盘点次数
A					
B					
C					
每年总的盘点次数：					
每年工作日：					
每天盘点次数：					

答案：每天盘点次数 A=53；B=26；C=18。

12.10 某公司对现有库存进行了 ABC 分析，计算出在 10 000 个物品中，有 19% 可归为 A 类物品，30% 可归为 B 类物品，剩下的为 C 类物品。管理层做出如下规定：A 类物品每月盘点 2 次，B 类物品每 3 个月盘点 1 次，C 类物品每年盘点 1 次。计算总盘点数和每天的盘点数。公司每年有 250 个工作日。

分类	物品数量	每年盘点频率	每年盘点次数	占总盘点次数百分比	每天盘点次数
A					
B					
C					
每年总的盘点次数：					
每年工作日：					
每天盘点次数：					

案例研究　卡斯特马特仓库

当艾米·戈登一下子被指定为卡斯特马特这个地区仓库的新主管时，她感到从未有过的高兴。她大学毕业之前，曾经在当地的卡斯特马特商店做兼职工作。拿到学位后，她被指定为部门经理。现在，一年之后，她开始思考一个古老的谚语："只要认真对待你想要的——你就可能得到它。"

背景

当艾米还是部门经理时，始终碰到的一个问题就是她所管辖的那部分补货供应的责任问题。她肯定这不是自己的问题。店里所使用的销售终端机、收银机能像电脑一样即时确认库存动向。她也意识到，商店中行窃及其他方式的损失是零售店的普遍问题。因此，她命令所有员工一有空就对各自负责的区域清点存货。商店的计算机有一个内置的程序，当店内库存量降低到一定水平时，就会提示你下达补货订单。艾米当然知道那只不过是些建议。她知道，有些物品属于"热门"货，需要尽早订货或者根本不需要再订货，这完全取决于这些货物是否还那么时尚和流行。有些物品的补充需求是属于季节性的。此外她还知道，对于刚上市的商品或有促销活动的商品也需要关注其补货情况。在每月的经理会议上都要宣布这些信息，以便她能对需求的影响因素进行很好的预测。

因为她如此高效地管理着她职责范围内的库存，所以她对于库存内的问题总是直言不讳。她订购的每个补货似乎都成为问题，有的晚了，甚至有的可以晚上 6 个星期。即使有的按时得到了补充，但是补货量却远远大于或小于订单数量。最终她得出结论，每次的仓库交货都是一个概率事件而无法准确地按照订单进行处理。她向总经理提出了根源于仓库管理问题所带来的影响。由于她负责的区域范围内发生了多次缺货现象，顾客的抱怨越来越多。有些顾客甚至发誓因为这些再也不来卡斯特马特购物了。一个顾客甚至把艾米拖到他们商店门口挂的广告牌前(广告内容是："卡斯特马特——服务顾客至上")，声称要告她挂了虚假广告。

有时候，来货的数量是她订货数量的 2～3 倍。她总是要进行特别的"突击销售"，以避免过量的库存，尤其是当她的一项绩效指标是库存金额时。当然，一项最主要的绩效指标是利润，然而无论是缺货还是突击销售都对其不利。最后，当她经历了非常沮丧的一天之后，她对总经理说："也许你应该让我管理整个仓库。我能做好自己的这部分工作——

我打赌我也能够尽快把整个仓库整顿好。"两周后,她被提升为仓库主管。

目前情况

艾米面临的一个难题就是来自另一位仓库经理亨利·汉克·安德逊隐隐的羡慕嫉妒恨。汉克做职业仓库经理已经10年多了,是从一开始的搬运工位置做起来的。艾米的这个仓库主管的位置是专门为她设置的,之前一直是汉克负责仓库。他们共同的上司跟汉克解释说,责任的减轻并不意味着降级了,当仓库发展到现在的规模,必须分散责任。虽然表面上汉克接受了这一安排,但事实上每个人都知道,他认为这次变动让他觉得"丢了面子"。这已经足够造成潜在的怨恨了。更有甚者,有一天汉克在职工餐厅当众说:"他们拿走我手中的一部分职权还不算,看看他们把这些职权给谁了!一个刚出校门的没有任何经验的学生,还是个女的!大家都知道,你不可能在愚蠢的大学课堂上学到如何管理一个仓库——你需要亲身接触才能够理解它。"

艾米知道汉克是她要解决的问题之一,但是同时她也必须了解仓库的运作过程,尤其是为什么仓库产生了她在店里遇到的所有问题。她的第一步是与店里负责处理商店订货的简·道森谈谈,而简则向她详细解释了现有的一些情况。

"我知道,当你了解到我们商店的订单是如何处理时,你一定觉得很困扰,但是这也是困扰我的地方。我试图根据时间先后把订单进行组合,使车辆满载发出,但总是不断会有问题出现。有时告诉我仓库没有那么多存货。有时告诉我我要的货量达不到一满盒,他们不能(或不愿意)倒出其中一部分,所以整盒给我发过来了。其次,可能在我订某件货物时找不到该货物,但之后很久找到了又突然给我发过来。这样当然会有很多时候占用了卡车内过多的空间,使得一些货物需要下批发出。这些问题,再加上由于供应商漏掉了发货而造成的真正的库存短缺一起,使得我们没法及时得到想要的货物。但所有这些问题好像都无法引起汉克的注意。也许你能做些事情来改变这一现状。"

当艾米问简是否知道他们的库存记录的准确性时,简说不确定,但是可能准确性还不到50%,这使得她对简所反映的情况更加关注。"怎么会这样呢?"艾米自问道。她知道他们最近刚安装了一套计算机系统来管理仓库,该系统定期进行周期盘点,并且使用一种"homebase"的储存系统,每个库存保管单位在仓库内都有预先设定的存放位置。艾米意识到她需要和一名仓库的工作人员进行沟通了。她选定了卡尔·卡森。卡尔在公司工作了5年,并且作为具有献身精神和高效的员工获得大家的尊敬。艾米告诉卡尔她已经知道了大致的情况,问他是否可以补充一下更细节的东西。

卡尔说:"简告诉你的情况是真的,但是她没告诉你的是,大部分问题都是由她自己造成的。如果她能提前一点告诉我们,下一批货她想要什么的更具体的信息的话,我们就能够更好地进行分拣和筹备。但事实上,她每次给我们这样一张蓝色的清单,希望我们在非常有限的时间内找到并准备好发货。首先,她不理解要把一盒物品拆开,只是把她想要的那部分给她送过去是多么的不现实。我们没有办法包装剩下的那部分东西,而拆开了盒子又会使货物被损坏或弄脏的可能性增大。而且就算我们有办法包装,也会耽误我们在正常时间发货。"

"然后,我们还有找货的问题。供应商供货时,他们提供的某一特定的SKU总是比我们留出的空地多,因此我们只好把多余的部分放到过量存放区,但是这样的话就更难跟踪了。就算我们在仓库内定位准确,有些人也会马上把它搬开来取后面的物品。而这个人在紧急出货时间的压力下总是忘了把移动的位置记录下来。定期盘点在指定的位置没有发现存货,定期盘点系统会自动更新,以至于系统根本不知道还有这一物品存在。你可能认为我们应该增加预留的位置给每个 SKU,但是如果要这么做的话,我们起码需要比现在大两倍的仓库,而管理层绝对不会批准。我想现在唯一比较好的事情就是,当我们发现先前需要的一些丢失物品时,我们会发出这些货物以弥补我们之前没有及时发出。"

当艾米意识到问题的严重程度时,她的呼吸开始变得急促。她几乎是强迫自己和在采购部门工作、负责仓库订单的克丽斯塔·查维兹进行沟通。克丽斯塔也是一个有经验的、能干的并希望为公司做出贡献的人。她增加了以下信息:

"供应商都非常好,但他们并不是奇迹创造者。因为我们已经把他们的价格压得如此之低,我可以理解为什么他们除了现在所做的事情不愿再多做一些。问题是我们不能解决自己的问题,向他们提供一些我们什么时候需要什么的信息。要做到这些,我们需要知道仓库在什么时间需要什么物品,同时也要知道现有的物品有哪些。我们似乎不知道自己需要什么,而库存记录简直就是开玩笑。我每天都在更改订单日期、数量,或者是为了缺货制定紧急订单——而通常所谓的缺货其实根本就不是真的缺货。我们唯一的希望就是尽早订货,并多订货以保证我们有足够的安全库存来应对库存信息的准确性问题。我已经向汉克抱怨了很多次了,他只是说我的任务就是理顺供应商,显然问题出在他们那里。"

通过这些谈话,至少艾米对问题有了一个清晰的认识。不幸的是现在需要她来解决这些问题了。她希望自己从来没开口抱怨过这些问题,但是太晚了,现在必须由她来制订一个策略去解决这个烫手山芋了。

讨论题

1. 你认为问题的实质是什么?注意把问题与现象分开。
2. 假设艾米需要拟定一个基于数据的文案来说服她的上司并战胜汉克,你认为她需要为制订这个文案搜集哪些数据呢?
3. 建立一个模型,说明你认为在这种情况下仓库需要如何运作?
4. 制订一个分时间阶段的调整计划,使得仓库管理从现在的情况向问题 3 中的模型转化。

Modern Management

第 13 章

实 物 配 送

 引言

第 1 章介绍了供应链管理的概念。供应链是由实物配送系统联系起来的一系列供应商和客户构成的。通常,供应链是由好几个用这种方式联系起来的企业组成的。本章将讨论供应链中的实物配送问题。配送渠道既包含了货物的实物移动,同时也包含了供应链中实物所有权关系的变化。实物配送系统包括了各种形式的货物运输,运输过程,配送中心,生产工厂中的储存,货物的搬运过程,以及所需要的保护性包装等诸多方面。多仓库决策则涉及增加新仓库的成本和对客户服务水平的影响。

实物配送是物品从生产厂商到客户之间的移动过程。实物配送属于配送货物部门的责任。图 13-1 展示了这一系统中不同角色之间的关系。

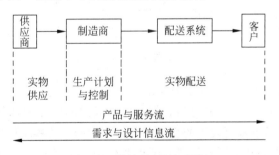

图 13-1 供应链(物流系统)

在图 13-1 中,物品的移动分为两个功能:实物供应和实物配送。**实物供应**(physical supply)是指物品从供应商到制造商的移动与储存。按照销售的合同条款,其费用或者由供应商,或者由客户支付,但是最后成本都要转嫁到客户身上。**实物配送**(physical distribution)指的是成品从生产厂商到客户的移动和储存。货物移动的特定通道——配送中心、批发商和零售商——称为配送渠道。

配送渠道

配送渠道指的是那些参与商品/服务从生产商到最终用户/客户流动过程的一个或多个企业或个人。有时,商家直接向最终客户提供商品,但是他们更多是通过其他公司或个人来为他们配送部分或全部商品给最终用户。这些公司或个人称为中间代理商。这类例子有:批发商、代理商、运输公司和仓库式批发中心。

其实有两个相互关联的渠道。**交易渠道**(transaction channel)涉及所有权的转移。它的职能是谈判、销售并签订合同。**配送渠道**(distribution channel)涉及商品/服务的转移或交付。同一个中间商可以(但不是必须)同时履行这两种职责。

图 13-2 展示了配送渠道和交易渠道相分离的例子。配送主要家用电器(如电冰箱或烤炉)的公司就是其中一个例子。在这一系统中,零售商通常只是展示电器的型号。当客户订购电器时,货物通常是从区域仓库或公共仓库发出。

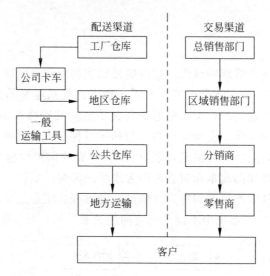

图 13-2 配送与交易渠道相分离

人们可能会存在一个争议:一个公司的实物供应不就是另一个公司的实物配送吗?通常这两者之间有重要区别,尤其是当它们与原料或成品的体积和物理状态相关时。搬运和储藏铁矿石与搬运钢板所发生的物流问题大不相同。这些不同影响了物流系统的设计,并且对确定配送中心和工厂的位置起到重要作用。本书把实物配送和货物供应都看作是实物配送,但是应记住它们对特定公司的差异性。

在我们的日常生活中,实物配送占据了重要位置。通常,制造商、客户、潜在客户等在地理位置上分布广泛。如果制造商仅服务于本地市场,那就限制了潜在的发展与利润空间。通过市场扩张,可以获得制造上的规模经济效益、批量采购的折扣,从而增大获利空间。但是,扩张市场范围需要良好的物流配送系统。制造通过加工原材料,增加更有用的东西或改变形态以增加物品的价值。面包是由小麦做成的,但是对人类而言,面包比小麦更具价值。配送通过将货物在客户需要的时候投放市场来增加其地域价值与时间价值。

物料运输的具体方式取决于很多因素。例如：
- **公司所使用的配送渠道的类型和数量**。公司要通过多少个中间环节来将产品送到客户手上？例如：生产厂家到批发商，到零售商，再到客户。
- **所服务市场的特性**。例如：市场的地理分布、客户数量及订单的大小。
- **产品的特性**。例如：重量、密度、易碎性、易腐坏性及其他特殊的搬运和储存要求。
- **可用来搬运物料的运输工具**。例如：火车、轮船、飞机和卡车。

所有这些因素都相互关联。例如，将不易保存的鲜花卖到当地市场的花卉商，有可能用自己的小卡车将产品直接运给客户。但是，通过由批发商和零售商组成的配送渠道，在全国范围市场上销售的罐头公司，则可能会使用卡车和铁路运输系统。

逆向物流

如第 2 章所讨论过的，在供应链管理中，逆向物流正在变得越来越重要，这是因为网上购物日益增加，以及客户一旦用完产品后，要求将其再利用或回收的呼声也越来越高。公司必须处理这些从最终用户或配送渠道中其他公司返回的货物流。一些因素导致产生了这种逆向供应链，例如：

- 产品的质量问题引起顾客的退货、变更担保期等。
- 分销商降低滞销品和多余库存的财务压力。
- 可以再次使用材料的回收，如交货后的包装物等。
- 零部件和物料的回收，以便进行循环利用或废弃处理，如电子设备等。

《APICS 词典》第 14 版把逆向物流定义为："致力于以退货、返修、改造及回收为目的的商品或原料流的反向流动的整个供应链系统。"

某些分销系统中，随着网络技术的广泛应用，逆向物流代表了主要的成本。网上交易覆盖更广阔的地理区域，其退货频率也更高。仅美国的逆向物流成本估计每年就超过了 500 亿美元。出版业由于过期造成的退货数量高达出货数量的 50%。用于启动电机和交流发电机维修的汽车零部件行业退货率高达 90%。不仅如此，企业需要为退货的包装费用负责。有两种主要的逆向物流：实物回收（即实际商品的返回）与**绿色逆向物流**（即供应商处置包装材料或污染环境的重金属及其他限制材料的责任）。

借助可循环使用的包装材料可以节约绿色逆向物流成本，如用箱柜或货架而不用瓦楞纸容器，或者彻底减少包装。污染环境的材料要么重复使用于生产，要么用最经济的方式进行处置，尽量避免直接掩埋。可重新灌装的软饮料瓶减少了对掩埋空间的需求，但是增加了生产商挑选与处理上的成本。

降低实物回收成本涉及污染材料处理与发出新产品之间的协调问题。退回材料的信息对于决定是否进行再利用或直接处理非常必要。如果因被退回商品而需要发货人进行退款，也需要信息支持。一个很好的例子就是汽车启动电机的更换。安装者订购一个启动电机并加以安装，那么，与新安装的启动电机相同型号的旧启动电机，就需要放在原来的包装盒内退回给供应商并要求退款。包装盒上有所有描述该启动电机的信息，可以作为其返修的凭证。为降低成本，分销商会协调新产品发出与旧产品返修同时进行。

商品退回的原因有许多,主要包括以下几个方面:
- 最终客户的质量需求(包括实际的与感知的)。
- 损坏的或有缺陷的商品。
- 由于需求预测过高而导致的过量存货。
- 季节性库存。
- 过期库存。
- 需要改造或整修的产品。

退回商品可以作如下处置:
- 退入仓库。
- 整修后再出售。
- 卖向替代市场(alternate markets)。
- 拆卸为可重复利用的零部件。
- 加以分类后恢复有用材料(进一步降低处理成本)。

如果配送渠道非常简单,像前面启动电机退回的例子一样,企业可通过协调进、出货来降低逆向物流成本。如果配送渠道非常复杂,可以利用第三方物流公司(3PLs)——将在本章后面讨论——来集中处理和部署退货,第三方物流公司还能很好地提供其跟踪货物流动的信息。采用战略逆向物流方法的公司能够大大降低成本,并为供应链提供更好的库存水平。这些公司同时也能获得合格企业市民的好名声。

 ## 实物配送

实物配送负责以最低的成本、将所需要的货物准时送到客户手中。配送管理的目的是设计和运作实物配送系统,并以最低的成本达到所期望的客户服务水平。为达到这一目标,一切与运输和储存商品有关的活动都要组织成一个完整的系统。

实物配送系统的活动

在实物配送系统中,有六个相互关联的活动影响客户服务及其成本:

1. **运输**(transportation)。运输包括了将物品移出公司建筑物以外的各种方法。对大多数的公司来说,运输是实物配送中成本最高的一项,通常占实物配送成本的30%~60%。当顾客愿意为靠近自己的库存物品付钱时,运输才能增加产品的价值。

2. **配送库存**(distribution inventory)。配送库存包括了所有配送系统节点处的成品库存。从成本角度看,它是实物配送中的第二大成本源,占了配送成本的25%~30%。同样,当顾客愿意付钱时,配送库存就能通过使产品靠近客户来创造价值。

3. **仓库(配送中心)**[warehouses(distribution centers)]。仓库用来储存库存产品。仓库管理需要对以下问题做出决策:选择仓库位置、系统中配送中心的数量、仓库布置、接收货物、储藏货物及提取货物的方式。

4. **物料搬运**(materials handling)。物料搬运是货物在配送中心内部的移动和储存。

使用的物料搬运设备决定了配送中心运作的效率和成本。物料搬运设备属于固定资产，在固定资产成本和配送中心运营成本之间存在着一个平衡点。与搬运物料有关的人工劳动则体现在库存持有成本中。

5. **保护性包装**（protective packaging）。配送系统中流动的货物必须进行包装、保护和标示。另外，货物是以包装好的形式搬运和储存的，因此它们的大小必须符合储存空间和运输工具的要求。

6. **订单处理与沟通**（order processing and communication）。订单处理包括完成客户订单的所有活动。订单处理不仅是影响交货时间的因素之一，而且是客户服务的重要组成部分。货物的转移涉及很多的中间环节，因此，良好的沟通对于一个成功的配送系统是非常重要的。

总成本概念

配送管理的目标是用最低的成本达到客户所需要的服务水平。这并不是运输成本、库存成本或其他任何活动的成本都要达到最低，而是总成本达到最低。某一活动所发生的事件将影响到其他事情、系统总成本及服务水平。管理者需要把它们看作一个整体，并理解各个活动之间的关系。

例题

某公司通常用火车来运送货物。铁路运输费用为 200 美元，运输时间为 10 天。但是，该批货物也可用飞机在一天内送达，费用为 1 000 美元。该货物的在途库存成本为每天 100 美元。两种运输方式的成本各为多少？

答案

	铁路	飞机
运输成本	200	1 000（美元）
在途库存持有成本	1 000	100（美元）
总成本	1 200	1 100（美元）

有两个相关的原则在这里解释一下：

1. **成本平衡点**（cost trade-off）。由于使用飞机运输使成本增加，但同时持有成本降低了，在两者之间有一个成本平衡点。

2. **总成本**（total cost）。通过考虑全部成本而不是任何一个单项成本，可使总成本降低。同时还应当注意到，由于缩短了运输时间，客户服务在没有增加成本的情况下得到了提高。总成本思想还应当反映到其他部门的决策问题上，如生产部门与销售部门。

以上的例子并不是说使用更快的运输方式总是能够节约成本。例如：如果运输的物品属于低价值物品，且库存持有成本为每天 10 美元，那么火车运输将更为便宜。而且，可能还有其他成本需要考虑。

配送中的很多问题都涉及平衡及有关总成本的评估问题。其实，在企业中和我们现实生活中很多情况都是如此。本章的重点是讨论成本和相关的平衡点及客户服务的改善。一般来说（但并非一定如此），客户服务水平的提高会导致成本的增加，这是主要的平衡问题之一。

全球配送

全球配送指的是商品在全球范围内的流动。企业致力于全球采购与销售,在其他生产成本较低的国家进行生产,并通过国内和国际制造商的力量共同供应国际市场。商品的全球分销类似于在某个特定大陆内的货物流动,因为都需要信息来控制库存、需要满足客户需求、需要通过沟通来达到运输者的目的。不同之处在于,与国际企业打交道时需要考虑:距离、语言、汇率及度量单位等诸多问题。

货物需要的运输时间越长,到达市场需要的时间就越长。这种距离可能需要实施跨时区的商务活动。由于货物是跨国界的,因此可能制造商、仓储代理和货运人的语言都不相同。文化差异包括商务管理方式、法定节假日时间和整个当地工作者的道德素养与规范等。外汇兑换和国际货币转账越来越容易,但是,汇率的波动能大幅改变成本,因此在选择和决定货源地时,其风险预测中需要将其考虑进去。全世界有各种不同的度量系统,重量是最好的例子,1吨是2 000磅。重量的衡量单位以持有货物那方的国家标准为准。总之,对那些面对这一挑战的公司或个人而言,全球分销都是非常复杂的。

幸好,现有的一些技术与系统减轻了这些问题的难度。时间不再是问题,网络使得企业可以在一天的任何时间处理商务问题。通过网上交易,明显减少了订单信息扭曲,如大小、数量及规格等。国际标准解决了很多配送问题,如国际标准化组织(ISO)(将在第16章讨论)已经建立了标准的海运集装箱,允许所装载货物从海运到铁路、到卡车无缝地通往所有国家。有些标准已建立多年。早在1936年,由总部设在巴黎的国际商会制定了《国际商会国际贸易术语解释通则》(Intercoms),提供了国际上认可的贸易条款,如出口包装费用、通关、内陆和海洋运输成本及损失保险等。本章的后面还要对国际贸易术语解释通则加以说明。

全球配送将继续发展,使其变得更加简单,让更多的企业加入其中,制造更有优势的产品并销售于全球市场。随着全球配送变得至关重要,其中的工作人员就需要扩展他们基于全球供应系统和依然有效的国际商务实践方面的知识。

第三方物流提供商

货物的买方和卖方常常与提供货物配送的第三方合作,这是因为与买方和卖方自己进行货物配送相比,其费用会更低。除了提供交货服务之外,**第三方物流提供商**(third party logistic provider,3PL)或许还提供以下各种服务,如仓储、电子数据交换(EDI)、包装、货运代理、订单处理、产品跟踪以及交货等。它们之所以能以较低的费率提供这些服务,是因为它们具有现成的基础设施,并且能够把一个公司的配送需要和其他客户的需要结合在一起。联邦快递公司(FedEx)就是其中一例,它向地理上分散在各处市场的客户提供诸如仓储、库存管理、标识要求等服务。

第三方物流提供商使得企业能将精力集中在它的核心竞争力上,而把与其产品交货和服务等有关的问题交给别人去解决。它们还能对运量大小很快做出反应,如所运送货物的数量,或者客户突然增加或减少运量等情况。对于新开发的市场来说,第三方物流提供商特别能发挥作用,因为在这些市场里,供应商往往需要在当地具有仓储能力,但它们并不具备足够的财力,或规模不够大,不值得自己具有这些设施。

第四方物流提供商

类似于第三方物流提供商的一个供应链参与者,是**第四方物流提供商**(fourth party logistic provider,4PL)。第四方物流提供商是指那些能为客户管理整个物流运作的物流专家。这些运作包括上面提到过的第三方物流提供商的全部工作,但也包括将某些服务分包给其他方,并协调所有各方的物流工作。按照《APICS 词典》第 14 版,它不同于第三方物流提供商之处在于:"(它是)……客户与多个物流供应商之间的接口。"

实物配送的界面

将制造部门生产的产品拿来,并将其送到它们的客户手中,实物配送为市场和生产架起了一座桥梁。同样,实物配送与生产和市场之间也存在着一些重要的界面。

营销

虽然实物配送可能和企业的所有部门都有联系,但是与它联系最大的还是营销部门。事实上,实物配送通常被认为是营销部门职责的一部分,而不是物料管理或者物流的一部分。"营销要素"由产品、促销、价格和地点四大要素组成。后者(地点)就是由实物配送产生的。营销负责创造需求。这一过程由以下方式完成:个人销售、广告、促销活动、商品贸易及定价。实物配送通过运作配送中心、运输系统、仓库及订单处理系统,将商品的所有权给予顾客。它的责任就是实现由企业高层及营销部门所确立的客户服务水平。

实物配送能够帮助创造客户需求。在推销一个公司的产品时,快速交货、产品供应充足、订单准时处理等都是非常重要的竞争工具。配送系统对公司来说是一种成本,它的效率与效能将影响价格竞争力,而所有这些都将影响企业利润。

生产

物料供应确保了物料在生产过程中的流动。零部件和原料供应水平必须很高,因为由于原材料短缺所造成的生产计划中断,其代价将十分高昂。

有很多影响厂址选择的因素,但是最重要的因素之一就是原材料到达工厂及成品到达市场的运输是否方便和成本问题。有时,厂址的选择在很大程度上取决于原料来源及原料的运输问题。尤其是与成品相比,原材料体积大,而且价值相对较低时更是如此。炼钢厂在北美五大湖附近就是一个很好的例子。炼钢的基本原材料——铁矿石,就是体积大而且重,同时单位价值低。运输成本必须保持在较低水平才能使得钢铁厂获利。位于加拿大魁北克北部或明尼苏达州的铁矿石由船(成本最低的运输方式)运到这些炼钢厂。另一种情况是,低成本的运输方式可能使得工厂建在远离市场的偏远地区,因为那里常常有廉价的劳动力。

除非公司直接销售产品给客户,否则,公司的需求大部分来源于配送中心的订单,而不是来源于最终客户。正如第11章提到的,这可能对工厂的需求形态产生严重的影响。虽然客户的需求可能是相对稳定的,但是公司面对的是配送中心补充库存的需求。如果配送中心使用的是订货点系统,那么对公司产品的需求就会变得不稳定,这种需求将是非独立需求而不是独立需求。配送系统就是公司的客户,配送系统与公司的互动方式将会影响公司运作的效率。

 ## 运输

运输是任何地区经济发展的至关重要的因素。运输将用于生产可销售产品的原材料集中在一起,然后将工业产品分发到各个市场。这样,运输为地区经济和社会组织做出重要贡献,并协助了该地区的经济发展。

运输可以分为五种基本形式:

1. 铁路运输。
2. 道路运输,包括卡车、公共汽车和小汽车。
3. 航空运输。
4. 水路运输,包括远洋运输、内陆水上运输和沿海运输。
5. 管道运输。

每一种运输方式都具有不同的成本和服务特点。这决定了何种方式适合运输何种货物。有些货物的运输用一种方式就是比另一种方式要好。例如:卡车就适合运送小批量货物到更广阔分散的市场,而火车却更适合于运输像小麦那样数量大的货物。

运输成本

不管是何种运输形式,任何运输商要想提供运输服务,都必须拥有一些基础设施。这些基础设施包括道路、货运站及运输工具等。每一种运输设施对运输商来说都是一种成本,对不同的运输方式或运输商,可能分为资本(固定)成本,或运作(可变)成本。**固定成本**(fixed costs)指不随货物运输量的变化而变化的成本。运输商自有卡车的采购成本是固定成本。不管卡车使用多少次,卡车的固定成本不变。但是,很多运作成本,如汽油、维修、司机的薪酬,都取决于卡车的使用频率。这些都称为**可变成本**(variable costs)。

道路(ways)是运输商所使用的通道,包括道路使用权(所使用的地面)、路基、小路,或任何其他通行时需要的设施。道路的种类及道路使用权支付方式因运输方式的不同而不同。道路可能由政府拥有和经营,可能由运输商拥有和经营,也可能是天然形成的。

货运站(terminals)是运输商装货或卸货的地方,也是当地司机取货、送货和长途运输的连接点。货运站的其他功能包括:货物称重、连接其他线路和运输商、运输工具的行程安排、运输工具的分派和维修,以及行政事务和表单填写等。货运站的性质、规模大小及复杂性因运输形式、公司规模和所运送货物种类的不同而不同。货运站一般是由运输商拥有和经营的,但是,在某些特殊情况下,也可能由政府拥有和经营。

运输工具(vehicles)。除了管道运输之外,所有运输形式都采用各种各样的运输工具。运输工具用于移动货物。通常运输商拥有或租用运输工具,但有时候,托运人拥有或租用运输工具。

除了道路、货运站和运输工具之外,运输商还要承担其他费用,如维修、人工、燃料及行政管理等费用。这些一般属于公司的运作成本,可以是固定的或变动的。

铁路运输

铁路有它自己的道路、车站及运输工具,这些都意味着巨大的资本投资,也意味着大部分的铁路运作成本都是固定费用。因此,铁路必须有大量的运输以收回固定成本。如果没有足够多的货物运输量,铁路部门不希望兴建和运营新的铁路线。一列火车或许有100节车厢,每一节车厢可负荷16万磅的货物。

因此,火车最适合远距离运输那些体积大、数量多的货物。火车的发车频率没有汽车高,卡车只要装满就可发车。就远距离运输来说,火车速度是挺快的,而且一般来说,火车的服务安全可靠,并可运送各种不同的货物。就长途运输而言,在运送体积大、数量多的货物,如煤炭、小麦、化工原料和集装箱时,火车运输要比卡车运输更便宜。

道路运输

卡车没有它们自己的专用通道(公路和高速公路),而是向政府购买许可证、燃油,以及支付其他税款和道路使用费。货运站通常是由运输商拥有和经营的,但也可能由其他私人或政府拥有和经营。运输商自己拥有或租用运输工具。如果运输商拥有运输工具,那么这些运输工具就是他们的主要投资。但是,与其他运输形式相比,道路运输的运输工具的成本费用相对较小。这意味着对于道路运输商来说,其大部分成本实际上都是运营(可变)成本。

只要有合适的路面可走,卡车可以提供直接上门的运输服务。在美国和加拿大,道路网络四通八达。如果搬运的单位都适合于卡车运输,最多可负荷到10万磅。这两个因素——发达的道路系统和相对较小的搬运单位——意味着在北美,卡车在任何地方都可以提供快速而方便的服务。卡车特别适合于在分散的市场运送体积相对较小的货物。

航空运输

航空运输并没有前面所说的固定路线的道路,但是它需要一个包括空中交通管制和导航系统的空中航道系统。这些系统通常由政府提供。运输商支付系统的使用费用。飞机场包括了所有的机场设施,其中大部分由政府提供。但是,运输商通常通过自己拥有或租用场地,来负责提供他们所使用的航空港及飞机维修设施。运输商通过购买或租赁取得飞机。飞机价格昂贵,对航空公司来说,这是最重要的成本支出之一。由于飞机的运营成本也很高,因此,可变成本也是航空公司的主要成本。

航空运输的最大优点是快速的服务,尤其是远距离的。大多数货物由客机携带,因此,大部分的送货计划都取决于客机航班的时间表。只要有合适飞机起降的跑道,航空服务所涉及的范围灵活多变。航空运输的成本比任何其他运输形式都要高。因此,航空运输适合于运送那些价值高、重量轻的货物,或者运送紧急需要的货物。

水上运输

水路是自然的产物,或是在政府协助下的自然产物。圣劳伦斯河水路运输就是一个很好的例子。因此,运输商可能不需要提供水路的资本投资,但是需要支付水路的使用费用。

水运站或许由政府提供,但是也越来越多地被私人占有。不管是哪种情况,运输商都需要支付使用费。因此,在多数情况下,水运站都属于可变成本。运输商要么拥有要么租用交通工具(货船),所以交通工具对于运输商来说是主要的资本投入或固定成本。

水上运输的主要优点是成本。水上运输运营成本低。由于船的负荷能力相对较大,固定成本可以通过运输量来收回。货船速度较慢,只有当发货者和收货者都在水路上时,门对门的直接运输才有可能。所以,如果可以的话,水上运输最适合于相对较长距离运输体量大、价值低的货物。

管道运输

管道运输是一种独一无二的运输形式,只适用于在幅员辽阔的范围内运输天然气、石油和精炼石油产品。因此,大多数的运输使用者对管道运输的兴趣不是很大。由运输商承担的通路和管道的资本投入成本高,但是管道运输的运营成本很低。

联运

当送货无法通过单一的运输方式实现时,可以将多种运输方式组合在一起来达到目的,这就是**联运方式**(intermodal)。产品的运输部分通过一种方式进行,然后再交给另一种方式继续下去。例如:

- **铁路—公路联运**(piggyback)。这种联运指的是将卡车拖车或货柜放到铁路平板车上运输。
- **公路—水路联运**(fishyback)。这种联运指的是将卡车拖车或货柜部分通过船舶或货船运输。
- **公路—航空联运**(birdyback)。这种联运指的是通过公路和航空两种方式来运输货物。

运输计划

无论你选择哪种运输方式,制订运输计划都是实物配送的关键要素。运输计划必须能使得运输网络得到最佳使用,并且同时考虑速度和成本两个方面,以及满足客户的需要。必须选择好运输路径,或许还要考虑如何做好**回程安排**(backhauling)。回程安排指的是如何从目的地返回到出发地时,能满载或部分装载货物运输。由于物流预算中的大部分是用在运输成本上,因此必须确保货物能准时和低成本地交货。某些限制因素是所选择的运输方式固有的,如到港口或铁路是否方便、飞机的航班日程等。其他一些约束条件则是无法预料的,如工人罢工、自然灾害等,此外还有恐怖主义袭击,这些因素都会妨碍或阻止货物运送。

运输管理系统（transportation management system,TMS）可以用来自动生成运输计划和日程安排，并且处理出现的瓶颈问题。这些应用程序不仅可以自动生成计划，而且还能对许多运输工作加以决策和管理，如确定最有效的运输路径，收取运费，车辆派发，跟踪运输情况，车队的管理，为国内或进出口运输生成必要的文件，等等。运输管理系统中的装载计划程序能够确定恰当的运输方式，并且能基于体积、密度和成本来使得装载达到最佳化。例如，它能提供所需要的信息，以便对究竟是采用零担运输，还是把多种货物组成整车来运输做出决策。

运输的法律类型

运输从法律上可分为两类：公共运输（出租）和私人运输（不出租）。在第二种情况下，公司或个人拥有或租用交通工具来运送自己的货物。另外，公共运输所经营的业务就是为他人提供需要付费的运输服务。所有的运输形式都有公共和供出租的运输承运商。

供出租的运输承运商受制于联邦政府、州政府和市级政府的经济法规。取决于各级政府的权限，经济法规可能严格或宽松。近几年来，政府有强烈的举动要减少经济法规。经济法规主要关注以下三个方面：

- 收费规定。
- 道路和服务水平管制。
- 市场进入和退出管制。

私人运输不受经济法规的制约。但是，和公共运输承运商一样，它们在公共安全、许可证费用及税收方面受政府管制。

出租运输

出租运输商可以作为公共承运人或者按照合同为特定发货人运输货物。

公共承运人（common carriers）为公众提供常年服务。这意味着他们为每一个希望使用其服务的人运输他们交给的货物。除了少数特殊情况外，他们只能运输经过许可的货物。例如，家庭用品运输商不能运送砂石或新鲜蔬菜。公共承运人提供以下服务：

- 公众可以得到的服务。
- 指定点或指定地区的服务。
- 定期服务。
- 给定级别的搬运或商品服务。

合同承运人（contract carriers）只为那些与他们有特定正式服务合同的人运输货物，他们的服务对象不是一般的大众。合同承运人根据与特定发货人签订的合同提供运输服务。合同明确规定了服务的特性、绩效和收费标准等事项。

私人运输

私人运输（private carriers）拥有或租赁设施，并自己经营。这意味着他们自己投资购买设备，承担保险和维修费用。在正常情况下，只有当运输量大得可以使资本投入合理时,公司才会考虑经营自己的运输车队。

服务能力

服务能力(service capability)取决于运输服务的可获得性,这反过来又取决于发货人对运输代理商的控制能力。发货人必须到市场去雇用公共承运人,因此发货人就受制于承运人的时间表和相关规定。对公共承运人的控制基本上微乎其微。发货人对自己的交通工具进行最大限度的控制,并凭借私有的运输车辆而具有最大的服务能力。

其他运输代理

还有不少运输代理商使用不同的运输形式,或运输形式的某种结合。这类代理商有邮局、货物转运公司、快递公司和托运人等。他们通常都作为公共承运人提供运货服务。他们或者自己拥有运输工具,或者与其他运输商签订合约为他们运送货物。通常,他们将小件货物合并为大件货物运输以节省运输成本。

运输的成本要素

有四种基本的运输成本要素。了解这些成本要素,就能使得发货人通过选择合适的运输形式从而取得更好的价格。四种基本成本如下:

1. 长途运输。
2. 取货和送货。
3. 货运站搬运。
4. 开票和收款。

我们以车辆运输为例子,而其原则也适用于其他运输方式。

货物要么直接从发货人运到收货人,要么通过货运站周转。如果是第二种情况,运输商首先安排短途运输车辆去收集货物,然后把货物运送到一个货运站,货物在那里根据不同的目的地进行分类,然后货物被大卡车通过高速公路运送到目的地的某一货运站。在目的地的货运站,货物再次进行分类,装上当地的货运小卡车将货物送给收货人。图13-3展示了这一运输过程。

图13-3 运输方式

长途运输成本

当货物被运输时,是装在一个移动的、有一定载重量和体积的集装箱里运输。不管是私人性质的还是出租性质的运输商,也不管集装箱是满载还是空载,在移动这一集装箱时都会产生一定的基本成本。该成本就叫作**长途运输成本**(line haul costs,LHC)。对卡车来说,这些基本成本包括汽油、司机的薪资和卡车使用折旧费等。这些成本根据距离的不同而不同,而与载货量无关。满载或空载情况下,运输商的成本相差无几。如果卡车只是负荷一半的货物,那么基本成本就要分摊到这些货物上。

因此,**长途运输的总成本**(total line haul cost)直接和行驶的距离有关,而与负荷的重量无关。例如,对某商品,长途运输的成本是每英里 3 美元,距离 100 英里,那么长途运输总费用为 300 美元。不管发运人运送 5 万磅还是 1 万磅的货物,总运输成本都是一样的。但是长途运输成本(LHC)却不相同。

尽管重量不是长途运输成本的一个因素,但是可以用它来作为发货人成本。在不同国家,测量重量的单位各有不同,包括吨、磅、千克和百磅(cwt.)。下面的例子使用的是每百磅长途运输成本(line haul cost per hundred weight),它是北美地区运输货物的通用名称。

LHC/cwt. = 300÷500 = 0.60 美元/百磅(对于 50 000 磅,也就是 500cwt.)

LHC/cwt. = 300÷100 = 3 美元/百磅(对于 10 000 磅,也就是 100cwt.)

通过确定每一定重量的成本,也可用重量来对成本加以比较。

例题

对某一商品来说,长途运输成本是每英里 2.5 美元。运输的距离是 500 英里,运送的重量是 6.5 吨。问:每吨的运输成本为多少?如果运送重量增加到 10 吨,每吨所节省的运输成本为多少?

答案

总长途运输成本 = 2.5×500 = 1 250(美元)

每吨运输成本 = 1 250÷6.5 = 192.31(美元)

如果负荷为 10 吨,则

每吨运输成本 = 1 250÷10 = 125(美元)

每吨节省成本 = 192.31−125 = 67.31(美元)

体积

有两个因素限制了运输工具每次的运输量:重量限制和体积限制。有些商品的密度是这样的:在达到车辆的载重量限制之前,其体积限制已经达到了。如果运输商想一次运送较多的此类商品,就需要寻找增加物品密度的方法。这就是为什么一些质量轻的物品做成可以叠放在一起的形状(例如:一次性纸杯),而自行车和手推车都以未安装的形式运输。这并不是要让我们这些不太懂安装的人失望,而是要以此方式增加物品的密度,以便在一个车厢里装入更多的货物。同样的原理适用于储存在配送中心的货物。货物越密集,一个给定空间内储存的货物就越多。因此,如果运输商想要降低运输成本,他们就应该:①增加所运输的重量;②使货物的密度越大越好。

例题

某公司运送完全组装好的烤肉架,一次的平均运输成本是每英里 12.50 美元,卡车一次能够运输100个已经装好的烤肉架。公司决定变换方式,改为运输尚未安装好的烤肉架,这样它们一车可以运输500个烤肉架。计算每个已经安装好的和没有安装的烤肉架的运输成本。如果平均的运输距离是300英里,计算每个烤肉架所节省的运输费用。

答案

每英里已经装好产品的运输费 = 12.50 ÷ 100 = 0.125[美元/(个·英里)]

每英里尚未安装好产品的运输费 = 12.50 ÷ 500 = 0.025[美元/(个·英里)]

实物配送

每英里所节省的运输费 = 0.125 - 0.025 = 0.10(美元)

全程节约费用 = 300 × 0.10 = 30(美元/个)

取货和送货成本

取货和送货成本(pickup and delivery costs)类似于长途运输成本,只是取货和送货成本更取决于所花费的时间,而不是行驶的距离。运输商根据取货次数和取货的重量收费。如果发货人有好几件货物需要发运,那么把这些货物集中起来一次性取货的话,费用就会比分开取货更低。

货运站搬运成本

货运站搬运成本(terminal-handling costs)取决于货物必须装货、搬运和卸货的次数。如果是整车运送,货物就不需要在货运站进行搬运处理,可以直接运送到收货人手里。如果运送的是部分货物,货物必须先运到货运站,在那里卸车、分类,然后再装上高速公路的卡车。到达目的地之后,又必须卸车、分类,然后装上当地的送货卡车。

收货的过程不仅包括物料的实物接收,还可能包括对货物加以检查,以确认它符合采购订单的数量,以及是否有损坏或其他质量问题。大包装或许需要拆开,以方便储存和另外包装后送给收货人。

从仓库里准备运货订单,通常包括:从仓库的储存点拣选所需要数量的货物,进行必要的再包装;为每个包装加以标签,标签上写明所需要的交货和安全信息;然后将它们装载到运输车辆上去。

从接受一批货物直到将其运出,一个包裹可能需要搬运多次。一个具有许多客户、每个订单数量又不大的发货人,其货运站成本可能会很高,因为每个包裹都有一定的搬运费。

减少货运站搬运成本的基本原则是将货物合并为更少的包裹以减少搬运的次数。此外,技术也有助于降低这些操作所花费的时间。条形码或RFID技术就能简化这些操作,同时还有自动引导车辆系统、自动化存货和取货系统(AS/RS),以及机器人等。还需要考虑的是:改变包装,以及安装使用这些工具所需要的技术方面的问题。

开票和收款成本

每一次运送货物都要做文书工作,开出发票。通过合并出货量,减少取货次数,可以降低开票和收款成本(billing and collecting costs)。

总运输成本

总运输成本包括长途运输成本、取货和送货成本、货运站搬运成本及开票和收款成本。要减少运输成本,发货人需要做到以下几点:

- 增加运输重量,降低长途运输成本。
- 减少取货次数,以降低取货和送货成本。可以通过合并货物并增加每次取货的重量来实现。
- 通过合并减少包裹的数量,以降低货运站搬运成本。
- 合并出货量,减少开票和收款成本。

任何运输的长途运输费用都随运输距离的不同而不同。然而,取货和送货成本、货运站搬运成本及开票和收款成本是不变的。因此,任何运输的总成本都是由固定成本和与之相关的可变成本组成的。图 13-4 展示了这一关系。

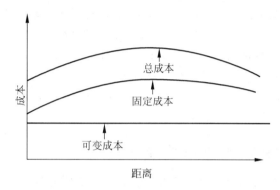

图 13-4　距离与运输成本

运输商也会考虑这种关系,会收取固定的费用,加上每英里的费用;或者提出一个递减的费率。在第二种情况下,短途运输的每英里成本远远高于长途运输。

运输商所收取的费用也因运输货物的不同而不同,同时也取决于以下因素:

- **价值**(value)。货物价值越高,运输商对所造成损失应承担的责任就越大。
- **密度**(density)。货物的密度越大,给定的运输工具所能够负荷的重量就越大。
- **易腐烂性**(perishability)。易腐烂的商品需要特殊的设备和搬运处理方式。
- **包装**(packaging)。包装的方式影响损失和破裂的风险。
- **有害**(harzards)。如果货物中含有有害物质,那么可能需要特殊的考虑和/或搬运方式。

同时,运输商有两种收费结构。一种是基于货物满载容量,称之为**满载**(truck load,TL)或**货车的最低载重量**(car load,CL);一种是基于**未满载容量**(less than truck load,LTL)或**不足货车的最低载重量**(less than car load,LCL)。对于任何货物,LTL 的费率可能要比 TL 高 100%。这种差异的原因是需要额外的取货和送货成本、货运站搬运成本,以及开票、收款成本。卡车、航空公司及水上运输商接受未满载的运输。然而,铁路通常是不接受未满载运输的。

运输术语

多年来,货物运输商一直在使用固定的术语来描述由谁来支付运输费用,以及在运输过程中谁拥有货物的所有权。通常使用的有四个术语都是基于**船上交货**(或称离岸价)(freight on board,FOB)这个术语的基础上的,FOB指明了由谁对货物负责,并支付防止货物出现风险的保险费。

这四个FOB术语可以让那些精明的买方或卖方利用自己的专业领域来使得运费尽可能低。一个只有小出货量的小公司常常要比大供应商支付更高的运输费。对于小买方而言,最好是发货人支付运费,然后再由买方支付较低的总成本。对于拥有自己车队的公司来说,则希望由自己来承担运费。

- **工厂交货,运费到付**(FOB origin, freight collect)。卖方将货物放在它们的码头上,而从这一点起,所有的风险和运输费用都由买方承担。
- **工厂交货,运费预付**(FOB origin, freight pre-paid)。卖方将货物交付给买方,但由买方承担货物在运输过程中的风险并支付保险费。
- **目的地交货,运费预付**(FOB destination, freight pre-paid)。卖方将货物交到买方所在地,并承担所有的保险和运输费用。
- **目的地交货,运费到付**(FOB destination, freight collect)。卖方负责将货物运送到买方的风险,但由买方承担运输费。

Incoterms(国际贸易术语解释通则)

FOB这个术语只是在北美地区运输时,指明了货物所有权的转移点,它不一定符合Incoterms的国际标准解释。Incoterms是由国际商会于1936年制定的,其目的是在国境内,或跨国境运输货物时,为确定买方和卖方之间的责任建立一套指导标准。这些术语后来几经修改,本书中,这些术语的定义都是基于2010年版本的Incoterms。对于买方和卖方来说,在途货物都是一项重大的投资,并且将遇到许多损坏或丢失的风险。极其重要的是:对于供应链中的某个特定的时间点和地点,货物的所有权归谁,以及由谁来支付与运输有关的费用等,都必须有清晰的理解。运输有害物品的另一个风险是,可能由于事故或撒漏而造成的环境清理费用。

必须搞清三件事情:
- 货物的运输费用。
- 货物的所有权,或货物风险的保险人。
- 货物运输过程中海关文件的准备。

Incoterms分为两大块:
- 适用于任何运输方式的准则。
- 适用于海运或内陆水运的准则。

适用于任何运输方式的术语

- EXW:**工厂交货**(指定地点)(ex works)。卖方在事先讲好的地点将货物备好,买方则负责所有的运输费用,并为货物保险,包括海关文件。买方承担货物运输过程中的所有风险。
- **FCA**：货交承运人（指定承运人）（free carrier）。卖方负责准备海关文件,并把货物交给由 Incoterms 所定义的承运人,由承运人负责其后的所有运输费用。
- **CPT**：运费付至（指定交货港）（carriage paid to）。卖方负责出口文件,并支付到目的港的运费。但是,当货物交付给第一个承运人时刻起,风险就转移给了买方。
- **CIP**：运费和保险费付至（指定目的地）（carriage and insurance paid to）。卖方负责支付到目的地的运费,并准备出口文件。但是,当货物交付给第一个承运人时刻起,风险就转移给了买方。
- **DAT**：货站交货（指定地点）（delivery at terminal）。由卖方准备出口文件,并承担运至指定的货站或港口的运费。双方必须就在货站内的什么地方将风险从卖方转移给买方达成一致。
- **DAP**：指定目的地交货（指定地点）（delivered at place）。卖方将货交给买方,由买方负责在指定地点卸货。双方必须就在目的地的什么地方将风险从卖方转移给买方达成一致。
- **DDP**：关税付后交货（指定目的地）（delivered duties paid）。卖方支付所有的与运输、出口文件和到指定目的地的关税等有关费用,该关税通常是指买方所在地的关税。

适用于海运或内陆水运的术语

- **FAS**：装运港船边交货（指定船舶）（free alongside ship）。卖方负责出口文件以及运送到出口港的装船点的费用。一旦在出口港交付后,风险就转移给了买方。买方需支付装船、海运、保险、卸货,以及从进口港运送到家等一切费用。
- **FOB**：船上交货（指定船舶）（free on board）。卖方负责出口文件以及装载到指定船舶上的,或"越过船舷"的费用。FOB 的目的是指卖方的责任一直到买方取得货物的所有权为止。需要注意的是,该术语类似,但不同于前面提到的北美地区运输术语中的 FOB。
- **CFR**：成本加运费（指定目的港）（cost and freight）。卖方负责出口文件以及运送到目的港的费用。但是,当货物在装运港"越过船舷"时,买方就要承担货物的风险。Incoterms 之所以使用这个术语,是考虑货物没有用集装箱运送的情况。
- **CIF**：成本、保险加运费（指定目的港）（cost, insurance and freight）。销售价格包含了运送至指定目的港的所有运输费用以及保险费用。由卖方购买保单,但是当货物装上船后,卖方的责任就终止了。

 仓储工作

本书的上一章讨论了仓库管理。这一章节所关心的是仓库在实物配送系统中的作用。仓库包括工厂的仓库、地区的仓库和当地的仓库。仓库可能由供应商或批发商之类的中间商拥有和管理,也可能是公共仓库。公共仓库提供一般性的服务,包括提供储存空间和仓库保管服务。有些仓库提供专业的某种服务或储藏某种产品。冷冻库就是其中一种。仓库提供的服务功能可以归纳为两类:

1. **一般性仓库**(general warehouse)。一般性仓库的主要目的是在货物不需要使用时长时间储存和保护货物。这类货物在仓库中几乎不需要什么处理、移动和运输。家具储存或文件存放是这类储存的例子。因季节性销售而提前囤积的库存也是以这种方式储存的。

2. **配送仓库**(distribution warehouse)。配送仓库的主要目的是频繁地搬运和储存各种货物。货物以大量而统一的批量进来,经过短暂的储存,然后根据市场上客户的需求,分成包括不同货物的小额订单。仓库的重点是搬运和处理货物,而不是储存货物。这类仓库广泛应用于配送系统之中。仓库的规模并不非常在乎仓库容量的大小,而是在于它的流通量,或者它所处理的货运量。

正如上一章中所讨论的,仓库或者配送中心是存放原材料、半成品和成品的地方。它们代表了物流的中断,因此增加了系统的成本。只有当储存货物带来利益时,货物才应该储存在仓库。

仓库的作用

仓库有三个重要作用:运输合并、产品混合及服务。

运输合并(transportation consolidation)。如上一部分所提到的,可以通过使用仓库来降低运输成本。即通过将小的未满载(LTL)的运输合并成大的满载(TL)的运输来实现。

合并在供应和配送系统中都有可能发生。在货物供应中,几个不同供应商的未满载的货物可以在仓库中进行合并,然后以满载的方式运送到工厂。在实物配送中,满载可用于运送货物到远距离的仓库,而未满载可用于运送货物到当地的客户。图13-5展示了这两种状况。在实物配送中的运输合并有时称为**化整为零**(break-bulk),就是指将从工厂运送到配送中心的满载的货物分成小批量,然后再运送到当地的市场。也可采用**交接运输**(cross-docking),指的是将货物从进货区直接装载到运输车辆上,而不再将货物送入仓库存放。

产品混合(product mixing)。运输合并关心的是降低运输成本,而产品混合则是将不同的产品汇集到一个订单的名下,仓库可以提供这样的运行机制。当客户订购商品时,他们需要的往往是在不同区域生产的不同商品的混合。

如果没有配送中心的话,客户将不得不从每一个不同的货源订购商品,并且支付每一个不同货源的未满载的运输费用。利用配送中心,客户可以向配送中心下订单,货物也从配送中心发出。图13-6展示了这一概念。

服务(service)。配送中心通过将货物储存在靠近市场的位置,可以为市场提供更快捷的服务,并以此来提高客户的服务水平。

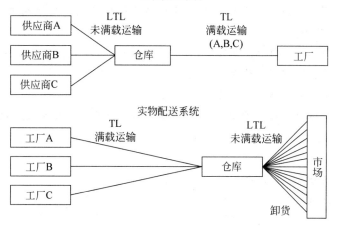

图 13-5 运输合并

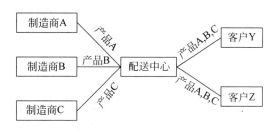

图 13-6 产品混合

仓储和运输成本

任何配送系统都应该想方设法以尽可能低的成本提供最高的服务水平(在某特定时间所运送的订单数量)。使用哪一种特定的运输形式在很大程度上取决于以下因素:

- 客户数量。
- 客户的地理分布。
- 客户订单的大小。
- 工厂和配送中心的数量和位置。

供应商对前三个因素几乎没有,或者根本没有什么控制能力,但是它们对最后一个因素却有某种程度的控制能力。它们可以在其市场范围内建立地方配送中心。这么一来,运输就变成了是从集中配送中心直接服务客户,还是从地方配送中心服务客户的成本问题。如果是以满载运输,则从集中配送中心直接运输给客户的成本更低;如果是以未满载运输,则从地方配送中心服务客户的成本更低。

例题

假设某公司的工厂设在多伦多,公司服务的市场是美国东北部,而许多客户在波士顿。如果从多伦多的工厂直接送货给客户,则大部分货物将是未满载运送。但是,如果在波士顿建立一个配送中心,公司可以将货物满载运送到波士顿,然后用当地的卡车将商品分送到该地区的客户。这种方式是否成本更低,取决于直接运送的总成本与通过配送中心运送的成本之间的比较。假设以下数据是到波士顿地区的平均运输成本:

工厂到客户:100 美元/百磅

工厂到配送中心:50 美元/百磅

库存保管成本:10 美元/百磅

配送中心到客户:20 美元/百磅

在波士顿建立配送中心运作成本会降低吗?如果每年的运输量是 10 000 百磅(cwt),年成本节省将是多少?

答案

如果建立配送中心,成本为

多伦多满载到波士顿＝50(美元/百磅)

配送中心成本＝10(美元/百磅)

波士顿地区未满载＝20(美元/百磅)

总成本＝80(美元/百磅)

每百磅节省成本＝100－80＝20(美元)

年节省成本＝20×10 000＝200 000(美元)

市场边界

我们接着使用上一个例题。现在,公司可以直接从多伦多的工厂,或者从波士顿的配送中心给其他地区的客户提供商品服务。问题是如何决定从哪一个货源给不同地区的客户配送货物。答案当然是能够以最低的成本服务某地区客户的那个货源。

到货成本(laid-down cost,LDC)是指将货物送到某一特定的地理位置所产生的运送成本。到货成本包括将产品从 A 运到 B 所发生的所有成本。在上面的这一例题中,多伦多发出货物的到货成本等于每英里的运输成本乘以到达特定目的地的英里数。从波士顿发出货物的到货成本包括将货物运送到波士顿的所有成本、波士顿配送中心的库存成本,以及将商品送到某一特定目的地的运输成本。

$$LDC = P + TX + F$$

其中,P 为产品成本;T 为每英里的运输成本;X 为距离;F 为其他费用。

产品成本包括将产品运送到供货地点并储存的所有成本。在上面的例题中,波士顿的产品成本包括货物运输到波士顿的满载运输成本和在波士顿的库存成本。

例题

锡拉丘兹城离多伦多有 300 英里。货物的产品成本是每百磅 10 美元,每百磅每英里的运输成本是 0.20 美元。请问:每百磅的到货成本是多少?

答案

LDC＝产品成本＋每英里运输成本×距离＝10＋0.20×300＝70(美元/百磅)

市场边界(market boundary)是指到货成本相同的两个或两个以上供应货源之间的边界线。如图 13-7 所示,有两个货源供应点:A 和 B。市场边界点在 Y 点,在 Y 点上,A 和 B 的到货成本相等。在图 13-7 的例子中,A 和 B 之间的距离是 100 英里。

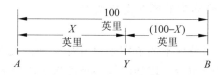

图 13-7 市场边界

假设从 A 到 Y 的距离为 X 英里,那么 B 到 Y 的距离为 $(100-X)$ 英里。假设供应点 A 是工厂,供应点 B 是配送中心;假设 A 的产品成本为 100 美元,B 的产品成本为 100 美元,再加上从 A 到 B 的满载运输成本,以及在 B 处的库存保管成本。在这一例题中,假设满载运输成本和库存保管成本为每单位 10 美元,因此 B 供应点的产品成本是 110 美元。从供应点 A 和 B 到 Y 的运输成本都是每英里每单位 0.40 美元。

那么,Y 点出现在:

$$\text{LDC}_A = \text{LDC}_B$$
$$100 + 0.40X = 110 + 0.40 \times (100 - X)$$
$$X = 62.5$$

因此,Y 点位于离 A 供应点 62.5 英里的地方,这就是供应 A 点和供应 B 点之间的市场边界。

例题

多伦多和波士顿之间的距离大约是 500 英里。假设成本结构如同前面例题,未满载的运输成本是每百磅 0.20 美元,请计算多伦多和波士顿之间的市场边界位置。假设多伦多的产品成本为每百磅 10 美元。

答案

波士顿的产品成本等于多伦多的产品成本,加上从多伦多到波士顿的满载运输成本,加上波士顿的货物搬运成本的总和。

$$\text{波士顿产品成本} = \text{多伦多产品成本} + \text{满载运输成本} + \text{搬运成本}$$
$$= 10 + 50 + 10 = 70(\text{美元})$$

市场边界出现在:

$$\text{从多伦多的成本} = \text{从波士顿的成本}$$
$$10 + 0.20X = 70 + 0.20 \times (500 - X)$$
$$0.40X = 160$$
$$X = 400$$

市场边界位于离多伦多 400 英里的地方,或者离波士顿 100 英里的地方。

增加仓库对运输成本的影响

我们从上一个例题中看到,在波士顿建立配送中心降低了运输总成本。同样的,如果建立第二个配送中心,比如说在克里夫兰,期望运输总成本能够进一步下降。

一般来说,系统中增加更多的配送中心,我们可以预计以下状况:

- 以满载(或货车的最低载重量)方式运输至配送中心的成本将会增加。

- 以未满载方式运输到客户的成本将会减少。
- 运输总成本将会降低。

正如我们所预期的,大部分成本的节约来自开始增加的几个配送中心。随着配送中心的增加,成本的节省也逐渐减少。增加的第一个配送中心服务最大的市场,第二个配送中心服务第二大的市场,以此类推。之后增加的配送中心所服务的客户逐渐减少,可以以满载方式运到这些配送中心的货物量也比运送到第一个配送中心少。图13-8展示了运输成本与系统中配送中心数量之间的关系。

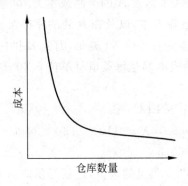

图 13-8 运输成本与仓库数量

包装

在任何企业,包装的基本功能都是保护产品,使其安全地从配送中心运送到客户手里。包装必须具有以下功能:

- 标示产品。
- 容纳并保护产品。
- 有助于提高货物配送的效率。

对消费品来说,包装也可能是营销方案的重要部分。

实物配送不仅要搬运和储存商品,而且必须使商品标识明确。包装以一种无可取代的方式从货物的表面标示商品。当运送10种不同尺码的鞋时,包装就成为它们的重要标识。

包装必须容纳并保护商品,通常要预防各种各样的危险。例如:撞击、挤压、震动、热、阳光照射、氧化,以及动物、昆虫、鸟类或微生物的侵害等。包装在配送过程中还会受到如装车、卸车、搬运、运输,以及出库、入库和储藏等造成的危险。包装必须相当牢固,以便在配送的过程中保护所运送的商品。

包装是一种纯粹的成本,必须通过增加包装所能提供的货物配送效率来抵消。

通常在配送系统中至少需要三个层次的包装。第一层包装是容纳产品的主要包装,如放玉米片的盒子;第二层包装,对于小包装的产品,需要像瓦楞纸板箱那样用于运输的容器;第三层包装,将几个主要包装或次要包装组合在一起,变成一个大的单位负荷。

组合

组合是指将几个单位合并成更大的包装单位,称之为**单位负荷**(unit loads),借以减少搬运次数。单位负荷是指由许多东西合并在一起的负荷,或者将体积大、手工难以搬运的物品摆放妥当或压紧,使它能够作为一个单位移动或搬运。随着单位负荷体积的增加,货物搬运成本下降。用纸箱搬运产品比搬运单个产品更加节省成本,将几个纸箱合并成一个单位负荷就更加节省成本。

有许多不同的单位负荷用具,如木板、货架或集装箱。其中使用最为广泛的用具之一是**托盘**(pallet)。

在第 2 章提到过,托盘是一块大小通常为 $48''\times40''\times4''$ 的木板,这样设计是为了便于工业叉车能够将其叉起并移动。包装箱放置于托盘之上,这样一次可以搬运好多包装箱。放上包装箱之后,托盘就变成了一个称为单位负荷的立方体。

组合可以是连续性的。发货人将产品放入主要包装,主要包装放置于搬运纸箱,纸箱放置于托盘,托盘搬进仓库、卡车或其他运输工具。

为了有效地利用托盘、卡车(或其他运输工具)和仓库空间,产品的体积大小、主要包装、运输纸箱、托盘、卡车以及仓库的空间之间应该存在一定的关系。包装在设计时应该考虑到有效地利用托盘的空间,把纸箱交叉重叠放置形成一个稳定的负荷。图 13-9 展示的是两个完全利用了托盘空间的单位负荷。但是负荷 B 没有交叉放置,所以容易倒塌。

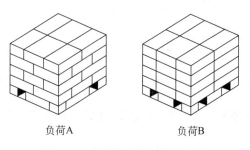

图 13-9 稳固与不稳固托盘负荷

托盘装入卡车和火车车厢。之所以选择前面提到的尺寸,是为了使托盘能够正好装满标准的 50 个托盘的火车车厢和 40 个托盘的卡车车厢,而没有什么空间的浪费。图 13-10 展示的是托盘在火车车厢和卡车车厢里的布局。

因此,为了最有效地利用立体空间,我们必须考虑产品、纸箱、托盘、运输工具和仓库的体积大小。

货物搬运

货物搬运是指发生在建筑(如工厂或配送中心)里面或附近的短距离移动。对于配送中心来说,这意味着装车和卸车、分派货物、储存货物和搬出货物。而且,配送中心所使用的货架系统通常也被认为是货物搬运的一个部分。

货物搬运的目的如下:

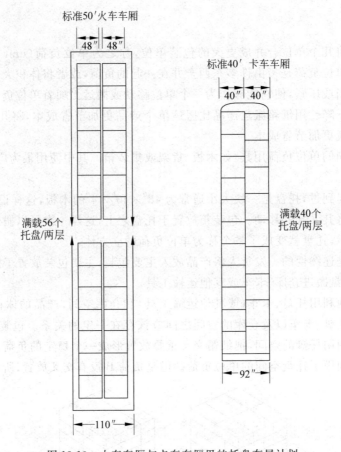

图 13-10 火车车厢与卡车车厢里的托盘布局计划

1. 通过尽可能充分地使用仓库的高度,以及减少对通道的空间需求,增加仓库的立体使用率。
2. 通过减少搬运次数改善运作效率。增加每次搬运的负荷以减少搬运的次数。
3. 通过提高对客户的响应速度来改善服务水平。

货物搬运的工具有很多种。为了方便起见,搬运工具可以归纳为三大类:传动装置、工业叉车,以及起重机和升降机。

传动装置(conveyors)是指在两个固定点之间横向或纵向移动货物(或人)的装置。传动装置需要相当的资金投入,形成一条固定的路线,并且永久性地占用空间。因此,只有在两个点之间有足够的流通量来证明其投资价值的时候,传送装置才会被使用。

工业叉车(industrial trucks)是一种手动、电动或丙烷气驱动的运输工具。柴油叉车和汽油叉车不能在室内使用,因为它们会排放有毒和致命的气体。工业叉车比传动装置更加灵活,能够去任何合适而没有障碍的地方,也不长期占用固定空间。因此,工业叉车是配送中心和制造业使用最为频繁的货物搬运工具。

起重机和升降机(cranes and hoists)能够横向地和纵向地将货物搬运到它们工作范围内的任何一个点。起重机和升降机利用头顶上的空间,用于搬运笨重的或大型的货物。

在它们的工作范围内,起重机和升降机非常灵活便利。

多仓库系统

这一部分将讨论的是:在系统中增加更多的配送中心将会导致怎样的结果。增加更多的配送中心将会对仓库管理、货物搬运、库存保管、包装和运输成本等产生一定的影响。我们的目的是看看所有这些成本和系统总成本之间是如何相互作用的。同时我们也想知道,增加更多的配送中心会对客户服务水平产生什么影响。为了进行有效的比较,我们暂时不考虑销售问题,然后比较增加配送中心之后的成本。

运输成本

在运输问题上,如果以未满载运输形式发货给客户的话,在市场区域建立配送中心可以减少运输的总成本。这是因为卡车或火车可以长距离地运输更重、更多的货物,同时也可以选择未满载运输进行短距离运输。一般来说,当更多的配送中心增加到系统之中时,我们预期会出现以下情况:

- 以满载方式运输的成本将会增加。
- 以未满载方式运输的成本将会减少。
- 运输总成本将会降低。

大部分成本的节省来自最初增加的几个配送中心。之后,随着配送中心的增加,成本的节省将逐步减少。

库存持有成本

平均持有库存取决于订购量和安全库存。系统中的平均订购量库存应该保持大致相同,因为它取决于市场需求、订购成本和库存持有成本。

系统中的仓库数量将影响安全库存的总量。安全库存是用来预防提前期期间内市场需求的变动,并部分地取决于所销售货物的数量。在第 11 章中提到,标准差随着预测和提前期间隔比率的平方根的变化而变化。同样的,对同一个 SKU,标准差随着每年不同需求量的比率的平方根的变化而变化。假设平均需求为 1 000 单位,在服务水平为 90% 的情况下,安全库存量为 100 单位。如果 1 000 单位在两个配送中心之间平分,每一个配送中心的需求为 500 单位,其安全库存为

$$SS = 100\sqrt{\frac{500}{1\,000}} = 71(单位/每个仓库)$$

由于有了两个配送中心,在总销售不变的情况下,安全库存总量从 100 单位增加到 142 单位。所以,在销售量不变的情况下,随着配送中心数量的增加,对每个配送中心的需求减少,但是所有配送中心的安全库存总量增加了。

仓库管理成本

与配送中心相关的固定成本是场地和货物搬运成本。所需要的场地取决于所保管的库存数量。系统中增加越多的配送中心,需要保留的库存越多,它所需要的空间也就

越大。

而且,还会有一些非储存空间的重复占用,如洗手间和办公室等。所以,随着配送中心的增加,配送中心的场地成本将会逐渐增加。

随着配送中心数量的增加,配送中心的运营成本也会增加。运营成本大部分取决于所搬运的货物数量。由于销售量并没有增加,因此所搬运货物的总量不变,搬运成本也保持不变。但是,间接管理成本和办公室人员的成本将会增加。

货物搬运成本

货物搬运成本取决于所搬运货物的数量。由于销售量不变,所以搬运的货物数量也应该维持不变。只要公司能够以单位负荷方式运送货物给配送中心,货物搬运成本几乎不会有什么变化。然而,如果配送中心的数量增加到某种程度,造成以非单位负荷方式送货,那么货物搬运成本就会增加。

包装成本

单位包装成本将会维持不变。但是,由于有更多的库存量,总包装成本将会随着库存的增加而增加。

系统总成本

我们已经假设系统内总销售量保持不变。图 13-11 展示的是,当系统中增加配送中心时,运输、仓库管理、货物搬运、库存和包装成本如何变化。到某一个点之前,系统的总成本减少,之后又开始增加。确定最低成本点是物流部门的任务。

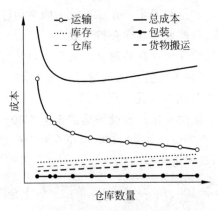

图 13-11 系统总成本

系统服务能力

必须评估系统的服务能力。评价方法之一是预估在一定时期内所服务市场的百分比。表 13-1 展示的是一个服务能力评估的案例。

表 13-1　估计的所覆盖的市场与仓库数量

仓库数量	一天内到达的市场份额/%
1	30
2	70
3	87
10	95

很明显,随着配送中心数量的增加,客户服务水平也增加。当配送中心从一个发展到两个的时候,服务水平快速提高。然而,当配送中心进一步增加时,服务水平增加的速度就要慢得多。建设第一个配送中心是用来服务最好的市场,建设第二个配送中心是用来服务第二好的市场,以此类推。

假设我们对某系统的 1~10 个配送中心进行研究,其成本分布如表 13-2 所示。

表 13-2　成本与仓库数量

成本(1 000 美元)	仓库数目			
	1	2	3	10
运输	8 000	6 000	5 000	4 500
仓库管理	500	600	700	900
货物搬运	1 000	1 000	1 100	1 400
库存	400	425	460	700
包装	100	100	100	100
总成本	10 000	8 125	7 360	7 600

由三个配送中心构成的系统表现出最低的总成本。表 13-2 表明,配送中心从 3 个增加到 10 个时,服务水平提高了 8%。管理层必须决定选择哪个系统。决策必须基于对可供选择的选项加以准确分析,以及比较成本增加和服务水平提高之间的关系。

小结

实物配送是指货物进、出公司的运动,它正随着全球经济和顾客网上购物的发展而变化,但绝大部分货物依然是采用大的经济单位通过配送渠道来运送的。第三方或第四方物流提供商则通过运用其专业领域在提高客户服务水平的同时,帮助公司降低物流成本。对于一家公司来说,可靠的包装极为关键,这不仅影响到货物在通过整个供应链时的搬运效率,而且还具有很高的环境成本。逆向物流,加上配送渠道的互联网化,是第三方物流提供商兴起的另一个原因。从战略上确定仓库在供应链上的位置则有助于提高客户服务水平,并降低成本。

越过国境的全球物料采购和配送使得正确和综合性的文件越发重要,因为这些文件可以决定很多问题。例如:由谁来支付运费,由谁来准备文件,谁拥有这些货物的所有权,以及一旦出现环境问题时,谁应当对其负责,等等。被全球所接受的 Incoterms(国际贸易术语解释通则)标准术语解决了大部分这类问题,也对货物运输也提出了要求。货运计划是实物配送的关键部分，其目的是选择最佳的运输方式，并通盘考虑速度、成本和客户的需要。

 关键术语

回程安排　back hauling

开票和收款成本　billing and collecting costs

公路—航空联运　birdyback

化整为零　break-bulk

公共承运人　common carriers

契约承运人　contract carriers

传送装置　conveyors

成本平衡点　cost trade-off

起重机和升降机　cranes and hoists

交接运输　cross-docking

密度　density

配送渠道　distribution channel

配送库存　distribution inventory

配送仓库　distribution warehouses

公路—水路联运（fishyback）

固定成本　fixed costs

第四方物流提供商　fourth party logistics provider(4PL)

船上交货　freight on board（FOB）

一般性仓库　general warehouse

绿色逆向物流　green reverse logistics

有害　hazards

国际贸易术语解释通则　Incoterms

联合运输　intermodal

工业叉车　industrial trucks

到货成本　landed cost

未满载负荷　less than truckload (LTL)

长途运输成本　line haul cost

每百磅长途运输成本　line haul cost per hundred weight

市场边界　market boundary

物料搬运　materials handling

订单处理和沟通　order processing and communication

包装　packaging

托盘　pallet

易腐烂性　perishability
实物配送　physical distribution
实物供应　physical supply
取货和送货成本　pickup and delivery costs
铁路—公路联运（piggyback）
私人运输商　private carriers
保护性包装　protective packaging
逆向物流　reverse logistics
货运站搬运成本　terminal-handling costs
货运站　terminals
第三方物流提供商　third party logistics provider 3PL
总成本　total cost
长途运输总成本　total line haul cost
交易渠道　transaction channel
运输　transportation
运输管理系统　transportation management system(TMS)
满载负荷　truck load（TL）
单位负荷　unit loads
组合　unitization
价值　value
可变成本　variable costs
运输工具　vehicles
仓库（配送中心）　warehouses(distribution centers)
道路　ways

 问答题

1. 列举并描述从供应商到客户的货物流动的两种功能。实物供应与实物配送有什么区别？
2. 交易渠道和配送渠道的主要功能是什么？
3. 货物流动的特定方式部分取决于四种因素,是哪四种因素？
4. 描述一个饮料公司的逆向物流系统,包括物料流和资金流。公司要降低这些成本需要做哪些工作？
5. 为什么总成本随着逆向物流的增加而增加？这一趋势会延续到将来吗？
6. 货物配送系统的目标是什么？
7. 逐一列举和描述实物配送系统的六种系统活动。
8. 什么是成本平衡点与总成本概念？它们为什么重要？
9. 描述营销和货物配送之间的关系。货物配送如何有助于创造市场需求？

10. 为什么说向集中配送中心提出的需求,或者配送中心向工厂提出的需求被认为是非独立性需求?

11. 运输的五种基本形式是什么?

12. 什么是运输系统的三个要素?对于五种运输形式,逐一描述谁提供了这些运输要素,以及这些运输形式是如何得到资助的。

13. 说明在长距离运送数量多、体积大的货物时,为什么火车运输比道路运输更便宜?

14. 为什么在将数量小的货物送到零星分布的市场时,卡车能够提供快速而灵活的服务?

15. 水上运输和空中运输的主要特征是什么?

16. 运输的主要法律类型有哪些?经济法规关注运输的三个领域是什么?经济法规适用于哪一种类型的运输?

17. 比较公共运输和合同运输。它们与私人运输有什么不同?哪一种运输将会提供最高水准的服务?

18. 长途运输总成本和每百磅长途运输成本取决于什么?发货人可以使用哪两种方式降低长途运输成本?

19. 说明发货人可以如何降低以下成本:
 a. 取货和交货成本。
 b. 货运站搬运成本。
 c. 开票和收款成本。

20. 发货人支付的运费因运送的商品不同而不同。列举并说明影响运费的五个因素。

21. 为什么未满载的运费比满载的运费更贵?

22. 列举并描述仓库的两种基本类型。

23. 列举并描述仓库的三种重要作用。

24. 列举影响运输方式的四种因素。供应商能够控制哪一种因素?

25. 什么是到货成本?什么是市场边界?为什么到货成本在决定市场边界时起重要作用?

26. 当在系统中增加更多的配送中心时,满载的运输成本会如何变化?未满载的运输成本会如何变化?运输总成本会如何变化?

27. 配送系统中,包装的三种功能是什么?说明为什么每一种功能都相当重要。

28. 什么是组合?为什么组合在货物配送中起重要作用?为什么组合是依次进行的?

29. 货物搬运的三个主要目的是什么?描述传送装置、工业叉车、起重机和升降机的特点。

30. 当更多的仓库加入系统之中时,预期以下各系统要素会发生什么变化:
 a. 运输成本。
 b. 库存成本。
 c. 货物搬运成本。

d. 包装成本。

e. 系统总成本。

f. 系统服务能力。

31. FOB这个运输术语,在北美地区使用时,与在国际运输中使用时,有何差别?

32. 哪一个北美运输术语在使用时,对下述方风险最小?

   a. 对于卖方。

   b. 对于买方。

33. 一位英国买家,希望直接从美国的一个交易商那里购买哈雷牌摩托车,请问使用Incoterms中的哪个运输方式会使得这个买家最为省劲?对于这个买家来说,由他自己来安排运输这些摩托车会更省钱吗?

34. 绿色逆向物流指的是什么?

35. 请描述一个第三方物流提供商将如何帮助一家公司通过网络销售其产品?

36. 请描述如何将逆向物流运用于你们学校的书店?

计算题

13.1 在正常情况下,某公司用火车运送货物给客户,每次运送的成本是500美元,在途时间是14天。货物也可以用卡车运输,每次运送的成本是700美元,在途时间为4天。如果在途库存成本为每天35美元的话,两种不同的运输方式的成本各为多少?

答案:火车:990美元;卡车:840美元。

13.2 某公司在北美制造机床部件,然后运输到东南亚组装,并在当地市场销售。部件由海上运输,平均在途时间为6个星期,每次运输成本为2 700美元。公司正在考虑采用空运形式,预计运输成本为7 500美元,2天时间就可以将部件运至目的地。如果运输的在途库存成本为每天100美元,那么公司应该采用空运形式吗?

在第8章中,我们曾说过:时间越近,预测越准确。这个因素应该考虑吗?更短的提前期会影响哪些活动?

13.3 对于某种商品,长途运输成本是每英里13美元。如果运输距离是200英里,运输量是300磅,那么每磅的运输成本是多少?如果运输量增加到500磅,那么每磅节省的运输成本是多少?

答案:每磅3.47美元。

13.4 某公司将某一特定产品运送到离工厂1 500英里的市场,运输成本为每英里4.5美元。在正常的情况下,每次运送500单位。问:每单位的长途运输成本是多少?

13.5 在问题13.4中,如果公司可以运送未组装产品的话,一辆卡车可以运送750单位。那么,现在每单位的运输成本是多少?

13.6 某公司加工羽毛,羽毛用封闭的卡车以松散的形式运输。每车平均长途运输成本为600美元,卡车一次运输2 000磅羽毛。公司刚刚雇用了一个新毕业的大学生,他建议将羽毛打包成500磅的大包。这样使羽毛更加容易搬运,而且可以将羽毛压缩成更小的体积,大约只占现在空间的1/10。如果这样,卡车因此可以一次运输多少磅羽毛?每磅运输成本是多少？如果这一建议被采纳的话，将会出现什么情况？

13.7　位于加拿大卡尔加里市的某公司服务于美国西北部地区的市场，目前，公司以未满载方式送货，每单位平均运输成本为 30 美元。如果公司在所服务的市场建立一个配送中心的话，预估满载方式送货的运输成本为每单位 15 美元，库存持有成本为每单位 7 美元，当地的未满载平均送货成本为每单位 6 美元。如果公司预测年需求量为 200 000 单位的话，公司一年节省的成本是多少？

答案：年节省 400 000 美元。

13.8　某公司以未满载方式送货至中西部某一市场的客户，平均运输成本为每百磅 40 美元。公司建议在该市场建立一个配送中心。如果满载送货成本为每百磅 20 美元，预估库存持有成本为每百磅 5 美元，当地运输成本预估为每百磅 10 美元。如果年运输量为 100 000 百磅（cwt.），那么，建立配送中心后年成本节省是多少？

13.9　某公司建有一个集中供应中心和一个位于 400 英里之外的配送中心。集中供应中心的产品成本是 75 美元，从集中供应中心到配送中心的满载运输成本是每单位 60 美元，配送中心的搬运成本为每单位 4 美元，请计算市场边界的位置，以及市场边界的到货成本。未满载的运输费用为每英里每单位 2 美元。

答案：市场边界位于离集中供应中心 216 英里的地方。到货成本＝507 美元。

13.10　假设在问题 13.8 中的公司开辟了另一个新市场，新市场位于母工厂和所建议的配送中心之间。从工厂到新市场的未满载的运输成本为每百磅 35 美元。公司预估从配送中心发货的未满载的运输成本为每百磅 6 美元。问：应该从配送中心还是从集中供应中心供货给这个新市场？

13.11　某公司可以用未满载方式直接送货给位于城市 A 的客户，也可以使用位于城市 B 的公共仓库。公司目前拥有以下资料：

LTL 方式送货给城市 A 的每英里、每磅成本为（0.70＋0.30）美元

TL 方式送货给配送中心的每英里、每磅成本为（0.40＋0.15）美元

配送中心搬运成本为每磅 0.30 美元

到城市 A 的距离＝115 英里

工厂到城市 B 的距离＝135 英里

城市 A 到城市 B 的距离＝30 英里

问：

a. 从工厂直接给城市 A 的客户送货，每磅的总成本是多少？

b. 通过城市 B 的配送中心送货，每磅的总成本是多少？

c. 在这一问题中，每磅运输成本既包括固定成本，也包括可变成本。为什么？

案例研究　特殊金属公司

特殊金属公司（Metal Specialties）是专用金属批发商，如不锈钢和工具钢等。公司从 200 英里外的工厂采购不锈钢。目前公司使用自有卡车。但是，这辆卡车需要维修，大概需要 20 000 美元。年运行成本为 30 000 美元，长途运输费为每英里 2.2 美元。运输经理

简·琼斯想要降低不锈钢的运输成本,由于迫在眉睫的维修问题,她认为这正是一个选择其他运输方式的机会。她搜集了一些可供选择的方案,并把范围缩小为卡车承运人和铁路承运人两种方式。

重金属运输公司(HMT)是一家合同卡车承运人,其在服务和可靠性方面做得很出色。它的报价是一个增量报价,低于 15 000 磅为 4.00 美元/百磅;15 000~20 000 磅为 3.8 美元/百磅;20 000~25 000 磅为 3.6 美元/每磅;高于 25 000 磅为 3.4 美元/百磅(最高限为 40 000 磅)。

大陆中部铁路公司的报价为一个铁路—公路联运报价。要求批量不小于 20 000 磅,报价为 3.25 美元/百磅,这一报价包含了在钢厂用卡车取得货物,在火车上的长途运输,用卡车运送到特殊金属公司的专用仓库里。据称,它们也是非常可靠的运输商。

财务部门估计特殊金属公司每年的库存持有成本是 20%,在途运输库存成本为 10%,资本成本占 8%。不锈钢的订货成本为 40 美元/单,目前市场价格为 300 美元/百磅。

讨论题

简·琼斯需要马上作决定。根据上面给出的信息,你会建议她怎么做呢?

第 14 章

产品与流程

 ## 引言

运营管理、精益生产,以及全面质量管理的效果与效率都取决于产品设计和所选择的流程方式。产品设计方式决定了可用于制造产品的流程;产品的设计和流程决定了产品的质量和成本;最终,质量和成本决定了公司的盈利能力。本章将研究产品设计和流程设计间的关系,以及与不同类型的流程的相关成本,最后,将探讨对现有流程的改进。

 ## 对新产品的需求

产品和人一样,其寿命是有限的。一种产品会历经几个发展阶段,从引入市场开始到最终从市场上消失,该过程称为**产品生命周期**(product life cycle)。图 14-1 显示的是一个简化的生命周期中,每一个阶段利润与销量间的关系。这里没有指明时间跨度。产品生命周期或许经历数月,或者经历数年,这取决于产品和市场。

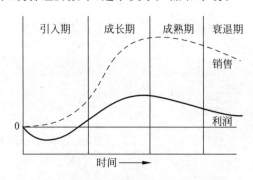

图 14-1 产品生命周期

引入期(introduction phase)。这是一个成本最高、风险最大的阶段。为了使客户接受产品,公司通常要在广告和促销中投入大量资金,期望这些成本能够在未来的销售中得到补偿。如果产品引入失败,公司将亏本赔钱。这一事实强调了在引入新产品前对其全面研究的重要性。

成长期(growth phase)。在这一阶段,成功的产品销量迅速增长。产量增加,产品单位成本降低。增加的销量和降低的单位成本使利润迅速增长。然而,产品的成功通常会引起竞争者的注意。竞争者进入市场后,会驱使产品价格下降,因此很可能使公司的销量减少。在这个时候,利润会缩减。

成熟期或饱和期(maturity or saturation phase)。几乎每一个对该产品感兴趣的人都已尝试过或拥有了该产品,因此销量开始变得平稳,市场处于饱和状态。价格竞争通常变得很激烈,产品利润开始滑坡。

衰退期(decline phase)。当客户开始对该产品失去兴趣,或从竞争者那里购买升级版时,产品销量下滑。当利润进一步滑坡时,公司开始想方设法维持获利能力。大体而言,有三种方法可以做到这点:

- 引入新产品。
- 改进现有产品。
- 改进生产方法。

根据公司的资源情况,公司可以通过自己的研究和开发做到以上几点,也可以通过模仿竞争者的产品,或是依靠客户或供应商进行研究和开发工作。我们将重点考虑公司自己进行研究、开发和工程等方面的情况。

产品开发原则

少数企业仅仅提供单一产品,但大多数企业都提供一系列相似或相关的产品。在设定所提供的产品范畴时,有两个互相冲突的因素要考虑。

- 如果产品线过窄,客户就可能会流失。
- 如果产品线过宽,客户或许会得到满足,但运营成本可能会因缺乏专业化而增加。

销售部门的责任是提高销售量和收入。它们希望为客户提供多样化的产品。通常,这意味着企业必须提供很多种类的产品,其中很多产品的销量很小。

另外,运营部门却希望尽可能地生产较少种类的产品,并长期生产。这样,它们就可以减少生产准备次数(及其成本),并有可能通过使用特殊设备来降低生产作业成本。如此一来,运营部门就能以最低成本完成生产任务。

不管怎样,销售需求和生产经济性必须得到平衡。通常,该平衡可通过有效执行以下方案得以实现:

- 产品简化。
- 产品标准化。
- 产品专业化。

简化

简化(simplification)是使事情更容易做,或使产品更容易制造的过程。简化通过避免生产不必要的产品种类、规格和类型来达到减少浪费的目的。其重点不在于简单地通过减少产品种类来削减产品,而是去除那些不必要的产品及其变化形式。

如同减少零部件种类一样,产品设计通常可以通过简化来减少运营和物料成本。例如,用搭扣式塑料帽来取代金属螺帽,就可以做到既减少物料成本又节约人工成本。

标准化

在产品设计中,**标准化**(standardization)是一种精心制定的规格参数,它涵盖产品的材料、构造、尺寸等。因此,所有按照既定规格制造出来的产品都是相同并可以互换的。灯泡就是标准化的一个好例子:灯座和瓦数都是标准化的,并且灯泡是可以互相替换的。

我们可以建立一系列标准规格,使之能涵盖物品的大部分使用范畴。男士衬衫就是按照一系列标准衣领尺寸和袖长制作的,因此几乎每个人穿上都合身。大多数衬衫制造商也使用同样标准,所以客户可以从任一制造商那里买到同一尺寸的衬衫,并知道会穿着合身。

由于产品标准化使零部件可互换,所以只要标准规格经过精心挑选,只需品种较少的部件就能满足需求。以灯泡为例,瓦数设定的标准为 40 瓦、60 瓦和 100 瓦。该品种范围使用户能够挑选满足其需要的瓦数,并使制造商能够减少不同灯泡的数量,从而减少库存。

标准化的另一个方面体现在零部件组装在一起的方式。如果组件的设计是标准化的,那么各种模块或产品可以以同样方式组装,从而大规模生产就成了可能。汽车行业设计的汽车型号千差万别,但它们都能在同一条装配线上进行组装。例如,几种不同的发动机可以安装在同一个汽车底盘上,因为发动机都是以同样的方式安装,其从设计上保证了它们都能被安装进发动机座架。

模块化(modularization)。模块化是为实现柔性和多样化生产而使用标准化零部件。标准化并不一定减少了客户的选择范围。通过部件的标准化,制造商可以生产多种多样的产成品,其中某个就可能会满足客户需求。汽车制造是模块化的一个代表性例子。汽车通常是由几个标准化部件组装而成的,另外还有一系列标准选项,从而使客户可以从中进行选择。例如,MazdaMiata 拥有 80% 的标准件,这使得马自达公司能够以低成本高效率生产汽车,即使销量相对较小时也能获利。克莱斯勒汽车公司所有型号的小型货车都使用同一车架(汽车的基本框架),这样一来,公司所有小型货车都只需承担一组框架的成本。

如第 1 章所提到的,模块化也允许延迟做法,在此做法中,那些用来为客户制造最终产品的零部件可以提前生产。而一旦下达订单,就可以按照客户要求的规格参数来加以配制。这就为客户减少了提前期,也不再需要产成品库存了。

专业化

专业化(specialization)是指将精力集中于某一特定领域或职业。电工、医生和律师都是专门从事于他们所选择领域的例子。在产品专业化方面,一个公司或许只生产或销售一种,或范围有限的几种相似产品。这样将会使生产流程和员工专业化,从而提高生力并降低成本。

若产品范围有限,可以通过以下方式提高生产率并降低成本:
- 开发专用机器和设备,以此来高效率,得以低成本地生产有限种类的产品。
- 由于减少了任务变更,从而减少了生产准备次数。
- 由于任务变更的减少,从而使员工提高了工作速度和灵敏性。

专业化有时称为聚焦,它可以基于产品和市场,或是基于流程。

产品和市场聚焦(product and market focus)。产品和市场聚焦基于以下特征:客户群(服务于相似客户)、需求特征(数量),或定制化程度。例如,一家公司可能专门生产品种少、产量高的产品,而另一家公司则专门提供品种多、产量小而定制化程度高的产品。

流程聚焦(process focus)。流程聚焦基于流程的相似性。例如,汽车制造商专门进行汽车装配。其他工厂和公司为装配商提供部件,而由装配商专门进行组装作业。

专门性工厂(focused factory)。目前,很多工厂专门为适合的市场生产种类有限的产品组合,制造业呈现越来越专业化的趋势。一般来说,专门性工厂被认为比大型综合工厂的生产更经济也更有效,其原因是重复性和专注于某一领域的工作,从而使员工和管理者得以从专业化中受益。专门性工厂可以是"工厂中的工厂",即现有工厂中划出的专门从事少量产品组合生产的区域。

专业化的劣势是缺乏灵活性。通常,高度专业化的人员和设备对其所受培训或设计以外的任务难以胜任。

总之,简化、标准化和专业化是三个虽不相同,却相互关联的理念。简化就是去除冗余,是迈向标准化的第一步。标准化是建立一系列能满足大多数需求的标准。最后,如果没有专业化,标准化也只是纸上谈兵而已。专业化关注于某个特殊领域,因此也就意味着重复性,但如果没有标准产品和标准流程是不可能做到的。

产品简化、标准化及专业化等做法可以使公司集中精力从事最擅长的事,为客户提供其所需,并且使生产作业以高效率进行。减少部件种类不仅可节省原材料、在制品和产成品库存,并且由于部件的减少还可延长生产运行时间、改进质量、加大自动化和机械化的机会。这样的做法非常有助于降低成本。

一个特殊案例:加工工业

许多产品并非由离散型的生产过程制造出来的,它们通常被看作是加工工业。按照这种分类法,这些产品包括化工品(汽油)、纸张、玻璃和某些食品。这类产品中,有些是以流水线生产方式生产,但随后以更为离散的生产方式加以包装(如许多食品就是如此)。虽然在加工行业里,也使用库存、产能、计划等基本概念,但却常常与离散型生产有所区别。

作为例子,可以看一下许多生产价格敏感产品的加工工业(尽管它们可能会以不同的方式加以包装)。它们的加工流程基本上都设计为连续作业,这意味着,企业活动的重点放在原材料储存、产成品储存、产品销售,以及包装和运输计划等方面。这是因为,企业生产大多都使用专门设备,产品类型也很有限。在某些情况下,也难以停工或重新启动生产。许多产品的最后加工多半会各不相同,因为这些产品可能会以不同的方式加以包装,并且发往全世界多个客户那里去。对加工企业来说,还有一个共同的问题就是对所生产产品批次的跟踪问题。

产品规格和设计

产品设计需制定一系列制造部门能用来生产产品的规格。产品设计必须满足:
- 具有功能性。
- 能以低成本加工。
- 环境敏感性。

功能性(functional)。产品将按照市场所要求的性能进行设计。由市场营销部门确定市场的具体要求,并描述产品期望的性能、销售量、销售价格和直观价值等要素。设计工程师为满足市场需求进行产品设计,确定产品的尺寸、结构和规格。因此,如果严格按设计进行制造,产品就将具有市场所期望的功能。

低成本加工(low-cost processing)。产品设计必须使其能以最低的成本进行加工。产品设计师制定材料、公差、基本形状和部件组合方法等,并通过这些参数设定最低产品成本。通常,有多种不同的设计都能满足功能和外观的要求,所要做的工作就是选取能够使制造成本最低的设计。不良的设计会以多种方式加大加工成本:
- 产品及其部件有可能没有按可能的最经济的方法进行制造。
- 部件设计有可能会导致需要去除多余物料。
- 部件设计有可能造成作业困难。
- 非标准化的部件可能意味着工作批量较小。在系列产品中使用标准件能减少在库零件数和工装数,减少对操作员的培训,并有可能使用专用设备。这些都可以降低产品成本。
- 最后,产品设计会影响诸如产品规划、采购、库存管理和检验等间接成本。例如,某产品的设计需使用 20 种不同的非标准件,而另一种需使用 15 种标准件。则第一种情况要比第二种情况付出更多的努力来对物料的流动和作业进行计划和控制,因此成本也更高。这是因为发生零部件短缺的风险增大了,并且还要与更多的零件供应商进行交易。

环境或"绿色"敏感性(environmental or "green" sensibility)。在设计产品时,还应当包括和考虑几个与环境有关的问题。例如,问题之一就是所使用的物料和加工方法。类似于逆向物流,考虑的问题在于这些物料或包装是否:
- 降低了物料的有效使用。
- 有意识地减少了制造过程中的能源消耗。
- 容易分拆以便于再次利用。
- 回收。

如果不能,公司就应当扪心自问,是否还有别的选择来减少对环境的有害影响。其中的许多环境关切都可以用敏感性这一术语来表达。如第 3 章所讨论过的,可持续性包含了如何成为一个有责任感的社区"公民",以及如何以有道德的方式来经营企业等问题。

同步工程

设计低制造成本的产品时,需要产品设计和流程设计之间的密切配合,这被称为**同步工程**(simultaneous or concurrent engineering)。如果双方配合良好,就更有机会设计出畅销的产品,并以最低的成本进行制造。产品设计和流程设计之间的关系能够决定产品的成败。如果产品无法以能够带来利润的成本进行生产,那么该产品对公司来说就是失败的。

产品设计和流程设计的传统方法有点儿像接力赛。当产品设计完成后,工作就交接给流程设计,由工艺部门想出制造该产品的方法。实践证明这种机制是耗费时间而且成本高昂的。图14-2以幽默的方式显示了在产品开发过程中,如果没有各方的密切沟通和互动将会出现何种状况。

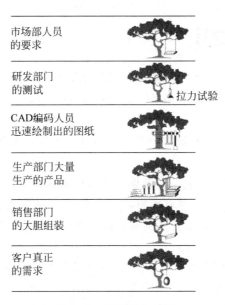

图 14-2　沟通至关重要

当今,很多企业协同开发产品设计和工艺流程。通常,团队由产品设计、工艺设计、质量保障、生产计划和库存控制、采购、营销、现场服务,及其他为将产品交付客户所出力的人员,或受其影响的人组成。该团队成员通力合作,共同开发产品设计,从而使产品既能满足客户需求,又能以低成本制造、交付给客户,以及提供客户服务。

这种方式有多种好处:
- **缩短产品投放市场时间**。企业得以在竞争对手获得强有力的竞争优势之前,就将产品投放市场。
- **降低成本**。在产品开发过程早期使利益相关者参与进来,意味着减少后期代价极高的变更产品设计。
- **更好的质量**。由于产品设计既便于制造,又便于制造中的质量维护,所以废品数会减少。由于质量得到改进,所以售后服务和担保的需求也会减少。

- **系统总成本降低**。由于征求了所有与产品设计相关部门的意见,因此所有想法都已纳入考虑。例如,现场服务部门或许会希望产品设计得更便于现场维修,从而使维修成本降低。

供应链合作

作为同步工程的一个组成部分,与产品供应链中的供应商和客户合作,是设计一个高质量、低成本、成功产品或服务的好办法。要做到这一点,可以通过与所有各方非正式的谈话,或者更为正式地通过使用客户之声方法(voice of customer,VOC),或者通过使用质量功能开发(quality function development,QFD)活动进行。这些内容将在第 16 章详述。除了上面提到的同步工程的好处之外,通过让产品与客户的需求更加契合,客户的满意度也会得到提高,而服务和产品的特性也被视作是一种价值增值。

工艺流程设计

运营管理的职责是在客户需要的时候,以最低的成本和最高的效率为客户提供所需要的、能满足其质量要求的产品和服务。流程(processes)是使运营管理达到这些目标的手段。

流程是一种做事情的方法,通常涉及多个步骤或作业。流程设计就是对这些步骤的开发和设计。

我们所做的每件事都要涉及某种流程。当我们去银行存钱或取钱时,准备饭菜时或是去旅行时,都会进入一个或一系列流程之中。有时候,顾客也会卷入到流程之中。我们大多数人都曾在商店的收银台前排队等候,这时,就会对商店管理者为何不设计出一种更好的流程来服务顾客而感到奇怪。

嵌套(nesting)。审视流程层次的另一种方法叫作嵌套。几个小的流程相连形成一个较大的流程。如图 14-3 所示,零层显示了一系列步骤,每个步骤可能又会有它自己的一系列子步骤。零层的一项作业的组成部分展开后显示在一层中。嵌套可以继续展开到更细的层次。

大规模定制(mass customization)。流程柔性的最新变化产生了一个称为大规模定制的概念。假如一项作业设计得足够灵活高效,那么它将会生产出与大规模生产的产品成本大致相同的定制化产品(根据客户需求定制)。一般来说,定制需要具备根据客户要求迅速地重新设计和生产一个产品或服务的能力。在某些情况下,定制会在最后阶段发生,如第 1 章所讨论过的延迟做法。无论是哪一种定制,其关键都是要把柔性、敏捷性和对顾客需要的充分了解结合在一起,并以此来设计产品和流程。

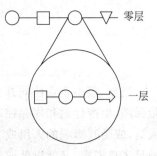

图 14-3 嵌套理念

影响工艺流程设计的因素

在设计工艺流程时必须考虑六个基本因素。

产品设计和质量水平。产品设计决定了如何将原材料和部件加工为产成品所需的基本工艺流程。例如,如果要烤一块牛排,那么该流程必须包括烧烤作业在内。通常,流程设计师可以从多种不同的机器或工艺中进行选择来完成这项工作。所选择的机器或工艺主要取决于要生产的数量、可用的设备及所需的质量水平。

所期望的质量水平会影响工艺流程设计,因为流程必须能够达到质量水平,并能够不断反复地做到这一点。如果不是这样,生产运营部门就无法制造出所需要的产品,除非进行成本高昂的检验和返工。工艺流程设计师必须熟知设备和流程的能力,并选择能够以最低成本达到所需质量水平的设备和流程。

需求模式和所需柔性。如果对某种产品的需求发生变化,工艺流程必须具有足够的柔性来对这些变化做出快速反应。例如,如果一家提供全方位服务的餐厅出售多种食品,餐厅的加工流程必须足够灵活,能够从烤汉堡转为做比萨饼。相反,如果一家比萨饼店只卖比萨饼,那么流程就不需要设计成能够制作其他种类的食品。柔性流程的实现要求具有柔性的设备和能够从事多种不同工作的员工。

数量/产能考量。产品设计、生产数量和工艺流程设计之间密切相关。产品设计和工艺流程设计都取决于所需生产的数量。例如,只需生产 1 个单位的产品与生产 10 万个单位的产品所需的设计和工艺将大不相同。图 14-4 显示了这三者之间的关系。注意,这三者都直接与客户相联系。

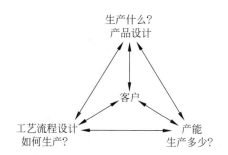

图 14-4 产品设计、工艺流程设计和产能密切相关

客户参与。第 1 章中我们讨论了五种制造战略——按订单设计、按订单生产、按订单配置、按订单装配、按库存生产,以及每一种战略中客户参与的程度。工艺流程设计将取决于选择何种战略。

环境考虑。如同产品设计一样,流程设计也应当对环境产生最小的影响。此外,还应当考虑尽可能消耗最少的能源。这种考虑会对流程的运行产生直接的影响。油漆工作常常要使用溶剂和其他化工品,而它们往往对环境和工人造成危害。而开发出来的水基涂料则减少了毒物排放和清扫工作。涂料和用于涂刷的设备常常都很贵,但是公司可以在节省了清扫和工人防护装备方面取得收益。

制造或购买决策。 制造商可以选择自己制造零部件，或是从外部供应商那里购买部件。很少有企业全部由自己制造，或全部从外部购买。确切地说，北美的制造商平均所购买的部件成本超过其所制造的产品成本的50%。因此需要就哪些部件自己生产，哪些从外部购买做出决策。虽然成本是主要的决定因素，但以下因素也通常在考虑之列：

自制的理由
- 生产成本比从供应商处购买要低。
- 最大限度地利用现有设备。
- 使机密工艺流程处于公司的掌控之内。
- 保持高质量。
- 保持员工队伍。

外购的理由
- 资本投入更少。
- 利用供应商的特殊专业技能。
- 使公司专注于自己的专业领域。
- 提供已知的和有竞争力的价格。
- 可以适应大的产量变化。

对于诸如螺母、螺栓、电机或公司通常不制造的部件来说，自制或外购的决策是显而易见的。对于其他属于公司专业领域的元件来说，则需要专门做出决策。

由于供应链变得更加紧密联系，供应来源也变得更加全球化，因此外购还是自制的决策也变得更加复杂。例如，汇率、在途库存水平、在途时间对提前期的影响，以及政府管制等都成了自制或外购决策中所需要考虑的因素。

 加工设备

加工设备可用几种不同方式来加以分类，但为方便起见，我们依据机器设备的专业化程度来分类。

通用机器（general-purpose machinery）。通用机器可用于多种作业，或可在其加工类别内对多种不同产品进行加工。例如，家用缝纫机可在其基本能力范围内缝制多种材料、针法和式样。使用不同的辅助工具可以缝出其他种类的针脚，或进行特殊缝纫作业。

专用机器（special-purpose machinery）。专用机器是为了对一个工件或少数相似工件进行特殊加工而设计的。例如，用于缝制衬衫衣领的缝纫机就是一种专用机器，它能够缝制任意颜色、任意尺码的衣领，但不能进行其他的缝纫作业，除非经过大幅改造。

通用机器通常比专用机器价格便宜。然而，通用机器运行速度慢，并且由于通用机器常常由人工操作，其质量水平往往低于专用机器。机器人设备是一个特例，它能够将人工操作加以自动化，并加工出高质量的产品，但其成本会高出许多。专用机器柔性较差，但其加工零部件的速度比通用机器快得多。

工艺流程体系

根据产品设计、产品数量和可用设备,工艺流程工程师必须设计出适合的系统来生产产品。从物料流动的角度来看,工艺流程可以以三种方式进行组织:
- 流水式。
- 间断式。
- 项目式(定位加工)。

采用何种体系要取决于对工件的需求、产品范围以及物料移动的难易程度。这三种体系都能够用于生产离散型产品,如汽车或课本;或是用于生产连续型产品,如汽油、油漆或化肥。

流水式流程

将加工产品或类似产品族所需工作站集中安置在一个部门,并按照产品加工所需次序排序。典型的例子有装配线、自助餐厅、炼油厂和轧钢厂等。在**流水式流程**(flow processing)中,工件以几乎恒定的速度不间断地从一个工作站流到另一个工作站。**连续性流水式流程**(continuous flow processing)则用来制造如液体、基本金属,以及石油等产品。在工作站之间设有移动物品的某种机械装置。如果所加工产品是离散的,如汽车,流水式制造就称为**重复性制造**(repetitive manufacturing)。图14-5所示的是典型的流水式作业形态。流水式流程布置有时也称为**产品原则布局**(product layout),因为工艺体系是为有限范围的相似产品设置的。

图14-5 物料流动:流水式流程

流水式流程只生产范围有限的相似产品。例如,生产某种型号冰箱的装配线不能用于组装洗衣机。生产某种产品的作业不同于生产另一种产品的作业,而且流程排序也不同。对产品族的需求量必须足够大,才能使设立生产线在经济上有利可图。如果有足够的需求,流水式流程就会非常有效率,原因如下:
- 工作站为生产范围有限的相似产品而设计,因此机器和工装可以专业化。
- 由于物料不断从一个工作站流向下一个工作站,因此很少会有在制品库存堆积。
- 由于流水式体系和半成品库存低,提前期也相应较短。
- 在大多数情况下,流水式体系会以资本投入取代人工,将工人的作业标准化,变为例行工作。

间断式流程

在**间断式制造**(intermittent manufacturing)中,产品不是像在流水式流程中那样连续加工的,而是以批量形式间断制造的。工作站必须能够对多种不同部件进行加工。因此,需使用通用型工作站和机器来完成各种任务。

与流水式制造中所使用的专用型工作站相比,通用型工作站生产产品的速度不如它快。通常,工作站是基于类型相似的技能或设备而安排到各车间的。例如,所有的焊接和制造作业都设置在同一个车间;机床在另一个车间;装配又在另一个车间。工件只移到需要加工该产品的工作站中,而跳过其他工作站。这就导致了混乱的流程形态,如图 14-6 所示。这就形成了所谓的**工艺性布局**(process layout)或**功能性布局**(functional layout),其中,将功能类似的或设备组合在一起,而产品则从一个工作中心流动到另一个工作中心。

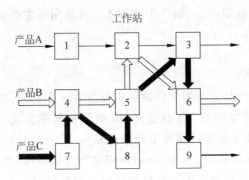

图 14-6　物料流动:间断式流程

间断式流程具有柔性,它能够比流水式流程更加迅速地转换加工的部件或工作任务。其原因在于间断式流程所用的是通用型机器和熟练灵活的工人,他们能够进行所需要的多种作业。

生产过程的控制是通过所要生产的每个批量各自的工作订单来管理的。由于这种情况和生产过程的混乱,使制造规划和控制问题十分严峻。通常情况下,会同时有许多工作订单,而每一个订单都能用不同方法处理。

假如现有工作量能抵消其成本,流水式制造的成本会低于间断式制造。理由如下:

- 换模成本低。一旦设立了流水线,就不需要经常换模以生产另一种产品。
- 由于工作中心是为特定产品专门设计的,所以运行成本较低。
- 由于产品不断地从一个工作站流向下一个工作站,所以在制品库存会较低。
- 由于工件以固定次序在流程中流动,因此与控制生产相关的成本会较低。

然而,特定部件的数量必须足够大,从而能够有效利用生产线的产能,并使资本成本合理利用。

项目式流程

项目式制造(project manufacturing)主要用于大型复杂项目,如机车、轮船或建筑物,它通常属于一次性工作,用来创造单独一个产品或服务。产品或许在其整个装配期间都一直停留在一个地点,这就是所谓的**固定位置布局**(fixed position layout),如造船就是如此,或者也可能会在经过很长时间完成大量作业后才转移地点,大型飞机就是以这种方式制造的。项目式流程避免了将产品转移到工作站所需耗费的巨额成本。

以上三种基本流程形式可进行多种变化和组合。公司应找到生产其特定产品的最佳组合方式。任何一家公司中,三种流程方式并用也是常见的。

工艺流程的成本核算

在确定产品成本时,一般有两种方法。当在一定时期内生产多个产品时,使用的是**分批成本法**(job costing)。按照该方法,将劳动、物料和一般管理成本分摊到每个产品上。另一种方法是**工序成本法**(process costing),最常用于以连续法生产产品的行业里,如纸张、炼油或水泥等。在这些加工行业里,由于生产是连续进行的,因此不可能将一定期间内的特定成本分摊到某个特定批次产品上去。在这个特定时期内所耗费的劳动、物料和一般管理费用是累计产生的,因此可以将其分摊到部门或工序,而不是具体产品上去。总生产成本可以通过将累计成本汇总而得出,然后再根据这个特定生产期间内所生产的产品数量来加以分摊。

工艺流程的选择

一般来说,所需生产的数量越多,选用专用流程的概率就越大。一项作业的功用特殊性越强,其生产的速度就越快。通常,这类机器或特殊工具、夹具的资本成本很高。资本成本称为固定成本,而生产或运营成本则称为可变成本。

固定成本(fixed cost)。固定成本是不随所生产的产品数量而变动的成本。设备和工具的采购成本及换模成本被视为固定成本。不管产量是多少,这些成本都是一样的。如果一个流程的换模成本为 200 美元,那么不管其产量为多少,该成本都不会改变。

可变成本(variable cost)。可变成本是随产量而变化的成本。直接人工(直接用于产品制造的人工)和直接材料(直接用于生产产品的物料)是主要的可变成本。如果一个产品的加工时间为每单位 12 分钟,人工成本为每小时 10 美元,材料成本为每单位 5 美元,那么

$$可变成本 = 12 \div 60 \times 10.00 + 5.00 = 7.00(美元/单位)$$

令

FC＝固定成本
VC＝单位可变成本
x＝所生产的数量
TC＝总成本
UC＝单位(平均)成本
总成本＝固定成本＋单位可变成本×所生产的数量

那么

$$TC = FC + VC x$$
$$单位成本 = 总成本 \div 所生产的数量 = TC \div x$$

例题

某工艺流程设计师可选择两种方法来加工一个产品。方法 A 的机床和夹具等固定成本需花费 2 000 美元,每单位产品的可变成本为 3 美元。方法 B 需要一个特种设备,成本为 20 000 美元,每单位产品可变成本为 1 美元。假设 x 为所生产的产品数量。

	方法 A	方法 B
固定成本	2 000.00	20 000.00
单位可变成本	3.00	1.00
总成本	$2\,000.00 + 3x$	$20\,000.00 + 1x$
单位(平均)成本	$(2\,000.00 + 3x) \div x$	$(20\,000.00 + 1x) \div x$

表 14-1 显示了当所生产的数量增加时总成本的变化。图 14-7 用图形表现了表中的总成本数据。从表 14-1 和图 14-7 中,我们可以看到,开始时,方法 A 的总成本和单位成本比方法 B 的低一些。这是因为方法 B 的固定成本高,而固定成本要分摊于数量较少的产品之中。尽管随着产品数量的增加,两种方法的总成本都在增加,但是方法 A 的总成本增加得更快。当产品达到 8 000~10 000 单位的某个数量时,方法 B 的总成本变得少于方法 A。

表 14-1 总成本和平均成本与生产的产量

产量	总成本/美元		单位成本/美元	
(单位)	方法 A	方法 B	方法 A	方法 B
2 000	8 000	22 000	4.00	11.00
4 000	14 000	24 000	3.5	6
6 000	20 000	26 000	3.33	4.33
8 000	26 000	28 000	3.25	3.5
10 000	32 000	30 000	3.2	3
12 000	38 000	32 000	3.17	2.67
14 000	44 000	34 000	3.14	2.43
16 000	50 000	36 000	3.13	2.25

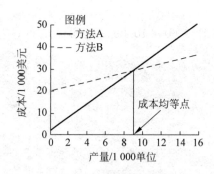

图 14-7 总成本与产量

同样地,随着所生产产品的数量增加,两种方法的单位成本都在降低。然而,方法 B 的单位成本降低的速率更快,到产品数量在 8 000~10 000 单位的某个数量时,两者的单位成本相等。

成本均等点

我们知道产品超出一定数量后,使用方法 B 的成本低于方法 A,那么决定使用何种流程以使总成本(和单位成本)最小化就较为容易了。

该数量称为**成本均等点**(cost equalization point, CEP),该产量下使用任何一种方法的总成本(和单位成本)都相等。在前面的例题中,总成本的计算如下:

$$TC_A = TC_B$$
$$FC_A + VC_A x = FC_B + VC_B x$$
$$2\,000 + 3x = 20\,000 + 1x$$
$$3x - 1x = 20\,000 - 2\,000$$
$$2x = 18\,000$$
$$x = 9\,000(单位)$$

成本均等点(CEP)为 9 000 单位。在该产量下使用方法 A 的总成本与方法 B 相等。

$$TC_A = FC_A + VC_A x = 2\,000 + 3 \times 9\,000 = 29\,000(美元)$$
$$TC_B = FC_B + VC_B x = 20\,000 + 1 \times 9\,000 = 29\,000(美元)$$

如果不使用总成本而采用单位成本方法,我们就会得到相同的结果。

从以上的计算中我们可推断出:

- 如果产量小于 CEP,使用固定成本较低的方法花费较少。
- 如果产量大于 CEP,使用固定成本较高的方法花费较少。

例如,如果产量为 5 000 单位,使用方法 A 花费较少;如果产量为 10 000 单位,那么方法 B 的花费较少。

可变成本主要为直接人工和直接材料,可通过用机器设备(资本)取代直接人工的方法来减少。这样做会增加固定成本并减少可变成本。但若要使这种方法经济上是合理的,则必须有足够高的产量以降低生产的总成本或单位成本。

增加产量

增加产量的一种显而易见的方法是增加销售量。然而,产成品是由多个外购或自制的部件组成的。如果这些部件的数量能够增加,那么,部件的单位成本以及最终产品的成本就能降低。

在不增加销售量的情况下,通过简化和标准化等做法可以增加部件的数量。在本章的前面我们已经讨论过这一点。

如果部件可通过标准化用于多个产成品,那么部件的产量就会增加,而无须增加总销售量。因而可以建立更专业化、运转更快的流程,并且作业成本也会降低。

部件标准化是现代大规模生产的一个主要特征。19 世纪末 20 世纪初,亨利·福特通过对产成品标准化(一种车型),对制造业进行了革命性的改变。当时流传着一句笑话:

你可以拥有你想要的任何颜色，只要它是黑色。今天，我们所制造的车型有很多，但如果将每一个车型分解到其部件，我们会发现那些特定的部件广泛应用于众多车型。这样，现代制造商就能够提供由标准零部件组装而成的多种产成品，以供客户选择。

 ## 持续流程改进

人们总是关注于如何更好地完成一项工作，以及做这项工作所花的时间。流程改进则关注于提高人力及其他资源的有效利用。持续意味着这是一个进行中的活动，而改进意味着生产率、质量价值或作业条件的提高。由此得出**持续流程改进**（continuous process improvement, CPI）这一名称。

持续流程改进包括一系列有逻辑性的步骤和技术，用来分析流程并对它们进行改进。

提高生产率（improving productivity）。生产率的提高可以通过投资购买更好的、运行更快的机器设备来实现。然而，在一给定的资本投入情况下，都应设计出适合的方案以使机器和设备得到最有效的利用。一个工作站或许会由价值数百万美元的高端机器设备组成，其生产率和投资回报率取决于设备如何被使用以及操作人员如何操控它们。持续流程改进能够测定机器是如何被使用和操控的。

持续流程改进是一种低成本的设计或改进工作的方法，借以最大限度提高生产率，其目标是更有效地利用现有资源来提高生产率。持续流程改进关注于简化工作内容，而不是投资于更好、运行更快的机器设备。

彼得·德鲁克（Peter Drucker）说过，"效率就是把事情做对，而效果则是指做对的事情。"持续流程改进的目的就是做对的事情并高效率地做事。

人员参与（people involvement）。当今，管理层意识到需要最大限度地发挥具备柔性和积极性的员工的潜能。员工有能力思考、学习、解决问题并提高生产率。在现有流程和设备条件下，员工是流程改进的首要资源，因为他们是其所从事工作的专家。

流程改进不仅仅是工工程师的职责，应给员工队伍中的每一个人授予机会，以改进他们所从事作业的流程部分。帮助分析和改进作业的技术并不复杂，员工可以学会。事实上，持续改进的理念就是基于操作人员的参与和方法的改进，相对而言，这只需要很少的资金投入。

员工要做的两个工作是：
- 他们"规定的"工作。
- 改进他们"规定的"工作。

团队（teams）。持续流程改进的特征之一就是团队参与。团队指的是一组为达到共同目标和目的而一起工作的人。团队成员应该都是与流程相关的人。团队之所以成功，是因为重视了人的因素。并不是所有问题都能通过团队来解决，而且并非所有人都适合于团队合作。然而，团队通常是有效的。由于问题通常是跨越职能部门的，因此多职能的团队也较为常见。

持续流程改进也可以通过个人来有效地实施。

持续流程改进的六个步骤

持续流程改进系统是以科学方法为基础的。这种通用方法能够用来解决许多不同的问题。持续流程改进的六个步骤如下：

1. 选择要研究的流程。
2. 采用有用的方式记录现有方法以收集必要的数据。
3. 分析所记录的数据，给出备用改进方法。
4. 通过评估备用方法来确定该作业的最佳方法。
5. 通过培训操作员，将新方法打造成为标准做法。
6. 保持新方法。

选择流程

第一个步骤是决定要研究什么。这取决于是否有能力来发现具有较好改进潜力的流程。首先要做的是观察现有方法。

观察（observe）。观察的重要特征就是怀疑的态度。观察任何事情时，我们都必须提出诸如为什么、何时、怎么做的问题。这种态度需要进行培养，因为我们倾向于认为我们所熟知的方法是唯一的方法。我们经常听到"我们一直都是这么做的！"然而"这么做"不一定是唯一的、最有成效的方法。

任何情况都有可以进一步改进的空间，但有些情况的改进潜力要比其他情况来说更大。显示最需要改进之处的症状包括：

- 高废品率、二次加工和返工、高维修成本。
- 由于工厂布局差，造成物料回流。
- 瓶颈。
- 过度的加班。
- 频繁地搬运物料，包括从一个工作地搬到另一个工作地，以及在一个工作地之内的搬运。
- 使用对环境有害的物料。
- 员工有许多莫名其妙的抱怨。

选择（select）。持续流程改进的目的是提高生产率以降低运营、生产或服务成本。在选择需要改进的工作或作业方法时，有两个重要考虑因素：经济上的和人员上的。

经济上的考虑（economic considerations）。改进成本必须有理有据。进行研究和实施改进的成本必须在一个合理的时间内从节约的成本中得到弥补。其所用的时间通常为一到两年。

工作规模必须是值得对其加以研究的。几乎任何工作都可以加以改进，但所做出的改进必须是值得的。假设某方法改进可使一项原本耗费 5 小时的工作节省 1 小时，而该工作每月进行 1 次或每年进行 12 次，那么，时间减少了 20%，一年总共可以节省 12 小时。另一项方法改进可使一项原本耗费 10 分钟的工作节省 1 分钟，该工作每周进行 200 次。这个案例中所节省的时间只有 10%，然而每年所节省的总时间却是 173 小时

($1 \times 200 \times 52 \div 60 = 173.3$),显然,投资在研究此工作上的回报率远远高于前者。

人的因素(human factor)。人的因素决定了方法改进的成败与否。我们必须时刻记住,管理层和工人都对变革持有抵触情绪。应找出那些高疲劳、有发生事故危险、经常无故旷工、肮脏及令人难受的工作环境并进行改进。尽管有时很难对这类改进给出特定的经济上的理由,但其无形利益是巨大的,应该在选择研究对象时给予相当的重视。

帕累托图(Pareto diagram)。帕累托分析可以用来选出最具有经济影响的问题。帕累托分析的理论与第9章中我们讨论过的 ABC 分析相同。该理论认为,少数事物(通常占20%)占成本或问题的绝大部分。该理论将"重要的少数"与"无谓的多数"区分开来。"重要的少数"的例子有:

- 少数几个流程导致了大量废品的产生。
- 少数几家供应商是大部分次品部件的源头。
- 少数几个问题导致了大部分时间的生产线停工。

帕累托分析的步骤如下:
1. 决定数据分类的方法:按问题、原因、不合格类型等。
2. 选择测量单位。通常使用金额,但也可以是发生频率。
3. 收集适当的时间间隔内的数据,该间隔长度应足以囊括所有可能的状况。
4. 根据所选择的测量单位,按降序排列所有项目以汇总数据。
5. 计算总成本。
6. 计算每个项目所占的百分比。
7. 绘制直方图,显示每个项目的百分比;并绘制折线图来显示累计百分比。

例题

某产品在厂区中多次出现故障。根据失效种类收集数据的结果如下:类型 A:11次;类型 B:8次;类型 C:5次;类型 D:60次;类型 E:100次;类型 F:4次;其他:12次。绘制表格,以降序排列汇总数据,并由该表绘制出相应的帕累托图。

答案

失效类别	失效次数	百分比	累计百分比
E	100	50.0	50.0
D	60	30.0	80.0
A	11	5.5	85.5
B	8	4.0	89.5
C	5	2.5	92.0
F	4	2.0	94.0
O(其他)	12	6.0	100.0
总计	200	100.0	

需注意,帕累托分析不会得出问题究竟是什么的结论,而只是告诉我们问题看来出在哪里。在上面的例子中,对失效类型 E 和 D 产生的原因进一步调查,将会对已付出的努力带来最好的回报。精心选择类别这一点非常重要。例如,在上面的问题中,如果记录的是失效地点而不是失效类型,其结果可能会大相径庭,或许根本就没有意义。

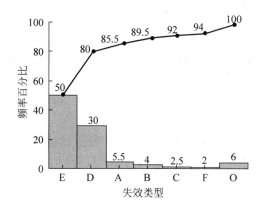

因果图(cause-and-effect diagram)。因果图有时也称为鱼骨图,它是识别问题根源的非常有效的工具。图 14-8 所示的就是一个因果图。

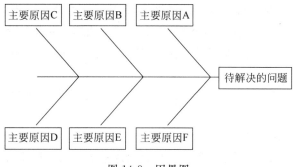

图 14-8　因果图

在由一个小组或团队共同研究时,鱼骨图方法最为有效。可通过讨论或头脑风暴绘制鱼骨图。绘制鱼骨图的步骤如下:

1. 识别所要研究的问题并用简要的文字进行表述。例如,机器 A 的不合格率为 20%。

2. 提出对问题主要原因的一些看法。通常所有可能的根本原因能够归纳为六类:
- 物料。例如,性能表现一致与表现不一致的原材料。
- 机器。例如,保养良好的机器与保养不善的机器。
- 员工。例如,培训不充分的操作员,而不是受过良好培训的操作员。
- 方法。例如,改变机器的运行速度。
- 测量。例如,用有误差的量具测量部件。
- 环境。例如,灰尘和湿度的增加。

3. 对每一个主要原因的所有可能原因进行头脑风暴。

4. 一旦列举出所有原因,设法找出最可能的根本原因并对其进行改进。

记录

下一个步骤是记录所有与现有流程相关的事。为能够理解需记录些什么,定义所要研究的流程是很必要的。记录的过程便是定义流程。为了恰当地定义流程,必须确定以

下事项:
- **流程边界**。所有流程,无论大小,都有始终。起点和终点形成了流程的边界。例如,早上去工作这一流程的起点可能是起床,终点可能是到达办公桌前或教室里。
- **工艺流程**。它描述了起点和终点之间所发生的作业,通常列出了流程起点和终点之间的步骤。有几种可以帮助完成该步骤的记录技巧。我们将在本章后面讨论其中的部分技巧。
- **流程的投入和产出**。所有的流程都会或多或少地改变某些东西。被改变的东西称为投入,它们可以是实体,如原材料;也可以是信息,如数据。产出是经流程处理过的结果。例如,原材料转变为某种更有用的东西,或是数据经处理后产生的报告。
- **元素**。流程元素是将投入转变为产出时所使用的资源,由人、方法和设备组成。与流程投入不同的是,元素不会成为流程产出的一部分,但却是流程的有机构成。例如,在出报告时,绘图程序、计算机、打印机等都是流程元素。
- **客户**。流程的存在是为了服务客户,而最终是由客户决定流程应做些什么。如果没有考虑客户的需求,就有可能存在风险——所改进的事物对流程产出的使用者无关紧要。
- **供应商**。供应商是指那些流程投入的提供者。它们可以来自企业内部,也可以来自企业外部。
- **环境**。流程受制于外部和内部的因素。外部因素不在我们的控制范围之内,包括客户对流程产出的接受度、竞争者和政府规章等。内部因素存在于企业内部并且是可控的。

图 14-9 显示的是流程系统示意图。

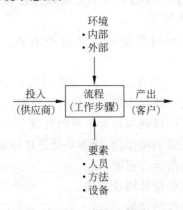

图 14-9 流程示意图

接下来是记录一切与现有方法相关的所有事实。记录是必不可少的,因为在分析期间,我们的头脑很难记住并保存大量细节。记录能帮助我们以逻辑顺序考虑问题的所有因素,并确保我们周详考虑了流程中的所有步骤。对现有方法的记录也为评判考核和找出改进方法提供了基础。

活动分类(classes of activity)。在讨论一些所要使用的图表之前,我们应浏览一下所记录的活动类型。通常，所有活动都能归为以下六种类型之一。作为一种速记方法，有六种通用符号来代表这些活动。这些活动和对应符号如图14-10所示。

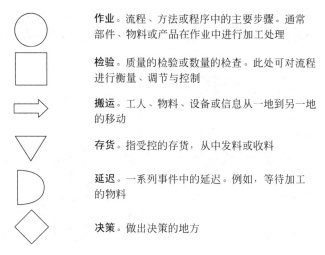

图14-10 活动类别

各种制图技巧的描述如下：

作业流程图(operations process charts)。作业流程图仅按照次序记录那些主要的作业和检验步骤。作业流程图对初步调查十分有用，为整个流程提供了鸟瞰视图。图14-11所示的就是一个作业流程图。

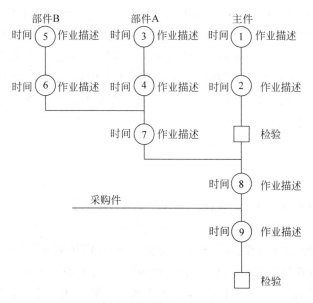

图14-11 作业流程图

对每一个作业的描述，有时也包括时间，都标注在作业流程图中。作业流程图也常用来记录产品的移动。

流程程序图(process flow diagram)。流程程序图依序以图形显示业务流程的不同步骤、事件和作业。它以图形形式描绘了制造产品或提供服务时实际发生情况的图景。除了图 14-10 中所显示的六种符号以外，其他符号可用来表示返工和存档等作业。图 14-12 所示的是一个流程程序图的例子。在该例中，流程开始于收货，结束于将支票寄给供应商。

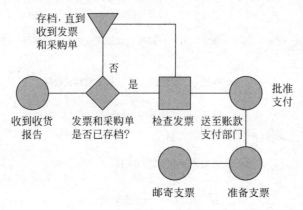

图 14-12 流程程序图

分析

考查和分析是持续流程改进中的关键步骤。尽管所有其他步骤也很重要，但是它们或者是关键分析步骤的准备工作，或者是由关键分析工作所产生的结果。该步骤涉及对现有方法的每一个步骤进行分析，并且对所有可能提出的建议方法加以评估。

找出根源(find the root cause)。我们常常很难区分问题的表象与问题的根源。通常，表象是我们所看到的东西，而追溯问题根源则十分困难。为找出问题根源，你必须抱有一种探究的态度。对分析师来说，"为什么"是最重要的词汇。现有方法的每一个方面都值得置疑。在《噢，原来如此》中"大象的孩子"一篇，卢迪亚·吉卜林（Rudyard Kipling）写道：

我留下了六个诚实的仆人
（他们教会了我所知的一切）
他们的名字是什么（what）、为什么（why）、何时（when）
还有如何做（how）、何地（where）以及谁（who）。

吉卜林将六个通常用于提问的词汇人格化，另外它们还是方法分析师的"仆人"。

一个常见的解决问题的经验方法认为，必须提问（并回答）"为什么"五次以上，才能找到问题的根源。随着每一个"为什么"都有了答案，所问的"为什么"这个问题也就有了正确答案。

有三种方法可以帮助你检查：

- **打破砂锅问到底的态度**。该方法意味着要有开阔的思维，为了考查事情的真相而非其表象，必须避免先入之见以及草率的评判。

- **检查整体流程以确定完成了什么、如何做的以及为什么做**。这些问题的答案将决定整个流程的有效性,其结果可能显示该流程甚至没有存在的必要。
- **检查流程的各个组成部分**。活动可以分为两大类:对产品有作用的活动(如加工、检验或搬运)和对产品无建设性作用的活动(如延迟或储存)。在第一类活动中,只有当零件被处理时才会增加价值。换模、移走和搬运尽管必不可少,但只增加产品成本而不会增加其价值。这类活动必须减少到最低限度。虽然产品在被处理时会增加价值,但再重复一遍,我们的目标是使这些作业的生产率最大化。
- **对生产率、产出时间和加工量之间关系的分析**。对于物料的输入率等于其输出率的加工而言,加工量和每个物品所需的加工时间(产出时间)有一个基本关系,如果一个流程的加工率为 R,加工量为 I,加工时间为 T,那么

$$I = RT$$

例题

一个流程具有每分钟加工两个单位物品的能力,该流程有 100 个单位的物品需要加工,如果另一个物品也需要该流程进行加工,那么,该新物品需要等待多长时间?

答案

$$I = RT$$
$$100 = 2 \times T$$
$$T = 50(分钟)$$

这个关系常常被称作**李特尔法则**(Little's Law),它可以运用于任何包含有时间、加工量和产出时间的流程。例如,要计算排队顾客等待得到服务的时间,可以这样计算:

I(等待的顾客数量) $= R$(每个顾客的服务时间) $\times T$(一个顾客等待服务的分钟数)
$$8 = 0.5 \times T$$
$$T = 16(分钟)$$

开发

在寻找可能的解决方案时,有四种方法可用来帮助开发出更好的方案:

- **消除**所有不必要的工作。首先质询为什么要进行这项工作以及该工作是否可以取消。
- **合并**所有可能合并的作业。这样将减少物料的搬运,节省空间,减少产品的生产时间。这是精益生产的主要利器之一。
- **重新排列作业顺序**以获得更有效的结果。这是上一种方法的延伸。如果顺序发生了改变,它们就有可能进行合并。
- **简化**任何可能之处,以便使必要作业的复杂程度降低。如果具有追根究底的态度,就可使复杂性降低。通常,最好的解决方案就是那些简单的方法。

动作经济原则(principle of motion economy)。动作经济的原则有数个,以下是其中的一部分:

1. 将物料、工具和工作地点设置在正常工作区域内,预先安放好工具和物料。

2. 将最常做的工作设置在正常工作区域内,其他东西放在最远可拿到的区域之内。

3. 工作安排应通过同时使手、臂、腿等以相反方向按对称路径运动,使之动作均衡。双手应共同工作并应同时开始和结束。一个周期的终点应设置在下一个周期的起点附近。

4. 必须将造成操作员疲劳的工作条件减少到最低程度。提供良好的照明,使工具和物料摆放在最大工作区域之内(参见图14-13),提供坐立交替的工作条件,为工作地点设计适合的高度以避免弯腰,等等。

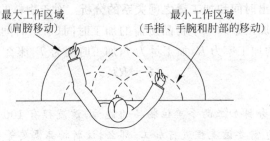

图 14-13 工作区域

人与环境因素(human and environmental factors)。除了动作经济原则之外,其他任何影响环境状况的重要因素也必须考虑在内。这些因素包括:安全、舒适、清洁、个人关怀等。因此必须对有关照明、通风、供热、减噪、座位和激励政策等方面做出规定。

在这些因素中,激励或许并不那么明显。在高度重复性工作中,工人可能会觉得无聊或不满,这种情况可能会导致情绪问题。用引人注目的色彩方案布置工厂或办公室、窗户的位置、在工作时间播放音乐等做法都可以创造一个舒适的工作环境,从而大大降低压力和缺勤率。

方法改进以科学管理的理念为基础,它关注于任务,并设法消除任务中的多余工作内容(浪费)。但它很少考虑人本身和人的更高层次需求,诸如自尊和自我实现,并且工作会变得重复和无聊。**岗位设计**(job design)意在提供更有意义、更令人满意的工作,更多地利用工人的智力及人际关系技能。这些改进包括以下内容:

工作扩大化(job enlargement),通过将类似或相关任务合并为一个工作,从而拓展了工人的工作范围。例如,一个工作可拓展为包含一系列活动而不仅仅是一项活动。这种方式称为横向拓展。

工作丰富化(joben richment),可在工作中增加更有意义、更令人满意及更能实现个人抱负的任务。例如,工作不仅包括生产作业,还可将换模、排程、维护和控制等方面的责任包括在内。

轮岗(job rotation),训练工人从事多种工作,从而使他们可以换岗。这种方式称为**交叉培训**(cross-training)。

所有这些因素均可帮助打造一支更积极、灵活的工人队伍。在现代制造业中,快速响应客户的需求至关重要,这些特征可能意味着业务的成功和失败与否。

员工授权和自主领导团队(employee empowerment and self-directed teams),假定员工拥有更多的知识和责任来理解并进行工作,那么,授权与使员工承担更多的责任,将有助于形成自主领导的团队。这种团队的特征是没有主管,员工自己会了解所需完成的工作,并安排好自己的活动,在基本或完全不需要监管的情况下快速有效地完成所要求的任务。

实施

到目前为止,分析师所做的都属于制订计划方面的工作。现在,计划必须通过新方法的实施而付诸行动。

在实施计划的过程中,必须考虑实施的最佳时间、实施的方法和所参与的人员。之后,分析师必须确保设备、工具、信息和人员全部就位。在实施时,须先试运转,以检验所有设备和工具是否工作正常。

对操作人员加以培训是实施过程中最重要的部分。如果操作人员参与了方法改进的设计,那么这一步不会很难,工人会对改进感到熟悉和满意,并可能会拥有主人翁意识。

学习曲线(learning curve)。随着时间的推移,操作员将不断重复该作业,他的速度会提高,失误会减少。该过程称为学习曲线,如图 14-14 所示。注意,图中并未显示时间刻度。根据任务的不同,工人有可能几分钟内就经由学习曲线取得了进步,而对于高技能的工作,则可能需要数月或数年才能达到熟练。

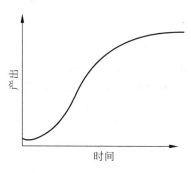

图 14-14　学习曲线

保持

保持是一项跟进活动,它包含两个部分。第一部分是确保新方法确实按照应有的方式进行。在开始的几天这是最为关键的工作,可能需要密切监督。第二部分是评估改进工作,以确保其实现了预期的收益,否则,该方法仍须进一步改进。

 ## 小结

产品以及用来制造产品的工艺流程都处于不断的更新之中,以便创造出更能吸引客户的产品,提高生产率,或者使得这些产品以及它们的加工工艺与环境更加友好。生产者必须遵守业已充分确定的产品开发准则。3S——简化、标准化和专业化——都是有助于提高生产率,并使得产品更加可靠的有力举措。在当下的环境中,随着信息更加容易被分享,产品设计和流程设计可以同步进行,从而使得质量更好的产品更快地投入市场,并且成本也更低。随着产品设计的完成,流程的设计就可以依据以下信息来加以设计了,这些信息是:所要求的质量水平,流程对顾客需求变化做出快速反应的能力(柔性),总的需求量,以及客户参与产品生产过程的意愿的大小等。有了需求量,就可以决定购买多少产品,而不是生产多少产品;或者决定使用这个而不是另外一个工艺流程。最好是借助于成本均等点(CEP)来做出相应的决定,当需求量低于成本均等点所得出的值时,应当选择低固定成本加高可变成本的方法;而当高于这个值时,公司就可以选择高固定成本加低可变成本的方法。

持续流程改进(CPI)适用于所有的流程,目的是使流程成本效益更高和更具竞争性。持续流程改进是一个持续不断的过程,而并非仅仅用于推出新产品上。持续流程改进使用的是传统的六步骤科学方法:选择、记录、分析、开发、实施以及保持。所有这些步骤都有一个共同点,那就是员工的参与。

借助于产品和流程的改进,设计工作会变得更加快速和顺利。其结果就是更低的成本和更高的盈利。持续改进还将在下一章精益生产和准时制(JIT)中加以详细讨论。

关键术语

因果图　cause-and-effect diagram
并行工程　concurrent engineering
连续型流水式流程　continious flow processing
连续流程改进　continious process improvement(CPI)
成本均等点　cost equalization point(CEP)
交叉培训　cross-training
员工授权　employee empowerment
鱼骨图　fishbone diagram
固定成本　fixed costs
固定位置布局　fixed position layout
流水式流程　flow processing
专门性工厂　focused factory
功能性布局　fuctional layout
通用机器　general-purpose machinery
间断式制造　intermittent manufacturing
岗位设计　job design
工作扩大化　job enlargement
工作丰富化　job enrichment
工作成本　job costing
轮岗　job rotation
李特尔法则　Little's law
大规模定制　mass customization

模块化　modularization
嵌套　nesting
作业流程图　operations process charts
帕累托分析　Pareto analysis
延迟　postponement
作业成本核算　process costing
流程程序图　process flow diagram
流程聚焦　process focus
流程布局　process layout
工艺流程　processes
产品和市场聚焦　product and market focus
产品原则布置　product layout
产品生命周期　product life cycle
项目式制造　project manufacturing
重复制造　repetitive manufacturing
自主领导团队　self-directed teams
简化　simplification
同步工程　simultaneous engineering
专业化　specialization
专用机器　special-purpose machinery
标准　standard
标准化　standardization
可持续性　sustainability
可变成本　variable cost

问答题

1. 描述什么是简化、标准化和专业化。它们为什么重要？为什么它们之间相互联系？
2. 标准化的优点和缺点是什么？
3. 专业化的优点和缺点是什么？
4. 产品聚焦和流程聚焦的基础是什么？什么是专门性工厂？
5. 模块设计的优点是什么？
6. 生产成本如何受以下两个因素的影响？
   a. 标准尺寸。
   b. 通用部件。
7. 设计产品的三个标准是什么？
8. 为什么产品设计对运营成本很重要？
9. 为什么产品设计对质量很重要？

10. 什么是同步工程？它的一些优点是什么？
11. 什么是流程？什么是流程嵌套？
12. 设计流程时必须考虑的五个基本因素是什么？
13. 为什么说产品设计、生产数量和流程设计紧密相关？
14. 列举公司自制零部件和外购零部件的四个理由。
15. 描述什么是通用型机器和专用型机器。比较两种机器的使用柔性、操作员参与、单件产品加工时间、换模时间、质量、资本成本和应用特定。
16. 什么是流水式流程？它的优点和缺点是什么？
17. 什么是间断式流程？它在何时应用？将其与流水式流程进行比较。
18. 何时应用项目式流程？
19. 定义固定成本和可变成本，并列举两种成本在制造中的例子。什么是总成本？其计算公式是什么？
20. 什么是成本均等点？
21. 如何减少可变成本？这会对固定成本有什么影响？需要怎样才能使该行为在经济上合理？
22. 持续流程改进的六个步骤是什么？
23. 在选择所要进行研究的流程时，列举并描述需要考虑的两个因素。
24. 什么是帕累托图？它为何有用？
25. 什么是因果图？它为何有用？
26. 为什么记录是必要的？
27. 描述以下与记录相关的术语：
    a. 流程边界。
    b. 业务流程。
    c. 流程投入和产出。
    d. 流程元素。
    e. 供应商。
    f. 环境。
28. 在方法分析中使用的六个符号是什么？还有其他可以使用的符号吗？
29. 描述以下术语：
    a. 作业流程图。
    b. 流程程序图。
30. 在持续流程改进过程中，"分析"这一步骤的目的是什么？基本问题都有哪些？
31. 在开发更好的方案时应采取的四种方法是什么？
32. 动作经济的四个原则是什么？
33. 描述岗位设计。
34. 什么是学习曲线？
35. 自主领导工作团队的一些优点和缺点可能是哪些？
36. 在制订标准生产时间的计划时，学习曲线可能会有哪些影响？你会如何应对该影响?

37. 如何来证明李特尔法则(Little's law)是有用的?

38. "企业环境"这个术语指的是什么?

39. 挑选一个你所熟悉的产品,你认为可以如何重新设计它,使得制造起来更为容易,并且能对用户更加有用?

 计算题

14.1 根据以下所给的固定成本、可变成本和生产数量,计算总成本和单位成本。

固定成本/美元	可变成本/美元	数量(单位)	总成本	单位成本
200.00	8.00	100		
200.00	7.00	1 000		
50.00	15.00	50		
800.00	2.00	2 000		
500.00	20.00	500		

14.2 某流程的生产准备成本为200美元。加工时间每件产品5分钟,加工成本每小时30美元。计算:

a. 固定成本。

b. 可变成本。

c. 批量为600件时的总成本和单位成本。

d. 批量为1200件时的总成本和单位成本。

答案

a. 固定成本=200.00(美元)。

b. 可变成本=2.50(美元)。

c. 总成本=1 700.00(美元) 单位成本=2.83(美元)。

d. 总成本=3 200.00(美元) 单位成本=2.67(美元)。

14.3 某制造商可以选择购买并安装热处理炉,或是让外部供应商代为进行热处理。该制造商进行了以下成本估算:

	内部热处理	外购服务
固定成本	28 000 美元	0 美元
可变成本	10 美元	17 美元

a. 成本均等点(CEP)是多少?

b. 如果年产量是3 000件,该公司应该外购热处理吗?年产量5 000件呢?

c. 按问题 b 中的产量数据,所选择处理方式的单位(平均)成本分别是多少?

答案: a. CEP 是 4 000 单位。

b. 3 000 件时应该外购服务;5 000 件时应该内部处理。

c. 3 000 件时,单位成本=17.00(美元);5 000 件时,单位成本=15.60(美元)。

14.4　Cross Towne 商店促销香蕉,每磅 79 美分。在你所居住的街角商店一般卖每磅 99 美分。如果到达 Cross Towne 商店的往返车费是 3.6 美元,去那里买香蕉合算吗?成本均等点(CEP)是多少?讨论从这笔买卖中获益的其他方法。

14.5　按照以下给定的成本,应使用哪个流程加工一个 400 件指定零件的订单?所选流程的单位成本是多少?

	购买	流程 A	流程 B
生产准备		40.00 美元	130.00 美元
工装		15.00 美元	20.00 美元
人工/单位		4.10 美元	3.90 美元
物料/单位		2.00 美元	2.00 美元
外购成本	6.10 美元		

14.6　灯具公司正计划生产一种新型灯罩,其部件可以自制或外购。如果外购的话,单位部件成本为 2 美元。用半自动机器生产该部件需要 5 000 美元固定成本购买工装,每单位可变成本为 1.30 美元。备选方案是使用一个全自动机器生产该部件。购买工装的成本为 15 000 美元,而每单位可变成本可减少到 60 美分。

a. 计算外购和使用半自动机器生产的成本均等点。

b. 计算使用半自动机器生产和使用全自动机器生产的成本均等点。

c. 如果预期销售量如下,应采取哪种方法?

1) 5 000 件。

2) 6 000 件。

3) 8 000 件。

4) 10 000 单位。

5) 25 000 单位。

d. 按照问题 c 中的销售量,所选流程的单位成本分别是多少?

答案

1) 单位成本＝2.00(美元)。

2) 单位成本＝2.00(美元)。

3) 单位成本＝1.925(美元)。

4) 单位成本＝1.80(美元)。

5) 单位成本＝1.20(美元)。

14.7　一家大型邮购公司收集了过去 3 个月中退货的原因,结果如下:选择错误:62 000 件;规格错误:50 000 件;订单取消:15 000 件;地址错误:3 000 件;其他:15 000 件。请绘制帕累托图。

原因	数量	百分比	累计百分比
合计			

14.8 某公司出现了异常的废品率,公司收集了相关数据以找出是哪个部件导致了问题的发生,结果如下:部件 A:5 720 美元;部件 B:10 500 美元;部件 C:890 美元;部件 D:1 130 美元;部件 F:700 美元。按重要性降序排列出所发生的错误,完成下面的表格,并绘制帕累托图。

零件	数量	百分比	累计百分比
合计			

14.9 一项作业的生产率为每小时 30 单位,如果该作业加工完一个单位的时间花了 50 分钟,那么,该作业积累了多少库存单位?

14.10 绘制一张组装圆珠笔的作业流程图。圆珠笔由 3 部分组件组成(参见图 14-15):

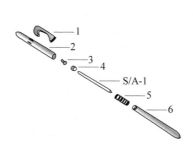

图 14-15 圆珠笔组装

1. 上截笔套
2. 笔芯
3. 下截笔套

作业 1. 将笔夹黏在上截笔套上
   2. 将按扣插入上截笔套
   3. 将转轴插入上截笔套
   4. 将圆珠笔头压入笔头
   5. 将笔头插入笔芯
   6. 给笔芯装入墨水

检验 1. 测试笔芯

作业 7. 将笔芯插入上截笔套
   8. 将弹簧套在笔芯上
   9. 将下截笔套和上截笔套拧在一起

检验 2. 测试圆珠笔的使用状况

3. 最终检验

14.11　绘制一张从你起床直到到达办公室之间的活动的流程程序图。你能想出改进这个流程的方法吗？

14.12　一个流程以每分钟两个的速度生产产成品,如果某个产品要花 30 分钟来通过该流程,那么该流程任何时间的库存是多少？

14.13　一个大学的注册流程可以每 4 分钟注册一个学生,如果平均有 12 个学生在排队等候注册,那么每个学生必须等待多长时间？

案例研究　生产经理切蕾·富兰克林

切蕾·富兰克林担任库珀玩具公司(Cooper Toy Company)的生产经理刚刚一个星期,她就开始怀疑,她的提拔究竟是否是一件好事了。让她的老板操心的是他们的一种最新玩具的生产已经落后了。公司花了大笔钱来为该玩具做广告,但是生产跟不上通过广告而产生的需要。

切蕾决定设法调查一下,找出问题所在,并力图让生产恢复正规。不幸的是,她发现几乎每个人都在指责其他的人。

出问题的玩具是一种塑料水枪,它在海滩和游泳池非常流行。先把水吸入枪内的储水筒,然后将空气打进去,扣动扳机后,就会有相当大的水流射出去,距离可达 10 米远。

切蕾知道,用来生产这种玩具的生产线,其最慢的部分可以每 3 分钟生产一个零件;她还知道,销售的平均需求仅为每 5 分钟一个玩具。但是,当她开始在组装区调查时,发现只能平均每 10 分钟组装一个玩具。然而组装班长有一个很好的解释,他说是因为没有足够的存货供他们组装。因为他们从检验区那里平均每 8 分钟才能取得一个储水筒,所以他们只能尽可能快地组装水枪。

当切蕾来到检验区时,她发现那里堆积了很多储水筒在等待检验。而负责检验这些储水筒的检验员工作都很卖劲,显然,问题不是出在这里。

切蕾和质量经理谈了谈,又多了解到一些信息。质量经理的说法是:"你瞧,我们必须让这些储水筒通过一些重要的检验。如果一个孩子把过多的空气打入储水筒,那么设计上就会让一部分空气通过安全阀释放出去。糟糕的是,许多储水筒的缝隙胶合得不好。如果把这样一个储水筒安装到水枪上去,那么,在安全阀启动之前,储水筒就会裂开了。而裂开时,就会使得一些塑料片飞溅出去,而这些飞溅的塑料片有可能伤到孩子。我们发现我们不得不对每一个储水筒加以检查,因为由于胶合不好而产生的废品率已经高达 20%了!"

切蕾继续进行她的调查,还发现了以下问题:

- 负责胶合工序的生产区班长声称,他们用于涂胶的机器常常发生阻塞现象,并且即使它能工作,涂胶也常常涂得不均匀。
- 负责涂胶机的维修人员声称,机器之所以工作不好,是因为出胶喷口不对,而且所用的胶也太稠了,不适合用在这种胶合的地方。
- 负责出胶喷口设计和安装的工程师声称,该玩具投产过于匆忙,所以他们没有足够的时间来设计专用的喷口,因此不得不用老的喷口,而老喷口原本是用于其他产品的。
- 负责采购胶的采购员声称,他们没有得到有关胶的具体参数,因此只能听从供应商的建议来使用哪种胶。
- 销售人员则声称,玩具市场的竞争如此激烈,他们需要尽快地让玩具满足市场需求,特别是考虑到玩具的生命周期常常都很短就更是如此。

讨论题

1. 这里的内在问题到底是什么?请尽可能具体地加以说明。
2. 对于这些问题,最好的解决办法是什么?再次提醒你,要尽可能具体地加以说明。
3. 就如何使用连续流程改进方法来解决这些问题,请给出你的建议。

第 15 章

精益生产

引言

近些年来,制造业的竞争变得更加激烈,并且经济全球化已成为强有力的事实。许多国家能够生产高质量且性能始终如一的产品,并以有竞争力的价格和计划销往国际市场。它们快速响应变化的市场需求,并常常先于客户发现这些需求。由于面对这种竞争,一些国家已经失去了在诸如制造收音机、电视机、照相机和轮船等产品中的优势。

这些公司是如何做到这一点的?不是由于它们的文化,也不是由于它们的地理位置、政府协助、新设备或廉价劳动力,而是由于它们应用了**精益生产**(lean production)的方法。精益制造是一种理念,它与制造型企业组织及运营业务方式相关。它包含了如何组织企业的方法,以及**准时制**(just-in-time,JIT)制造两个方面。这里并不存在能够使制造效能一下子提高的神奇药方或一系列新技术。相反,它是对现有工业和制造工程原理加以综合性精湛运用的结果。

另一个有关生产的理念是由艾力亚胡·M. 格尔扎特(Eliyahu M. Goldratt)在他所写的《目标》(The Goal)一书中所提出的,他为公司组织生产的方法提出了另一个视角。这个方法就叫作约束理论(theory of constraints,TOC)。我们在第 6 章对此已有所讨论,它包含了一种所谓的鼓—缓冲器—绳的排程方法。

本章将介绍和讨论精益生产和准时制两个概念,还将介绍更多关于约束理论的知识,以及讨论这些概念都分别适合运用于哪些环境中。

精益生产

精益生产是过去几年里从准时制概念发展而来的。20 世纪 80 年代,尽管准时制具有一定言之有据的优点和好处,但在全世界也有许多实施准时制不那么成功的例子。许多有力的证据表明,热烈追求那些纸面上好处的制造商,它们力图实施准时制,但却没有首先理解这种高度一体化系统的全面方法和影响。这种情况导致了那个时期实施准时制所带来的众多失望和彻底的失败。这些误解,部分来自高水平准时制"哲学"理念(企业实践的基本改革)与更加具体的准时制生产之间的混淆,就其最简单的形式而言,准时制生产指的是当一个生产工序需要的时候,能够"准时"地将物料送达。

正如常常发生的那样,当一个概念没有被充分理解时,许多公司认为,对它们特定环境来说,准时制概念是无效的,或不适用的。同时,许多高度一体化的生产系统迅速发展起来。制造资源计划(manufacturing resource planning,MRP Ⅱ)曾经被看作是推动企业一体化信息系统的引擎,而今,它被称作是**企业资源计划**(ERP)。类似地,采购和物流工作也和基本的内部物料管理工作整合为一种整个企业的工作方法,如今被叫作供应链管理。相应地,高水平准时制的基本概念也发展为一种全方位看待企业的视角,称为精益生产;而准时制这个术语仅仅保留下来成为具体的生产性概念了,它通常被看作是一个拉动生产的系统。

另外,精益生产指的是理解并正确实施整个企业的重大改革,以便真正地消除或大大减少系统中的浪费。正是这种把各个系统整合为一个全新系统,并从这一全新系统角度看待企业的理念,被用来实现企业的最终目标,那就是以最少的系统浪费来实现客户服务的最大化。

精益生产的定义有多种,其中最为普及的定义是:**消除一切浪费并持续提高生产率**。浪费指的是除了能够为产品增加价值的绝对必要的最低限度的设备、部件、空间、物料、生产时间和工人工作时间之外的一切东西。这意味着,理想的方法是:不应存在冗余和安全库存,提前期也应缩至最短,"如果现在用不到,那么现在就不要生产"。在顾客眼里,浪费指的是不必要的、没有增加价值的,因而不愿为此付钱的任何东西。

消除浪费的长期结果是打造成为一个成本高效、质量导向、反应灵敏的企业,能够迅速响应客户需求。这样的企业在市场中拥有巨大的竞争优势。尽管基本目标关注的是减少浪费,但减少浪费的方法同样也会通过减少提前期、提高质量水平和降低生产成本达到对需求的快速响应。

精益生产的主要结果是去除或减少各个流程活动之间多余(浪费)的库存和产能,而不管这些库存或产能存在的原因,从而迫使系统中各项活动形成更加严密的协同。换句话说,一个机构必须作为一个系统,而不是一系列相互脱节的活动来加以管理。重要的是必须指出,有些机构之所以有时实施精益生产不成功,就是因为它们仅仅注重了精益生产的某个方面,而没有认识到它实际上是一个完整的系统。

增值

什么构成了对使用者的价值?答案是在适合的时间和地点拥有适合的部件和数量;拥有满足客户需求的产品或服务;做好这些产品或服务且始终如一;并且在客户需要时可随时得到。价值满足客户真实的和感知的需求,并且以客户能够承受并认为合理的价格满足其需求。其另外一种说法是质量。质量就是满足并超出客户的期望。

价值起源于市场,产生于市场营销部门为客户需要什么进行决策之时。设计工程部门要设计产品以使其为客户提供所要求的价值。制造工程部门首先要设计制造产品的流程,然后按照特定的规格制造产品。该循环在产品交付给客户时完成。图15-1显示了该循环。如果循环链条中的任一环节没有为客户增加价值,那就存在浪费。

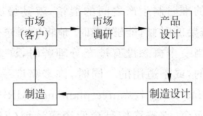

图15-1 产品开发周期

为产品**增值**(adding value)并不意味着增加成本。用户并不关心制造商的成本,而只在乎他们需要支付的价格和所得到的价值。很多活动只增加成本而不增加价值,这类活动应尽可能地予以取消。

 ## 浪费

在产品开发周期中,任何不增加产品价值的活动都是浪费。本节将探讨在产品周期的每一个环节中造成浪费的原因。

产品规格和设计不佳造成的浪费

在管理层制定响应市场需求的方针时,浪费也随之开始。管理层负责为公司所希望服务的细分市场制定方针,并决定产品线宽泛或精专的程度。这些方针会影响制造成本。例如,如果产品的范围和种类宽广,产品生产时间就会比较短,并且需要频繁调换机器,那么就没有多少机会使用专用机器和设备。另外,生产有限范围产品的公司就可能会以装配线为基础生产商品,并充分利用专用机器的优势。另外,产品种类越多,制造过程的复杂性也就越高,而计划和控制也会越发困难。

部件标准化(component standardization)。如第14章中所述,公司可以专门生产某些产品,同时仍为客户提供范围宽广的选择。如果公司将它们所生产的不同型号产品中所使用的部件标准化,它们就可以为客户提供由标准件制成的多种型号、多种选择的产品。部件标准化在制造中具有很多优点。它可以大量生产特定部件,从而使生产时间可以更长。这样又可以更加经济地使用更专业化的机器、设备和组装方法。此外,标准化减少了在计划和控制上所需付出的精力,减少了所需的零部件数量,以及所需持有的库存。

"理想"的产品是那些满足或超出客户期望的产品,是最有效地利用物料,并以最少的浪费(以最低成本)制成的产品。除满足客户需求外,产品设计还决定了必须使用的基本制造流程以及产品的成本和质量。产品设计应使产品用最少的作业、动作和部件在生产率最高的流程中进行制造,并涵盖所有对客户来说很重要的特性。我们在第14章中已详细探讨过产品设计的原则。

制造过程中造成的浪费

制造就是依据产品的设计和规格,并通过使用各种制造资源,将其转化为有用的产品。首先,制造工程部门必须设计出一个能够生产该产品的系统。它们通过选择制造步骤、机器和设备,规划工厂布局和设计加工方法等来实现这一点。然后,制造部门还必须计划和控制生产产品的作业过程。这涉及制造计划和控制、质量管理、维护及劳动关系等一系列问题。

日本的新乡重夫已识别出了制造中的七个重要的浪费来源。前四种与制造系统的设计有关,后三种与系统的运作和管理有关。

1. **流程**。最好的流程是指有能力按照所需数量、以最低附加成本、以最少的废品持续不断地制造产品的过程。如果所使用的机器型号或规格不对,流程没有正确地进行操作,或者工具或夹具用错,都会使成本附加到流程之中去。繁杂的流程都是无用功,不会对产品或服务带来任何价值。

2. **动作**。如果操作员加工的方法造成了无效移动、无效时间或无效努力,就会增加浪费。对产品不增加价值的活动应该消除。寻找工具、四处走动或不必要的动作都是浪费动作的例子。

3. **搬运**。搬运或储存部件会增加成本而不会增加价值。例如,接收到的货物可能会先储存起来,然后再分发到生产部门。这样就要有人去储存、寻找并送给生产部门。这样就必须保管记录并维护仓储系统。设计不佳的布局可能使物品必须进行长距离的搬运,从而增加了搬运成本,并可能增加仓储成本和记录保管成本。所有不能直接支持物料被立即使用的活动都被认为是浪费。

4. **产品缺陷**。缺陷会中断生产的正常进行。如果废品没有被识别出来,收到该部件的下一个工作站将会浪费时间试图使用有缺陷的部件,或者要等待合格的物料。这样一来,生产计划就不得不进行调整。如果下一道工序的对象是客户,那么成本就会更加高昂。找出次品、修理或返工同样是一种浪费。

5. **等待时间**。有两种等待时间:操作员的等待时间和物料的等待时间。如果操作员无事可干,或不能及时得到物料或指示,就会产生浪费。理想的情况是,物料从一个工作站传递到下一个工作站,并且不用排队等待加工。如果生产活动不能充分协调同步地开展,那就会产生浪费。

6. **生产过量**。生产过量是指生产出的产品超出了即将要用的数量。当这种情况发生时,原材料和人工都要消耗在不立即需要的部件上,导致不必要的库存。这样会产生高昂的库存持有成本。生产过量会导致额外物料的处理工作,花费额外的计划和控制精力,以及出现额外的质量问题。由于产生了额外的库存和在制品,生产过量使场面更加混乱,它试图将问题掩埋在库存之中,并常常导致生产出不需要的部件,而没有生产所需的部件。只要满足了市场需求,生产过量就是不必要的。机器和工人不需要总是满负荷运转。

7. **库存**。如我们在第 9 章中所见,库存需要资金来保管,多余的库存给产品增加了多余的成本。然而,持有超额库存还涉及其他成本。所有的库存,从原材料到产成品,只要是超过了当下的需要,都是浪费。

为保持竞争力,制造型企业必须以更低的成本生产更好的产品,同时快速响应市场需求。现在,让我们来看看库存在这个过程的每一个环节中所扮演的角色。

更好的产品是指特性和质量都优于其他产品的产品。能否有效地利用产品改进机会,取决于工程设计变更的速度和实施改进的速度。如果整个系统中有大量库存要处理,那么在工程设计变更到达市场之前要花费更长的时间,其代价也更为高昂。

较低的库存也能改进质量。假设某部件按照批量为1 000来制造,在第一次作业时产生了次品。最终次品将会被发现,但通常是在几次作业完成之后。因此,所有1 000个部件都要进行检验。由于距第一次作业次品产生之时已过去了很长时间,很难精确地找出问题产生的原因。如果批量为100而不是1 000,次品就会更快地通过系统,并更早被发现——并且只有100个部件需要检验。

如果成本低的话,公司就可以提供更优惠的价格。低库存水平可降低成本。并且如果在制品库存减少的话,制造所需的空间更少,也节约了场地成本。

对市场的响应度取决于能否提供更短的提前期和更佳的按时交货表现。在第6章中,我们知道制造提前期取决于等待队列,而等待队列取决于在制订单的数量和批量大小。如果批量减小,等待队列和提前期将会缩短。第8章指出:预测的时间段越接近,预测准确度越高。缩短提前期会提高预测准确度,并提供更好的订单承诺和按时交货表现。

防故障系统

防故障系统(poka-yoke)是由日本的新乡重夫提出的。它意味着在第一时间消除错误,并使流程或产品"不会出错"。新乡重夫认为统计质量控制不能预防缺陷。他将错误和缺陷区分开来,他认为:错误总会产生,而缺陷是可以避免的。错误主要与流程有关,而缺陷则主要与产品有关。流程错误并不总是与产品缺陷直接相关,但这意味着至少需要进行有重点的检查,直到流程得到改善为止。矫正行动应在错误产生后立即实施,这意味着行动一旦开始就要进行100%的检验。该检验可以采取三种形式之一:互检、自检和源头检验。**互检**(successive check)是由流程的下一个人完成的,它能够将信息回传给刚刚完成作业的工人,以便该工人能够做出任何所需的补救。**自检**(self-check)是由工人自己完成的,应用于能被工人充分感知的所有项目,表面划痕和颜料污点就是这类例子。**源头检验**(source inspection)也是由单个工人完成的,该工人检查的是会造成缺陷的那些错误,而不是缺陷。

防故障系统试图通过改变流程或其资源,从而不必依赖人的经验或知识。举例如下:
- 采用颜色编码的部件。
- 在部件旁放置一个样板,给操作员显示特定的零件应安装在何处。
- 用计数器告知操作员已完成了多少个作业。
- 使插头上的一个插杆比另一个插杆大,这样电线插头就只能用一种方式使用。这种方法在电气布线中很常见。

精益生产环境

精益生产环境具有很多特征要素。在某个特定的制造情境中未必包含所有这些要素，但总的说来，它们提供了一些原则以帮助精益生产体系的开发，并能按照下面的标题进行归纳：

- 流水线生产。
- 流程柔性。
- 全面质量管理。
- 全面生产维护。
- 不间断物流。
- 持续流程改进。
- 供应商合作伙伴关系。
- 全员参与。

流水线生产

精益生产的概念是由丰田公司和一些大型电器和消费家电制造商率先发明的。这些公司在重复性制造环境中生产产品。

重复性制造是在流水线基础上生产离散型产品。这类生产系统要求生产产品（或产品族）的工作站排布紧凑，并按产品生产所需的顺序排列。工件以相对恒定的速度从一个工作站流向下一个工作站，通常由物料装卸系统来搬运产品。图 15-2 所示的就是流水线生产示意图。

图 15-2 流水线生产示意图

对于这类系统，我们在第 14 章中已经进行了讨论。它们适用于范围有限的相似产品，如汽车、电视机或微波炉。由于工作站是按照生产产品所需的顺序排布的，该系统不适于生产不同种类的产品。因此，对该产品族的需求量必须很大，足以使建立流水线在经济上合理。流水线系统通常具有很高的成本效益。

工作单元(work cells)。很多公司没有可使之进行流水线生产的产品线。例如，很多公司没有足够数量的特定产品以使设置流水线合理化。具有这类产品线的公司通常以功能为基础，通过将相似或相同的作业归并在一起安排生产，如车床会放置在一起，铣床、钻床和焊接设备也会各自放置在一起。图 15-3 所示的就是这类布局，它包含了一个假想的产品工艺路线（锯、车床、磨床、车床、钻）。产品以批量形式从一个工作站移到另一个工作站。这种生产类型会导致长时间排队等候，在制品库存很多，提前期长，以及频繁的物料搬运工作。

通常，这种布局可以进行改进。这取决于监测产品流的能力。该能力可以通过将产品归纳为产品族来实现。如果产品使用共同的工作流或工艺路线、物料、工具、准备程序和周期时间，则它们可归为同一个产品族。之后，工作站就能按小规模流水线或工作单元布局。例如，假设图 15-3 所示的产品流代表一个产品族的流动。生产该产品族的工作站可根据生产该产品族的步骤布局，如图 15-4 所示。

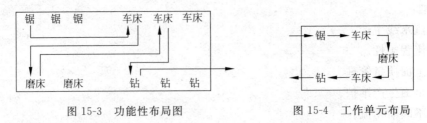

图 15-3　功能性布局图　　　　图 15-4　工作单元布局

现在，部件可以一个一个地，或是以非常小的批量，从一个工作站流向下一个工作站。这样的布局有几个好处：

- 通过工作单元的排队等待时间和提前期大为减少。
- 生产活动控制和排程变得简化。工作单元只有一个工作站需要控制，而在传统系统中需要控制五个工作站。
- 所需的厂房空间减少。
- 对前一项作业能立即反馈。如果出现质量问题，可以马上找出来。

工作单元允许重复式多样小批量制造。为使工作单元真正有效，产品设计和流程设计必须共同协作，从而使部件的制造设计可以在工作单元中进行。部件标准化因此变得更为重要。工作单元有时称为**单元化制造**（cellular manufacturing）。

流程柔性

公司期望具有流程柔性（process flexibility），从而能够快速响应产品数量和产品组合的变更。为实现这一目标，操作员和机器必须具备柔性，并且必须使生产系统的设置能够快速从一种产品转换为另外一种产品。

机器柔性（machine flexibility）。为实现机器柔性，使用两台价格相对便宜的通用机器比用一台大型而昂贵的专用设备更为合理。小型通用机器与合适的工装组合就能够适用于特定工作。用两台机器代替一台机器更易于将一台机器分配到一个工作单元。在理想情况下，机器应该是低成本并且可移动的。图 15-5 显示了这一概念。

快速换模（quick change over）。快速换模要求更换时间要短。而换模时间短具有以下优点：

- **减少经济订货批量**。经济批量取决于换模成本。如果换模时间可以减少，那么批量规模就能减小。例如，如果经济订货批量是 100 单位，换模时间可减少 25% 的话，那么经济订货批量可减少到 50 单位。这样一来，库存可以减半，排队等待时间和提前期都会减少。换模时间更大幅度的减少是可能的。一般的观点认为：通过将工作组织得更好，使合适的工具和设备在需要时随时可用，换模时间可以削

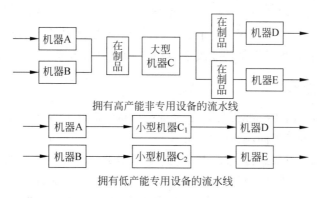

图 15-5 大型通用设备与小型专用设备

减 50%。例如,在一个实例中,对压模的更换进行了录像,负责换模的操作员竟有 50% 以上的时间不在视线中!他离开机器去寻找工具、模具等。一种使准备时间减少的体系称为"四步法",它声称,在不进行大的资本支出情况下,换模时间可以减少 90%。这一目标可通过良好的准备工作、改进换模操作,以及消除调整工作等措施来达成。

- **减少排队时间和制造提前期**。制造提前期大多数取决于排队时间。而排队时间又取决于订货批量和排程。减少换模时间就能减少订货批量、排队时间和提前期。
- **减少在制品库存**。在制品库存取决于处于加工中的订单数量和订单大小。如果订货量减少了,那么在制品也会减少。这样就可以空出更多的场地,使工作站更加紧密,从而减少搬运成本并促进工作单元的建立。
- **改进质量**。当订货量变小时,次品被掩盖的时间就变少了。由于它们更快,更容易暴露出来,所以次品产生的原因也就更容易被发现,并及时得到纠正。
- **改进流程和物流**。库存扮演着缓冲的角色,掩盖了流程和排程中的问题。减少库存就减少了这个缓冲,从而将生产流程和物料控制系统中的问题暴露出来。这样就为我们改正问题和改进流程提供了机会。

运用于快速换模的精益原则就是**一分钟更换模具**(single minute exchange of die,SMED),一分钟更换模具是指这样一种方法,即找出在机器仍然在运转时就做的准备工作(外部准备),以及那些只有当机器不运转时所做的准备工作(内部准备)。一旦确定后,只要有可能,就将流程设置为将内部准备转变为外部准备,备全所有需要的工具来支持该工作,使所有的步骤合理化,以及不断地评估对该流程加以改进的机会。

操作员柔性(operator flexibility)。具备柔性的机器和流程需要具备柔性的人员来操作。为实现操作员柔性,员工不仅要接受本职工作的培训,还应该接受其他技能和解决问题的技巧方面的交叉培训。只有具备了受过良好培训的员工,流程柔性的好处才能体现出来。

标准化工作(standardized work)。标准化工作是通过价值流——包含流程、最佳做法和标准——将任务记录下来并加以标准化的过程。其后,这些过程就成为持续改进活动的基准线。随着标准的改进,这些标准也就变成新的基准线。标准化工作的基础包括采用最佳做法,以及为一个流程确定谁、什么、何时、何地、为什么,以及如何等问题。标准化并不是目的,但它是用以推动持续改进的基础,并适用于企业的所有层次和所有领域。

全面质量管理

全面质量管理(total quality management,TQM)是第 16 章的主题。本章将只关注于从制造角度来看的质量问题。

质量之所以重要,原因有两点。如果质量没有体现在提供给客户的产品之中,或产品存在缺陷,那么客户就不会满意。如果一个流程产生了废品,那就会中断生产计划,拖延给客户的产品供应,增加库存或造成短缺,在工作站浪费时间和精力,还增加了产品的成本。

谁是用户?最终用户是公司的客户,但流程中的下一个作业也是客户之一。任何一个工作站的质量都应满足或超出流程中下一个步骤的期望(需求)。这在保持不间断物流方面非常重要。如果在一个工作站中产生的次品直到下一个作业中才被发现,就会浪费时间,并且也无法供应所需的产量。

对制造部门来说,质量并不意味着检验产品以区分好的和坏的部件。制造部门必须确保流程能够持续不断地生产出达到质量要求的产品,并尽可能接近零缺陷。制造部门必须尽其所能来改进流程以达成这一目标,然后监控流程以确保其处于受控状态。每日的监控最好由操作员来完成。如果发现了次品,生产就应该停止,并矫正产生次品的原因。

全面质量管理工作所带来的好处是废品更少、返工更少、库存更少(库存只是为了应对万一出现的问题),生产更加准时、交付更加及时以及客户满意度更高。

随着质量管理概念的演变和发展,多种质量概念也随之建立、成形和不断得到改进,最终成为六西格玛质量。在第 16 章中我们将会讨论几种质量方法的重要观点。

源头质量(quality at the source)。源头质量意味着第一次就做好,如果出现差错,立即停止生产流程并解决问题。员工成为自己的检验者,自己对自己生产的产品质量负责。

全面生产维护

传统的维护或许称为"故障维修",意思是仅在机器出现故障时才进行维护。故障维修的格言是"没有坏就不要修"。然而,故障只会在机器运作时发生,这会导致生产计划中断,形成超额库存,并造成延迟交付。另外,缺乏适当维护会导致机器磨损和性能不佳。例如,如果一辆汽车维护不当,它就会出现故障,无法启动,或走走停停地行驶在路上。

为满足流程持续生产所要求的质量,必须使机器保持良好状态。**预防性维护**(preventive maintenance)计划是达到这一目标的最佳途径。其重要性有很多原因,而不仅限于质量方面。低在制品库存意味着几乎没有缓冲,所以一旦一台机器出现故障,它会很快影响到其他工作站。预防性维护始于日常检验、润滑和清洁。由于操作员通常比其他人更能"感觉"到其设备状态的好坏,因此让他们来进行这类常规维护更加合理。

全面生产维护(total productive maintenance)使全面预防性维护的理念更进了一步。

根据《APICS词典》第14版,全面生产维护是:"为增加灵活性、减少物料搬运、促进连续流而开展的预防性维护,加上适应、修改和改进设备的连续努力。"如定义所说,全面生产维护强调了消除浪费的精益生产原则。通常,机器操作员是全面生产维护计划的主要部分。他们不仅要对日常的小维护和低技能的常规工作负责,还要在机器出故障时,帮助那些熟练技工修理机器。他们还应当协助这些熟练技工启动和关停这些机器。

操作员参与维修的另一个好处是:减少熟练技工的时间和工作量,使他们有更多的时间去从事设备的大修和改进工作。

不间断物流

在理想状态下,物料应平稳地从一项作业流向下一项作业而没有延迟。这种现象最可能在产品线种类有限的重复性制造中发生。然而,这个概念应该是任一制造过程的目标。要达到不间断物流的目标,需要具备以下几个条件:均衡工厂负荷、有效排程和平准化生产。

均衡工厂负荷(uniform plant loading)。均衡工厂负荷指每个工作站中所进行的工作应花费大致相同的时间。在重复性制造中称之为**生产线平衡**(line balancing),意思是生产线上每个工作站作业所花费的时间相同或近乎相同。其结果是没有瓶颈,也没有在制品库存积压。

有效排程(valid schedules)。不间断物流应具有计划周详的有效排程。排程使物流进入工厂,并使工件流通过整个制造工艺。为保持平稳流动,排程必须均衡。换句话说,每天应生产相同数量的产品。例如,假设一家公司生产狗毛剪刀系列产品,有三种型号:经济型、标准型和豪华型。每种型号的周需求量分别是500把、600把和400把。装配线的产能是每周1 500把。公司可以制订如表15-1所示的生产计划。这样可以满足需求,并在产能基础上保持均衡。然而,这样会积压库存,而且如果没有安全库存的话,需求的变化将会导致断货。例如,如果第一周豪华型剪刀需求激增,第二周就可能没有这类剪刀可供销售了。

表 15-1 主生产计划

周	现有库存	1	2	3
经济型	0	1 500		
标准型	600		1 500	300
豪华型	800			1 200
总计	1 400	1 500	1 500	1 500

备用计划如表15-2所示。使用该计划,库存减少了,响应各种型号需求变化的能力提高了,换模次数也增多了。但如果换模时间很短的话这也不会成为问题。通过每天各种型号都生产一部分,该思路还可以更进一步。这就意味着每天各种型号分别生产100把、120把和80把。如果生产线具有完全的柔性,可按照如下15个顺序进行生产。该顺序每天重复20次,总产量为300把。

表 15-2　按周平衡的主生产计划

周	现有库存	1	2	3
经济型	250	500	500	500
标准型	300	600	600	600
豪华型	200	400	400	400
总计	750	1 500	1 500	1 500

生产顺序：ESD，ESD，ESD，ESD，SES

E：经济型

S：标准型

D：豪华型

公司每天都按比例生产各种型号产品，以满足需求。库存持有量为最低限度。如果型号需求发生变化，装配线每天都能做出响应。这种方法称为**混合模式排程**（mixed-model scheduling）。该计划不仅在产能上均衡，在物料使用上也是均衡的。

在精益生产环境中，不管使用何种排程，关键之处在于：它应当尽可能做到均衡、流畅，这样才有利于使用看板方法和消除浪费。另一个相关的术语是 **heijunka**，它是一种重新分配生产量或加以组合的策略，以便将极端情况减到最少，并且满足变化不定的客户要求。根据《APICS 词典》第 14 版，它的定义是："一种在整个供应链实行均衡生产的方法，以便与所计划的最终产品生产速度相匹配。"

平准化生产（linearity）。精益生产强调的是达成计划——不多也不少。这种理念称为平准化生产，常常是通过将生产计划调整为低于满负荷生产来实现的。如果一条装配线每小时能生产 100 单位，那么该装配线 8 小时一班的生产计划可能是 700 单位。如果这一班中出现了问题，那么还会有额外的时间，因而 700 单位的计划能够如期完成。如果 700 单位生产完毕后还有时间剩余，可用来进行清洁、机器润滑、为下一班做准备、开展全面生产维护、流程改进，或解决问题等工作。

持续流程改进

该话题是精益生产和质量管理的共同内容，我们在第 14 章中已进行了讨论。消除浪费取决于持续不断地对流程进行改进。因而持续改进是精益生产的主要特征之一。

供应商合作伙伴关系

如果企业要保持良好的生产计划并创造精益生产环境，拥有良好和可靠的供应商至关重要。供应商构建了使物料进入工厂的过程。

合作伙伴（partnering）。合作伙伴指的是：两个或多个企业间为达到特定目标而形成的长期承诺。精益生产理念不仅十分强调供应商的表现，而且还非常强调与供应商的关系。供应商被视为合作生产者而非竞争敌手。与他们的关系应该是一种相互信任与合作的关系。

合作伙伴关系中有三个重要因素：

1. **长期承诺**。这是从合作关系中获得好处的必要条件。解决问题、改进流程和建立所需的关系都需要花费一定的时间。

2. **信任**。为消除敌对情绪就需要信任。合作双方必须愿意分享信息并形成牢固的工作关系。频繁而开诚布公的沟通是必要的。在很多情况下,各方都要有了解对方商业计划和技术信息的途径。

3. **愿景共享**。各方都必须理解满足客户需求的必要性。具有共同的目标以获得共同方向。

如果合作顺利,就会产生双赢的局面。采购方获得的好处包括以下方面:

- 具备随时可供获得所需要质量的能力,因此不需要进行来料检验。这意味着供应商要拥有或开发出卓越的流程质量改进计划。
- 在准时制基础上具备可频繁交付的能力。这意味着供应商要采用精益生产方法,以便成为供应链中的合作伙伴商。
- 具备与供应商合作以改进绩效、提高质量和降低成本的能力。为使供应商成为供应链中宝贵的供应来源,必须建立长期关系。供应商需得到来自买方的保证,以便其能够对产能做出计划,并为单一客户做出必要的承诺。

反过来,供应商可得到以下好处:

- 有长期保障的大单生意。
- 具备进行更有效计划的能力。
- 作为精益生产供应商而更具竞争力。

供应商选择(supplier selection)。在第7章中我们提到,在选择供应商时需要考虑的因素有:技术能力、制造能力、可靠性、售后服务、供应商所在地,以及精益生产能力等。在合作伙伴关系中,还有其他一些基于合作伙伴关系的因素需要考虑,包括以下几个方面:

1. 供应商具有稳定的管理体系,有实施合作伙伴协议的诚意。
2. 供应商不会泄露企业秘密。
3. 供应商具备有效的质量保证体系。
4. 供应商也有使客户满意和高兴的共同愿景。

供应商认证(supplier certification)。一旦选定了供应商,下一步就是对供应商进行认证的过程,该过程始于供应商开始发货后。企业可以建立自己的供应商认证标准,或者可以使用诸如美国质量管理协会制定的标准。认证强调产品和非产品种类(如账单错误)的无缺陷,并使用良好的文档记录系统,如 ISO 9000/2015 体系,这些将在第16章里加以讨论。

全员参与

只有在企业的每一个人的合作和参与下,才能打造成功的精益生产环境。精益生产理念的中心思想——消除浪费和持续改进的观点——只能通过员工合作才能完成。

操作员不能仅仅被动地接受工作指令,而必须主动承担起改进流程、控制设备、矫正偏差的责任,成为持续改进的载体。他们的工作不仅包括直接劳动,还包括多种传统上的间接工作,如预防性维护、一些换模、数据记录以及解决问题等工作。如本章之前所讨论过的,员工必须在其所承担的工作中表现出柔性。正如机器必须具备柔性并能够快速换模一样,操作机器的员工也必须具备柔性。

管理层的角色必须转变。传统上,管理层负责对作业进行计划、组织和监督。现在管理层的很多传统职责由生产线上的工人完成了。在精益生产环境下,管理层的职责更多强调的是领导角色。经理和主管必须成为教练员和培训师,开发员工能力,并为实现改进发挥协调作用和领导能力。

传统上,行政工作人员负责诸如质量控制、维护和记录保管一类的工作。在精益生产环境下,生产线工人承担了很多此类职责。行政工作人员的职责转变为培训和帮助一线工人,让一线工人完成那些原先由行政工作人员担任的一些辅助工作。

 ## 精益生产环境中的生产计划与控制

本章所讨论的精益生产的理念和技巧与如何设计制造流程和方法相关。设计流程与方法的主要责任属于制造部门和工业工程部门。制造计划与控制的责任是管理整个制造流程中的物料和工件的流动,而不是设计流程。然而,制造计划与控制工作受制造环境的支配,无论什么样的制造环境,制造计划与控制都必须与其协同工作。图15-6 显示了它们之间的关系。

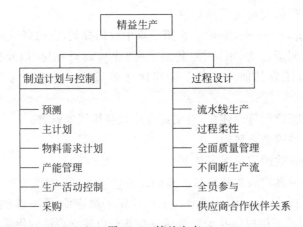

图15-6 精益生产

本节将研究精益生产环境对制造计划与控制的影响。不论使用何种计划与控制体系,都必须回答下面四个基本问题:

- 我们要生产什么?
- 我们需要什么来进行生产?
- 我们拥有什么?
- 我们必须获得什么?

不论我们是要做一顿饭,还是制造一架现代喷气式飞机,这些问题的逻辑思路都是适用的。计划与控制系统多种多样。本节所讨论的制造计划与控制系统已被证明在任何制造环境中都是有效的。制造流程的复杂性、成品和部件的数量、物料清单的层次和提前期等,令计划与控制问题或简单或复杂。如果可对这些因素进行简化,计划与控制系统就会简单一些。一般说来,精益生产理念会简化这些因素,从而使计划与控制问题更为简单。

下一部分我们将讨论制造计划与控制系统的不同组成部分如何与精益生产环境产生关联。一般说来,精益生产不会使制造计划与控制系统过时,但会以某些方式改变其关注点。精益生产流程并不是计划与控制系统。它是一种理念,是一系列设计与运作制造型工厂的技术。在精益生产中,我们仍需要计划与控制。

预测

精益生产对预测的主要影响是缩短提前期。这并不会影响对业务规划或生产计划的预测,但会影响主生产计划。如果提前期足够短,能使生产速度与销售速度匹配,那么对主生产计划的预测就会变得不那么重要。

销售和经营计划/生产计划

精益生产计划考虑足够远的未来,要考虑到生产和所需资源的任何变化,更长提前期的采购,以及与供应商建立新型的长远合作关系。精益生产有潜力缩短这些提前期,但更重要的是,它提供了一个供应商和采购方共同工作来计划物料流动的环境。

主生产计划

精益生产会影响以下几个排程因素:

1. 主计划试图平衡生产能力,精益生产则试图在生产能力和物流的基础上平衡计划。表 15-3 显示了二者间的差异。

表 15-3　按产能和按物料均衡的主生产计划

均衡产能计划			
周	1	2	3
型号 A	900		
型号 B	300	900	
型号 C		300	1 200
总计	1 200	1 200	1 200
均衡物料和产能计划			
周	1	2	3
型号 A	300	300	300
型号 B	400	400	400
型号 C	500	500	500
总计	1 200	1 200	1 200

2. 较短的提前期缩短了时界(time fence),从而使得主生产计划能更快地对客户需求做出响应。理想的提前期很短,以使公司能响应实际销售而不是预测。无论公司是为

了按季节性需求生产,还是为满足促销而生产,预测都仍然是必不可少的。计划的时长范围也可以缩短。

3. 精益生产需要稳定的计划以进行运作。该原则通过使用时界得到支持。时界建立的基础是提前期和对物料及资源的承诺。如果通过精益生产做法缩短了提前期,时界就可以减少。

4. 在制订计划时,传统上使用周作为计划时段。由于提前期的缩短和计划的稳定性,在精益生产环境下有可能使用日作为计划时段。

物料需求计划

物料需求计划(MRP)是在物料清单、提前期和可用库存基础上对物料流动进行计划。精益生产的做法将从以下几个方面改进这种方法:

- 物料需求计划时段通常为一周。随着提前期的缩短和物流的改善,可降低到以日为时段。
- 物料需求计划中,净需求计算的原理是基于母部件计划订单的下达、现有库存和任意所使用的订货量的逻辑关系来计算订货数量。纯精益生产环境中没有或只有少量的在库存货,订货量的逻辑原理是精确地生产所需的数量或逐批生产。如果提前期足够短,部件生产和总需求在相同时段发生,因此也就不需要补偿提前期了。
- 在精益生产环境中,经常可对物料清单进行扁平化。随着工作单元的使用和许多库存交易的消除,物料清单的某些层次就变得没有必要了。

物料需求计划和精益生产都是基于物料流的建立。在重复性制造环境中,物流是由型号混合和流动速度设置的。所要生产的产品由下一个工作站的需求决定,最终由装配线的需求来决定。

然而,许多生产状况使得生产无法采用平衡计划排程和推式系统,因而不得不在更大程度上依赖物料需求计划的逻辑。一些例子如下:

- 需求模式不稳定的状况。
- 需要定制的工程设计状况。
- 质量无法预测的状况。
- 产量低且不常发生的状况。

产能管理

产能规划的作用是确定人力、设备及物料的需求以满足优先计划。均衡计划应该使该工作更为简单,而精益生产强调消除浪费及产能的无效使用。产能控制关注的是每天调整产能来满足需求。各工作中心的产能同步运转使工作流程顺畅地进行,而平准化生产(计划额外能力的一种做法)会改进满足优先计划的能力。

在精益生产环境中,产能管理在某些方面变得更为重要。由于精益生产力求具备很低的库存,因此让正确的产能、在正确的时间里、按照客户的需要生产库存,就变得十分关键。这也依赖于全面生产维护工作,因为该方法能确保加工能力在需要时就已经准备就绪。

库存管理

由于精益生产减少了系统中的库存,从某种角度讲,这会使库存管理变得更为容易。然而,如果订货量减少而年需求保持不变,则需要追踪更多的工作订单及文书作业,并记录更多的交易。因此,需要解决的问题就是如何减少必须记录的交易数量。为解决这一问题所使用的系统之一称为**倒冲发料法**(backflushing),或**后减库存处理法**(post-deduct inventory transaction processing)。

物料从原材料流动至在制品,再到产成品。在后减库存处理法系统中,原材料记入在制品中。当工作完成,原材料变为产成品时,在制品库存量的减少量等于完成的产品数量与物料清单中部件数量的乘积。在某些情况下,主要是那些产成时间较短的产品,物料并不通过电子方式记入在制品中。这意味着,一旦工作结束,它会直接从原材料中加以扣除。如果物料清单准确并且制造提前期较短,该系统会有效。倒冲发料法也适合用于中间工作站,而产成品则需要等待所有的部件到手才能完成,因此对于在制品需要更高的了解程度。

倒冲发料法的一个好处是能减少交易数量,这就减少了浪费——而这正是精益生产的主要目标。要想替代详细的在制品核算工作,物料清单的数据需要有很高的准确度。作为物料核算唯一方法的倒冲发料法,一个缺点或许是无法获得部件可能出现的问题,如由于质量问题而报废的部件、损坏的部件,或者那些库存系统中丢失的部件等。当出现这些问题时,应当将这些损失报告给交易系统,以防将来可能出现部件短缺现象。

我们在第14章介绍了**李特尔法则**(Little's Law),它证明了在精益环境中减少库存所带来的影响。通过质量改进、减少准备时间和周期库存而不再需要缓冲库存,总库存量就减少了。在一个相对恒定的增值生产过程中,减少了库存也就减少了产成时间。而时间的减少就意味着能更快地响应需求,并且由于减少了预测错误而能获得更好的需求信息。通过不断改善的信息得以进一步减少库存,而持续改进工作就能这样不断循环开展下去。

推式系统

传统上,制造和库存控制使用的是**推式系统**(push system),它指的是:生产是依据事先制定的有关日期和数量计划而进行的。在配送系统中,推式系统补充库存的决策是由中央设施做出的。物料需求计划常常称为推式系统,这意味着物料需求的计算要提前于计划订单下达的时间,并且,假设计划无重大改变,它们就以生产订单的形式推动生产系统。整个计划的"触发器"是对最终产品的需求预测,表现为主生产计划(MPS)。物料需求计划的部分困难之处在于,由于问题或变化,计划常常无效。这些问题和变化包括:

1. 客户要求——包括时间和数量——的改变。
2. 供应商交货问题,包括交货的时间、数量和质量。
3. 不准确的数据库造成计划无效。
4. 生产问题,包括:

- 工人缺勤。
- 生产率和/或效率问题。
- 机器故障。
- 质量问题。
- 沟通不良。

这些问题一般会导致的情形是：尽管计划无懈可击，但其执行却毫无效果，且增加了库存水平。

拉式系统

拉式系统（pull system）是作为推式系统的替代方法而开发出来的，并且常常被看作是精益生产的主要方面。"拉"这个概念不是根据预先制订的计划来制造产品，而只是生产所需要的东西。也就是只有在需要时，才设法满足客户的订单需求。同样的概念也可用于整个生产过程中，每个工作站并不生产产品，除非下一个工作站有了需求。在配送系统中，在仓库对某个物品有了需求后，才给予补货。本质上，该系统与用于独立库存的再订购点系统大同小异。

在非独立库存环境中，再订购点通常效果不好的主要原因是，它严重违背了需求相对恒定的假设，而该假设使得再订购点在一些独立库存环境中运作良好。一个简单的例子或许有助于说明这个问题。

假设产品为某特定型号的自行车。自行车以批量形式生产，这是典型的按订单装配环境中的生产模式。生产批量为 200 辆。

现在我们来看在物料清单上低一个层次的非独立库存之——车座。假如车座的订购批量是 300 单位，提前期为 2 周，再订购点是 80 单位。

例 15-1 假设我们有 290 个车座库存。新一批自行车已订购，要求我们在很短的时间内使用 200 个车座。因此我们还剩下 90 个车座——比再订购点多出 10 个。我们现在不下订单，因为再订购点还没有达到。这 90 个车座会一直在库中，直到下一个自行车订单产生，这段时间可能会很长。当下一个订单要我们再生产 200 辆自行车时，我们只能生产 90 辆，因为这是我们仅有的库存。我们需要立刻再订购批量为 300 的车座，但等这批车座到货需要 2 周时间。

例 15-2 现在假设我们的库存较少，少到在生产了 200 辆自行车的批量后会达到车座的再订购点。假设我们有 270 个车座。接到 200 辆自行车的订单，我们用掉 200 个车座，达到车座再订购点。这会使我们立即再订购。2 周后，收到 300 个车座，加上 70 个存货，直到下次我们进行自行车生产（这时间可能会很长），我们有 370 个车座在仓库里（这会花去很多钱）。

如上述例子所示，对于非独立的库存而言，批量大小问题经常导致缺货危机或是在真正需要前补充库存。这两个例子显示，引起问题的关键条件是批量过大和提前期过长，而这二者都是精益生产法减少浪费的主要目标。

首先，让我们来看看标准的经济订货批量（EOQ）模式，以帮助我们确定最经济的批量大小。当然，它是库存持有成本和订货成本之间的基本权衡结果，如我们在第 10 章中详细讨论的那样,参看图 15-7 。

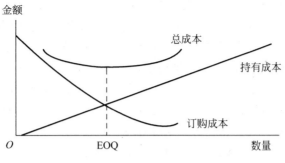

图 15-7 平衡的总成本

该模型的基本假设是,所涉及的两个主要成本已知,且相对固定。对于库存持有成本来说,这实质上是正确的,然而对订购成本来说却不是这样。如果订购成本来自设备的生产准备,那么精益生产的主要精力应该用于降低该准备成本。如果订购成本来自采购部件,精益生产的主要精力则应该放在与供应商合作上,以降低成本并缩短采购的订货和交付时间。这些努力会驱动订购成本曲线向左下方移动,如图 15-8 所示。

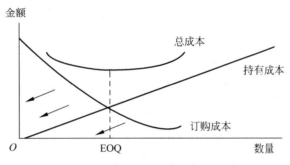

图 15-8 下降的订购成本

在采取了这些行动后,基于新订购成本曲线的新的总成本曲线产生了,其结果是使 EOQ 大幅度减小,如图 15-9 所示。

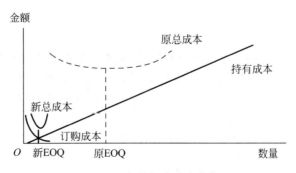

图 15-9 新的订购成本曲线

这意味着经济订货批量和再订购点都非常小,也意味着我们会频繁地以很小批量下订单。由于在最终产品层面也采取同样的行动,在前面生产自行车的例子中,我们会以很小的批量频繁地生产自行车,并要求频繁地小批量订购车座。

如果我们重新审视生产自行车和车座的方案,我们现在就会发现其影响。自行车的生产批量很小,车座的订购批量也很小。补充车座的提前期也缩短了,这也是精益生产改进的一个目标。假设自行车的生产批量现在是7,车座的订购批量是10,车座的再订购点是0。如果我们生产一个批量自行车,这时剩下的车座不会达到其再订购点,并且看来我们也没有足够的车座生产另一批自行车。然而,由于现在车座订购批量很小,我们可以很容易地负担两三批,甚至更多批量的库存持有量(数量取决于新的补充提前期)。从而我们能用第二批车座生产下一批自行车,同时补充第一批车座。

强调减小批量的精益生产方法是**一件流量法**(one piece flow)。该理念建立在最佳批量是一次一件的原则上。而批量的减小依赖于消除需要大批量的那些限制因素。

改变后的不利之处。在小批量方案中,平均库存量明显降低。然而,为降低订购成本和提前期,有一种成本超出了原来一次订购的成本。假定总客户需求没有减少,由于每个批量都变小了,我们将需要更频繁地建立订购批量。每当给定批次的库存接近再订购点时,如果补货提前期内对库存的需求超出期望值,就会面临缺货的风险。如第11章所讨论过的那样,为了保持服务水平,以及为了防止出现缺货风险,就需要少量的安全库存。图15-10显示了这种情况。

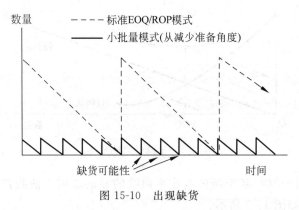

图15-10 出现缺货

看板系统

鉴于提前期的缩短是精益生产永恒的目标,需要一个新系统来发出再订购点的信号,而不用再依赖于一个正式的结构化系统,因为后者可能需花较多时间进行反应。精益生产概念的发明者利用一个简单的卡片系统,称作**看板**(kanban),它是从日语翻译过来的,意思是卡片或标签。

该系统的工作方式非常简单。看板信号(通常是一张卡片)附在物料上,指明物料的基本信息。看板上的信息包括:

- 部件号和名称。
- 存放位置。
- 容器尺寸(如果物料储存在容器中)。

- 原工作中心(或供应商)。

看板系统如何工作。图 15-11 显示了通常称为双看板系统的使用方法。有两种类型的看板,分别是一张生产看板(授权以特定数量生产卡片上由零件号标识的任一零件)和一张搬运看板(授权搬运指定物料)。

一开始,生产流没有移动,因为所有的看板都附在装满的容器上(图 15-14)。只有当看板取下时,活动才被允许执行。这样,看板的数量清晰地限制了被授权在任何指定位置的库存。

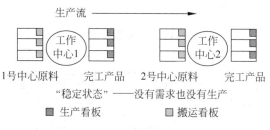

图 15-11　看板稳定状态

在某一点上,下游工段需要工作中心 2 生产的一些零部件(在其"完工产品"存货处)。于是下游工段取走一箱物料,将生产看板留在工作中心 2。这又说明了系统的两个规则:所有物料都要整箱搬运(回忆一下,容器的批量应该非常小),以及看板依附于工作中心。首次的移动如图 15-12 所示。

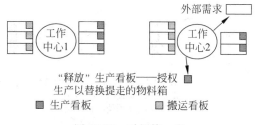

图 15-12　看板第一步

未附着的生产看板是工作中心 2 开始生产的信号,以补充被提走的物料箱。为完成这个工作需要原材料,原材料在该工作中心前的物料箱中,上面附有搬运看板。当使用该物料以替换工作中心 2 的完工产品物料后,原材料箱现在变成空的,相关搬运卡片被取下,如图 15-13 所示。

空闲着的搬运看板授权移动物料,以替换已使用的物料。这些物料可在工作中心 1 的"完工产品"处找到。操作员(或物料搬运工)现在将会搬移物料,并将搬运看板放置在物料箱上,作为搬运物料的授权证明。然而,在这样做之前,他们必须摘掉之前授权生产的生产看板。这体现了看板的另外一个重要规则:每个物料箱必须有一张卡片附在其上,且只能有一张。因而,当附上搬运看板后,生产看板必须撤掉。如图 15-14 所示。

当然,现在在工作中心 1 有一张未附着的生产看板,准许其使用为工作中心 1 准备的一些原材料进行生产,并为这部分原料放上一张搬运看板,如图 15-15 所示。

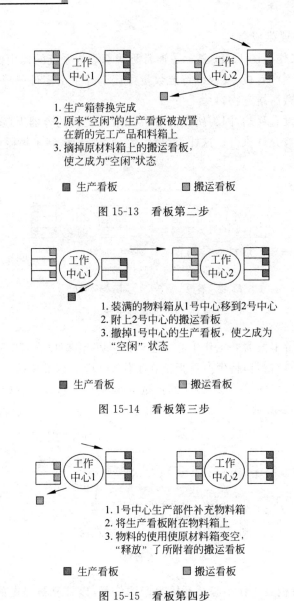

图 15-13 看板第二步

图 15-14 看板第三步

图 15-15 看板第四步

该流程持续向上游移动，甚至到供应商处。供应商也会收到搬运看板，作为其下一次为工厂送货的信号。

应注意到该系统没有生产计划。生产和物料的移动仅由下游生产部门的物料使用情况授权，纯粹是对下游生产物料使用的一种响应。最终产品的生产或许是由客户取货引发的。一些工厂里有客户订单的最终组装计划。在那些工厂中，这或许是其所使用的唯一正式计划。

同样还应注意，看板仅在工作中心内部和工作中心之间流通，如图 15-16 所示。

人们常常提出的一个问题就是：看板的个数或批量应当是多少。其中有几个常识性的逻辑准则。如果使用容器，那么它应当就是所使用的容器的个数；如果不用容器，它需要一个单位以上（它将消除所有浪费的库存），其标准数量应当这样设定：当另一个看板

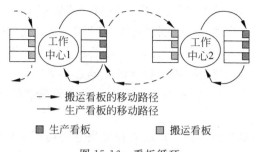

图 15-16 看板循环

产生时,应当保持该工作中心继续运转。换句话说,看板的数量应当覆盖流程的提前期。许多人认为,看板不应当超过每天需要的10%。然而,更重要的准则是:所确定的个数应当保持工作流以均衡的步伐移动。

一旦确定了看板的个数,那就可以计算出看板卡片的数量了。下面是一个简单而方便的计算公式,它与再订购点有一定的相似性:

$$看板卡片的数量 = 提前期内的需求 \div 看板个数$$

看板系统"规则"。尽管在看板系统中没有正式的生产计划,但仍然有一系列相当重要的规则。这些规则可总结如下:

- 每个装有零部件的物料箱有一个,且仅有一个看板。
- 没有半满的物料箱。每个物料箱要么是满的,要么是空的,或者是在装满或用完的过程中。该规则令存货核算变得容易。你不需要清点部件,仅需清点物料箱数再与每箱所盛的数量相乘就可以了。
- 若没有所附着看板的授权,就不得生产或搬运物料。

卡片的替代方法。由于许多工厂都已经成功实施了看板系统,很多看板替代方法的设计和实施也应运而生。其中一些替代方法包括:

- 单卡片系统。单卡片指生产看板,用空物料箱作为移动信号。
- 物料箱颜色编码。
- 指定的储存空间。
- 计算机系统,通常用条形码作为信号发生器。
- 发给供应商的工作流信号,使其根据采购订单来发送产品。

应注意的是:使用什么方法并不重要,重要的是有一套清晰的反应信号来引发相关活动,并且每个人都必须清楚信号的含义。

用看板系统改进流程

由于看板系统能够使用相对较小的容器来控制库存,所以有很大的机会使用该系统来推动持续流程改进。特别是当流程在相当长的一段时间内平稳运行的时候,事实上有可能是系统中有过多的库存。我们常用河流来进行比喻。如果水位足够高,水就会遮住河中所有的石块,而表面看起来流动很平稳,没有任何障碍。该比喻中,水代表库存,而石块代表流程中的问题,包括质量问题、工人技能、设备故障等。

改进的方法就是逐渐降低水位,直到第一块"石头"暴露出来,从而确立优先次序,对最重要的障碍进行攻关。当然,一次性将"水位"降得太低或许会有危险,因为障碍可能会完全阻住水的流动。这就是看板所指示的小批量的优势所在。撤掉一张看板卡片就会撤掉一个物料箱,由于物料箱都很小,所以撤走的影响也不大。这种方式的重要方面在于,一些流程的问题最终将会出现,这就等于为精益生产流程改进的下一个努力目标发出了信号。

然而这并不是容易实施的方法。它意味着每当流程运行平稳时,就可能存在过多的库存,我们需要做的就是减除库存直到问题"发作"。对大多数人来说,这当然不是一种自然而然的举动,因此就需要改变绩效评估体系以反映这类活动。

一些精益生产工具和概念

价值流图(value stream mapping)。价值流图是绘制并了解从供应商到客户间的物料流动的一种工具,它不仅重点关注于了解流程的现有状态,还关注于指明整个流程步骤的增值和非增值时间。这其中包括了所有活动,甚至包括在制品库存和流程的关键指标。这种可视的、对现有活动流的了解能使我们敲定未来的状态图,而该状态图将会大幅减少浪费、减少流水线运行时间,并使整个过程的效果更好、效率更高。随后就可以制定策略来采取特定行动,从而使作业向未来更好的状态迈进。

改善(kaizen)。改善活动是一种强调员工参与的持续改进活动。它通常针对的是整个生产流程中非常小的一部分,目的是改进价值流的这一部分。它是一种理解并重新设计流程以满足特定流程目标的结构化方法,该目标通常是整个精益生产系统实施总目标的一部分。改善活动通常被认为是一项作业的整体持续改进方法的一个主要部分。由于改善活动一般设定在短时间内完成(一到两周),所以**改善闪电战**(kaizen blitz)一词经常被用到。举一个可以使用改善措施所要达到目标的例子:将机器的更换时间从 16 小时减少为不到 8 小时。另一个例子或许是通过持续改进措施,以便能在收到客户订单后 4 小时内将其处理完毕。

节拍(takt time)。节拍有时被认为像是整个流程的心跳,常定义为与客户需求速率同步的生产速率。如果生产流程与需求很好地同步,那就意味着客户需求得到满足的同时没有或几乎没有多余库存或其他形式的浪费。节拍是在绘制价值流图中用以辅助设计未来流程状态的一个常见指标。通过将产品生产周期和加工时间按照节拍加以协调,就能达到生产线的均衡状态。

确定节拍的公式如下:

$$\frac{\text{生产期间可用时间}}{\text{生产期内需要生产的单位}} = \frac{\text{时间}}{\text{数量}}$$

例题

可用工作时间

一个工作班次:从上午 6 点到下午 2 点半,中间有 20 分钟午餐和 10 分钟休息。

$8.5 \times 60 = 510$(分钟)

$510 - 20 = 490$(分钟)

490－10＝480（分钟）
480×60＝28 800（秒）

客户需求

每年 230 400 单位

每年 240 个工作日

230 400÷240＝960（单位/天）

960÷2＝480（单位/班）

节拍

$$\frac{28\ 800\ 秒/班}{480\ 单位/班} = \frac{60\ 秒}{单位}$$

5S 法。5S 最初是由一系列日语单词发展而来的,翻译成英语是整理(sort)、整顿(straighten)、清扫(shine)、标准化(standardize)、素养(sustain)。总的来讲,它是一个使作业井然有序、更加有效并减少浪费的结构化方法,这也是精益制造系统的总体目标。

- 整理。明确在工作区域内需要的物品和不需要的物品,撤掉那些不需要的物品。
- 整顿。将必要的事物按良好的顺序摆放,从而令其在需要的时候做好可用准备。
- 清扫。清扫区域并保持其清洁状态。
- 标准化。保持已有的有序和清洁状态。
- 素养。培训并养成保持有序的态度,使其成为企业文化所期望并持续发展的一部分。

一些企业将 5S 扩展为 6S,将安全(safety)也包含其中,而状态整洁、习惯有序则有益于创造一个安全的生产环境。

可视化管理(visual management)。类似于将看板当作一种视觉信号,可视化管理能让人们看到正在发生什么,并且当问题发生时,能立即做出反应。可视化系统能在流程状态很明显的情况下,使得人们不必花费时间和精力去查找问题,从而消除浪费现象。有许多工具可用于可视化管理,包括：图标、颜色、灯光、声音,或空出的场地等。一种工具叫作**安灯**(andon),是流程中的一种可视化的讯号系统。在某些情况下,它类似于交通信号灯,通过使用绿色、红色和黄色灯来提示人们需要做什么。在日常生活里,安灯的例子包括：客户等待时间显示器,汽车里的燃油耗尽警示灯,或者十字路口的步行穿越马路信号灯,等等。

精益核算(lean accounting)。精益环境下的核算与传统的成本核算结构大不相同。典型的成本核算方法是：从每个工作中心那里收集详细的数据；然后将一定的管理费用分配给每个工作中心；最后确定每单位产成品的成本应当是多少。这些工作所化费的时间(包括确定和分析各种变量所花费的精力)并没有增加价值,而这与消除浪费活动的精益理念是相冲突的。此外,传统的标准成本核算奖励过量生产,因为这是分摊管理费用的好办法。反之,精益核算测量的是成本以及与消除浪费和持续改进有关的节约。例如,价值流核算关注的是价值流中的真正成本,并将它们与一个时间段内价值流所创造的收入和盈利加以比较。尽管这需要耗费大量的时间和计算,而且也不一定能得出长期的结果,但是，可以用**以活动为基础的成本核算**（activity-based costing，也称作 ABC 成本核算），来找出那些产生最大成本和需要加以改进的领域。精益核算的另一个工具是**总分表**（box scores），它类似于我们在第 2 章所介绍的平衡记分卡。总分表给出的是有关价值流绩效、经营绩效指标、财务绩效的三维图景，以及通过将生产时间和非生产时间加以比较，显示出产生价值流的产能是如何被使用的。还可将它们加以修改，以反映出决策所需要的特定信息。表 15-4 就是总分表的一个例子。

表 15-4 总 分 表

		当前状态 精益前	精益步骤 1	精益步骤 2	未来状态
经营	每人销售额/美元	220 833	220 833	220 838	225 033
	库存周转率	6.5	10	15	20
	每单位平均成本	31.32	30.09	29.75	25
	第一次通过率/%	82	84	88	95
产能	生产时间/%	58	62	65	75
	非生产时间/%	36	30	30	10
	可用时间/%	6	8	5	15
财务	月收入/美元	7 062 000	7 062 000	7 062 000	8 086 000
	物料成本/美元	2 164 184	2 164 184	2 109 327	2 552 839
	劳动成本/美元	2 483 416	2 483 416	2 483 416	2 657 500
	价值流毛利润/美元	2 414 400	2 414 400	2 469 257	3 475 661

对于精益活动来说，财务和会计部门可以通过提供有利于流程改革的财务指标予以很大的支持。人们开始注意到，由于精益原则可以产生固有的成本节约，从而创造了额外的收益。下面的领域是一些举例说明的例子，在这些领域里，精益核算能够通过提供有益的成本信息来对机构产生影响：

- 可视化管理。
- 与精益活动相一致的工作单元绩效考核。
- 减少交易数量。
- 价值流管理。
- 价值流考核。
- 精益改革的财务效益。
- 价值流成本核算。
- 精益决策。
- 生命周期成本核算。
- 持续改进。
- 价值流成本和产能。
- 各种产品特点和规格的成本。
- 目标成本核算。
- 资本项目的合理性。

企业资源计划、看板和约束理论的比较

由于多种不同管理系统的开发和推广,每种系统的支持者都声称,他们所钟爱的系统是能为客户提供最佳服务,并将库存和其他流程成本降至最低的最佳选择。然而,在特定的生产和商业环境中,有的系统或许会提供不错的服务,而另一种或许表现得就不那么好。这就使人们发现,了解商业环境、并开发出在该环境中能够最好地满足客户需求的特定生产战略的重要性。

企业资源计划(ERP)

优点。企业资源计划本质上是一种前瞻式系统。它以主计划为基础,"预测"产品需要在何时生产,预估部件生产或采购需求,以及基于一系列明确的参数来计划各个层次的产能需求。由于系统的前瞻式特性,企业资源计划在具有很大变异性和不确定性的环境中会非常有效。例如,它可以像大多数其他系统一样很好地处理需求的变异性,或比其他系统处理得更好,而在处理产品设计变更和流程变更时也十分有效。

缺点。企业资源计划有一个主要缺点——它高度地依赖于数据。不仅大量的数据必不可少,而且在不断演变的情况下,这些数据还要准确及时。这样一来,建设基础设施的任务就很重,而且成本很高,这些成本还涉及硬件、实施工作,以及为成功执行企业资源计划所需的培训费用等。但是,这个一体化系统所带来的好处,常常要远大于它的缺点。

精益生产(看板)

优点。从环境偏好类型这个角度来看,精益生产和看板几乎是与企业资源计划对立的。在精益生产方式中,大部分建议都归类于消除或减少流程的不稳定性,使生产更加稳定并可预见。若认识到看板是一种反应系统的话就能够理解这点了。该系统中几乎没有事先计划,取而代之的,看板完全是以一种反应模式来替换用完的物料。在看板系统中,产品设计可能会引起真正的问题,因为该系统并不倾向于向前看。基于这些原因,看板在高度稳定和可预见的环境中表现效果最佳。

缺点。由于看板系统的反应特性,它在高度不稳定的环境中会很快失效。客户需求、加工问题的多变和产品设计的大幅变动会使看板系统很难有效运作。

看板不会提前进行生产计划,而只是提供替换已用完物料的信号。作为精益生产系统的一部分,看板也意味着拥有极少的多余库存。如果产品设计发生变更,系统反应部分(看板)几乎不会提前获知变更,这就意味着一些旧设计的存货会剩下,而在新设计系统中生产出来之前,新设计的需求会一直存在。另外,由于看板系统依赖于很少的在制品库存,需求高峰、甚至大的需求变动常会令系统出现库存短缺现象,且几乎没有机会做出反应。

约束理论(鼓—缓冲—绳)

优点。由于约束理论体系的基础是发现约束并对其有效管理,所以该理论假设这些

约束可被发现，并在相当长的时间内存在，方才可以进行有效管理。在符合这种情况的作业中，约束理论的概念能为流程管理带来极佳的效果，而且在很多作业中也得到了证实。

缺点。在约束不易被发现或管理的情况下，约束理论或许就不那么有效了。例如，若产品组合令作业流程变化多端，约束在一天之中就可能多次变化，那么即使约束可以被发现，想有效地对其进行管理也是不可能的。与精益生产和看板很相像，约束理论可能在更加稳定的需求环境中更为有效。

混合系统

或许正如所预期的那样，一些作业中已试图利用每种系统的优势并将它们组合成为混合系统。

看板与企业资源计划。这两种系统的组合变得很常见。企业资源计划系统用于提前计划（包括提前期长的外购物料），增加或改变资源需求（产能），以及实施产品设计变更。一旦企业资源计划将物料和资源"准备妥当"，看板就用来作为执行系统，发挥其快速响应客户订单的特性，并将整个流程的库存水平降低。应当强调的是，企业资源计划主要是一种计划系统，而看板主要是一种执行系统。因此，如果使用企业资源计划来制订有效的计划（包括生产规划和主生产计划），而当了解了客户需要后，再用看板来执行这些计划，那么，它们就完全是相得益彰的了。

精益生产和约束理论。精益生产法常常推动整个系统流程的改进，但如约束理论所述，几乎总是有一个流程会制约整个产出。这就意味着约束理论可以帮助确定需要改进之处的优先次序，而精益生产则有助于改进的实施。在这个意义上，约束理论的概念可以认为是实施精益生产理念的一个有效方法，而无须试图一下子改变一切。

恒定在制品法（constant work-in process，CONWIP）。它与看板的相似之处在于它也是一种拉式系统，其作用是限制加工过程中的物料，但是其应用则稍有不同。CONWIP 在工作时，几乎是把整个系统看作是一个大型的看板控制过程，而不是将其看作是一系列相互联系的作业。与看板工作方式相同之处在于，当一个物件经过最后一道加工，从产成品缓冲库存中取走时，就会产生一个信号，但是，这个信号不是像看板系统那样直接发送给最靠近的上一道工序，而是一路发送回去，直到通知将原材料送入到该系统中去。一旦原材料进入系统，就会立刻被每道工序加工，直到到达成品缓冲库为止。就其实质来看，整个系统就好像是一个大型看板单元在工作一样。值得注意的是，这意味着，如果该系统处于停顿状态，那么，就如同看板系统一样，就没有在制品缓冲库存了。

总之，这个方法具有减少库存的潜力。显然，产成品缓冲库存必须足够大，以保护顾客免受系统崩溃的干扰，并满足加工提前期的需要，但是在制品库存可以相当小。如果系统中的一个流程出了问题，那么，通过使用产成品库存就可以连续产生投入原材料的信号，而原材料就会被一路加工，直到出问题的这个流程。然后，一旦这个流程得以恢复正常工作，那么，它就开始连续加工这些堆积起来的物料。相反，在看板系统中，如果下一道流程出了问题，它就会发出不要补货的信号，而整个上游流程就会全都停下来。

小结

寻求消除浪费和持续改进的精益生产理念和技巧是为重复性制造而开发的,并且可能最适合应用于此种生产方式。然而,它的许多基本概念适用于任一形式的制造型企业。目前,在经过一定的调整和修改后,它也被许多服务型企业所运用。

浪费是由于不良的设计,以及制造流程本身所造成的。七种浪费包括:流程、动作、运输、缺陷、等待时间、过量生产和库存。防故障技术(poka-yoke)可用来消除产生缺陷的情况。

精益生产的主要概念包括:流水线制造、流程柔性、全面质量管理、全面生产维护、不间断物流、持续流程改进、供应商合作伙伴关系,以及全员参与等。拉式系统业已被推式系统所取代,而通过使用看板方法,对于补充库存的工作,也已经由看板信号所授权。

精益生产所使用的其他工具还包括:价值流图、改善、节拍、5S清洁整理,以及可视化管理等。在精益生产环境下,核算方法也必须改变,其重点放在测算成本,以及与消除浪费和持续改进有关的节约上。

精益生产环境要求一定的计划和控制系统。企业资源计划系统是对精益生产和准时制的补充。针对不同的制造环境,采用不同的系统组合。

 关键术语

以活动为基础的成本核算　activity-based costing
增值　adding value
安灯　andon
倒冲式　backflushing
总分表　box score
单元化制造　cellular manufacturing
恒定在制品　constant work-in process(CONWIP)
企业资源计划　enterprise resource planning(ERP)
外部准备　external setup
5S法　5S approach
流水式制造　flow manufacturing
内部准备　internal setup
准时制　just-in-time(JIT)
改善　kaizen
改善闪电　kaizen blitz
改善项目　kaizen event
看板　kanban
精益生产　lean production

平准化生产　linearity
生产线平衡　line balancing
李特尔法则　Little's Law
机器柔性　machine flexibility
混合型生产排程　mixed-model scheduling
一件流　one piece flow
操作员柔性　operator flexibility
合作伙伴　partnering
防故障技术　poka-yoke
后减式库存交易处理　post-deduct inventory transaction processing
预防性维护　preventive maintenance
流程柔性　process flexibility
拉式系统　pull system
推式系统　push system
源头质量　quality at the source
快速换模　quick changeover
以速率为基础的排程　rate-based scheduling
一分钟换模　single minute exchange of die(SMED)
标准化工作　standardized work
供应商认证　supplier certification
节拍　takt time
全面生产维护　total productive maintenance
均衡工厂负荷　uniform plant loading
价值流图　value stream mapping
可视化管理　visual management
浪费　waste
工作单元　work cells

 ## 问答题

1. 本章中所使用的"浪费"一词的定义是什么？
2. 对用户来说，价值是什么？它如何与质量相关联？
3. 产品开发周期的要素是什么？每个要素的作用又是什么？
4. 为什么产品规格很重要？谁负责设置产品规格？
5. 部件标准化的意思是什么？为什么说它对于消除浪费十分重要？
6. 为什么产品设计对于制造很重要？产品设计如何增加制造过程中的浪费？
7. 在产品设计完成之后，制造工程部门的职责是什么？
8. 请解释为什么说以下每项都是浪费的源头？

a. 流程。
b. 动作。
c. 运输。
d. 产品缺陷。
e. 等待时间。
f. 生产过剩。
g. 库存。
9. 请解释库存如何影响产品改进、质量、价格及快速响应市场的能力。
10. 什么是重复性制造？它的优势是什么？它的局限性是什么？
11. 什么是工作单元？它是如何运作的？建立工作单元的必要条件是什么？它的优点有哪些？
12. 为什么说流程柔性是我们所期望的？它所要求的两个条件是什么？
13. 列举并说明准备时间短的五大优势。
14. 质量很重要的两大原因是什么？
15. 什么是制造质量？如何获得制造质量？
16. 为什么说预防性维护工作很重要？
17. 请说明预防性维护和全面生产维护之间的区别。
18. 不间断物流需要的四个条件是什么？分别对每个条件进行描述。
19. 基于产能的平衡和基于物流的平衡间的差异是什么？
20. 为什么精益生产制造商在 8 小时一班的工作时间中只安排 7 小时的工作？
21. 为什么与供应商的关系在精益生产环境中格外重要？
22. 为什么员工参与在精益生产环境中非常重要？
23. 在精益生产环境中的主生产计划有什么不同之处？
24. 精益生产环境对物料需求计划（MRP）有什么影响？
25. 描述库存保存记录中的倒冲式或后减式系统。
26. 为什么有时候实施物料需求计划系统会遇到困难？
27. 物料需求计划的推式系统和拉式系统的主要区别是什么？
28. 什么是看板系统？它是如何运作的？
29. 生产卡片和搬运卡片间的区别是什么？
30. 物料需求计划系统在何处工作表现最佳？
31. 看板系统在何处工作表现最佳？
32. 鼓—缓冲—绳系统在何处工作表现最佳？
33. 物料需求计划系统和看板系统可以同时使用吗？如果可以，那么该如何使用？
34. 提供一个价值流图的例子。
35. 节拍是如何工作的？
36. 请给出几个可视化管理的例子。
37. 5S 清洁整理工作指的是什么？第六个要素又是什么？

计算题

15.1 某公司持有10种存货,每种的经济订货批量是20 000美元。通过实施一个部件标准化项目后,10种存货减少到5种。年总需求量不变,但每种部件的年需求量是以前的两倍。在第10章中,我们学习了经济订货批量随年需求量的平方根变化。由于现在每种部件的年需求量是以前的两倍,计算:

  a. 新的经济订货批量(EOQ)。

  b. 标准化之前的总平均库存。

  c. 标准化之后的总平均库存。

15.2 在问题15.1中,如果年库存持有成本是每单位18%,那么每年节省的库存持有成本是多少?

15.3 一家公司对某产品的年需求量是2 000单位,每年的库存持有成本是每单位20美元,生产准备成本是100美元。通过实施削减生产准备项目后,准备成本减少到20美元。加工成本为每单位2美元。计算:

  a. 削减生产准备之前的经济订货批量EOQ。

  b. 削减生产准备之后的经济订货批量EOQ。

  c. 削减生产准备前、后的总成本和单位成本。

15.4 某公司生产高尔夫球杆,其产品线由三种型号组成。型号A每月需求量为500支,型号B为400支,型号C为300支。如果每种型号每天都生产一定数量的话,混合型号生产的顺序如何?

  答案:ABC,ABC,ABC,ABA。

15.5 下面的主生产计划经汇总后已经实现了产能的均衡。使用下面的表格,使物料计划也达到均衡。

周	1	2	3	4	5
型号A			800	1 600	1 600
型号B	600	1 600	800		
型号C	1 000				
总计					

答案

周	1	2	3	4	5
型号A	800	800	800	800	800
型号B	600	600	600	600	600
型号C	200	200	200	200	200
总计					

15.6 比尔在一个小车间里生产长凳,他计划每周工作5天,每天8小时,长凳由两个侧板和一个台面构成。切割和打磨每个侧板的时间是5分钟,加工每个台面的时间是2分钟。组装每条长凳的时间为8分钟,油漆每条长凳的时间为5分钟。比尔雇用了一个工人来制造台面和侧板,而由比尔自己来进行组装和油漆工作。他还计划每天花1小时用于每个部门的准备和拆卸工作。

　　a. 他应当计划每周生产多少长凳?

　　b. 每个人每周需要工作多少小时?

　　c. 如果打算增加每周长凳的产量,请给出你的建议。

15.7 母件W需要一个B部件和两个C部件。B部件和C部件都需要在10号工作中心上加工。B的准备时间为2小时,加工时间为每件0.1小时。C的准备时间为2小时,加工时间为每件0.15小时。如果该工作中心的额定产能为80小时,那么,每周应该生产多少个W?

答案:190个W。

15.8 母件S需要三个T部件和两个U部件。T部件和U部件都需要在30号工作中心上加工。T部件的准备时间为7小时,加工时间为每件0.1小时。U部件的准备时间为8小时,加工时间为每件0.2小时。如果该工作中心的额定产能为120小时,那么,每周应该生产多少个T和U?

答案:每周450个T和300个U。

案例研究　墨菲制造公司

　　当墨菲制造公司(Murphy Manufacturing)的副总裁乔·沃尔布拉奇得到CEO的指示来研究精益生产理念,并在适合公司条件下做进一步实施时,他有一些忧虑。他认为,每个人都知道企业资源计划是制造企业运作的最佳方法,并且他们公司运用企业资源计划系统也十分成功。然而,当他读了几本书和一两篇有关精益生产的文章后,他觉得,也许这个办法真有一些独到之处,而且看起来也很简单。众多公司都报道说,实施精益生产极大地降低了库存成本和其他形式的浪费,而墨菲制造公司每年的库存周转次数仅有5~6次,因此大幅减少库存的前景非常可观。

　　受到成功故事的鼓舞并将CEO的指示铭记在心后,乔·沃尔布拉奇没有浪费时间,他将指示下达给他的部下,如他所读的书中的案例那样开始实施精益生产。然而,几个月之后,他开始怀疑书中这些成功故事的真实性。以下是他收到的一些抱怨和他所面对的问题的例子。

　　采购经理凯伦:"乔,这个JIT和精益生产对我们来说是一场灾难。它不光使我们花了更多的钱,还让供应商对我们的行为十分生气。由于我们的原材料库存水平一贯很高,你说我们应该以更小的批量订购,并令其在所需的时刻准时交付。当然,这降低了原材料库存,但是所节省的成本还抵不上所有增加的成本。首先,采购订单并不是免费的,而且造成了更多的费用。这也花费了采购员更多时间。然后是运输成本的问题。由于大多数货运公司对不满一货车的货物要收取更多费用,随着更频繁地运输小批量货物,我们的成本变得非常高昂。再加上紧急提货费用,情况变得十分糟糕。我们的生产计划变化更加频繁,在没有原材料的情况下,生产人员常常要求第二天就提供所需物料,以便应对计划的变更。更多的部件潮水般涌入工厂,你可想而知那会花费多高的成本!"

"这还不是全部。我们的供应商十分怀疑我们是否知道该如何经营企业。对他们来说,我们更加频繁地更改生产计划,而他们能够满足我们需求的唯一办法就是将我们所需要的大量物料存放在他们的产成品仓库中。但这要花费他们很大一笔库存持有成本,还要算上库存管理成本以及处理我们所有要求的成本。他们不仅收到了我们更多的订单,而且每件事看起来都很紧急。他们正对我们强烈施压,要求提价以弥补他们维持我们作为其客户所增加的成本。我已经压制他们有一段时间了,已经不可能再维持更长的时间了。不幸的是,我赞成他们的观点,因此对我而言,很难提出任何有道理的论据来反驳他们提价的要求。"

收发货主管奥斯卡:"如果你要继续这么干的话,我需要增加2个卡车车位,还要增加大约4名收货工。还需要有更多的货车进行更多的运输。我们无法完美地计划何时货车会出现,因此很多时候有几辆货车在等待一个空余车位。生产工人对我们大嚷大叫,由于他们看见了某辆货车,而且知道上面有重要部件,但他们必须等待,因为正在车位中卸货的货车也有重要部件。这些日子看起来似乎每件事都很紧急。如果能多配备一些车位和足够的员工就好了,尽管这不是唯一的答案。我估算了一下,大概需要300万美元来改造收货处。另外,我们的预算最好再增加大约50万美元,那样一来,我们就不至于再这么难办了,至少在大多数时间里。哦,我忘记了,最好是60万美元。因为我还需要一个记录员,让他来处理所有由于这些交货所增加的大量文书工作。"

乔·沃尔布拉奇刚刚服了几片阿司匹林来对付头痛,**生产主管玛莎**就找到了他:"乔,我不知道你哪里来的这些愚蠢想法,但你快把我们害死了。这个所谓的'看板'系统简直愚蠢至极。它让我想起在物料需求计划系统应用之前我们所使用的再订购点系统,而且我们都知道,物料需求计划令工厂运作好了不少。我觉得我退回到35年前了。我们都知道我们的客户变化无常,订购时经常改变主意。在我们应用物料需求计划系统时,我们原本对变化是可见的,但现在我们拥有的全部只是最终装配区所加工的东西了。不停地变更生产机器准备不仅导致了很多无效率的停工时间,而且让我们没有多少时间来获取所需的物料来生产不同的部件。当我们知道了我们需要什么的时候,大部分情况下,我们供应商的仓库中没有任何原材料。现在我们不得不浪费更多时间和精力对采购员发火。令事情更糟的是你那个消除产成品的指令。半数时间里,我们不仅没有原料来生产我们所需的部件,而且还不能生产我们可以生产的部件。这看起来似乎并不合理,因为当客户要我们库存中的某个型号时,至少这个订单不会以危机结束。"

"我刚刚描述的危机情景是在其他事情运作良好的情况下发生的。当我们有其他一些问题时,比如一个设备出现故障,那真正的灾难才到来了。我们能应对的一点订单也被抛到窗外,每个人都焦躁不安。也别再说什么'预防性维护'了。我们需要每个设备尽可能地运作起来,这才能更接近我们要完成的订单。"

"顺便说一下,我们一部分最好的员工威胁说要辞职。他们中的一部分是按件支付工资的,而物料的缺乏加上避免生产成品的指令使他们的薪金大幅减少。甚至按小时支付工资的员工也不怎么高兴。我们所有的主管都是按工人生产率和效率进行评估的,而我们的评估数字看起来十分糟糕。我们要求工人做出更好的努力,但我也不清楚大多数时间他们可以对此采取什么措施。"

"还有另外一件事情要引起你的注意——我们的一些型号有太多的工程设计变更。过去物料需求计划系统会给我们一些警示,但是现在我们得不到任何警示。某个工程师会突然出现并告知我们使用某个不同的部件。当我们检查采购部门时,通常他们自己也刚刚得到通知,并且只是刚刚为该部件开始与供应商交涉。我们不仅要废弃全部旧的部件,还要等待新的部件。销售人员甚至开始对我们抗议了。"

"既然还让我负责生产,你就得管管那些质量控制人员。在我们有足够库存的时候,我们还可以应对一些废品或拒收的部件,但是现在我们需要每一个部件都到位。告诉他们不要再拒收部件了,我们要用这些部件。至少我们能有更好的机会来交付订单,哪怕并不完美。"

玛莎刚走,瓦罗丽(**销售经理**)就进来了。甚至在她开口之前,乔就做好了头痛更严重的准备。她脸上的表情预示了她的所思所想:

"乔,我的工作是销售,并让客户高兴。销售很顺利,但我们的交付很差。过去6个月里,我们的准时交付记录从95%下滑到不到50%。我们的一些客户威胁要离开我们,还有一些嚷嚷着要求降价。据他们所说,我们的交付绩效太差,因为信不过我们所承诺的交货期,他们不得不在其原材料库存中增加更多我们的产品。他们说,由于我们的过错,他们不得不提高原材料库存成本,我们应降低价格来赔偿他们。要反驳他们很难。我确信,如果我们的供应商对待我们就像我们最近对待我们的客户那样的话,我们也会对供应商提出同样的要求。我们都知道,我们的客户有时要变更订单来应对他们自己的客户的需求。然而现在,变动变得更加频繁剧烈了。看来像是由于我们的交付很差,他们就进一步提前给我们下订单,以作为我们交付推后的时间缓冲。进一步提前订购使他们对自己的真正需求不确定性更大,所以很自然地,他们一旦知道真正的需求就会做出更改。我需要增加一名订单录入员来应对所有这些变更。如果我这么做的话,你最好相信我会让所有人知道增加的费用都是你的过错!这里的底线很简单,乔,你需要催促你的员工大幅改进交付绩效,否则我们就会遇上大麻烦了,而且很快就会。"

瓦罗丽,乔的秘书走了进来,带来了 CEO 的一份紧急备忘录:

"我刚刚得到上个季度的初步财务报告,5 年以来我们首次出现亏损,而且亏损严重。细节显示销售目标基本完成了。损失来源于费用的巨大增加,除了库存成本有适度减少外,几乎每个运营环节的费用都在增加。今天下午两点我要召集一个紧急员工会议,请做好准备彻底解释这一状况。"

当乔关上门,使自己与没完没了的抱怨隔离开来,并为会议做准备时,他开始疑惑起来:一些人主张的精益生产是一种基于文化的系统,在日本之外的国家无法实施的观点或许是正确的。他知道大多数问题都与他试图实施新系统有关。他搞不清的是,究竟什么地方出了差错,以及针对这种状况他该怎么做。这显然是下午两点钟的会议上要汇报的两个关键问题,他需要准备好完整的答案。CEO 是讲道理的,面对错误已经发生的事实,她会期望有一份细致的分析以及一份完整的行动计划来使工作恢复正轨。阿司匹林已经完全失效了,而他仅仅在不到一小时之前刚服过!

讨论题

为乔准备一份完整全面的报告,让他在下午两点钟的会议上可以使用。该报告既要包括哪里出了差错,以及为什么出现差错的分析,还要包括正确实施精益生产的全面的分阶段的计划。如果你认为不适合应用精益生产,请详细解释原因,并给出一份全面的替代方案。

第 16 章

全面质量管理

引言

一项产品或服务的质量是难以定义的,因为它通常是由个人的感觉来加以评定,并根据他们自己的经验来衡量的。这一章涵盖了质量的定义,以及如何将这些定义应用于产品和服务的设计,从而满足顾客的期望。质量的持续改进是一个企业全体成员的责任,本章将介绍一些管理实践,如质量功能展开、ISO 9000 标准,以及六西格玛等,它们会对企业的质量改进工作起到指导作用。本章还将简要介绍过程变异及其测量方法、检验和标杆管理。

什么是质量

我们都知道,或者自认为知道质量是什么。然而,对于不同的人来说,质量经常意味着不同的东西。当问到如何定义质量时,每一个人的回答都受到个人观点和感觉的影响。答案经常是笼统的或模糊的,如"质量是最好的东西"、"质量是某种持久的并且提供优质服务的东西",或者"质量是某种具有风格的东西"。

尽管关于质量的定义言人人殊,然而我们将要使用的质量定义涵盖了当今商业世界最为普遍接受的观点:

质量(quality)意味着**用户满意**,也就是商品或服务能充分满足用户的需求和期望。

为了达到以上定义的质量,我们必须考虑质量和产品策略、产品设计、制造及产品的最终使用等各方面的关系。

质量与产品策略(quality and product policy)。产品规划涉及一个公司将要推出上市的产品和服务的相关决策。产品或服务指的是一个公司希望客户接受,并且愿意支付一定价格的、具有某些有形和无形特征的结合体。产品规划必须决定将要服务的细分市场、所期望的性能水平和销售价格,同时还必须预估所期望的销售量。由此,高层管理者可根据其对细分市场的期望和需求的理解来指定产品的基本质量水平。

质量与产品设计（quality and product design）。公司对市场的研究应该给出产品的大致说明，勾画出所期望的性能、外观、价格和数量。然后，产品设计者必须将这些大致说明融入总体规格中，描述出产品和质量水平。产品设计师决定产品所使用的物料、尺寸、公差、产品性能和服务需求。如果产品设计师没有做好这些工作，产品或服务将会在市场上遭受失败，因为产品可能不足以满足使用者的所期望需求。

质量与制造（quality and manufacturing）。制造至少应满足产品设计的最低规格。**公差**（tolerances）表示可以接受的限度，通常表示为期望值的许可变动量。例如：一块木头的长度可能表示为 $7'6''\pm 1/8''$，意思是说可接受的最大长度为 $7'6''+1/8''$，最短长度为 $7'5''+7/8''$。如果一个部件的长度在公差范围之内，那么产品将能够工作良好。如果长度超出公差范围，就拒绝接受该部件。然而，部件越接近额定值或目标值，其性能表现越好，并且出现缺陷的机会越小。

制造中的质量意味着至少所有生产都必须在规格限度以内，并且离额定值的差异越小质量越好。制造过程应努力生产出色的，而不仅仅是足够的产品。每项产品或服务都会具有某种形式的公差。例如，一块香皂的重量、CD 的频率响应、排队等候的时间都会有正负公差。

质量与使用（quality and use）。对用户来说，质量取决于对产品性能表现的期望。这一点有时可称为"适用性"。客户不关心产品为什么有缺陷，他们关心的是产品是否有缺陷。

客户可能会需要一些介绍以便正确使用产品或其特性，对新产品而言更是如此。有一个很好的例子能说明这个问题，比如某些新车具有这样的特性：在启动相邻的转弯信号时，能关闭车内的白天照明灯。这本来是改进信号可视度的一个安全措施，而如果顾客没有意识到该设计特性，就会以为他们的汽车灯光有缺陷了。因此我们建议制造商改进用户手册的编写措辞，并在顾客购买汽车时介绍这项改进特性。如果能够很好地对产品进行构想、设计（满足顾客需求）、制造、定价并服务，那么质量就是令人满意的。如果产品超出了顾客的期望，那么质量就是上乘的。

图 16-1 表示由市场调研、产品设计、流程设计、生产运作及用户形成的循环。质量必须贯彻到每一个环节之中。

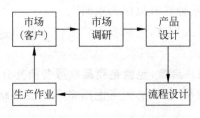

图 16-1 产品开发周期

质量具有如下几个方面的维度：

- **性能**（performance）。性能是首要的运行特性，如发动机的功率。性能意味着产品或服务在出售之时已可以供客户使用。"适用性"一词常用来表述该特性，指产品能履行其应尽职能。

性能有三个方面至关重要，分别是：可靠性、耐用性和可维护性。
1. **可靠性**指性能表现的一致性。它由产品在失效前可使用的时间长度来衡量。
2. **耐用性**指产品即使经受严重磨损和频繁使用仍能继续发挥其功效的能力。
3. **可维护性**指产品出现故障后能够重回运行状态的能力。

- 特征（features）。特征包括一些次要特性或小的附件，如录放机的遥控器。有时也称作选购件，如购买汽车时所提供的一些附件。
- 一致性（conformance）。一致性指符合已设定的标准或规格。这是制造工作的职责。
- 保修（warranty）。企业用保证顾客满意来支持其产品的一种公开承诺。
- 服务（service）。服务是无形的，通常由诸如：随叫随到的顾客服务人员、服务速度、礼貌待人，以及服务人员的能力等方面组成。
- 美观（aesthetics）。美观指感官的愉悦。例如，外部装饰或产品外观。
- 感知质量（perceived quality）。客户的感知质量不仅是建立在产品本身上，同时还建立在对企业的全部感受上。许多无形的东西，如公司的声誉或过去的表现，都会影响对质量的感知。
- 价格（price）。顾客支付的是他们所购买的东西的价值。价值是顾客所获得的效益的总和，有可能大于产品本身。以上所列举的各维度都是价值的要素。

这些维度间并不一定相互关联。一个产品有可能在一个或几个方面都很突出，而在其他方面则表现平平或不佳。

全面质量管理

全面质量管理（TQM）是一种既改善客户满意度又改善企业经营之道的方式，它将所有与质量和客户相关的流程改进观点汇集在一起。全面质量管理以人为本。根据《APICS 词典》第 14 版的定义："它建立在组织全体员工共同参与，以改进其工作流程、产品、服务和企业文化的基础上。"

全面质量管理的目标是以更低的价格向顾客提供优质的产品。通过提高质量并降低价格来提升公司的盈利水平和发展前景，从而增加员工的工作稳定性和就业水平。

全面质量管理既是一种哲学理念，也是能够使企业持续改进的一系列指导准则。

基本概念

全面质量管理中有六个基本概念。

1. **承诺并投入其中的管理层**。由于全面质量管理是全机构的工作，因此管理层必须指导和参与到质量持续改进工作中去。全面质量管理是一个持续不管的过程，它必须成为企业文化的一部分。这就绝对需要有企业高层管理者的承诺，因为他们必须直接负责质量改进工作。

2. **客户至上**。客户至上意味着倾听顾客心声，使产品和服务以低成本满足顾客需求，同时还包括价值增值方面的特点；也意味着改善设计和流程，以便从客户的角度来看实现了价值增值，并减少了次品和降低了成本。全面质量管理还包含这样的意思：质量是根据顾客的要求来定义的。

3. **全员参与**。全面质量管理是企业内每一个人的责任。这意味着培训全体员工学习产品和流程改进的技巧,并创造新的企业文化。它意味着要向员工授权。

4. **持续流程改进**。为降低成本并提高质量,流程能够且必须加以改进(在第14章中已讨论过这一话题)。

5. **与供应商结成合作伙伴**。必须与供应商建立合作伙伴关系,而不是敌对关系。如第15章所讨论过的那样,这应当导致双赢的结果。

6. **绩效评估**。如果没有适当方法来评估结果,改进是不可能实现的,这包括以事实为基础的决策方法。

下面我们将逐一详细讨论这些基本概念。

管理层承诺

质量是一项长期投资。如果没有高层管理者的承诺和参与,那么全面质量管理必将失败。高层管理者们必须率先启动全面质量管理过程,而且应该首先接受全面质量管理的理念。首席执行官和高层管理者应该成立一个质量委员会或小组,其目的是建立应该做什么的清晰愿景,设立一系列长期目标,并指导整个质量管理项目的开展。

质量委员会必须设立核心价值观以帮助确立企业文化。核心价值观包括:顾客驱动的质量、持续改进、员工参与和快速响应等原则。而且,该委员会须给出包括愿景、使命和质量政策的正式表述。愿景描述了企业在未来5~10年应该成为什么样子。使命描述的是企业存在的意义:我们是谁,我们的顾客是谁,企业做些什么,以及如何去做,等等。质量政策表述的是企业内、外每个人应如何提供产品和服务。这三个表述必须相互兼容,也就是说,质量政策表述必须能实现使命表述;相应的,使命表述也必须支持愿景表述。最后,质量委员会需设立一个战略计划,表明全面质量管理的目标和企业目标,以及希望如何达到这些目标。

客户至上

全面质量管理意味着企业要尽其全力通过满足或超越客户的期望来使客户满意。这就是说企业不仅要了解客户的当前需求,而且要预测客户的未来需求。

客户指的是接受产品或服务的个人或组织。有两种类型的客户:外部客户和内部客户。外部客户存在于企业之外,他们向企业购买产品和服务。内部客户指企业内接收其他人或部门的产出的人或部门。工艺流程中的每一个人或作业都被认为是前一个作业的客户。如果一个企业致力于使外面的客户满意,那么企业内部的供应者必须致力于使内部客户满意。

客户对其供应商有六点要求:

1. 质量优异。
2. 对数量、规格和交付条件的变化具备高度的柔性。
3. 一流的服务水平。
4. 提前期短。

5. 符合要求,与目标的差异小。

6. 成本低。

客户希望这些要求能够不断得到改进,这些要求之间也不一定相互冲突。例如,如果所设计的工艺流程能够同时提供低成本和高度柔性,那么二者之间就不需要进行权衡。

员工参与

全面质量管理涉及整个企业,它是企业中每一个人的责任。在全面质量管理的环境中,员工来工作并不仅是为了干活儿,而且是为了改进他们的作业。要想激励员工改进他们的工作,就需要员工对机构做出承诺。为了获得员工对企业的承诺,全面质量管理要求做到以下几点:

1. **培训**。应该培训员工,使其具有从事本职工作的技能,在可能情况下,还要进行相关工作的交叉培训。而且,应该培训员工使用持续改进、解决问题和统计流程控制等方法。培训为持续的、由人推动的改进提供了方法。

2. **组织**。组织的设计应该使员工与其内部或外部的供应商和客户密切接触。方法之一是成立以客户、产品或服务为中心的工作单元或团队。

3. **主人翁精神**。员工对其所承担的工艺流程应具有主人翁精神。它会使员工承诺将工作完成得更好并持续改进。应对员工授权,这种授权不仅仅是对员工的工作提供一揽子建议。

授权(empowerment)意味着给予员工在其工作范围内进行决策和采取行动的权力,而无须事先批准。例如,客户服务代表可以当场回应客户的抱怨,而不需要征求上级主管的许可或将抱怨转达给主管。授予员工决策的权力能够激励他们达成组织目标并改进他们的工作。参与特定流程的人通常都是信息的最好来源,可以借此了解如何改进那个流程,以及如何消除浪费或不必要的工作步骤。

团队(teams)。团队是为了达成共同目标而通力合作的一组成员。好的团队能够取得超越单个成员贡献的成绩,因此团队总体成绩会大于单个成员的成绩之和。在团队中工作需要一定的技巧和培训,而团队工作是全面质量管理的有机组成部分。

沟通(communication)。要想在机构上下所有层次上宣传全面质量管理理念,沟通将发挥重要的作用。为了促进持续改进、保持士气、激励员工参与到全面质量管理工作中去,对全面质量管理的目的、方法和好处大力进行宣讲是非常关键的。

持续流程改进

持续流程改进既是精益生产的要素,也是全面质量管理的要素,我们已经在第 14 章中讨论过这一话题。质量能够,也必须加以管理,这就需要持续的流程改进。如果一个产品在某 维度(如性能)很出色,那么就应该寻求改进其他维度质量的机会。公司应当永不满足,因为总有能够加以改进的方法。通过考察问题的根源并消除这些问题,我们应当更聪明,而不仅仅是更努力的工作。

除了上面所介绍的一些方法外,许多公司还采用了**戴明循环法**(Deming cycle),也就是计划、做、检查、行动(plan, do, check, act cycle, PDCA),来推动持续改进。其步骤如下：
1. 计划。制订改革计划，确定所需要的步骤，并预测其结果。
2. 做。执行该计划，通常是进行试点。
3. 检查。考察结果，验证流程改进的效果。如果不行，再重新开始。
4. 行动。落实前一步骤行之有效的改革。

供应商合作伙伴关系

无论是准时制生产，还是全面质量管理，与供应商结成合作伙伴都非常重要。为了提供高质量的产品和服务，向供应商提供明晰的需求信息、价格合理和及时付款，是最符合公司利益的。这对公司内、外的供应商都是如此。这一话题我们已经在第 15 章进行了详细探讨。

绩效评估

要决定一个企业表现如何，必须对其各项工作进行评估。绩效评估可以用于：
- 发现需要改进的流程。
- 评估备选流程。
- 将当前绩效与目标绩效进行比较，采取相应改进措施。
- 评估员工的绩效表现。
- 展示发展趋势。
- 改进决策。
- 达成一致。

绩效评估是否必要是一个毋庸置疑的问题，而选择适合的评估方法才是需要进行探讨的问题。那些不能给被评估流程提供有根据的及有用的反馈的评估活动是没有意义的。如下所示，有许多基本衡量指标可以用来评估某个过程或活动的绩效表现：
- **数量**。例如，某个工艺流程在一定时间内能够加工多少个单位产品。可以用时间标准对该维度进行评估。
- **成本**。一个既定的产出量所需要的资源量。
- **时间/交付**。评估准时交付产品或服务的能力。
- **质量**。质量评估包括三个方面：
  1. 功能。产品性能是否能够符合指定要求？
  2. 外观。产品或服务是否对顾客有吸引力？例如，喜欢某一产品的某些特征的人数比例。
  3. 准确度。评估所生产的不符合要求的产品数量。例如，次品数量或废品数，或符合规格的能力。

绩效评估应简单，易于用户理解，而且应该与用户相关，使其看得见。绩效评估最好由用户自己设定，目的是绩效改进，并且评估指标不宜太多。

所有类型的流程都需要评估。其中一些评估领域和可能的评估方式如下：
- **客户**。客户抱怨次数、是否准时交付、经销商或客户满意度、回应客户的时间、延迟交货订单的百分比、是否实现了正确的产品、正确的客户、正确的时间、正确的地点、正确的条件、正确的数量,以及正确的成本等指标。
- **排程**。在需求和计划时界方面更改的次数、按时完成订单的百分比、晚于主生产计划的订单的百分比等。
- **物料计划**。下达没有物料短缺现象的订单的百分比、按时下达订单的百分比、物料交易信息的数量、实际的与计划的提前期等。
- **产能计划**。超负荷或欠负荷运转的工作中心的百分比、加班时间对可用工作时间的百分比、工作中心的利用率、工作中心停工的百分比等。
- **库存控制**。库存周转次数增加的百分比、在制品库存减少的百分比、库存持有成本减少的百分比、废弃库存与总库存的比例等。
- **生产**。存货周转率、废品或返工、流程产出量、单位成本、作业时间、排程的好坏、提前期内排队的时间等。
- **供应商**。票据准确性、延迟交货订单的百分比、完美订单的百分比等。
- **销售**。销售费用占收入的比例、新客户、获得的或流失的账户、店面每平方英尺的销售额等。
- **经营成本**。增值成本与总成本的比率、生产准备成本减少的百分比、物料搬运成本减少的百分比等。
- **数据准确性**。物料清单的准确性、生产路径的准确性、库存记录的准确性、工作中心记录的准确性等。

除了这些评估外,机构还使用**关键绩效指标**(key performance indicators,KPIs)来重点评估那些与特定战略目标有关的指标。在第2章里,我们第一次提到过这些评估,这些评估既包括财务方面的,也包括非财务方面的。评估的重点领域包括:盈利率、客户满意度,以及其他一些供应链活动。这些指标可以用**平衡记分卡**来加以跟踪,《APICS词典》第14版把平衡记分卡定义为:"一份用来评估机构或供应链绩效的财务和经营指标清单。平衡记分卡的评估角度可以包括:客户的角度、业务流程的角度、财务的角度,以及学习的角度等。它正式地将总目标、战略和测评联系在一起。"

质量成本概念

质量成本分为两大类:质量失效成本和控制质量成本。

质量失效成本

质量失效成本是生产不满足规格要求所引发的成本。失效成本可以分为:
- **内部失效成本**(internal failure costs)。内部失效成本指产品尚在生产设施内,为纠正问题所引发的成本。这类成本有报废、返工和损坏。如果产品在发货前不存在缺陷,这类成本将不会存在。
- **外部失效成本**(external failure costs)。外部失效成本指产品或服务交付给顾客之后,为纠正问题所引发的成本。这类成本包括保修成本、现场维修成本,以及其他所有应对顾客投诉的相关成本。如果顾客对公司产品失去兴趣,那么外部失效成本将是代价最大的成本。如果产品没有缺陷,这类成本同样不会存在。

控制质量成本

控制质量成本可以分为:

- **预防成本**(prevention costs)。预防成本指第一次就把工作做好以避免出现问题所花费的成本。这类成本包括培训、统计过程控制、设备维护、设计改进和质量规划等成本。
- **鉴定成本**(appraisal costs)。鉴定成本指与企业内质量检验与审核相关的成本。这类成本包括产品检验、质量审核、测试和校准等成本。

在预防上投资可以通过削减失效成本和鉴定成本来提高生产率。图 16-2 展示了质量改进项目前后,质量成本的典型模式。在预防上投资短期内会增加总成本,但是从长远来看,预防会消除失效的原因,从而降低了总成本。

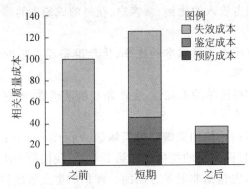

图 16-2　质量改进对质量相关成本的影响
(请注意,加大预防措施能同时减少失效成本和鉴定成本)

 ## 变化是一种生活方式

变化存在于万物之中——人、机器或自然都会发生变化。人不可能每次都以完全相同的方式执行相同的任务,同样也不能指望机器每次都以完全相同的方式进行作业。自然界中,不存在两片完全相同的树叶。事实上,真正的问题在于到底发生了多大的变化。

假设一部车床加工 100 根公称直径为 1 英寸的轴,如果我们测量一下这些轴,就会发现它们的直径围绕在 1 英寸左右,有些轴直径小一点,有些大一点。如果将每根轴的直径绘制下来,大致会得到图 16-3 所示的分布图。它形成了一个**直方图**。

随机变动(random variation)。在自然界或任何制造过程中,我们都会发现过程本身所固有的,或偶尔发生的、无法解释的一定数量随机变动。该变动来源于影响过程的各个方面,但通常可以归纳为以下六类:

1. **人员**。与训练有素的操作员相比,训练不足的操作员更缺乏一致性。

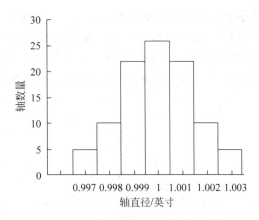

图 16-3 轴直径的频数分布(直方图)

2. **机器**。与维护不善、不洁净的机器相比,维护良好的机器会产出一致性更高的产品。

3. **物料**。与质量差、一致性不佳、劣质的物料相比,一致性好的原材料会生产出更好的产品。

4. **方法**。改变做某件工作的方法会改变产品的质量。

5. **环境**。温度、湿度、灰尘等的变化会影响某些工艺流程。

6. **测量**。可能存在误差的量具会导致调整错误和不良的流程表现。

将所有可能的变动归为这六个小的类别,有助于识别流程中发生的变动的来源。如果能够在产品变动和六种来源之间找到某种联系,就有可能对质量进行改善。

除了改变流程外,没有其他办法可以改变随机变动。如果流程产生太多有缺陷的产品,那就必须对其进行改进。

可归因变动(assignable variation)。偶然性并不是变动的唯一原因。工具偏差、量具失准、机器磨损或操作员出错都会造成变动。这些变动具有特定的原因,称作可归因变动。

统计控制(statistical control)。如果只存在随机变动,那么系统被称作处于统计控制之中。如果存在可归因变动,流程就处于失控状态,并且不大可能生产出好的产品。本章稍后会讲到,统计流程控制的目的就是监测可归因变动是否存在。统计流程控制有两大目标:

- 帮助选择能够生产出所要求质量的流程,同时使缺陷最少。
- 监控流程以确保其持续生产出所要求的质量,并且不存在可归因变动。

变动的形态

每个流程的产出分布都具有独特的形态,该形态可通过形状、分布中心和宽度来表述。为了确定变动的形态或分布,可以使用一种叫作**取样**(sampling)的统计方法,通过使用相对较少的观测值或给定数量的样本值来描述大量数据的分布情况。

形状(shape)。假设我们不是测量 100 根轴的直径,而是测量 10 000 根轴的直径。

如果我们将这 10 000 根轴的直径分布绘制下来，图 16-3 显示的结果将会更平滑，我们会得到一个图 16-4 所示的曲线。这个钟形曲线称为**正态分布**（normal distribution），在制造过程处于受控状态时会经常见到。几乎所有自然过程都存在着该曲线，如草坪上草的长度、人的高度和学生的分数等。数据会围绕中心值对称分布，既不偏向左，也不偏向右。

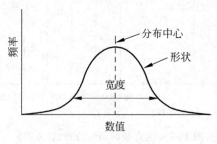

图 16-4　正态分布

分布中心（center）。从图 16-4 我们可以看到，正态分布的大部分数值聚集在一个中心点的附近，离该中心越远，数值逐渐变得越稀少。分布的中心值计算方法如下：

假设：

Σx ＝全部观察值总和

n ＝观察的次数

μ ＝算术平均值（平均值或分布中心）

那么

$\mu = \Sigma x \div n$

在以上我们所用的例子中：

$\Sigma x = 10\ 000$

$n = 10\ 000$

$\mu = 10\ 000 \div 10\ 000 = 1$（英寸）

分布宽度（spread）。要评估一个过程，不仅要知道分布中心是多少，还要知道分布宽度或变动情况。在统计过程控制中，有两种方法可以测量这种变动：极差和标准差。

- **极差**（range）。极差就是样本最大值和最小值的差。图 16-3 所示的例子中，最大值为 1.003 英寸，最小值是 0.997 英寸。极差为 1.003－0.997＝0.006（英寸）。
- **标准差**（standard deviation）（用希腊字母 σ 表示）。可以认为是分布中心周围的"平均宽度"。标准差大的分布形状比标准差小的分布形状要"宽"。高质量的产品变动很小（标准差小）。标准差的计算方法已在第 11 章确定安全库存部分讨论过。我们知道：

$\mu \pm 1\sigma$ ＝观察值的 68.3%

$\mu \pm 2\sigma$ ＝观察值的 95.4%

$\mu \pm 3\sigma$ ＝观察值的 99.7%

其中，μ ＝均值；σ ＝标准差

我们可以使用标准差来估计产品的变动（质量）数量。

假设上面关于轴的例子中：

$\mu = 1.000$（英寸）

$\sigma = 0.0016$（英寸）

将标准差用于上面的例子中，我们可知：

68.3%的轴的直径为 1 ± 0.0016 英寸（1σ）

95.4%的轴的直径为 1 ± 0.0032 英寸（2σ）

99.7%的轴的直径为 1 ± 0.0048 英寸（3σ）

如果产品的数量非常大，难以做到对所有产品一一加以测量，在这种情况下，我们常常从总量中取出较多数量的样本来加以测量。将所有样本值的总和除以样品的数量，而得出样本的平均值。根据样本的多少——样本数越大越好，用这些样本的平均值来近似地作为总量的平均值，而样本的标准差就等于样本的平均值除以样本数的平方根。

流程能力

公差是指偏离最佳值的限度，它由产品设计师制定以满足特定的设计功能。例如，轴的直径可能规定为 1 ± 0.005 英寸。因此，所有直径为 0.995~1.005 英寸的轴都在公差范围内。在统计过程控制中，0.995 英寸称为**公差下限**（lower specification limit，LSL），是可接受产品的最小规格。同样地，1.005 英寸称为**公差上限**（upper specification limit，USL），是可接受产品的最大规格。USL 和 LSL 都与产品规格相关，并独立于任何工艺流程之外。公差上限与公差下限之间的距离称为公差范围。公差范围与车辆（过程）可经过的通道类似。车辆零件若宽于公差范围便视为缺陷产品或废品。本例中，通道宽度不能更改。规格由设计师设定，并最终由顾客决定，通常不会有争议。将流程产出的分布宽度保持在上下限以内将取决于生产商。图 16-5 显示了这一情况。一个流程的分布比较窄（σ小），生产出的产品就会在公差限以内。另外一个流程分布比较宽（σ大），就会产生次品。第一种流程称为有能力的流程，而第二种则称为没有能力的流程。

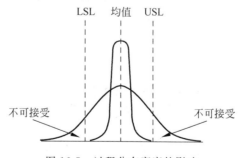

图 16-5 过程分布宽度的影响

除了分布宽度之外，另一种情况也会使流程产出次品。如果均值发生移动，也会产生次品。图 16-6 显示了这一情况。

小结如下：

- 流程是否具有能力是流程分布宽度与公差相比较的结果。

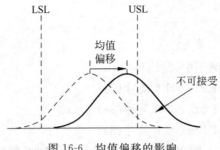

图 16-6 均值偏移的影响

- 必须选择能够满足规格要求的流程。
- 流程能够通过两种方式生产次品：分布过宽或均值偏移。

流程能力指数(C_p)

流程能力指数(process capability index)将流程分布宽度和公差合并为一个指数，以方便操作者和管理者快速确定一个流程的能力。它假定流程位于公差上限和公差下限中间——平均值没有移动。同时假定流程宽度为 6σ，代表了正常流程 99.7% 的产出。如果流程的分布宽度比规格公差范围小，那么该流程就是有能力的。

$$C_p = (USL - LSL) \div 6\sigma$$

在上面的例子中，公差为 1.000 ± 0.005 英寸，流程标准差为 0.0016 英寸。

$$C_p = (1.005 - 0.995) \div (6 \times 0.0016) = 1.04$$

在该例中，能力指数略微大于 1.00，因此该流程可以说是有能力的。如果能力指数比 1.00 大很多，该流程能够在公差范围内生产出 99.7% 的合格零件，那么该流程就是有能力的。如果 C_p 小于 1.00，那么我们就说该流程是没有能力的。由于流程容易前后移动，因此将 $C_p = 1.33$ 定为流程能力的标准。一些企业使用更高的能力指数值，比如 2 作为总量标准。能力指数越大，次品就越少，质量也越好。图 16-7 显示了能力指数这一概念。

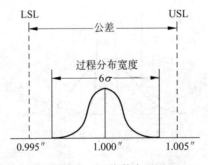

图 16-7 C_p 指数大于 1

例题

某混合物中的一种化学成分的重量规格为 10 ± 0.05 克。如果称重量具的标准差是

0.02，那么是否认为该流程具有能力？

答案

$$C_p = (10.05 - 9.95) \div (6 \times 0.02) = 0.83$$

C_p 小于 1，因此认为该流程不具有能力。

流程能力指数告诉我们流程的变动是否符合要求，但它不能够衡量流程是否位于中心。因此它无法防止因偏离中心而达不到规格的产品。而在某些情况下，得知这一点是至关重要的。

C_{pk} 指数

该指数同时衡量了中心和变动的影响。C_{pk} 指数的理念是：如果流程分布在情况最坏的一侧也处于公差限之内，那么也一定能够满足另一侧公差限的要求。图 16-8 显示了这一概念。

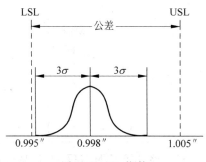

图 16-8　C_{pk} 指数

C_{pk} 指数是以下两个计算公式中结果较小的那个：

$$(USL - 平均值) \div 3\sigma \quad 或 \quad (平均值 - LSL) \div 3\sigma$$

C_{pk} 越大，3σ 限值距离公差限就越远，出现次品的机会也就越小。

C_{pk} 指数的意义如下：

C_{pk} 值	评定
<+1	不可接受的流程。部分流程分布在公差要求以外。
+1～+1.33	边缘流程。流程分布勉强在公差以内。
>1.33	可接受流程。流程分布完全在公差以内。

例题

某公司用车床加工公称直径为 1 英寸的轴，公差范围为 ±0.005 英寸。该流程标准差为 0.001 英寸。计算以下三种情况下的 C_{pk} 指数，并评估该流程的能力。

a. 样本平均直径为 0.997 英寸。

b. 样本平均直径为 0.998 英寸。

c. 样本平均直径为 1.001 英寸。

答案

a. $C_{pk} = (1.005 - 0.997) \div (3 \times 0.001) = 2.67$ 或 $= (0.997 - 0.995) \div (3 \times 0.001)$

=0.667

C_{pk} 小于 1,流程不具有能力。

b. $C_{pk}=(1.005-0.998)\div(3\times0.001)=2.33$ 或 $=(0.998-0.995)\div(3\times0.001)$
=1.00

C_{pk} 等于 1,流程处于边缘。

c. $C_{pk}=(1.005-1.001)\div(3\times0.001)=1.33$ 或 $=(1.001-0.995)\div(3\times0.001)$
=2

C_{pk} 等于 1.33,流程具有能力。

注意：在上面每个计算中,总是选取那个较低的 C_{pk}。

例题

从最近交货的膝上型轻便电脑的铰链销钉上取得样本,以下是销钉长度的测得值：

2.01 2.02 1.99 2.01 2.01 2.00 2.03 2.02 2.01 2.00

a. 对该销钉长度规格的要求是 2.00″±0.05″,用图显示这些数据以及画出规格限制值。

答案

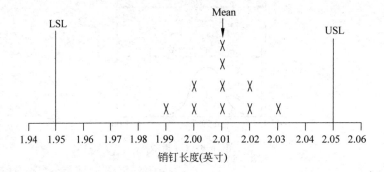

b. 计算这些数据的标准差、C_p 和 C_{pk}。

答案

$\sigma=0.01095$ 平均值=2.01

$C_p=(2.05-1.95)\div(6\times0.01095)=1.52$（有能力）

$C_{pk}=(2.01-1.95)\div(3\times0.01095)=1.83$（有能力）

$C_{pk}=(2.05-2.01)\div(3\times0.01095)=1.21$（勉强有能力）

数据表明,这些销钉的长度稍微大了些,这是因为其平均值超过了公称值 2.00″。对于 1.21 的 C_{pk} 来说,该流程的能力处于边缘状态,如果要想使平均值移动到 2.00″,就需要改进该流程。供应商应当调整他们的设备,将销钉的长度减少 0.01″。尽管没有一个销钉的长度超过了规格要求,但进行所建议的改进,恰好就是持续流程改进的一个例子。

 流程控制

通过发现标准差增大或均值出现了重大变化,流程控制可以得知发生了可归因变动,从而防止次品的产生。

我们已经知道变动存在于所有流程之中,因此必须设计流程以使分布宽度足够小,从而使生产的次品最少。只要系统的随机变动成因保持不变,并且没有可归因变动,变动就会遵循一种稳定的形态。一旦稳定的流程建立之后,所得到的变动形态的界限就可以确定,并能够指导日后的生产。当变动超出界限时,就表明很有可能存在可归因变动。

我们也已经知道,如果分布宽度过大或者均值的分布中心出现偏移,流程也会产生次品。因此我们需要一些方法来不断测量这两个数值,使我们能够将当前状况与产品规格相比较。利用 $\bar{X}$ 和 R 控制图可以完成这一任务。

控制图

运行图(run chart)。假设制造商正在装瓶,他希望检查流程以确保每个瓶子都装入适量的液体。每半小时进行一次抽样和测量。然后将样本均值绘制成图,如图 16-9 所示。这种图称为运行图。虽然运行图直观描述了流程的当前运行状态,但它并没有区分出系统(随机)变动和可归因变动。

$\bar{X}$ 和 R 图($\bar{X}$ and R chart)。均值和极差控制图——$\bar{X}$ 和 R 图记录频数分布的两个重要特征:分布中心和宽度。定时抽取一定小样本(通常为 3~9 件),并将样本均值和极差制成图表。我们之所以使用极差而不是标准差,是因为前者更容易计算。控制图利用样本均值而不是单个观察值,因为均值能更快地显示出变动的变化情况。图 16-10 是一个 $\bar{X}$ 和 R 图的例子。

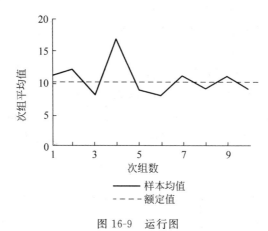

图 16-9 运行图

控制限

图 16-10 同样显示了两条虚线,分别是上控制限(UCL)和下控制限(LCL)。建立这两条控制限是为了便于评估流程产生的变动大小。如果一个值出现在这个限度之外,那就是流程肯定失去了控制。不能把控制限和公差限混为一谈。公差限是每个产品的容许边界,一般由客户确定,它与流程没有任何联系。我们不建议在控制图上标出公差限。

控制限(control limits)设定之后,如果流程处于受控状态,样本值落在控制限之内的可能性为 99.7%。如果这种情况发生,可以认为流程处于统计控制之中,并且不存在可

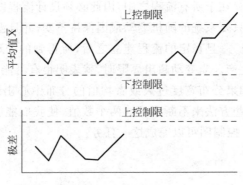

图 16-10 X̄ 和 R 控制图

归因变异。流程是稳定并且可以预见的。如图 16-10 的左侧所示。所有的点都处在控制限之内，过程处于统计控制之中，只有随机变动影响着流程。然而，当可归因变动存在时，变动就会过大，流程处于失控状态。这种情况显示在图 16-10 的右侧，它表明某些因素导致流程失控了。

如前文所述，流程中可能会出现两种类型的变化：

- **均值或中值的偏移**。它可能是由磨损的工具或移位的基准所引起的。这种现象会表现在 X̄ 控制图中。
- **分布的宽度发生改变**。如果极差增大，但样本均值保持不变，我们就可能会遇到这个问题。它可能是由于量规或工具变松，或者设备的某部分磨损引起的。这种现象会表现在 R 控制图中。

X̄ 和 R 控制图通常用来测量变动，如轴的直径等，它们能以一定持续的规模进行测量。操作者应当绘制和检查自己的控制图，以此来体现对自己工作负责的主人翁精神。他们最有可能了解哪些变化影响了自己的流程。实际上，操作者很容易找出均值或分布宽度发生变化的原因，并且在出现次品之前，就迅速采取纠正措施。

属性控制图

属性是指符合规格要求或不符合规格要求的质量特征。例如，目视检验颜色、零件的丢失或划痕。通过/不通过量规就是一个很好的例子。零件要么处于公差范围内，要么超出范围。这类特性无法测量，但可以计数。属性通常用次品率来描述。

其他质量控制工具

除了一些前面所讲的质量工具，如直方图、运行图以及 X̄ 和 R 图，还有如下另外五种常用的简单工具。

1. **帕累托图**（Pareto charts）。这类图表就是将直方图按照降序重新排列形成的图形，它将最高的柱形排在第一位、按降序将其他柱形由高到低排列。该方法能够使人很容易地找出最重要的部分。有关内容我们已经在第 14 章的持续流程改进中讨论过。

2. **检查表**（checksheets）。这类图表提供了一种非常简单的收集数据的方法。一旦决定了所感兴趣的问题,如客户对某种产品或服务的投诉,就按照所发生情况列出投诉原因。每当投诉原因发生重复时,就在该原因旁画上一个记号。时间长了,记号的数量就会清楚地显示投诉的主要原因,以此可以就该主要原因采取行动。

3. **流程程序图**(process flow charts)。这类图表详细显示了生产一种产品或服务所需要的步骤。一旦指明了特定任务,就能够收集有关数据,借以判定瓶颈或其他各种能够通过加以修正而改进流程的问题。

4. **散点图**(scatteplots)。这类图表仅能够显示我们所感兴趣的两个变量之间的关系。例如,一家银行想要知道人们需要排队等候的时间与他们对银行服务的满意程度之间是否相关联。那么,他们应该以每个人的等候时间为横轴、满意指数得分为纵轴进行描点。将众多客户的分数进行描点后,将会显示出二者之间是否相关联,以及可能的相关强度有多大。

5. **因果图**(**鱼骨图**)(cause-and-effect diagrams, fish bone diagrams)。这类图表用于绘出指定问题(结果)的所有潜在原因。由于特定问题从主要结果区域分解出来,其结果使该图表看上去像一个鱼骨。之后可以对潜在原因进行研究,以找出根本原因并进行修正。图16-11显示了因果图的结构。

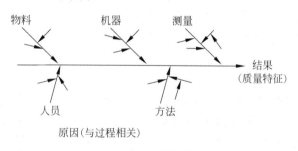

图 16-11 因果图结构

样品检验

统计过程控制指的是:当过程处于失控状态时对过程和缺陷进行监控,从而最大限度减少所产生的次品。传统的检验方式是在一批零件加工完之后进行检验,根据检验结果接受或拒绝该批次。有两种检验方法:全检和验收抽样。

全检(100% inspection)意味着检验批量中的每一个单位。当检验成本低于零件失效损失时,这种方法是适合的,如当检验很容易进行或检验就是过程的一部分。灯泡制造商可以很容易地做一个检测仪来检验是否每一个灯泡都会发光;面包师可以在包装前目测检查所有产品。在失效成本非常高的情况下,全检是非常必要的。医疗和航天行业的产品由于产品性能的重要性或昂贵的失效成本,可能需要对产品进行多次检验。

验收抽样(acceptance sampling)指从一批产品中抽取样本,用以估计该批量的整体质量。基于检验结果,决定是否接受整个批量。有可能发生拒绝一批合格产品,或接受一批不合格产品的情况。在某些情况下,抽样检验是必不可少的。

抽样检验的原因。使用抽样检验有四种原因。

1. **产品测试是破坏性的**。绳子的最大拉力或苹果的甜度只有通过破坏产品才能够得知。

2. **没有足够时间对一批产品进行100%检验**。对许多公司来说,对一批产品中的每一个都进行检验,常常会导致延误交货。检验或许可以证明,要确保整批产品都具有可以接受的质量,抽样检验就已经足够了。

3. **检验批量中所有产品的成本太高**。市场抽样就是其中一例,对公众态度的调查也是一例。

4. **据估计,进行长期重复性检测时,人的出错率会高达20%**。有足够理由从批量中抽取有代表性的样本进行检验,而不是去冒高出错率的风险。

抽样检验的必要条件。进行统计抽样取决于以下条件:

- **所有产品必须在类似或相同的条件下生产**。对食品加工厂的来料抽样要求对不同的农户或不同的农地选取不同的样本。
- **样本必须随机抽取**。随机抽样意味着批量中的每一个产品都有同等的机会获选。
- **取样批量应为匀质混合物**。这意味着次品有可能在批量的任何地方存在。(顶部的苹果与底部的苹果应具有同样的质量。)
- **被检批量应该足够大**。抽样很少在小批量中进行,在大样本中要准确得多。

抽样计划

抽样计划是在考虑成本的情况下,为产品的质量提供某种保证而设计的。如果次品不超过特定的水平——也被称为**合格质量水平**(acceptable quality level, AQL),该批量就被认为是合格的。抽样计划制订了能够接受该批量的可容许的最高次品数(或百分比)。超出这一次品水平,该批量将被拒收。

选择特订的计划取决于三个因素:

消费者风险(consumer's risk)。接受不合格批量的可能性称为消费者风险。鉴于抽样检验不能确保结果100%准确,总是存在接受超出预想次品数的批量的风险。消费者希望确保抽样计划接受不合格批量的概率很低。

生产者风险(producer's risk)。拒收合格批量的可能性称为生产者风险。由于抽样具有一定概率,合格批量也有可能被拒收。生产者希望确保抽样计划拒收合格批量的概率很低。

成本(cost)。检验需要花钱。我们的目标是在消费者风险和生产者风险与抽样计划成本之间进行权衡。样本越大,生产者和消费者的风险越小,合格批量越有可能不被拒收,不合格批量越有可能不被误收。然而,样本容量越大,检验成本越高。因此,需要在生产者和消费者风险与检验成本之间作权衡。

举例。为简单起见,我们以一次抽样计划为例(还有其他的抽样计划)。抽样计划明确指定样本容量(n)——从给定容量的生产批次(N)中随机抽取的数量。对样本的已知特性进行检验,抽样计划设定样本中允许出现的最多次品数(c)。如果在样本中发现的次品多于该数值,整个批次全部拒收。如果在样品中发现的次品数与该数值相同,或小于该数值,该批次则可接受。图 16-12 所示的就是一次抽样计划的例子。

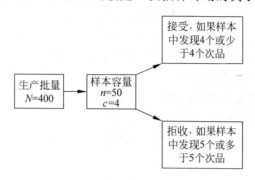

图 16-12 抽样计划

ISO 9000:2015

国际标准化组织(The International Organization for Standardization,ISO)成立于1947年,是位于瑞士日内瓦的非政府组织。国际标准化组织字母缩写(ISO)是从希腊语"isos"发展而来的,意思是平等,它也用于很多种语言。该组织发布过一系列标准,最新的版本是 ISO 9000:2015。该标准是为了防止企业各种经营活动中(如采购、发票开具、质量和设计)出现不符合要求的行为。

ISO 9000:2015 给出了通用的**质量管理体系**(quality management system,QMS)的概念和术语。它建立在七个质量管理原则上,这些原则和全面质量管理非常相近。

1. **以顾客为中心**。理解客户当前和未来需求,努力超越客户的期望。
2. **领导作用**。树立方向一致的目标,鼓励员工为实现共同的目标而努力工作。
3. **全员参与**。确保各层级的所有员工得到授权,并且都能够充分发挥他们的能力为组织谋利益。
4. **流程方法**。要认识到:全部工作都应当经由流程而完成,并如同一个系统那样进行相应的管理和控制。
5. **持续改进**。作为一项永久的组织目标,必须认识到,在任何情况下进一步改进都是可能的和必要的,并采取行动。
6. **基于事实的决策方法**。承认好的决策必定以真实数据和对信息的分析为基础。
7. **互利的关系**。为了取得成功,应当处理好与供应商、合作伙伴和所有利益相关方的一切关系。

作为一项要求,不仅是在欧洲从事商业活动的那些企业,全世界的客户也都希望拥有一套质量标准,并要求他们的供应商通过 ISO 认证。ISO 9001:2015 是一套有关质量管理体系的标准,它采用了 ISO 9000:2015 的原则。在 170 多个国家中,有超过 100 多万家公司已经实施了 ISO 9001:2015。国际标准组织本身并不为机构提供认证。是否遵守 ISO 标准是自愿的,许多机构使用这些原则作为持续改进的方法,但实际上并没有通过认证程序。

一个常见误解是,以为 ISO 9000 只适用于制造业。而国际标准化组织的意图是该标准能够适用于任何机构,只要这些机构追求以下目标:

- 通过实施质量管理体系来获得可持续的成功。
- 确信他们有能力始终一贯地向客户提供满足其需要的产品或服务。
- 确信他们的供应链符合要求。
- 通过对质量管理术语的共同理解,来改善沟通。
- 对于产品是否符合要求,有能力实施相应的评估。
- 就质量管理提供相应的培训、评估和建议。
- 制定相关的质量标准。

文件

为了确保一个机构的标准和工作流程作为质量管理体系一部分而得到遵守,文件是至关重要的组成部分。图 16-13 给出了一个便于使用的文件结构示意图。文件可以划分为四个典型的层次:方针(质量手册)、程序、实践和证明。方针指出了管理层要达到的目标。建立程序并使其与方针紧密连接,以确保方针能够融入机构的活动中去。实践是程序的贯彻执行,而文件为证明程序已经执行提供依据。举一个例子:一个零售业机构的方针是宣称"顾客会对我们的产品质量感到满意"的声明。那么由之而来的程序可以是:"如果顾客提供购买证明,并经过商店主管批准,则可以退还全款。"实践则会涉及授予商店主管批准退款的权利。证明将按照填写正确的收据和退还的产品记录下来。

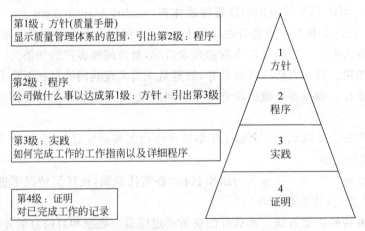

图 16-13　文件金字塔

 ## ISO 26000:2010

ISO 提供的另一个标准是 ISO 26000:2010,它向机构提供了可持续性和社会责任方面的指导方针。它不是一种管理体系,也不是为了提供认证,它是供公司用来把社会责任融入其经营活动和决策的一种手段。

ISO 26000:2010 由七个原则组成：

1. **机构的管理**，以及如何将其运用于社会责任、决策过程和组织结构中去。
2. **人权**，包括应有的关注、风险情况、避免串通（avoidance of complicity）、解决不满、歧视问题、公民和政治权利、有关工作的基本原则和权利等。
3. **员工工作**，特别是围绕雇用关系方面的问题、工作条件和社会保护、社会对话、工作上的健康和安全，以及工作单位的人力开发和培训等。
4. **环境**和防止污染问题，可持续的资源使用，气候变化，以及自然栖息地的恢复，等等。
5. **公平经营**。例如，反腐败，负责任地参与政治活动，公平竞争，价值链中的责任，以及尊重产权，等等。
6. **消费者问题**。包括公平营销和遵守契约，消费者的安全和健康，可持续消费，消费者服务、投诉和争执的解决，消费者数据的保护和隐私权，以及消费者的教育和意识，等等。
7. **社区的参与和发展**，以及它如何影响教育和文化，创造就业和开发技能，技术发展，创造福利和收入，卫生，以及社会投资，等等。

ISO 14001:2015

ISO 标准的第三个系列是 ISO 14001:2015，它提供了一种结构和系统来帮助公司，使其对环境的有害影响降低到最小。ISO 14001:2015 是**环境管理系统**（environment management system, EMS）的一个框架。该系统能让一个机构在其产品和服务的整个生命周期内，去发现和控制其活动、产品和服务对环境的影响，并且改善环境绩效，提高对可持续性的贡献。

ISO 标准覆盖了企业管理的所有方面，包括：经营、管理、销售和技术支持等。它为企业生产产品和服务的日常活动提供了一整套工作方法。如果一个机构通过了 ISO 认证，那么其顾客和供应商就可以确信，该机构具有了始终一贯的管理程序，不仅能提供稳定的产品和服务，而且还能加以持续地改进。

标杆管理

标杆管理（benchmarking）是企业将自己的某个特定流程的绩效与"最优"企业的绩效加以比较，查明该企业是如何取得如此绩效水平的，并将之应用于自己企业中的一种系统方法。例如，我们在第 14 章中所讨论过的，持续改进是通过审视企业内部并分析现行方法来寻求改进；而标杆管理则将视角向外，看竞争对手和行业外的杰出者是如何经营的。

标杆管理的步骤如下：

1. **选择标杆比较的流程**。这与持续改进流程的第一步大致相同。
2. **对于你所要研究的流程，找出那个绩效"最优"的企业**。它有可能不是同行业的公司。典型的例子是当 Xerox 公司研究自己的订单登记系统时,用一家邮购销售公司——L. L. Bean 公司作为标杆。

3. **研究标杆企业**。有关信息或许可以从内部得到,或许可以从公共信息中得到,或者需要做一些原创性研究。原创性研究包括调查问卷、现场参观和焦点小组(focus groups)等活动。当需要从众多来源收集信息时,可使用问卷。现场参观涉及与同级最佳的企业会面。许多公司会挑选一部分员工组成标杆比较团队与对方机构座谈。焦点小组或许可以由客户、供应商或标杆比较合作伙伴组成,大家共同探讨标杆管理过程。

4. **分析数据**。你的公司与标杆企业的流程有何差异?这里包含两个方面:一是流程比较;二是根据相同标准衡量这些流程的绩效。绩效衡量需要有一些测评数据,或衡量的指标。典型的绩效衡量指标有质量、服务响应时间、单位订单成本等。

六西格玛

现代设备变得越来越复杂,通常需要成千上万的部件进行可靠的工作以保证整个系统不至于瘫痪。一位摩托罗拉公司的可靠性工程师比尔·史密斯(Bill Smith)发现,为使公司的复杂系统运行良好,要求单个部件的失效率趋近于零。这个极低的失效率已超出检验员检测的能力,史密斯与其他人共同努力,研发出了目标缺陷率为百万分之三点四的**六西格玛**(Six Sigma)突破策略:

- **范围**:系统性地减少流程的变动。
- **质量定义**:缺陷可能性为百万分率。
- **目的**:通过减少流程的变动来提高效益。
- **测评方法**:每百万个产品所发生的缺陷数。
- **关注焦点**:查出并消除流程误差来源。

然而,六西格玛不仅仅与零部件生产的测评有关。它还鼓励公司关注于改进所有的业务流程。流程改进会减少浪费、降低成本并减少失去的机会,所有这些都会为生产者带来更高的盈利并为客户带来更多利益。由于六西格玛要求设立公司业务目标并指导全体员工的行为,所以它必须由高层管理者发起。中层管理者的任务是将业务目标转化为流程目标及方法。六西格玛是一个高度致力于解决问题的体系,它有两个主要元素:项目和项目经理。图 16-14 显示了六西格玛项目的八个重要阶段,可以表述为**设计**、**测评**、**分析**、**改进和控制**(design,measure,analyze,improve and control,DMAIC)。

当选定一个项目之后,应进行以下步骤:

1. 选择合适的指标或关键绩效输出变量。
2. 决定如何随时跟进考察各项指标。
3. 决定当前项目绩效的底线。
4. 找出驱动关键绩效输出变量的输入变量。
5. 决定需要对输入变量进行哪些改变,以正面影响关键绩效输出变量。
6. 进行改变。
7. 判断改变是否正面影响了关键绩效输出变量。

图 16-14 六西格玛的责任

8. 如果改变正面影响了关键绩效输出变量,那么就对输入变量在新的水平上进行控制;否则返回步骤 5。

从技术角度来说,六西格玛是在当流程能力指数 $C_p \geqslant 2$ 时达到的。也就是说,公差范围是六西格玛过程分布宽度的两倍,并且长期的失效率为百万分之三点四。由于有了良好的控制,流程中即使是发生了很小的偏移,都能够在缺陷产品出现之前就被检测出来。图 16-15 用图形显示了这一概念。注意,该流程正处于中心位置。

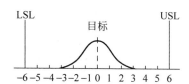

图 16-15 当流程公差是流程分布宽度的两倍即 $C_p = (USL - LSL) \div 6\sigma > 2$ 时,六西格玛得以实现

针对公司而言,项目经理的经验和能力是用以下术语和标准来加以分级的:
- "绿带"要经过特定数量的培训,并要求完成大约 1 万美元的成本节约项目。
- "黑带"需要进行更广泛的培训,并完成超过 10 万美元的成本节约项目。
- "黑带大师"要经历比"黑带"更多的培训,并通常要完成 100 万美元的大型成本节约项目。只有一小部分公司经理会获得"黑带大师"的地位,他们的任务包括培训和指导学员。

六西格玛方法是由基本统计过程控制向其他业务过程的延伸,并且能够将它与其他质量管理活动进行比较,如持续流程改进或 ISO 9000。它鼓励公司树立客户至上的理念,并通过一系列清晰界定的步骤和责任改进业务流程。任何形式的流程改进都会减少浪费、降低成本并增加机会。最终使得客户享有更低成本、更高质量的产品。

质量功能展开

质量功能展开（quality function deployment, QFD），是一种用在新产品开发或现有产品改进中的决策技术，它有助于确保把客户的需求和期望反映在公司的产品设计中。如果一个企业忽略产品提供的功能和客户需求间的关系，它就无法维持其竞争力。质量功能展开最初是在 20 世纪 60 年代，由赤尾洋二（Yoji Akao）博士和水野滋（Shigeru Mizuno）博士发明，并由美国著名制造商采用，包括通用汽车、福特、戴姆勒-克莱斯勒、IBM、雷声、波音、洛克希德-马丁及它们的供应商等。如《APICS 词典》第 14 版所定义的，它是："一种旨在确保识别出客户的所有主要需求，并随后通过所形成的产品设计流程来满足或超越顾客需求的方法。"

质量功能展开的使用方法如下。通过多种调查方法，或将公司自己的产品与竞争者进行比较，得出顾客需求，并进行汇总。这些需求称为**顾客之声**（voice of the customer），它必须通过一系列清晰界定的步骤将其转化为工程规格。图 16-16 所示的是一个**质量屋**（house of quality），它用来将全部数据（包括顾客要求），按照结构化过程进行整理，对其进行排序，以此来为新的设计设定工程目标值。

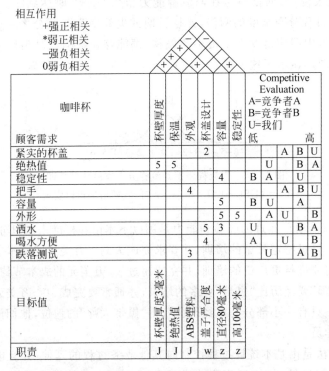

图 16-16　旅行杯的质量屋

图 16-16 中的质量屋是一个隔热旅行杯设计的简单例子。左边是顾客认为旅行杯设计中的所有重要特征。右边是将自己的样本杯与竞争对手相比较得出的评价，从低到高

列出,显示了样品杯与竞争对手在每一项顾客需求中的排名位置。在这个例子中,看来杯子的盖子很合适,并且顾客喜欢它的把手设计。但是这个杯子很容易洒水、耐用性不好、容量不大,并且隔热性不佳,而这些都是顾客所期望的。对这些需求的满足程度列在接近质量屋顶部的地方,包含了杯子的特征,如所用材料的厚度、杯子容量及其稳定性。"屋顶"用来显示这些特征之间的相互作用,该例中只显示了强负相关和强正相关的情况。强正相关表示二者之间紧密相关,如杯壁厚度和保温能力就是如此,杯壁厚度增加导致隔热能力增加。质量屋的中间,由管理层进行排序,显示应在何处进行改进以及需改进处的相对重要性。为达到期望特性的技术规格及它们的排序则列在质量屋的底部,此外还有相应责任代码,显示了应由哪个部门或人员负责最后的产品设计。在该例中,我们的新产品设计是一个矮(100毫米)而且粗(80毫米)的用 ABS 塑料制成的杯子。杯子把手同样用 ABS 塑料制成,可以用与杯身同样的塑料模压得到。新设计必须确保考虑到所有的负相关特征,如杯壁厚度和容量。

当恰当地实施了质量功能展开,并采用了良好的集体决策后,将能够确保设计目标和产品特性反映顾客需求,并能避免不必要的附加成本和特点。

精益生产、全面质量管理和企业资源计划之间的关系

尽管企业资源计划(ERP)、精益生产和全面质量管理(TQM)的目的各不相同,但是它们三者之间有着密切的联系。精益生产的理念是通过改进流程和减少提前期来寻求消除浪费并努力减少不增值活动的机会。全面质量管理则强调的是客户满意度,并使整个公司都重视这一点。虽然看上去精益生产关注于内部(消除企业内的浪费及减少提前期),而全面质量管理关注于外部(客户满意度),但是二者具有很多相同的理念。它们都强调管理层承诺、持续流程改进、员工参与,以及与供应商建立合作伙伴关系。在精益生产和全面质量管理中,绩效衡量都是流程改进中不可分割的一部分。精益生产强调质量是减少浪费的手段,因而认同了全面质量管理的观点。而全面质量管理的目的是使客户满意,这同时也是精益生产的目标之一。

精益生产和全面质量管理相互补充,可以认为它们是同一个硬币的正反两面——以低成本提供客户所需。

企业资源计划主要关心的是一个企业如何管理物料流入、流经及流出。其目标是最大化利用企业资源并提供所要求的客户服务水平。这是一个计划和执行的过程,必须与现有流程共同运作而不论现有流程的好坏。精益生产直接面向流程改进和减少提前期,全面质量管理则直接面向客户满意度。因此,精益生产和全面质量管理都是企业资源计划所需的工作环境的一部分。改进的流程、更好的质量、员工的参与和供应商合作伙伴关系等,都有助于改进企业资源计划的效果。图 16-17 用图形显示了三者之间的关系。

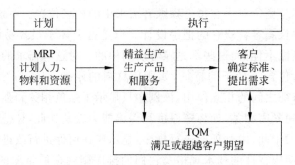

图 16-17 ERP、精益生产和 TQM

小结

产品和服务的质量最终都由客户认定，而客户多半都会不断提出越来越高的标准。公司对质量的承诺必须从高层管理开始，以确保公司内所有工作都在持续改进中。对质量的承诺决定了一切，从产品和服务的设计方针，到生产流程的设计，到供应商的质量，最后到客户的最终使用。员工的参与必不可少，因为他们对所使用的流程有直接的了解，并且是首先意识到流程发生变化的人。

质量管理的技术方面关注的是减少变动，以及引起变动的普通原因和可归因原因。研究变动的统计工具有很多，而计算器和计算机则能承担大量繁杂的计算苦差事。重要的是，只要有可能，就去控制流程，而不是控制产品本身。取样计划检验的是生产出来的产品，因此它无法直接改进产品的质量。但是像医药和航天这些行业，其失效成本非常高，所以取样检验仍然是必要的。

管理层可以使用许多已被广泛应用的工具，如 ISO 标准、六西格玛，或质量功能展开等，来推动质量的提高。高质量也是精益生产的必要组成部分，因为公司总是希望实现低成本和加快产品的流动，而这些正是本书前面各章所讨论的课题。

关键术语

合格质量水平　acceptable quality level（AQL）
抽样检验　acceptance sampling
美观　aesthetics
鉴定成本　appraisal costs
可归因变动　assignable variation
平衡记分卡　balanced score card
标杆管理　benchmarking
因果图（鱼骨图）　cause-and-effect(fishbone)diagrams
分布中心　center

检查表　checksheets
一致性　conformance
消费者风险　consumer's risk
控制限　control limits
戴明循环　Deming circle
授权　empowerment
环境管理系统　environment management system(EMS)
外部失效成本　external failure costs
特征　features
适用性　fitness for use
直方图　histogram
随机变动　random variation
范围　range
运行图　run chart
取样　sampling
散点图　scatter plots
服务　service
形状　shape
六西格玛　Six Sigma
分布宽度　spread
质量屋　house of quality
全检　100% inspection
内部失效成本　internal failure costs
关键绩效指数　key performance indicator(KPI)
公差下限　lower specification limit(LSL)
中值　mean
正态分布　norminal distribution
帕累托图　Pareto charts
感知质量　perceived quality
绩效　performance
计划—做—检查—行动循环　plan-do-check-act cycle(PDCA)
预防成本　prevention costs
流程能力指数　process capability index
流程程序图　process flow charts
生产者风险　producer's risk
质量　quality
质量功能展开　quality function deployment(QFD)
质量管理系统　quality management system(QMS)

标准差　standard deviation
统计控制　statistical control
公差　tolerances
全面质量管理　total quality management(TQM)
公差上限　upper specification limit(USL)
顾客之声　voice of the customer
保修　warranty
X̄ 和 R 图　X̄(Xbar)and R chart

问答题

1. 质量的定义是什么？
2. 质量必须从哪四个方面考虑？它们之间如何互相联系？
3. 列举并描述质量的八个维度。
4. 什么是全面质量管理？其目标是什么？
5. 全面质量管理的六个基本概念是什么？
6. 客户至上（customer focus）是什么意思？谁是客户？
7. 什么是授权？为什么说它在全面质量管理中非常重要？
8. 员工参与的三个关键因素是什么？
9. 绩效评估的目的是什么？
10. 质量成本分为两大类。说出每一类的名称，并举例说明。
11. 什么是随机变动？它的原因是什么？如何改变随机变动？
12. 什么是可归因变动？
13. 什么是正态分布？为什么说它在质量控制中非常重要？
14. 什么是算术平均值？
15. 分布宽度的含义是什么？它的两种衡量方法是什么？
16. 分别有多少百分比的观察值会落在均值的1个、2个和3个标准差范围内？
17. 流程会以哪两种方式产生次品？
18. 什么是公差？它与公差上限（USL）和公差下限（LSL）有什么关系？
19. 使用流程能力指数 C_p 和 C_{pk} 的目的是什么？它们有何不同？
20. 流程控制的目的是什么？是为了监测哪一种变动？
21. 什么是运行图？
22. 什么是 X̄ 控制图和 R 控制图？
23. 什么是上控制限和下控制限？
24. 变量和属性间的差别是什么？
25. 100%检验何时适用？
26. 什么是验收抽样？何时适用？
27. 什么是消费者风险和生产者风险？

28. 什么是标杆管理？它与持续改进有何不同？
29. 质量功能展开的第一步是什么？质量功能展开的产出是什么？
30. 请列出精益生产和全面质量管理之间的三个相同之处和三个不同之处。
31. 缩写词 VOC 是什么意思？
32. 在组织 VOC 活动时，可以使用哪些技术？

计算题

16.1 一根轴的长度规格是 12±0.001 英寸。如果该过程的标准差是 0.000 33，那么大约有多少百分比的轴会在公差范围之内？

答案：大约有 99.7% 的轴会在公差范围之内。

16.2 在问题 16.1 中，如果公差变为 ±0.000 4 英寸，大约有多少百分比的轴会落在公差范围之内？

16.3 一块钢板的厚度规格为 0.5±0.05 英寸。若钢锯的标准差是 0.015，用 C_p 指数计算流程是否具有能力。

答案：$C_p = 1.11$。流程处于有能力的边缘。

16.4 某混合物中化学成分的重量规格为 10±0.06 克。若天平的标准差为 0.02，那么该流程是否具有能力？

16.5 一个孔的直径规格为 0.80±0.020 英寸，钻床的标准差为 0.007。用 C_p 指数计算流程是否具有能力。

16.6 在问题 16.5 中，如果过程得到改进，标准差变为 0.0035，那么现在流程是否具有能力？

答案：流程是有能力的。

16.7 在问题 16.6 中，C_{pk} 指数在如下情况下分别是多少？
a. 流程分布中心为 0.75。该流程是否具有能力？
b. 流程分布中心为 0.74。该流程是否具有能力？

答案：a. 流程分布中心为 0.75 时，$C_{pk} = 1.43$。流程是有能力的。
b. 流程分布中心为 0.74 时，$C_{pk} = 0.24$。流程不具有能力。

16.8 某公司给塑料瓶装 10 盎司的洗发水，公差是 ±0.1 盎司。流程标准差是 0.02 盎司。计算以下几种情况的 C_{pk} 指数，并评估流程能力。
a. 样本平均值为 9.95 盎司。
b. 样本平均值为 9.98 盎司。
c. 样本平均值为 10.04 盎司。

16.9 创建一个你所熟悉的产品的质量屋，并填好质量屋表格。至少选择三种不同的产品品牌来做竞争力比较。列出至少三种该产品所具有的客户需求以及三种能够满足这些需求的特征。确定各个特征之间的相互作用程度，并为你的新改进产品设定目标价值。

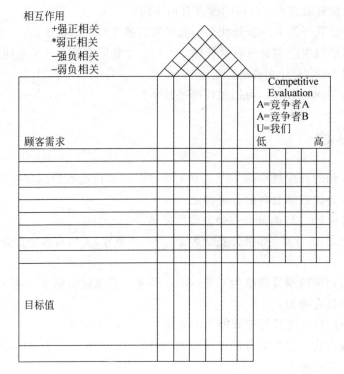

16.10 一家托盘制造商测量了一批厚板切割的结果。该厚板的规格为 24 ± 0.5 英寸。一批厚板的样本如下所示。请计算该厚板切割工序的能力。你能给操作者提出什么建议?

24.0　24.1　24.2　23.8　24.3　23.9　24.0　24.1
23.8　24.3　24.2　23.9　24.4　24.0　23.8　24.2

案例研究　阿森特橡木家具公司

阿森特橡木家具公司(Accent Oak Furniture Company)的业务已经持续30多年了,客户覆盖芝加哥及其周边地区。其业务包括三个不同部门:一个栏杆部,制造和安装高质量橡木栏杆;一个定制家具部,制造精巧的产品如餐厅组合家具;还有一个厨房橱柜部。

每个部门都向一位副总经理汇报,而这些副总经理向公司总裁兼创始人弗兰克·约翰逊汇报。三个部门在本财年的总销售额预计接近800万美元。

弗兰克对定制家具部和厨房橱柜部的绩效非常满意,这两个部门占总销售收入的比例超过85%。然而弗兰克对于栏杆部有一些看法。这些看法是基于去年的利润表现和安装人员在八月第一周的销售报告得出的(表16-1)。

现在是八月的第二周,新的安装市场正在兴起。栏杆要在秋季趁着房子快要建好准备出售之时安装到新房中。尽管由于一些客户需要对庭院装修,全年都会对栏杆有一些需求,但这项业务还是主要集中在秋季,而到了圣诞节前,市场就会很快变得没有需求了。

表 16-1　安装部门月度报告——8月8日

作业号	员工号	预算/美元	实际/美元	批注
7156	1	1 100	1 127	等顾客时间花费半小时
7157	2	985	1 154	修理挂杆出现的问题
7158	5	1 200	996	
7160	4	1 500	1 854	由于挂杆松动被召回
7163	2	850	865	两个挂杆开裂
7166	5	1 200	1 385	修理挂杆出现的问题
7167	1	1 450	1 620	顾客改动设计
7168	4	1 800	2 254	需要挂杆垫片
7169	5	1 100	1 080	
7171	2	980	1 200	扶手抛光粗糙
7172	4	1 560	1 860	挂杆松动
7174	1	1 200	1 650	与图纸不符
7175	2	975	1 320	扶手破裂
7177	4	1 400	1 875	修理问题挂杆
7179	3	2 250	3 200	由于挂杆松动被召回
7 181	5	1 900	2 520	修理问题挂杆
7182	3	1 800	2 260	修理问题挂杆
7184	3	1 750	1 780	顾客改动设计
合计		25 000	30 000	

周一,弗兰克与栏杆部副总经理汤姆·史密斯会面,说了他的想法。弗兰克提议他们周五再碰一次头,来讨论进一步的行动,并使业务回到正轨上来。汤姆虽然觉得该想法还不够成熟,但还是勉强同意了。汤姆觉得他手下的一些重要人物也应该参加周五的会议,因此制造主管汉克·斯特朗、销售经理布廉·考尔特和负责五个二人安装组的皮特·哈伯格也应邀参加。

会议期间,汤姆让他的每一个部下都汇报了他们个人对过去一周的安装报告的想法。汉克首先简要描述了他在工厂中所负责的制造过程。

栏杆部分

1. 所购买的橡木为16英尺长,并已检验了是否有裂痕或过大的结疤,以保证其为一等品。
2. 被拒收的橡木都送到橱柜部,用于制作架子的内部或用于制作挂杆。
3. 被接收的木板要经过多头铣床加工,从而将底部磨平并为顶部和栏杆侧面塑型。
4. 这些木板会被再次检查,看是否有粗糙的纹理和会导致质量问题的结疤。如果未通过检验则截成短一些的可用长度,用来制作短的栏杆或挂杆。

5. 之后栏杆被送到钻孔设备上,由优质工业钻床的操作工自动留出间隔并打孔。

通常,操作员使用一种通过/不通过两用量规来检验孔的尺寸。通过/不通过量规一端是一个金属棒,用来插入孔中测量深度。金属棒上有一个标记了区域,上面印着"通过"字样。如果孔的顶端处于"通过"区域,那么这个孔的尺寸就被认为是合格的。通过/不通过量规的另一端是长圆形的,并在圆周上有三个等级的刻痕。这使得金属棒在靠近末端1/4英寸和1/2英寸的地方变大了。如果第一部分进入了孔中而中间部分没有,那么这个孔的尺寸过小。如果第二部分进入而第三部分没有进入孔中,那么孔的尺寸合适。进入第三个部分意味着孔的尺寸过大。

6. 之后,栏杆被送去磨光并上漆。最后一道检验工序会检查栏杆表面及上漆质量。然后这些栏杆会按照长度从全尺寸到短尺寸进行排列。

挂杆部分

1. 买来橡木、检验并截成段,制成挂杆。大概有5%也会来自栏杆部分。

2. 将栏杆放置在刨床上刨两次,将方端尺寸做好。之后将栏杆放在车床上,进行栏杆设计和尖头的制作。当栏杆在车床上时,操作员同时稍微对栏杆进行打磨。

3. 用通止规进行随机检验。检验程序需要操作员用通过/不通过量规测量挂杆端部,该通过/不通过量规是一个铝棒,上面有特定尺寸的孔。如果栏杆从通过/不通过量规中探出1/4~1/2英寸,该栏杆就可以通过检验。为协助操作员检验,通过/不通过量规在超出限度的部分有红色标记。

4. 操作员用事先调好角度的刀具修饰挂杆端部所需尺寸。

5. 之后挂杆被送去磨光、上漆并进行最终检验。

汉克觉得他的部下把橡木机加工工作完成得很好。由于过去3年以来销售额增长率为15%,销售经理布廉·考尔特也认为他的部下工作得非常好。但是布廉考虑的一个主要问题是,他的一个主要客户林肯之家对安装质量的投诉日益增多。林肯之家已通知布廉,如果质量不能马上得到改善,他们将换别的厂家来接这单生意了。

皮特是小组中说得最多的,因为他所负责的领域总是在放空炮。他觉得他的工作人员已经被督促得很紧了,但他们还是完不成计划。阿森特橡木栏杆的设计使之很容易在现场安装,即使是定制的也较为容易。然而,工作人员似乎要对每一个栏杆进行改装,并花时间查找缺陷。皮特最近开始让他的工作人员查找他们每项工作超出预算或达不到预算的原因。

弗兰克生气地对部下说,他不管问题出在谁身上,只想要他们修正昨天的错误,并气恼地离开了房间。汤姆和他的小组刚刚上完一门质量管理课程,大家全部同意试试看这个方法能不能帮助他们解决问题,免得弗兰克再批评他们。

检验报告——挂杆

下图显示了挂杆适合度实验研究的特定深度和许可公差范围,该研究使用了专门为此目的而设计的刀形规(见图16-18所示)。

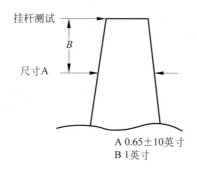

图 16-18

以下 50 个读数是在 8 月 14 日取得并记录下来的（表 16-2、表 16-3）。

表 16-2 挂杆宽度（单位：英寸）									
0.60	0.63	0.60	0.62	0.60	0.59	0.61	0.67	0.57	0.61
0.62	0.59	0.61	0.64	0.67	0.66	0.69	0.63	0.69	0.68
0.61	0.67	0.68	0.67	0.60	0.61	0.68	0.60	0.62	0.60
0.66	0.60	0.63	0.62	0.68	0.67	0.62	0.70	0.67	0.68
0.58	0.68	0.67	0.69	0.58	0.69	0.65	0.68	0.59	0.64

表 16-3 孔的直径（单位：英寸）									
0.57	0.56	0.58	0.59	0.57	0.58	0.56	0.58	0.56	0.58
0.58	0.59	0.60	0.55	0.61	0.60	0.58	0.57	0.58	0.60
0.56	0.61	0.57	0.59	0.58	0.57	0.55	0.57	0.59	0.57
0.60	0.58	0.56	0.60	0.56	0.62	0.59	0.58	0.62	0.59
0.57	0.62	0.59	0.61	0.63	0.59	0.64	0.60	0.61	0.63

讨论题

1. 用帕累托分析法分析客户投诉，找出投诉的最主要原因。
2. 用挂杆和孔的数据绘制直方图，看看问题是否存在可归因变动。
3. 完成以下三个办公室备忘录，加上你的建议。

跨办公室备忘录

收件人：班组长——扶手部门　　　　日期：8 月 17 日

寄件人：汉克·斯特朗

主题：客户投诉——栏杆

跨办公室备忘录

收件人：班组长——挂杆部门　　　　日期：8 月 17 日

寄件人：汉克·斯特朗

主题：客户投诉——栏杆

跨办公室备忘录

收件人：汤姆·史密斯　　　　　　　日期：8月17日

寄件人：汉克·斯特朗

主题：客户投诉——栏杆

教学支持说明

尊敬的老师：

　　您好！

　　为了确保您及时有效地申请培生整体教学资源，请您务必完整填写如下表格，加盖学院的公章后传真给我们，我们将会在2～3个工作日内为您处理。

请填写所需教辅的开课信息：

采用教材				□中文版　□英文版　□双语版	
作　者			出版社		
版　次			ISBN		
课程时间	始于　　年　月　日		学生人数		
	止于　　年　月　日		学生年级	□专科　　　　□本科1/2年级	□研究生　　　□本科3/4年级

请填写您的个人信息：

学　校				
院系/专业				
姓　名		职　称	□助教　□讲师　□副教授　□教授	
通信地址/邮编				
手　机		电　话		
传　真				
official E-mail(必填) (eg:XXX@ruc.edu.cn)		E-mail (eg:XXX@163.com)		
是否愿意接受我们定期的新书讯息通知：		□是　　□否		

系/院主任：＿＿＿＿＿＿＿（签字）

（系/院办公室章）

＿＿＿年＿＿＿月＿＿＿日

资源介绍：

—教材、常规教辅(PPT、教师手册、题库等)资源：请访问 www.pearsonhighered.com/educator； （免费）

—MyLabs / Mastering 系列在线平台：适合老师和学生共同使用；访问需要 Access Code； （付费）

　清华大学出版社　　　　　　　 **Pearson Education Beijing Office**
　　　　　　　　　　　　　　　　　　　　　培生教育出版集团北京办事处

北京市海淀区清华园学研大厦B座509室　　北京市东城区北三环东路36号北京环球贸易中心D座1208室
邮编：100084　　　　　　　　　　　　　邮编：100013
电话：8610-83470332　　　　　　　　　　电话：(8610)5735 5169
传真：8610-83470107　　　　　　　　　　传真：(8610)5825 7961
E-mail：tupfuwu@163.com
Website：www.tup.com.cn